赵省伟 主编

| 第二十一辑 |

找寻遗失在西方的中国史

西洋镜

中国宝塔 I（上）

[德]恩斯特·伯施曼 著 张胤哲 李学敏 译

SPM 南方出版传媒 广东人民出版社

·广州·

图书在版编目（CIP）数据

中国宝塔 . I /（德）恩斯特·伯施曼著；赵省伟主编；
张胤哲，李学敏译 . — 广州：广东人民出版社，2021.3
（西洋镜）
ISBN 978-7-218-14552-5

Ⅰ . ①中⋯ Ⅱ . ①恩⋯ ②赵⋯ ③张⋯ ④李⋯
Ⅲ . ①古建筑 — 塔 — 介绍 — 中国 Ⅳ . ① K928.75

中国版本图书馆 CIP 数据核字（2020）第 204154 号

XIYANGJING:ZHONGGUO BAOTA I

西洋镜：中国宝塔 I

[德] 恩斯特·伯施曼 著 赵省伟 主编 张胤哲 李学敏 译   版权所有　翻印必究

出 版 人：肖风华

责任编辑：刘　宇
责任技编：吴彦斌　周星奎
封面设计：朗月行

出版发行：广东人民出版社
地　　址：广州市海珠区新港西路 204 号 2 号楼（邮政编码：510300）
电　　话：（020）85716809（总编室）
传　　真：（020）85716872
网　　址：http://www.gdpph.com
印　　刷：北京博海升彩色印刷有限公司
开　　本：787mm×1092mm　1/16
印　　张：36.5　　字　　数：597 千
版　　次：2021 年 3 月第 1 版
印　　次：2021 年 3 月第 1 次印刷
定　　价：198.00 元（全二册）

如发现印装质量问题，影响阅读，请与出版社（020-85716849）联系调换。
售书热线：（020）85716826

1906—1909 年，在德意志帝国皇家基金会的支持下，恩斯特·伯施曼（Ernst Boerschmann）跨越 14 省，行程数万里，对中国的皇家建筑、寺庙、祠堂、宝塔等建筑进行了全方位的考察，留下了 8000 张照片、2500 张草图、2000 张拓片和 1000 页测绘记录。后来，伯施曼以此为基础陆续出版了三卷本"中国建筑艺术与宗教文化"丛书：《普陀山》《中国祠堂》《中国宝塔》[①]，以及《中国建筑与风景》《中国建筑》等著作，为后世留下众多珍贵的历史影像资料。

一、本书是伯施曼"中国建筑艺术与宗教文化"系列丛书的第三本，共收录了 524 幅图片、26 万余字的文字描述和阐释。

二、本书首版于 1931 年，一些地方的称谓与伯施曼考察时相比，变化较大，为了便于读者理解，编者酌情在文中添加了一些脚注做出说明。

三、书中的 10 张整版图片自成序列，为了行文整齐，编者将其归入整体图片序列，进行统一编排。

四、由于年代已久，部分照片褪色，导致颜色深浅不一，为了更好地呈现照片内容，保证印刷整齐精美，对图片色调做了统一处理。

五、由于能力有限，书中个别人名、地名无法查出者，皆采用音译并注明原文。

六、由于原作者所处立场、思维方式以及观察角度与我们不同，书中很多观点与我们的认识有一定出入，为保留原文风貌，均未作删改。但这不代表我们赞同其观点，相信读者能够自行鉴别。

七、由于时间仓促，统筹出版过程中不免出现疏漏、错讹，恳请广

[①] "西洋镜"将陆续推出这本《中国宝塔》和魏汉茂（Hartmut Walravens）整理的《中国宝塔》补辑部分，为了便于读者区分，编者将它们分别命名为《西洋镜：中国宝塔Ⅰ》和《西洋镜：中国宝塔Ⅱ》。——编者注

大读者批评指正。

最后，对授权我们使用《图像的景观：伯施曼的建筑写作与魏玛共和国的"黄金二十年代"》一文并为我们提出大量宝贵意见的赵娟老师、提供翻译支持的赵菁老师，致以诚挚的感谢。

编 者

微信扫码，加入【本书话题交流群】
与同读本书的读者，讨论本书相关
话题，交流阅读心得

德国建筑师、汉学家、艺术史学者和建筑摄影师恩斯特·伯施曼在20世纪上半叶长达近半个世纪的中国建筑研究和写作中，经历了17年的断裂；在随后的20年代，其研究视域、聚焦问题和研究方法均呈现出新的变化，转入对艺术视觉形式的关注和探讨。本文结合魏玛共和国的"黄金二十年代"德国社会文化领域的东方艺术图景，旨在探讨这一写作转变的根由及在后续写作中的拓展，进而表明中国艺术跨文化迁徙的思想建构意义。

一、问题：断裂的十七年

1906—1909年中国建筑考察结束之后，伯施曼返回德国，开始了中国建筑研究的写作。出于其中国建筑考察和研究的主旨——"考察中国建筑及其与中国文化的关系""借由古代建筑阐明中国文化"和研究路径——"用历史学的方法，结合宗教意图对中国进行科学研究"——的考虑，伯施曼构思了"中国建筑艺术与宗教文化"三卷本的写作计划：1911年出版了该系列的第一卷《普陀山》[2]，该卷是对佛教观音道场的个案研究；1914年出版了第二卷《中国祠堂》[3]，涉及中国古代祭祀仪礼场所——宗庙和祠堂——的探讨。在伯施曼看来，这代表了中国精神文化领域中清晰可辨的两个部分，即历史上传入中国的佛教文化以及中国本土的古代因素。该系列第三卷《中国宝塔》则呈现了宗教母题的切换和融合，进一步描绘了中国精神文化的双重视域。然而，与《普陀山》和《中国祠堂》相比，1931年出版的《中国宝塔》（第一部分）呈现出一些迥然不同的面貌。这不仅是因为该书超越个人资料采集的

图像的景观：伯施曼的建筑写作与魏玛共和国的『黄金二十年代』[1]

---

① 原文刊登于《美术研究》，2019年第12期。——编者注
② "西洋镜"将在第23辑出版《普陀山》。——编者注
③《中国祠堂》已结辑为《遗失在西方的中国史：中国祠堂》。——编者注

范围，大量使用其他研究者的图像资料和研究成果，还因为它呈现出内在精神和研究目标上的根本变化。本文试图讨论在这中断的 17 年中，伯施曼中国建筑写作的主要内容和特征，及其背后的驱动力和社会因素，进而理解后来的《中国宝塔》写作面貌形成的基础。

二、视觉欣赏的转向：伯施曼 20 世纪 20 年代的中国建筑写作

1914 年，"中国建筑艺术与宗教文化"第二卷《中国祠堂》出版之后，伯施曼的中国建筑研究和写作中断。时隔 9 年之后的 1923 年，德国的恩斯特·瓦斯姆特出版社出版了《中国建筑与风景》一书。该书一出版便获得了商业上的成功，该书传播和接受范围极其广泛，一直被人们视作其"代表作"。与此前出版的两本著作相比，该书并未申请或接受任何出版资助，某种程度上可以说，这是一本商业运作之下，针对大众视觉撰写的书。其英文和法文的译名"画意中国"很大程度上也透露出其趣味导向。1982 年在纽约出版的"多弗摄影系列丛书"中，甚至删除原文，选择照片，改编出版了《历史照片之中的旧中国》，直接凸显了其"可观之中国"的特征。

在《中国建筑与风景》大获"成功"的激励下，恩斯特·瓦斯姆特出版社在 1925 年出版了伯施曼的《中国建筑》①（两卷本）。尽管该书试图从纯粹的建筑语言形式出发，讨论中国建筑的本质，然而从其文本面貌来看，其指向依然是大众的视觉欣赏。该书分为上下两卷，上卷包含了名为"中国建筑形式之研究"的导言和 10 个章节，下卷包含 10 个章节和作为结论的"中国建筑之本质特征"一文，每个章节的文字部分配有测绘图或手绘图。20 个章节分别讨论了中国的 20 种"建筑语言形式"：城墙、山门、厅堂、砖石营建、亭、阁、中心建造、柱、屋面装饰、正立面、勾栏、台基、墙体、琉璃、浮雕、土地庙、坟墓、纪念碑、

① "西洋镜"将在第 22 辑出版《中国建筑》。——编者注

牌楼、宝塔。

一翻开书，在书名和作者之下，便是对该书照片情况的专门说明：

该书有 340 幅整页的珂罗版插图：其中 270 页插图是照片，共计 591 幅；另有 70 幅插图是测绘图；还有 6 幅彩图；文本之中还有 39 幅测绘图。

该书文字部分（含插图和插图说明等内容）上卷 94 页，下卷 68 页，在厚厚的两卷之中，比重相对较小。显而易见的是，呈现图片是该书的一个重头戏。

1927 年，柏林的另外一家出版社——阿尔伯特·吕德特克出版社出版了伯施曼的《中国建筑陶艺》[①]一书。该书正文部分 57 页，将陶器或琉璃的使用作为中国建筑艺术的专门研究领域，并且梳理了陶器（琉璃）在唐代以前的使用历史、陶器构件生产和应用的技术、唐代以降陶器在中国建筑中的应用等议题，其中插图共计 28 幅。接下来长达 53 页的文本内容是对该书附图中建筑的出处和图片内容的描述。附图部分共计 160 页，213 幅照片，其中包括印刷成本不菲的彩色照片 4 幅。这些照片按照建筑构件的类型分组：门楼、装饰构件、影壁、浮雕、琉璃牌楼、屋面装饰、屋脊兽、宝塔。在某些类型，如"门"的呈现中，还会按照"风格"细分：西式、波斯风格、印度风格。由此可见建筑"类型"和"风格"是图片分组的重要依据。

以上是伯施曼在 20 世纪 20 年代出版的三部著作的概述。与第一次世界大战之前的两部著作相比，它们呈现出了非常重要的差异，即转向视觉欣赏。这一写作转向不仅集中体现在上述三部著作中，也能在这一时期其他学术或非学术的作品中得到印证。

除却上述三部著作，伯施曼在 20 世纪 20 年代与中国或中国建筑艺术相关的写作大体可以分为这样几类：

1. 针对同时期中国建筑和城市相关著作所写的书评。所评著作包括喜仁龙[②]在

---

① "西洋镜"将在第 25 辑出版《中国建筑陶艺》。——编者注

② 喜仁龙（Osvald Sirén，1879—1966），芬兰出生，瑞典学者，斯德哥尔摩大学教授，艺术史研究者，著述颇丰。我们已出版了《遗失在西方的中国史：老北京皇城写真全图》《西洋镜：中国园林》《西洋镜：5—14 世纪中国雕塑》《西洋镜：中国早期艺术史》，即将出版《西洋镜：中国绘画史》。——编者注

1924 年出版的《北京的城墙与城门》和 1926 年出版的《中国北京皇城写真全图》。[1] 从文本的呈现方式上来讲，伯施曼本人这一时期的著作与喜仁龙的上述两部著作，没有太大的差异。

2. 中国建筑艺术的研究。所探讨的问题，如中国建筑的典型样式、中国建筑艺术中的轴线、隋朝及唐朝初期的宝塔、中国的铁塔和铜塔、魁星楼与风水柱等，与第一次世界大战前的作品相比，聚焦的问题更为具体，其探讨一直延续到《中国宝塔》一书中，成为该书的一个重要脉络。

3. 园林、景观和城市规划，或者说建筑与环境的关系，以及建筑在环境中的布局。这也是这一时期探讨的一个重要话题，不仅体现在 1923 年《中国建筑与风景》的图片呈现中，也体现在写于 1926 年的《山西太原天龙山石窟：作于 1908 年 5 月 7 日的考察之后》一文中。义中伯施曼指出喜仁龙和关野贞[2] 的研究中可能忽视了一个问题，即天龙山整体的环境布局，尤其是佛教传入之前的建筑格局的基础。

4. 中国文化和艺术的整体性的认知。这是对此前写作的一种延续。

这四类写作中，前面两类显然是这一时期的核心内容。而有关景观、园林和城市规划议题的集中讨论则在 20 世纪 30 年代之后，尤其是 1933—1935 年的中国考察之后。

问题是，为什么在 20 世纪 20 年代，伯施曼的建筑写作和研究呈现出这样的面貌？中国建筑的视觉呈现变得如此重要并且能够为大众所接受？为什么伯施曼关注的焦点从建筑背后的宗教意蕴，开始转向建筑的形式、类型和风格？

三、东方的视觉呈现：魏玛共和国的"黄金二十年代"

1891—1896 年，伯施曼在柏林夏洛腾堡工学院接受了建筑学教育。在 19 世

---

[1]《北京的城墙与城门》和《中国北京皇城写真全图》已结辑为《遗失在西方的中国史：老北京皇城写真全图》。——编者注
[2] 关野贞（1868—1935），日本古建筑史学家，1920—1928 年在中国做了五次长期调查，专注于古建筑发展。——译者注

纪德国的建筑教育体系中，工学院的建筑学教育有着明确的功能性：来这里接受教育的建筑师们旨在进入德国各公国以及后来的德意志帝国的行政部门任职。工学院同时还有培养工程师的系部，后来还增加了培养化学家的系部，倾向于技术教育，而不是艺术教育。伯施曼毕业之后通过预备期的实习和国家公务员考试成了政府建筑工程师，就职于普鲁士国防部建筑事务部门。伯施曼与中国建筑结缘也正是由于这一职位的缘故。1902—1904 年，伯施曼作为德国东亚驻军的建筑观察员来到中国。如果不是因为中国建筑研究，或许他会在这一职业道路上继续走下去，和那些同样奉命来到中国的同行——锡乐巴（Heinrich Hildebrand，1855—1925）、舒备德（Heinrich Schubart，1878—1955）、罗克格（Curt Rothkegel，1876—1945）等人——一样，成为建筑工程师。那么到底是什么原因导致了伯施曼职业生涯的变化，进而影响了其建筑写作上的转向呢？

若非第一次世界大战，中国建筑的研究和写作或许依旧会像《普陀山》和《中国祠堂》一样，只是伯施曼职业生涯中的一份附属工作。当国家需要他时，这份附属工作就变得无关紧要了。所以当 1914 年第一次世界大战爆发时，伯施曼便放下了手头的研究工作，奔赴战场。战争结束后的 1918—1921 年，他主持了东普鲁士战争墓地的拆迁和改建工作。战后，德国政治、社会和经济的动荡，使得伯施曼无法继续战前的研究和写作了。1921 年，他结束了公职生涯，继续其研究和写作，并开始在柏林工业大学建筑系和洪堡大学艺术史系教授与中国建筑艺术相关的课程。

从伯施曼 1923 年出版《中国建筑与风景》一书，一直到 1929 年柏林东亚艺术博物馆举办当时欧洲最大的中国艺术展，战后急剧动荡的魏玛共和国进入相对稳定的时期，也就是所谓的"黄金二十年代"。暂且抛开政治党派的纷争和各种社会矛盾，这一时期无疑是文化和艺术的繁盛期，正如研究德国史的学者富布卢克所说：这一时期"'魏玛文化'产生的影响超越了其所在的时空"①。

这一时期，伴随着欧洲对东亚艺术品的收藏热和德国表现主义艺术潮流的兴盛，德国出版了大量以大众视觉欣赏为导向的、与中国艺术相关的著作。这些著作

---

① [英] 玛丽·富布卢克：《剑桥德国史》，高旖嬉译，李雪涛审校，新星出版社，2017 年。

多是藏品目录或照片集。珂罗版照片复制印刷技术为这一时期中国艺术品的视觉呈现提供了技术支持。在科隆大学图书馆档案馆的一份伯施曼藏书清单以及伯施曼的著作征引的图书中，存在大量这类出版物。柏林东亚艺术博物馆东亚部主任屈梅尔[①]、威廉·科恩（William Cohn，1880—1961）等人主编的涵盖印度、中国、日本等东方民族和国家的"东方艺术"系列是一套以艺术品图录为主的大众普及读物；梅尔彻斯[②]在 1922 年出版的《中国寺庙建筑与灵岩寺罗汉》，也是"世界文化：各民族文化与艺术史材料"系列中的一本；伯施曼《中国建筑与风景》一书则隶属于恩斯特·瓦斯姆特出版社"世界图景"系列。由此不难看出，伯施曼写作转向的起点，深处德国 20 世纪 20 年代大众化、商业化带来的对"世界图景"的观看渴望之中。正如 1924 年出版《唐代雕塑》和《屋顶脊饰及中国琉璃的变迁》[③]的收藏家和历史学家爱德华·福克斯（Eduard Fuchs，1870—1940）在"文化艺术文献丛书"开篇所言：

我们这个时代渴求获得图像，获得利用双眼可以检验的文献。它对图像如饥似渴的程度达到了难以满足的地步，它颐指气使地要求话语处处都应图文并茂。对于图像的这种渴求——这种现象确实存在，其种种原因在这里无法探讨——尽管会受到许多局限，在某种程度上却是一种甚为宝贵的文化成果。这种渴求证明，精神诉求在我们这个时代极大地增长了。图像使人们得到包罗万象的认知和经得起检验的实在性。图像释放出极其丰满的想象空间。图像将所有的一切和盘托出，仅仅一张图像就能胜过千言万语。所以谁要想最为持久和稳妥地积累起时代的精神财富，就必须让图像文献充分施展其魅力。这首先适用于精神领域，排在第一位的自然是文化与艺术领域，因为此领域本身就是形式和图像。[④]

[①] 屈梅尔（Otto Kümmel，1874—1952），德国汉学家、中国文物专家，曾任柏林东亚艺术博物馆首任馆长，曾于 1926 年底访华，收购大量中国文物，并于 1929 年于普鲁士皇家艺术学院举办中国艺术大展。1929 年的著作可能指《中国与日本的艺术》（*Die Kunst Chinas and Japans*）一书。——译者注

[②] 梅尔彻斯（Bernd Melchers，1886—1967），德国建筑师。——译者注

[③] 即"西洋镜"第 20 辑《中国屋脊兽》。——编者注

[④] 此段文字系北京外国语大学德语系许震民教授翻译，在此表示感谢。

伴随视觉欣赏而来的一个问题就是图片的呈现顺序。在《普陀山》和《中国祠堂》中，中国建筑艺术与宗教文化的关系始终是叙事的中心，建筑图像服务于文字叙述。然而，到了《中国建筑与风景》，图文关系发生了变化：文字叙述不再是叙事的中心，独立呈现的 288 幅图片成了叙事的主体。在笔者看来，其间的图片序列存在五个"声部"：主导秩序是伯施曼在中国考察的时空秩序，其次分别为建筑类型、语言形式、景观——建筑——装饰、排版等几重秩序①。正如该书标题所示，这本书的文字和图片指向的是"景观"和"建筑艺术"。而在 1925 年出版的《中国建筑》中，视觉导向则进一步聚焦"纯粹的建筑语言形式"。1927 年出版的《中国建筑陶艺》则聚焦以材质为中心的建筑构件及其风格的呈现。暂且不论伯施曼划分建筑类型的依据及其合理性，可以确定的是他首先对建筑进行了分类，将其分为各种类型，其间既考虑到建筑材料，又兼顾建筑功能和建筑构件；而对于建筑风格或形制演变的研究，则是在类型之中来进行的。在伯施曼所处的时代，在德国乃至整个欧洲的知识范畴中，现代学术体制下中国传统建筑的研究完全是一个全新的领域，如何将其呈现为一种大众视觉能够把握的对象，欧洲读者熟悉的方式无疑就是最佳的选择。

伯施曼在柏林求学以及从事中国建筑研究的时期，在德国的学科体系之中，艺术史已然是一门"科学"。这个时候盛行的艺术史学研究方法，是以沃尔夫林为代表的"风格学"和以潘诺夫斯基为代表的"图像学"。伯施曼本人未曾接受过专门的艺术史学的训练，他的著作之中，也未曾引用过任何欧洲艺术史上的经典著作。这一时期正统的艺术史理论与方法，基础都是古希腊罗马以来的欧洲艺术作品。欧洲之外的艺术研究则在民族志、人类学或东方学的范畴中进行。伯施曼的艺术史知识，很大程度上源于关注中国艺术品收藏和研究的欧洲的艺术史学者。作为德国柏林东亚艺术协会的成员，他是协会举办的各类学术报告和展览中的活跃分子，经常在协会的会刊《东亚杂志》上发表自己的研究成果，并且在洪堡大学的艺术史系教授中

---

① 参见拙文《复调与观看：伯施曼〈中国建筑与风景〉图版序列考察》，《"观看之道"——王逊美术史论坛暨中央美术学院第一届博士后论坛文集》，上海书画出版社，2018 年 1 月。

国建筑艺术的相关课程。这一时期，他与屈梅尔、喜仁龙、艾锷风 [1]、劳费尔（Berthold Laufer，1874—1934）等艺术史学者和博物馆从业研究者的交往也颇为密切。

1926 年伯施曼在汉学家卫礼贤创办的法兰克福"中国学社"举办了中国建筑展。值得注意的是，1912 年他在普鲁士皇家工艺美术馆举办过一场类似的展览。两次展览的导论几乎相同，不过主题有所变化，即由"中国建筑"（Chinesische Architektur），变成了"中国建筑艺术"（Chinesische Baukunst）。与此前的展览以照片和建筑测绘图为主有所不同，此次展览借助了德国博物馆和私人收藏的中国绘画、雕塑、青铜器等实物。在中国建筑专题展览之外，伯施曼还参与了当时欧洲最大的中国艺术展的筹备工作。1929 年，柏林东亚艺术协会和普鲁士艺术研究院在柏林东亚艺术博物馆举办了当时欧洲最大规模的中国艺术展，展出藏品多达 1125 件。屈梅尔是展览的学术负责人，伯施曼作为东亚艺术协会会员，也是此次展览的主要组织者之一。

因此可以说，第一次世界大战结束之后的 20 世纪 20 年代，随着魏玛共和国进入短暂的稳定时期，大众化和商业化兴盛起来，人们对世界图景的图像化呈现产生了强烈的兴趣。在这一背景下，伯施曼结束了建筑工程师的职业生涯，其建筑研究和写作转向现代学术体制下的艺术史研究。这种转向伴随着对中国建筑类型、风格和建筑形式的探索，是与海外尤其是德国中国艺术史研究的学术机构设置同时发生的。

四、景观与形式：《中国宝塔》的文本写作

1931 年伯施曼出版了"中国建筑艺术与宗教文化"系列的第三卷《中国宝塔》（第一部分）。在该书序言中，伯施曼提到其实该书稿在 1928 年已经完成，但是

---

[1] 艾锷风（Gustav Ecke，1896—1971），又译古斯塔夫·艾克，曾在清华大学、厦门大学任教，公认的研究中国古典家具第一人，代表作《中国花梨家具图考》是世界上第一部系统研究明式家具的著作。与同事戴密微合著有《泉州双塔》一书。——编者注

由于当时学术界已有相关著作出版，使得他不得不从根本上进行扩展和调整。按照最初的计划，《中国宝塔》包括两个部分，第一部分即 1931 年出版的《中国宝塔》，第二部分 1942 年脱稿完成，但是由于第二次世界大战正在进行，第二部分未能正式出版。2016 年东亚文献目录学者魏汉茂将其整理出版，我们才得见其整体的面貌。

第一部分包括三章，第一章"中国宝塔：它们在自然与艺术中的形象"，通过对宝塔定名和学术史的梳理，指出宝塔是随着佛教传入中国而来的外来物，它吸收了中国古代道教（风水）的元素，逐渐发展成为中国景观营建和艺术中的重要部分。研究宝塔的形式，有助于理解中国人最初的信念和艺术创造力的根源。除了延续"中国建筑艺术与宗教文化"的基本设定，即借由中国建筑艺术探究中国人的宗教信仰之外，该卷凸显了三个新问题：1. 作为景观构成要素的建筑，以及景观之中的建筑，这种相互建构的关系与中国文化的内在精神紧密相关。如果说在 1923 年的《中国建筑与风景》中，"景观"作为中国建筑艺术的要素还停留在经验化的浪漫主义抒情和摄影照片上的话，那么在《中国宝塔》中，它已经成为探讨和理解中国建筑艺术的基本构成要素。2. 如果说该系列前两卷的着眼点在于中国的宗教文化，那么在《中国宝塔》中，宝塔作为中国艺术的构成部分，其精神内涵与艺术创造力的根源则成为聚焦的核心。3. 如果说前两卷的出发点是一座座建筑，那么第三卷的出发点则是建筑形式本身。

就其学术史脉络来看，伯施曼有意识地将宝塔这种建筑形式，作为中国艺术史的课题来研究，建筑形式作为研究的出发点，成为该书每个章节的主题和贯穿整本书的线索。

在接下来的两个章节中，伯施曼根据宝塔的类型，对众多宝塔进行分类，并逐一进行研究。值得注意的是，这一时期，无论是在中国，还是在欧洲，都还没有形成一套稳定成熟的对宝塔进行分类的方法。伯施曼本人也未曾清晰地表述其分类的依据。第二章呈述了"大型宝塔"的"主要形式"，包括级塔、天宁方塔、叠层塔、层塔、外廊层塔、琉璃塔、石塔、群塔；第三章讨论的是宝塔的"演变形式"，包括铁铜塔、墓塔、香塔、内塔。《中国宝塔》中，所有这些宝塔的形式都有对应的中文名称，即标题中使用的名称。

从章节目录中的分类来看，宝塔的体量（"大型宝塔"）似乎成为划分类型的一个要素。如果说第三章中"墓塔""香塔"和"内塔"主要涉及的是"小型宝塔"，那么第一节"铁铜塔"中，以湖北当阳县玉泉寺铁塔（十三层，高 21 米）、山东济宁铁塔（九层，高 22 米）等案例的体量，将其放在"大型宝塔"中也未尝不可。而第二章中提及的一些主流形式的宝塔，也有很多体量并不是很大的佛塔，如第七节"石塔"中杭州灵隐寺的一座石塔只有 2 米高。如果说以"主要形式"和"演变形式"为分类依据的话，那么在主要形式中，"层塔"和"外廊层塔"之间更多的是从属关系，而非两个并列的形式；而"琉璃塔"和"石塔"显然是按照材质进行的分类，最后一种形式"群塔"则是从塔与塔之间的关系这一角度做出的分类。

如果我们结合《中国宝塔 II》的内容来看，也许会对伯施曼的宝塔分类提出更多质疑：《中国宝塔 II》包含两种主要的宝塔类型——天宁寺塔和喇嘛塔。在《中国宝塔》第二章第二节，作者对"天宁方塔"——"大型宝塔"的主要形式之一——进行了详细的探讨。从今天的宝塔分类体系来看，伯施曼的这种形式类型之间相互从属和背离的关系似乎十分值得商榷。然而，如果我们结合伯施曼在"天宁方塔"和"天宁塔"中提到的具体例子，以及伯施曼在 1938 年柏林东亚艺术协会的一篇演讲《辽金时期（11—12 世纪）中国北方的宝塔》和 1942 年在东方学会议上的一篇文章《异族统治下中国北方的宝塔》[1]，可以看出《中国宝塔 II》之所以集中探讨"辽金塔"和"喇嘛塔"这两种宝塔形式，其实关切的是特定时期和特定文化交融背景之下艺术形式的融合和创造的话题。

《中国宝塔》中"宝塔形式"的类型划分，需要结合每种形式列举的例子和伯施曼的整体研究进行专门而细致的讨论，这需要另著专题文章进行分析。无论如何，我们可以看到，形式划分和形式背后内容的探讨，成为《中国宝塔》面临的首要问题。这一问题旨在揭示中国文化在历史的变迁中，在面对自然、特定的历史境遇，特别是与不同的文化接触时，体现出来的创造力和精神性内涵。而这一问题在伯施曼中国建筑研究、写作中的聚焦和凸显，能够在 20 年代建筑研究和写作中寻找到线索。

---

[1] 参见笔者翻译的《异族统治下中国北方的宝塔》，《美术向导》，2015 年第 1 期，第 64—80 页。

五、结论：介入的意义：欧洲的中国艺术史图景

作为最早全面且系统研究中国建筑的西方学者，伯施曼的研究是西方学术的一部分，深深根植于欧洲对中国的接触和认知的历史中，同时带有重要的时代印记。某种程度上说，欧洲汉学的发展和中国艺术史研究的建立，为伯施曼中国建筑研究和写作奠定了重要的基础，使其研究的诸多方面成为可能。

近代以来，尤其是在两次世界大战期间的欧洲，中国艺术品的收藏和展览、中国艺术的研究，一方面呈现出了中国（或东方）的图像景观，另一方面则促成了中国和西方艺术观念之间的互动。20 世纪 20 年代欧洲对中国艺术品的视觉呈现（博物馆、藏品目录、艺术著作等）和对中国艺术史的研究，在欧洲涌现出来的图像景观，使得伯施曼这一时期的著作"转向视觉图像"，促使他出版了众多侧重中国建筑影像资料的著作；同时，这一转向也伴随着他自身的"艺术史转向"，其对中国建筑的研究因此也融入德国中国艺术史研究的潮流中。这一转向意味着中国艺术融入了古希腊—罗马以来形成的艺术史观念和历史中，同时也意味着欧洲的艺术史开始面对欧洲以外的艺术品和艺术观念。或许，《中国宝塔》在"宝塔形式"分类中呈现出来的种种"自相矛盾""悖论"和"混乱"，可以被视为一种隐喻，它代表着不同的观看方式和观念之间的碰撞带来的冲突和隐形的召唤。今天我们需要对其进行解码，而非简单地用一种新的观念替代或统合它。而解码的过程，或许能够为我们打开一个认知和理解文化迁徙机制的场域。

作者：赵娟，中央美术学院人文学院博士后研究员，从事美术史与文艺理论研究。2012 年毕业于复旦大学中国语言文学系，获文学博士学位。2014 年获德国德意志学术交流中心（DAAD）奖学金，赴汉堡大学交流、访问。博士后研究课题获中国博士后科学基金面上一等资助和特别资助。

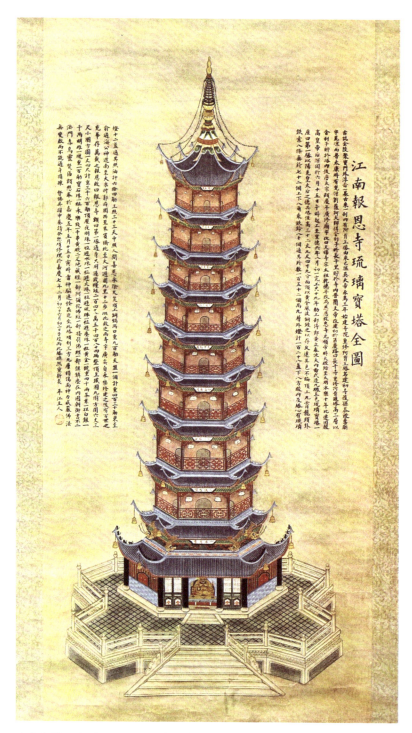

南京瓷塔。建于1412—1431年，毁于1853—1862年。按照一幅绘于丝绸上的绘画仿制，原画作于1810年左右。高112 厘米，宽52厘米。属于福兰阁（Otto Franke）教授的收藏品之一。

前　言

　　中国塔建筑，欧洲人习惯称之为宝塔，需专辟领地全面阐述。究其直接原因在于人们将其列入不同的建筑类别，并视为优秀的艺术品和宗教文物，以品别其中的兴味。自 1909 年考察中国建筑归来，我便着手从事中国建筑艺术与宗教文化的研究工作。在调查和研究过程中，自始至终，宝塔都格外吸引着我的注意力，接着便展开了专门细致的研讨。这也符合本研究领域的核心要义。在中国精神文化的领地，存在着清晰可辨的两个部分：即中国古代思想因素和后传入的佛教因素，二者相互关联，同时并行。因此，在建筑研究领域，对中国建筑的营建，也必须从整体上依据这两个方向来进行划分。这一基本的划分，我在此前的著作中已有勾陈：1911年出版的《普陀山》是关于佛教观音道场的个案研究，1914 年出版的《中国祠堂》则涉及了中国古代祭祀仪礼场所——宗庙和祠堂——的探讨。当前这本有关佛塔研究的著作则呈现出了宗教母题的转换，这将有助于在建筑研究领域进一步明晰地描绘出中国文化的双重视域。

　　本书脱稿成文，却经历了一个漫长的过程。《中国祠堂》出版至今，相隔之久，可一目了然。而这一过程却对本书的内在精神和研究目标，都有着根本性的影响。早在 1914 年，就我自己手头的材料，已经据其特征编排就绪。可是，第一次世界大战爆发了，我参加了战争，而战后的头一年，我领导了东普鲁士战争墓地的拆迁安置工作。因此，战争期间以及战后的那一年，本书的研究工作几乎没有什么进展。然而，在林林总总的重大损失和创伤中，在持续的混乱中，我们的领导层觉醒了，坚定地开始推动德国重建。伴随着德国文化领域的重建，我也重新开始推进因战争而中断的研究工作。

　　我的 1906—1909 年中国考察，以及随后持续进行的研究工作和成果的出版之所以能够实现，得益于我们的外交部门。而 1921—1923 年，中国宝塔相关材料编排处理工作的推进，以及阶段性的完成，同样也有赖于他们的支持。与此同时，新近成立的远东学会为我的研究计划提供了一笔丰厚的资金，解决了搜罗和加工材料时需要支付的酬劳。那时我已经清楚地认识到，必须从根本上超越和拓展个人的研究材料和观察的范围。在此前的研究著作中，主体材料都来源于自己的收集、整理和加工。在当前的著作中，这些材料只是一部分，当然，依然是数量非常可观的一部分。

第一次世界大战使得世界格局发生巨大变化。与战前相比，东西方于内于外，都走得更近了。我自踏入东亚伊始，自始至终坚定地认为：东方民族，尤其是中国，与现代开化民族门第相当，并驾齐驱。这一看法曾经甚为流行，而现在中国问题重重，其合理性则取决于一个更为有效的解释。尽管深陷逆境，但人们在学术研究上肯定不会一成不变。若人们能像全面关注东西方在经济以及政治方面的紧密交流一样，同时也关注那些带有明显的精神和物质文化特征的领域，那将多么美妙。若是能努力去探讨从史前时期到当代，中西方文化之间的深层关联，结合过去两个世纪以来，尤其是考古和艺术科学领域，借助日本和中国学者的记载、研究所取得的成果，定会发现：亚欧所有民族在发展的过程中深深地相互影响着。此一研究视野也影响着宝塔宏阔领域的考察，自然也超出狭窄的中国视野之外。

"正所谓所见所期，不可不远且大。然行之亦须量力有渐。"[1] 研究宝塔进一步的目标是要探求宝塔形式的起源、用途和演变过程，及其在整个东亚艺术大图景中的位置。这一目标应该置入欧亚文化交流的背景中，成为内在的驱动力。然而，主要工作还必须限定在具体任务上，即就中国宝塔的整体进行全面而细致的研究。第一次世界大战期间，海外已经出版了不少关于中国宝塔的资料。战后，先是一些德国的学者或者艺术爱好者从远东的监狱或远东被遣返，接着大批人员被中国政府驱逐。他们拍摄的有关中国宝塔的照片和报道也可以为笔者所用。

第一次世界大战之前的十年，也是德国在远东势力扩张的时期。这一时期，德国学者、商业人员及旅行者拍摄或从别的途径在中国获得了一些照片。现在，这些老照片也可以作为新的材料有计划地补充进来。这些图片资料相当重要，因为它们能够表明中华帝国的所有省份与宝塔构成的系统序列存在对应关系。与此

---

[1] 见于《近思录》。《近思录》成书于南宋时期，根据朱熹、吕祖谦的理学思想体系编排而成。——译者注

同时，也很有必要借助中国古代楼台的相关历史文献，特别是记载其宗教意义的书籍，去理解业已形成的形式图景。这类古典文献十分重要，好在欧洲存量可观，而且查阅也相对方便。还有相关的中文典籍，尤其是大百科全书式的《古今图书集成》[①]，以及州、府、县和寺庙的相关志书。这些已在优秀的中国专家的帮助下进行校勘，进而完成翻译。本书的第一章，列述了一些文献。因而，最初框架就是以中国为基础来呈现宝塔这一建筑艺术的细致图像。

时间很快到了1923年，有关宝塔的进一步研究工作，又中断了好些年。这期间，笔者完成了其他大量中国建筑研究的工作，尤其是从纯粹形式的角度对中国建筑的探讨，并且出版了相关著作。同时还参与了中德文化和学术交流活动。通过这些活动，两国关系变得更加紧密。当然，在这期间，我也不断补充中国宝塔的研究资料。1928年，书稿本来已经可以付印，但情况又一次发生了很大的变化，需要再一次从根本上进行扩展和调整。

首先，喜仁龙出版了关于中国艺术的皇皇巨著，还有一些尚待出版的著作也涉及许多新的宝塔。1925年日本学者关野贞和常盘大定[②]出版了具有里程碑意义的著作《中国佛教史迹》，对中国佛教遗迹进行了探讨，1929年全部完成。该书收录大量中国宝塔的图片，以及中文和日文的文献资料。现在需要把所有新的、有价值的材料都涵盖到中国宝塔的研究著作中来，尤其是相关的日文著作，在一些精通日文的中国朋友的帮助下，将其翻译出来。这样一来，就需要对原有的材料进行重新整合，范围比原有的扩大一倍多。需要将中华帝国十八行省的550多座宝塔和塔林，根据其形式、景观和历史特征进行分类。由此，可以为中国宝塔建筑的完整历史找寻到基本原则。宝塔的历史在某种意义上也是中国佛教的历史。实际上，本书结尾处，还会尝试着按照历史顺序呈现中国宝塔。

在研究目标和材料上的这些扩展，进一步促使我们的相关阐述更加集中地限定在晚清十八行省的遗迹上。对于东北地区、蒙古地区、新疆地区和西藏地区只是稍作涉及，国外的塔更是一笔带过。就连佛教的起源地印度也只是提到一些思想观念

[①] 伯施曼在《普陀山》的参考书目中提到了《古今图书集成》。——译者注
[②] 常盘大定（1870—1945），日本古建筑史学家，毕生致力于中国佛教的研究。——译者注

上的联系，以及一些有深远影响的例子。关于这些宝塔，我们有古时的记载，也有现存的例子，且数量庞大。

最后，对于本书的内容和目标而言，也一而再再而三地做出了一些调整。1930 年已经定稿，第一部分在秋季开始排印，且在一年内完成。第二部分在随后的 1932 年秋接续出版。

涉及的范围如此之广，550 座单体宝塔或塔林的序列如此之繁复，这样材料的分期分类，对于宝塔的描述就显得格外关键。单一地按照空间或者时间进行排序，都无法充分地认识到古建筑特有的本质特征。在中国所有的时期，风格上的相同或断裂同时并存，从而使得系统的认知也相应变得复杂起来。因此，在中国艺术的大部分领域中，容易招致这样的危险，即在对相关问题和关系进行探讨时，没有足够的比较材料，或者确定的发展序列。要想建立这样的发展序列，必须掌握大量我们熟悉的资料，并把形式的探讨作为起点；同时根据形态和完满性上的相同或相似，确定完整的宝塔类型。这样的尝试对研究目标的实现而言，可行且有效。有些宝塔的类型区分明显，同时又通过中间类型相互关联。于是有这样一个显著的、几乎可预见的事实：中国古代楼台的某些形态与其所处的景观空间的制约相关，也与特定时代相关。每个类型中，可能在空间和时间上存在一些共性。依据这些共性，在本书章节中自然地进行分类。在每一章节中，分述各个类型的特征，结合各自的塔例，对一些共属的形式进行探讨；而在同一个类型内部，则依据空间和时间进行排列。立足手中所掌握的图片和文字材料，对宝塔的探讨，或概述，或详尽，或宽泛，却也都得其要义。在《中国宝塔 II》涉及北京一系列宝塔时，情形尤其如此。本书的最后会另辟章节专门讨论天宁塔、喇嘛塔、多级塔，并对中国宝塔及其意义、形式和历史进行综合概括。

中国宝塔分布广泛，数量庞大。若要建立一个系统的序列，前提条件就是在整个领土的巨大空间中，理清宝塔之间，以及不同类型宝塔之间的关系，描绘出一幅巨大且完整的图景。《中国宝塔 II》的最后章节中，试图在个别已有研究成果的基础上，绘制出中国宝塔建筑史的鸟瞰图。这样看来，貌似可以通过单个案例的研究，在某种程度上来完成这项研究。然而，这项工作本身范围太大，只能作为进一步深入研究的起点而已。正是这些或简或详的个案描述，为我们指明了研究的方向。重要的中国宝塔，现在收罗进来的肯定只是其中一部分，而另外一些，迄今尚不为我们所了解，或者只是略微提到罢了。我们必须尽可能多地网罗整个国家不同地域、具有典型意义的宝塔，这样才能给出最有力的解释。任何一座单独的塔与寺庙的关系，都要在绘图、摄影和风景画中有所反映和记录，其地理方位的文献，只有很少情况下会用到，也需要有完整的解释。在接下来的工作中，我们将来要遵循的行动方向可以参照艾锷风和戴密微①在泉州工作多年的研究成果。新近他们有一本详尽研究福建泉州宝塔的专著。本书关于石塔的讨论中，也涉及该塔许多重要的细部。只有对其他大量宝塔进行类似的全面细致的研究，洞悉各个方面，将来才能够全面评价宝塔建筑的成就，才能理所当然地把它们归入中国宗教文化的大历史中。

当前研究所用的方法，及后面讨论所用的方法，完完全全立足于欧洲的学术传统。尽管在将来，中国学者会担负起责任，在这条康庄大道上发挥主导作用。他们的研究能够依据最为详尽精确的本土知识、实物，以及历史文献，也会采用新的方法，把中国和欧洲学者的研究进行整合。1911 年清朝政府倒台后，中国社会发生了巨大变革和进步。年轻的中国所拥有的活力和自我意识给精神文化领域带来了学术研究和语言自身构词的急剧变化。这将在中国学者未来的学术研究中得到最好的说明。在建筑研究领域，特别是古建遗迹考察和重要的古建文献整理研究中已涌现出了一些有价值的成果。西方意义上的中国现代学术大发展的时代指日可待，中国人必将引领中国研究。

本书的完成得益于诸多同仁的协作：建筑师卡尔·克雷茨（Karl M. Kratz）依据我采集的绘图和照片，完成了几乎全部的测绘图；容尼·黑夫特尔（Jonny Hefter）负责翻译中文文献；刘奇妮（Liu Cienye）负责翻译日文资料；我自己则完成了最后全部的撰写工作。尤其是在诗歌的翻译上，力求尽可能地保留原来的词序和韵律，尤其是音节数，同时又能拥有德语诗歌的音律和意蕴。很多情况下，可以实现两者的统一，这也表明即便那些言简意赅、难度甚大的汉语文本，也是可以被忠实地转换过来，甚至超越它。但是，在这种情况下必须放弃原有的

———————

① 戴密微（Paul Demiéville，1894—1979），法国汉学家、著名敦煌学学者。——译者注

押韵，牺牲诗句中蕴含的多重兴味。诗歌文字多由 T.C. 曾（T.C.Tseng）讲师抄录，也有一些由工程类硕士毕业生申成（Cheng Shen）完成。前面提到的常盘大定和关野贞两位先生也给了我很大的帮助，他们慨允我引用《中国佛教史迹》中的图片资料。此外，还要感谢喜仁龙、艾锷风、福兰阁 ①、海尼士 ②、乔治·魏格纳 ③、W. 林普里希特（W. Limpricht）、梅尔彻斯等诸位教授。现藏于芝加哥菲尔德自然史博物馆的徐家汇博物院的宝塔模型是本书的一个重要基础。对以上所有的这些，还有那些只是在列表中提及名字的图片作者们，致以诚挚的感谢，感谢他们的参与和协作。我自己手中现有的材料，也并非全部都要采用，如果遇到其他更好的材料，也会放弃它们。另外，肯定也不会采用超出限定主题框架的翻译材料。欧洲文献本身也只是用到了一部分，目前可参用的文献可谓汗牛充栋，有些重要的文献也可能被忽略。

在中文著作中，有大量丰富的宝塔图像，本书只采用了麟庆（Lin King）的游记著作，几乎没有怎么使用那些带有宝塔的、著名的、为数众多的、独立的绘画和绘图。大量使用这类材料，或许超越了当前的使命，即研究古代建筑的真实存在，而是要走出纯粹绘画的艺术领域，因为这大约只是它的一个方面而已。

文中图片的编排遵循双面都使用方便的原则，将同类的塔，或者是同一座塔的不同图片以及同一座塔的不同细部，排列在一起，以便直接进行比较。考虑到图文并排的视觉观感，图片中塔楼与其细部的比例尽可能地彼此适应，而宝塔的平面图、立面图和剖面图则毫无例外，几乎都选用了 1∶300 的比例。

为了追求图文的完整性，文本中完全省略了注释。必需的说明直接放进了文本叙述中，或者有时候只是择要标明，详尽的解释和标注可以参见《中国宝塔 II》末尾宝塔地理分布表，该表中列入的宝塔的信息全面且准确。表中那些连续的、不同的小数字符号，与文本中提到和讨论的宝塔，以及图片下面的编号，都可以一一进行对应。文末还有另外一些图表，或按照宝塔营建时间，或按照材质和尺寸，做了

---

① 福兰阁（1863—1946），德国著名汉学家，又译为傅兰克。曾任德国领事馆翻译、中国驻柏林使馆参赞、汉堡大学汉学系教授。——译者注
② 海尼士（Erich Hänisch, 1880—1966），德国汉学家、蒙古学和满学学者。——译者注
③ 乔治·魏格纳（Georg Wegener，1863—1939），德国地理学家和探险家。——译者注

进一步的编排整合，同时还列出了相关文献资料。文本中涉及寺庙、宝塔、山川、河流和历史人物，其名称都保留了汉字。与之相反，为了避免文本过于冗繁，帝王和皇帝年号则都略去了汉字，因为任何一本相关手册中，根据给出的年代都很容易查找出来并确认。州府、城市等的中文名称，基本上只是在《中国宝塔Ⅱ》末尾地名一览表中出现。

　　汉字的德文意思主要参考了福兰阁的解释。为了保持图文的整体性，进行了最大程度的简化。文中汉字的发音，送气音和不送气音会用符号进行区分，区分符号作为重音符号放在最近的元音上。除此之外，就不再使用其他的区分符号了，更多的时候则是通过不同的书写方式进行区分，如"tze""tse"和"te"，这对于内行来说，很容易区分。多次出现同属一体的概念，如地区名、州府和城市名、山川河流名，以及一些别称，则用一个词语来统称。当然也不可能做到完全如此，所以有些寺庙和湖泊的名称会分别同时使用。或许将来若是进行文本的修改时，可以试着将固定的概念用一个完整的多音节的语汇进行概括。第二格或者复数必须加"s"的用来表示强调，在汉语词后面几乎完全不用。因为这种构词法在德语语言中本身已是一个问题，若是用在汉语词汇上，就让人难以接受了。文中少量出现的梵语名词，同样完全没有用符号区分，很多时候只是为其选择一个最简单的书写方式，这种书写方式可能很少会用到，但是也几乎不会造成误解。尽管如此，在这些语言问题，以及汉语翻译的基本问题上，还是要请求专家们的包容，因为我并没有想将之提升到纯粹的哲学研究的高度上去。

　　最后，为这项令人愉悦的使命，我要向外交部、德国科学应急学会[①]，德国东亚艺术协会[②]及同仁，表达我诚挚的感谢，感谢他们在本书出版，还有物质上提供的支持和帮助。

---

① 德国科学应急学会（Notgemeinschaft der Deutschen Wissenschaft，简称"NDW"）是德国研究联合会（Deutschen Forschungsgemeinschaft，简称"DFG"）的前身，成立于 1920 年 10 月 30 日。——译者注

② 德国东亚艺术协会（Deutsche Gesellschaft für Ostasiatische Kunst）于 1926 年在柏林成立。——译者注

目录

第一章

中国宝塔：它们在自然与艺术中的形象

第一节　自然风光中的宝塔印象

当一名外国游客饱览中国的名山大川，领略各地的湖光山色后，印象最深刻的一定是那独特的宝塔。有些宝塔与别的建筑物相连；有些宝塔却独自伫立，成为地标，使远近的风景别具一格。在城市或是稍大一些的镇子里，为了营造景致，人们往往不会只修一座宝塔，通常会成组建造。不过，即便如此，几座宝塔也不会紧挨在一起。即使是在大城市中最多也只会有三到四座单塔。人们往往会将宝塔设置在重要的地点，使其围绕着人口稠密的市中心，远近距离各不相同。令人惊讶的是，虽然这几座宝塔不会同时在人们的视线中出现，可是在大家的脑海中它们却总是出现在同一画面中。这是因为它们与整座城市以及周边风景的壮阔画卷已经紧紧地联系在一起了。人们能感知到的这种联系已经远远超出我们肉眼可见的有限的、美丽的城市风光，而是到达了更高的精神层面。这也是宝塔这种建筑形式最初的建造目的所在。

自 18 世纪末以来，欧洲人就开始广泛使用"Pagode"这个词来称呼宝塔了，后来也变得越来越流行。时至今日，虽然法语中还有一个更日常、更简单的词语"des tours"来形容宝塔，不过越来越多的法国人也开始使用"Pagode"这个词。"Pagode"这一单词并不是"宝塔"的中文音译，而是新造的，有可能是从梵语或者汉语中某个具有特殊含义的词演变而来。在汉语中，宝塔的字面含义是珍贵宝物之塔。这里的珍贵宝物应该是指梵语中的"Triratna"，在汉语中被称为三宝，意指佛宝、法宝和僧宝；也有可能只是单纯代表珍贵的舍利。舍利常被藏于宝塔中，它是佛祖保佑众人的象征。"塔"这个字在古汉语中原指堆高的、用墙围住的土堆，后来又指砌成塔式的纪念碑。但自从佛教传入中国以来，大概就在公元元年之后不久，"塔"就代指新建造的佛教宝塔了，所以说到塔，人们往往想到的就是佛塔这一概念，这也解释了"宝塔"这个词的来源。

"宝塔"这一名称已经表明其带有宗教性质，往往与佛教古迹有关。塔身上关于佛教神灵的图案、佛教符号的纹样、宝塔与佛教寺院及圣地的紧密联系、与佛教相关的大量中文古籍、杰出巨作、州志县志中关于宝塔的建筑形式和建造历史的详尽记录，无一不证明宝塔是纯粹的佛教建筑。它们应当体现佛教教义，通过"塔"这一形式扩大佛教在远近范围内的影响力，这也是人们将其视作佛教世界灯塔的原因。

当宝塔处在自然风光中，特别是位于山上时，人们总是要参考道教和风水学中关于自然力的观点来选择宝塔的位置。由此可见，这些备受关注的佛塔与中国古代的信仰之间会存在矛盾。在中国历史的长河中，这种矛盾导致佛教遭受了多次打压，也直接影响了宝塔的建造。不过，这也使中国的宝塔保持在适宜的数量上，并没有爆炸性地增长，也算是有益的结果。从另一方面来看，两种观念被迫互相融合。在选择佛塔的位置时，佛教人士借鉴了道家关于和谐、美好自然的思想，尝试通过宝塔的建造来强化和阐释自然中蕴藏的能量，在这一点上他们十分成功。新的佛教学说甚至为此提供了一套极其完整、严密的体系，指导人们如何建造宝塔。宝塔建筑的每一个部分，甚至最微小的细节都拥有自己的含义，各类符号、纹样也都具有象征意义。而道家却利用宝塔来压制对手、发展自我、巩固地位。宝塔会对风景起到决定性的影响，所以道家将宝塔作为其风水体系中一个重要的元素，建造了供奉魁星①的宝塔或纯粹的风水塔，使它们完全没有任何佛教用途。显然，佛道之间的矛盾和他们在建筑方面的一些同化是长期发展的结果，因此，宝塔对中国山水的影响也是在历史的进程中逐步演化的。

到了隋代，人们总是能听说这里或是那里又新建了一座大型宝塔以及它们有何佛教意义，可是几乎没有人会将宝塔与自然景观联系在一起。自唐代开始，宝塔才被认为是山水中的一部分，慢慢出现在绘画中。值得一提的是，自8世纪以来，大量流传的散文与诗歌中也出现了宝塔这一元素。到了宋代，宝塔已成为绘画、文学和诗歌中的重要主题，常会出现在人们关于梦境、神话或者传说对神秘天界的描写中。这种现象在明代变得更为明显,这个时期的宝塔数量可能也是历史上最多的，通过绘画、雕塑和无数精美的摆件，宝塔这一元素得以进入千家万户，甚至还出现

---

① 魁星，通奎星，是中国古代神话中主宰文章兴衰的神。在儒士学子心目中，魁星具有至高无上的地位，中国很多地方都建有祭祀魁星的魁星楼。——译者注

在戏剧当中。明清时期，宝塔已然成为自然景观和艺术中不可或缺的一部分。

在中国，有关宝塔的记载最早出现在 3 世纪以及 6 世纪，主要是一些宗教传说，其中偶尔有一些零星的描述。不过，大约在 1200—1220 年，海尼士出版了一本名为《贝德克尔^① 中国指南》（*Chinesischer Bädecker*）的详细游记，他在对整个中国的描述中穿插记录了大量的宝塔。这本游记记录的主要范围是南宋的国土，也包括贵州和四川在内。根据他对当地的描述，我们可以得知，那些主要建于唐代的宝塔在当时已经算是独特的风景名胜了。而在此后的各种县志、州志中，包括各朝代的地理典籍和许多关于大型寺庙的零星著作在内，几乎都包含了关于宝塔的内容，也都将其归入名胜古迹这一分类。值得一提的是，有一些古籍可能是由虔诚的儒家弟子所著，比如山东的一些县志，所以他们自然略过了许多令人印象深刻的宝塔，或者只是一笔带过。我们可以猜测，他们这样做的意图是故意贬低或否定与儒家互为"竞争关系"的佛教。在著于 1686—1726 年的大百科全书《古今图书集成》的宗教古迹这一部分中，我们可以找到迄今为止有关宝塔的最完整、最全面的资料。书中所记录的各座佛塔及其相关历史都经过认真、详细地总结和补充，其中还囊括了大量的文章和诗词。在散文和诗歌中，宝塔的佛教起源总是被放在第一位进行描述，作者们也经常提及宝塔在周边环境中的相对位置、促使当地建造宝塔的各种因素，阐释宝塔与自然风光的内在联系，不仅将宝塔看作山水的一部分，也将其看作风水系统中的一个元素。这就是为什么我们如此看重《古今图书集成》这部文献的原因。各座宝塔中曾有的以及现存的石刻也都被拓写下来，收录在《古今图书集成》中，它们也属于重要的资料。书中许多关于宝塔的碑文是从原碑上拓下来的，有些罕见的印刷版是从中国的文人和爱好者那里收集来的，这些人并非全部是佛家的高僧，也有儒家的学者。诗人李白与杜甫生活在 8 世纪的唐朝，苏东坡生活在 11 世纪的宋朝，自这两个时期以来，儒家思想就已经和佛教紧密联系在一起了。这些收藏中包含了大量最原始的资料，通过阅读这些资料，我们对宝塔的真正意义、它们在中国历史上的地位有了更广泛、更深刻的理解。

---

① 贝德克尔是德国出版商，其同名公司为游客提供权威旅游指南，并制定了旅游指南的标准。——译者注

在很早之前，相邻的朝鲜半岛、通过朝鲜半岛与中国连通的日本，就已经了解了中国宝塔的形式和用途。他们开始接受这一全新的建筑元素，赋予宝塔属于他们自己的风格，建造了大量类似的名胜。不过迄今为止，他们看起来还没有充分理解中国宝塔内部深藏的奥义及其对外部环境造成的影响，特别是它们是如何影响周边景观的，他们建造的宝塔也就无法与中国的宝塔比肩。所以，他们自然要来发源地研习一番。根据我们已知的信息，早在 9 世纪，日本僧人圆仁①便到访了山西佛教名山五台山并参观了山中的宝塔。日本画家雪舟②在 15 世纪末所作的一幅庄严的山景画也广为流传，画中描绘了浙江宁波著名的阿育王山中的三座宝塔，它们虽分属不同的寺庙，却出现在同一幅画面中，画家运用中式绘画技法，为三座宝塔选择了一种在宏伟、神圣的自然中最令人难忘的排列方式。

越来越多的欧洲游客开始关注中国的宝塔。马可·波罗几乎没有在任何一个场合提起过这些宝塔，就好像完全没见过它们一样。虽然他的游记中也没有提到过长城，那是因为在他游历中国的那段时间，长城已经风化，成了断壁残垣。但是，在那个时期，在他游记中详细描述过的那些地方，比如杭州西湖湖畔或是泉州，已经建造了一些知名的宝塔。1517 年，欧洲人开始殖民扩张，1580 年传教士来到中国，自那时起才陆续有一些记录中提到了宝塔，最早的一条可能是由谢务禄③神父于 1613—1635 年所写的关于南京瓷塔④的记录。李明⑤于 1685 年来到中国，游历了十年，也留下了一些记录。约翰·纽霍夫（Joan Nieuhoff）于 1655—1657 年被荷兰东印度公司派驻北京，他的游记成书于 1666 年，该书为早期，甚至是现在的一些关于这些独特宝塔的研究提供了惊人的帮助。他所做出的

---

① 圆仁（793—864），日本佛教天台宗门派创始人。圆仁在唐朝生活近十年，在长安近五年，曾到五台山巡礼，足迹遍及今江苏、安徽、山东、河北、山西、陕西、河南等省。他用汉语所著的《入唐求法巡礼记》是研究唐朝历史的宝贵资料。——译者注
② 雪舟（Sesshu，1420—1506），日本水墨画画家，名等杨。原为相国寺僧人，1467 年来到中国，游历名山大川。代表作有《四季山水画》《天桥立图》。——译者注
③ 谢务禄（Alvaro Semedo，1585—1658），又名曾德昭，葡萄牙籍传教士。1613 年到达南京，1616 年经历南京教案，后改名曾德昭潜回中国继续传教，1636 年离开中国。——译者注
④ 指南京大报恩寺琉璃塔。——译者注
⑤ 李明（Louis le Comte，1655—1728），字复初，1684 年受法国国王路易十四派遣来华传教。——译者注

贡献是独一无二的，他不仅留下了详尽的文字描述，还绘制了大量的铜版画，画中展现了各座宝塔与城市风光和自然景观的关系。在后文中，我们还将从美学的角度，仔细探讨这些版画的重要意义。我们也应当感谢 17 世纪和 18 世纪的其他传教士，尽管他们的文章中只是偶尔会提到几句与宝塔相关的内容，但正是他们留下的大量记录，才让我们走进了中国人的精神世界。随着我们与中国的关系更加紧密，特别是当英国人在中国设立了更多的办事处之后，人们出于好奇，对这个国家的文化和人民的生活方式进行了更多的研究，同时也将更多的注意力放在了宝塔这一建筑形式之上。斯当东 ① 随马戛尔尼 ② 使团于 1792—1794 年到访中国，他在文章中多次提及宝塔。1816 年，英国派出由阿美士德 ③ 率领的第二拨使团访华，副使依里斯（Ellis）也对宝塔做了更详细的描写。前往中国的游客中有一部分是带有科研目的的学者，如今他们也将对中国内陆的探索视作更有趣的旅行，并将其列入了他们的旅行计划。他们在文章中总是会提及各地的整体风貌，自然也绝不会忽略宝塔的存在，有时还会附上素描或是精美的版画。这些学者中包括埃利奥特（Elliot），他于 1835 年出版了有关中国的风景画册；阿罗姆 ④ 的画册出版于 1844 年左右；福腾（Fortune）于 1843—1861 年在产茶区徒步旅行，针对宝塔写下了很多感想，令人惊叹；1844 年，遣使会传教士胡克（Huc）和加贝特（Gabet）随拉萼尼（Lagrené）率领的法国访华使团到达中国，1846 年从四川出发，沿长江而下进行旅行；俄国人基里洛夫（Kirillov）在 1830—1841 年针对北京及其周边地区做了许多研究。受到 1856—1860 年战争 ⑤ 的影响，自那时起直到 20 世纪初，去中国旅行或是在那里停留很长时间变得越来越常见，这引发了一股撰写中国游记的风潮，在这些游

① 斯当东（Sir George Staunton，1737—1801），英国探险家、植物学家，受雇于不列颠东印度公司，为马戛尔尼访华使团的副使，参见下文。——译者注
② 马戛尔尼（George Macartney，1737—1806），英国近代著名政治家，曾率领使团以给乾隆皇帝祝寿为名，于 1793 年抵达中国，欲通过谈判打开中国市场，却无功而返。——译者注
③ 阿美士德（William Pitt Amherst，1773—1857），英国外交官，曾于 1816 年代表英国率团访华。——译者注
④ 托马斯·阿罗姆（Thomas Allom，1804—1872），19 世纪英国皇家建筑师协会（RIBA）创始人。据说他从未到过中国，借用了马戛尔尼访华使团随团画师威廉·亚历山大（Willian Alexander）的画稿，重新刻绘了 120 多幅 19 世纪中国世态风情版画，成为西方最早、最著名的中国画册。——译者注
⑤ 指第二次鸦片战争。——译者注

记中，几乎没有哪一个人会忽略宝塔或不附上宝塔的照片。宝塔是中国风光的一部分，这一事实已深深地镌刻在欧洲人及美国人的脑海中。

虽然这一热潮让人们了解了宝塔的外在形式，却没能向外传播宝塔真正的内在含义，而且人们也才刚刚开始从纯粹的艺术角度来看待宝塔的这一形式。《中国丛报》①创刊于 1832 年，一直刊登关于中国各个方面的研究性文章，直到 1837 年《中国丛报》上才第一次刊发了一篇关于风水信仰是如何影响广东地区的人们新建以及修缮宝塔的内容。随后，《中国丛报》又在 1844 年刊发了美魏茶②针对宁波的几座宝塔作出的评论③，1850 年刊发了威廉姆斯（Williams）针对广东及其周边地区宝塔的详细研究。两篇文章都参考了中国本土的文献，确认了宝塔的佛教用途。关于佛教的知识当时已经广为流传，克彭（Koeppen）在 1857—1859 年整理了一份德语版本，这也帮助人们了解了中国宝塔。美魏茶还撰写了一篇详尽的文章——《中国宝塔》（Pagodas in China），于 1855 年发表在《皇家亚洲文会北中国支会·会刊》（*Transactions of the China Branch of the Royal Asiatic Society*）上。这本杂志历史尚不长，创刊于 1847 年，可在此刊物上发表文章在当时算是一个了不起的成就。与此同时，现代汉学家中的翘楚儒莲④于 1844 年在《风景画报》（*Le Magasin Pittoresque*）杂志上发表了一篇文章，仔细描写了南京的瓷塔，也就是大报恩寺的琉璃塔。其他的汉学家也紧随其后，接连发表了关于宝塔的文章，只不过他们都没有对宝塔进行详细的、系统性的研究，直到今天仍然是这样。艾约瑟⑤1893 年出版的《中国的佛教》（*Chinese Buddhism*）和同年出版的《中国的宗教》（*Religion in China*）两本著作中的文章涉及了各个方面的内

---

① 《中国丛报》（*The Chinese Repository*），是由美国传教士裨治文在广州创办、向西方读者介绍中国的第一份英文刊物。所刊文章涉及中国政治、经济、地理等各个方面。这些记录均来自早期传教士的亲身见闻，为珍贵的第一手史料，对研究 19 世纪上半叶的中国史和中外关系史具有极其重要的价值。——译者注

② 美魏茶（William C. Milne，1815—1863），英国传教士，1839 年来华，著有首部公开发行的传教士中文小说《长远两友相论》。——译者注

③ 指美魏茶所写的《宁波七月记》（*Seven Months' Residence at Ningpo*）。——译者注

④ 儒莲（Stanislas Aignan Julien，1797—1873），法国籍犹太汉学家，与沙畹、戴密微并称为"汉学三杰"。以他的名字命名的"儒莲奖"被称为汉学界的诺贝尔奖。——译者注

⑤ 艾约瑟（Joseph Edkins，1823—1905），英国传教士和著名汉学家。——译者注

容，其中也详细描写了他前往五台山的一次旅行。同年，俄国人璞科第[1]也写了一篇有关五台山的文章。20 年后，1913 年左右，上海徐家汇天主教会的葛承亮[2]完成了一件大事。他让人在他的工艺学校[3]内打造了83 座宝塔的木质模型，这些模型选择了中等大小的比例尺，均为1：40。正是这些模型，让人们第一次有了正式、系统地比较这些宝塔的机会。1915 年，徐家汇的这一系列宝塔模型被送去旧金山世博会参展，为此卡瓦纳（P. Kavanagh）特意撰写了一篇文章，这篇长文也被刊发在同年的《皇家亚洲文会北中国支会会刊》上。1919 年，高延[4]在他的学术著作《中国佛教最神圣之圣物——宝塔》（*Der Thupa, Das Heiligste Heiligtum des Buddhismus in China*）中研究了这一建筑形式，文中他将宝塔称作"Thupa"或是"Stupa"，这是梵语的称谓。他的著作囊括了现代汉学和印度佛教的知识，这是历史上第一次，也是至今为止为数不多的几次之一，有人从各个方面详尽地研究了中国宝塔的内在含义，书中参考、摘抄了大量的资料。对研究宗教的学者来说，这部作品是一流的参考文献，所以我在编写本书的过程中也时常翻阅。然而高延提出了一个观点，当他那本有关建造宝塔目的著作出版后，人们再以这些著名的宝塔为主题写作就是多此一举了。只不过，后来各类文章、著作还是层出不穷，笔者这本书的出现自然也驳斥了他的这个观点。高延只从外形和艺术性的角度研究了宝塔，却忽视了这类建筑古迹如何影响宗教、政权，甚至整个文化的发展，而这些才是至关重要的问题。这类问题有很多，想要解决它们只能通过研究大量的案例，找到它们形态的起源。宝塔的艺术造型和它在宗教或是风水学中的用途同样重要，因为通过观察它的艺术造型，关

---

[1] 璞科第（Dmitry Dmitrievich Pokotilov，1865—1908），俄国外交官，东方学家。1888 年奉派来华，为驻华使馆通译生，1908 年去世于北京。——译者注

[2] 葛承亮（Aloysis Beck，1853—1931），德国建筑师，对中国文化怀有浓厚的兴趣，尤其崇拜诸葛亮，因此取名葛承亮，字卧岗。1894 年担任土山湾木工部主任。他擅长建筑，精通木雕、绘画、摄影、音乐。获 1915 年世博会甲等大奖章的中国宝塔是他的巅峰之作。——译者注

[3] 指徐家汇土山湾孤儿工艺场。1864 年天主教耶稣会创办了土山湾孤儿院，先后收养了近万名孤儿和贫困幼童。后来，传教士们又创办了土山湾孤儿工艺场，开设了绘画、雕塑、印刷、木刻、金工、照相等工场，让孩子们能够习得一技之长，很多孩子后来成长为海派大师。——译者注

[4] 高延（Jan Jacob Maria de Groot，1854—1921），荷兰汉学家，欧洲最早研究中国宗教的学者，中国宗教田野研究方面的先驱者，著有《中国的宗教系统及其古代形式、变迁、历史及现状》等。——译者注

于这座宝塔的许多背景知识你就已经了然于心了。因此，有些学者先从中国艺术这一角度来研究宝塔，而忽略其哲学含义，也不无道理。

最早的关于中国艺术的著作由帕列欧洛格[①]和卜士礼[②]分别于 1887 年和 1904 年完成，两本书中都涉及了几座宝塔，但是都没有提及它们在形式上的不同，也没有研究它们在风景中的不同之处。如果再将范围扩大一些，在一些关于建筑艺术史的著作中，作者们也粗略地介绍了中国艺术，比如 1899 年出版的由弗格森（James Fergusson）所写的一本关于印度的著作[③]、弗莱彻（Fletscher）于 1905 年出版的著作和贝诺伊特（Benoit）于 1912 年出版的著作。最早的一本正式且大范围、系统性总结中国宝塔的书籍是 1912 年由明斯特贝格[④]所写的《中国艺术史》（*Chinesische Kunstgeschichte*）和 1921 年福尔曼（Manfred Fuhrmann）所写的《中国》（*China*），不过这两位学者都没有沿着这个方向继续研究下去。我本人在 1924 年尝试在《隋朝及唐朝初期的宝塔》（Pagoden der Sui- und frühen Tangzeit）及《铁铜塔》（Eisen- und Bronzepagoden）两篇文章中详细研究了一些特定地区的宝塔。1925 年和 1927 年，我分别在《中国建筑》（*Chinesischen Architektur*）及《中国建筑陶艺》（*Chinesischen Baukeramik*）中整理了大量的宝塔案例。1924—1929 年，关野贞和常盘大定完成了日文宏伟巨作《中国佛教史迹》，他们在严谨的汉学基础上，拍摄了精美的照片，记录下准确的文字，从历史和人文的角度研究了大量的宝塔，书中还有一部分内容以艺术为出发点，这一切都为现在的各类研究提供了崭新的、最佳的基础资料。不过这本著作只是单独介绍了各座宝塔，并没有提及它们的内在联系。与此同时，1925 年，喜仁龙在他的巨著《5—14 世纪中国雕塑》中也公开了由他自己拍摄的许多宝塔的照片，并将其中一部分按照艺术史的时间进行了分类。1930 年，他在另一部宏大著作《中国早期艺术史》

[①] 帕列欧洛格（Maurice Paléologue，1859—1944），法国外交官、历史学家，著有《中国艺术》（*L'art Chinoise*，1887）一书。——译者注

[②] 卜士礼（Stephen Wootton Bushell，1844—1908），英国医生、汉学家，在北京居住长达三十多年，著有《中国美术》等。——译者注

[③]《印度及东方建筑史》（*History of Indian and Eastern Architecture*）。——译者注

[④] 明斯特贝格（Oskar Münsterberg，1865—1920），德国汉学家、收藏家。——译者注

（*Historie des arts anciens de la Chine*）第四卷 "建筑"（L'Architecture）中更深入地探究了这一领域。此书中将 41 座宝塔按照外形分类，分类时也参考了宝塔的历史。关于中国艺术的最新著作由斐士[①]和奥托·屈梅尔分别写于 1928 年和 1929 年，书中主要介绍普通的艺术作品，恰好也涉及了宝塔这一领域，列举了大量的案例。笔者对此做了一些研究，在过去的数十年中，各类文献积少成多，使我手中现有的参考资料得以补充、完善，这也是我今天能完成这本书的原因。

迄今为止，人们似乎已经针对宝塔这一领域做出了全面的研究。正是各位学者所拥有的汉学基础和做出的很多重要的前期准备，才帮助人们成功领会了这一重要领域的核心要义。除此之外，我们目前也了解了一些中式研究方法并正努力向其学习，现在正是对更多艺术作品进行广泛研究的时候。就算是在人们更为熟悉的雕塑、绘画和工艺美术领域中，尚有某些中国艺术品不能确定其确切年代的情况，更不要说宝塔了。在大多数情况下，想要判断它们准确的建造年代，需要研究这座宝塔方方面面的信息，这也有助于梳理出真正的中国艺术史的脉络。在中国的建筑艺术领域也是如此，其中最主要的一种建筑形式是中式大殿，而想要总结出一个大殿建筑完整的发展史几乎是不可能的。得益于庞大的结构，宝塔的建造往往会被人们记录下来，这也就给了我们探寻其历史所需要的更准确的信息。

此外，在中国如今仍保存有上千座宝塔，它们虽建于不同时期，却几乎仍旧在宗教信仰中发挥着作用，这是因为它们始终植根于人们的潜意识中。从宝塔的艺术造型和其与周边建筑群的融合度这两方面看，它们仍然起着重要的作用。在中国广袤的大地上，尽管人们每次修缮、翻新宝塔的焦点都是将其改造得更加现代化，但是古老的核心还是延续了下来。在过去的几十年中，这一事实使得宝塔的研究变得更加容易，也增进了人们对宝塔的了解，即使各地的宝塔自然而然地逐年风化，却仍将在未来很长的一段时间内存在于人们的记忆中。实际上，自 19 世纪以来，许多重要的佛塔被人忽视，已成为废墟，甚至完全消失，再也没有任何修缮的可能性了。如今，宗教力

[①] 斐士（Emil Sigmund Fischer，1865—1945），奥地利商人、旅行家、作家，曾承建清华学堂，开办天津顺泰洋行，著有《1894—1940 年在华旅行记集》（*Travels in China*，1894—1940）等多部中国旅游指南。1928 年的著作应指其《日本、朝鲜、中国游记》一书。——译者注

量不足，物质条件匮乏。虽然在中国的一部分地区佛教又被重新发扬光大，却也只促使人们修缮了一小部分的佛塔。在 19 世纪，中国江河日下，这种现象总是在重复发生。在经历了一个世纪的完全停滞之后，中国人的思想转变了，至于他们是否还会重新修建宝塔，对此我持极其怀疑的态度。因此，人们也必须直面这一事实，宏伟的古迹身处一段长期的宗教史、建筑史的发展历程中，所以它们在中国的历史上不断地消失又不断地被重建，才最终形成今日的形态。如今，只要宝塔作为民族精神的一部分仍屹立不倒，人们就应当赶紧搜罗所有可以收集到的资料并尽快进行研究。尽管宝塔中最重要的古老文物都得以保存，但它们的变迁也显而易见。

作为宗教遗迹，宝塔算是中国文化中最精致的一部分，中华民族的内在力量通过宝塔的历史和建筑形式得以展现。它们不仅是佛教观念、佛教历史中具有重要意义的象征，也代表了中国传统的普世主义文化——人文精神与自然融为一体。所以宝塔不仅与自然世界，也与中国宏大的政治历史关联紧密。此外，我们选择了大约550 座不同的宝塔或塔群，按计划对它们进行了考察和分类。从纯粹的建筑和艺术角度来看，根据它们在地理位置上的差异，形式会有所不同，这也使针对其发展史的梳理更加容易。通过针对宝塔这一稀有形式的特别研究，我们又向着最终目的地更进了一步，那就是将中国作为一个整体，理解并探讨其本质。

前文对研究宝塔的前提和目的做了总体的概括，其中提出的一些主题我们将在后续章节中通过单独的案例予以论述。第一章的后续部分将继续聚焦在宝塔给人的外在印象上，我们将详细阐述它们对自然景观产生了什么样的影响。我们首先将说明宝塔的宗教用途，然后探讨人民、大地和宝塔之间的联系究竟代表了什么样的价值，在此之后我们不仅可以正确地理解外部的风景画卷，也能知晓宝塔在其中的作用。

同样作为宗教之塔，将宝塔与我们的教堂塔楼进行比较是很有意义的。毫无疑问，这两种形式的塔楼有着相似的用途。通过它们非凡的高度，两者都影响着周边地区，向外传播它们的神圣之处，两者都与用于祭祀的建筑相邻。唯一的区别是宝塔总是立于寺庙的大殿旁或是立于寺庙之外，而自中世纪以来，教堂塔楼几乎总是教堂的一部分。教堂塔楼在 6 世纪第一次出现在意大利时，也是单独伫立于教堂旁边的。有人可能会猜测，这种建筑形式是由亚洲传入西方的，但其实它是自发地在西方发展成了重要的建筑元素。虽然教堂新建的塔楼中的钟是由中国传入西方的，但是塔楼本身与中国宝塔没有必然的联系，它们发展于同一时期。至于大型钟起源于何时，我们从没有找到过答案。教堂塔楼和中国宝塔很可能有共同的起源，说不定都来源于波斯或印度。

这两种类型的塔楼其根本区别在于，西方的教堂塔楼是周边教区的标志物，也就是说通常每个教堂都必须有一座塔楼；而在中国，只有很少的一部分佛教寺院中建造了宝塔，其他的传统宗教或是道教的道观中则完全找不到佛塔的影子。这样的结果是，我们西方的城市中通常都有大量的塔楼，它们塑造出了如画般的城市天际线，广为人知；而在中国，即使是在百万人口的大城市中，也只有很少的几座宝塔，它们作为标志物存在，在城市周边空旷的乡村中也只会有零星的几座。在我们的城市中，各座教堂塔楼代表了城市中划分出的各个城区，尽管在拥挤、有限的空间中，众多建筑物密集地聚集在一起，实际上却各自独立、分散，每个个体始终处在前景之中。而中国的城市风貌则给人另一种感觉，零星的几座宝塔立于关键的位置，甚至城中只有唯一的一座宝塔，却能影响远近周边的地区，就好似一条精神上的纽带，将各地区联系在一起。在一马平川或是起伏不平的地形中，这种差异可能会变得更加明显。在我们这里，几乎每个村庄都有自己的教堂塔楼；在中国，村庄的规模通常更大，而且彼此之间相距不远，却只会有一座大型宝塔，以凝聚各地的影响力。实际上，西方国家中的教堂塔楼数量比中国以往任何时候的宝塔数量都要多。但是我们这些带有塔楼的教堂几乎只在很紧凑的空间内对景观风貌起着有限的作用，人们很少有意识地将它们融入风景之中。当然也有一些例外情况，不过那都是一些供人朝圣的教堂或是山上的小教堂。与之相反，将宝塔融入山水之中的意识在中国是一种规则。那里的宝塔不会或是很少拥有供人朝圣的功能，更多的是为了使山水更有生气并传播宗教的影响，宣扬佛祖保佑众生。所有视线可见宝塔的地方，甚至范围更远的地方，皆会被其影响。出于这种目的，宝塔成为风景的一部分，独自立于山水之间，不论是内在含义还是外部形式都有着一套自己的美学原则，结构和细节各方面都和自然互相融合。在中国，我们体验到了宗教、对大自然美的感知和一种极其适宜的建筑形式之间最紧密的联系。没有什么比这个更能证明中国人的普世主义价值观了。

在中国各地，无论风景如何变化，都可以看到建筑群完美地排列于山水之间。不论是从北方的东北地区、北京到最南端的广东，还是从东部的沿海到西部西藏地区的高山，甚至是到西北部的蒙古地区，人们在为宝塔选择塔址时都遵循了同一个原则，每一处的宝塔都融入大地之中，令人赞叹；不论是在黄河和长江下游的广袤平原上，还是连绵的山脉、高山之间的小小平地上，不论是河流旁、道路旁还是村庄中，它们都能适应各式各样的地形条件。微小的地形起伏或是山脉尽头的山麓小丘也被巧妙地利用了起来，人们通常会赋予这些地貌一个带有神话色彩的故事、某些象征意义或一个生动的本地传说，并通过宗教和文学方式让其流传下去，而现在，人们也通过建造宝塔来"表现"这些传说。一处地点能成为佛教圣地的原因往往不难找到，通常是与遗留下来的舍利、高僧曾在此处弘法或是与周边发生过的特殊佛教事件有关，但是风景中蕴藏的含义似乎始终是其源头。风水师如何在一个区域内选择建造宝塔的位置，是一门伟大的艺术，高山、河流、池塘、湖泊都是绝佳的有利条件。通过建造宗教建筑，一幅绝妙的画卷出现了，宝塔的建造地点经过精心挑选，可谓是画龙点睛之笔。不论是从轮廓、尺寸、形态还是高度各个方面来说，它们都使周边环境、自然风景、耕稼之地同建筑艺术和谐地统一。建造宝塔的想法、建造过程，甚至其外观造型通常由周边众人群策群力。各种记录也会反复提到，人们会更改宝塔的高度和大小，只为让它与周围环境相协调。事实上也是如此，所有的宝塔都体现出了建筑和山水之间的微妙平衡，几乎毫无例外，这与中国山水画艺术完全一致。

宝塔主导的中国山水风貌给我们留下了美好的印象，这是基于一系列的艺术观念得到的结果，也是人们想要了解清楚的。宝塔完美地伫立在风景中，它们始终处在正确的位置、有正确的高度、尺寸和造型，几乎从没有任何不妥。你可以尝试设想某座宝塔并不存在，在绘画时将其隐去或者在照片中将其用手遮住，此刻风景中便会产生一处空隙，你便会立刻想用一座宝塔来填满它。宝塔的造型与其周围所有的建筑形式都不同，在自然环境中是独特的存在。宏观来看，它的轮廓、尺寸和独一无二的结构会一下子跃入你的眼帘，令人难忘，因此甚至可以和各种奇特的自然地貌完美融合。微观来看，它的细节、飞檐、开洞、塔顶和塔刹的形式，又与生机勃勃的自然中柔软、流动的形态共存。古代中国人在建造宝塔的过程中就已经意识到了这种与自然共鸣的力量。在历史的长河中，地貌缓慢变迁，宝塔与山脉、平原和水域有着最紧密的联系，逐渐成为最高级的存在，也逐渐成为道家的象征。老子对"道"所评述的话语，也同样适用于宝塔 ①。到了后来，尽管宝塔成为中国佛教的标志，它们对道家的意义也并没有减少，反而增加了。

中国人最高级的艺术就是将宝塔以及其他的建筑物以最出色的方式排列于自然中，这一点在与别的国家对比时尤其明显，包括我们国家在内，特别是最近这段时间我们提供了大量的反例。与中国人不同，我们往往不是顺应自然，而是与之相反。人们总是想通过自己的作品"战胜"自然，最终却只会毁掉自然的灵气。庞大的建筑物总是被放在最显眼的位置上，它们没有分割、毫无生气的巨大体量压迫着周边的环境——附近的水流、山峰、山谷，甚至是整个村镇。人们总是把自己放在与山水相矛盾的位置上，而不是突显自然风光的美好，或为其进行补充，使其更具特色、更有光辉。当然，在我们这里也有建筑与自然巧妙融合的案例。无论它们是在城市还是村庄中，无论它们是修道院还是教堂、城堡，或是宫殿、住宅小区、功能性建筑，抑或是宗教古迹，无论它们是单独存在还是成组出现，总能塑造出一幅或宜人或宏伟的风景画卷，触动我们的内心。但是中国人明显比我们更善于使用这种手段，他们认为自然有灵，并将其拟人化，在文学和艺术上赋予它大量清晰而完整的象征意义。建筑艺术与有机的自然始终完全一致，建筑构件和装饰元素中轻微弯曲的线条是其中最为核心的一点。中国人可以充分感知到事物的变幻，意识到普天之下一切事物终为一体，不论它们是来源于自然还是由人类创造，就这样，他们在山水之间建造了宝塔。从这里可以看出中国人内心深信不疑的观念，同时也是他们高级艺术的根源：人们可以自由创作，但是得在一定的范围内，一切应当顺其自然，应当感激上天赐予我们的幸福和安定，顺应天意，乐于奉献。

---

① 应指《道德经》中的哲学思想"道法自然"。——译者注

京杭大运河旁的江苏扬州府

京杭大运河旁的江苏高邮州

章水旁的江西南安府

赣江江畔的江西吉安府

北江江畔的广东英德县

北江江畔的广东韶州府

图 1 带有宝塔的城市风光。纽霍夫在 1666 年以及 1668 年绘于阿姆斯特丹。纽霍夫曾于 1655—1657 年间从巴达维亚出发到访中国。

第二节 自然景观中的宝塔案例

在我们了解宝塔中的卓越案例的外观和历史之前，可以先研究这一系列的宝塔对自然风光的影响。鉴于手头材料丰富，在这一部分以及后续的章节中，我们的研究对象大部分为户外的大型宝塔和一些建筑物内部的宝塔。宝塔的复制品，譬如可移动的装饰品或是艺术作品中描绘的宝塔只会被简略提到，并不会作详细介绍。以这种方式，可以将有限范围内的问题研究得更加透彻。在某些情况下，宝塔的用途与自然景观紧密相关，我会先在这一部分简要介绍它，然后在后文的其他分类中对其做出详尽的描述。此外，以下部分只是一个初步的汇编，其他章节中会介绍更多的案例，展示宝塔如何被优雅地融入自然风光中。

机械照片只能隐隐约约地展示宝塔的魅力，平原上的宝塔尤其如此。肉眼可以快速地变换观察的角度，使远处的物体更近、更大，使它们与整个画面的中心——宝塔融为一体。不论怎样，你都能从这张照片中看出位于浙江嘉兴府、大运河西岸

图 2 浙江嘉兴府大运河旁的方形外廊式层塔。伯施曼拍摄。

的这座方形外廊式层塔与周边建筑群的联系。这里有一座细长的、南北向的寺庙，寺庙的东南角有一座供奉魁星的塔楼，而其东南方向的大型宝塔使此处更加引人注目，并加强了寺庙与墓园、树林及繁忙的大运河之间的联系。运河旁的宝塔十分显眼，即使你站在低矮的岸边，仍能看见这座宝塔，这也使它成为航运和陆地上的标志物。江西中部新干县也有这样一座宝塔，它伫立于赣江旁一块向外突出的礁石上。前人为这座形状规则的白色级塔所选择的位置——一块突出的礁石——给赣江湍急水流边林立的各式宝塔在地点的选择上做出了示范。沿着这条路线旅行的所有欧洲游客都提到了这里，描绘得最详细的是纽霍夫。他沿着北江穿越广东北上，途经梅岭古道①，沿着赣江穿过江西。旅途中，他看到了许多宝塔，大多数在大城市中，也有一些在小城镇中。这些明代蓬勃发展的建筑艺术的成果——精美的宝塔令他百看不厌，赞不绝口。他用极其精准的绘画展现了一系列宝塔与城市、山脉之间的特别联系，直到今天仍无人能出其右。这些绘画完全体现出了这些建筑物最真实的特征。在这一系列的绘画中，我选出了一部分作为本书中的图 1，利用版画的形式印刷了出来。其他的绘画将会被穿插在后续的章节中，并进行详细介绍。图 1 中的每一幅图画都展现了宝塔对一座滨水城市所代表的意义，就算是在中国东南部的崇山峻岭中也是一样。当然，宝塔的细节并不能通过绘画全盘展现，但画中宝塔的大小、结构与现实情况是相符的，包括画中的城市、景观也与现实情况相同。这些图画是纽霍夫根据现场画出的草稿为蓝本绘制而成，这是我在检查之后做出的判断。

在他记录的广东的多座宝塔中，纽霍夫非常详细地描写了英德县的一座宝塔。这座城市位于北江上游，周围被奇山峻岭环绕，这里"有一处安全的避风港，可以抵御湍急的水流。大自然似乎希望用这样一座安全的港口来抵消这条奔腾的河流给人们带来的消极影响，若有风暴，往来的船只可以驶进此处，安全地躲避危险。当它们驶入港口时，人们可以在右侧看见一座美丽的九级高塔，它由人工修建而成"。因此，这座宝塔象征着佛祖对这座宁静港口的庇佑，在纽霍夫的另一幅绘画和一段文字描述中，也更明显地提及了这一点。在其北部的韶州府，还有一座宝塔能保佑

---

① 梅岭古道，也称梅关古道，位于广东南雄市市区与江西大余县县城之间。梅岭在两省交界处，梅关在梅岭之巅。——译者注

图 3 江西新干县赣江旁的一座层塔。魏格纳拍摄。

人们避开危险。这座宝塔伫立于北江一条支流的源头，"这个地方在中国的渔民中名声并不好，因为这里总有急流，河底也有暗礁，所以时常发生沉船事故，特别是在有雷雨和风暴时"。因此，人们在河岸边建造了一座寺庙，路过此地的旅行者在此祭拜当地的神仙，并献上供品。"在城郊附近的河流中央有一座矮丘，矮丘之上有一座塔，塔身共五层，形态工整，运用古法修建而成，人们无法接近这座水中宝塔，划船也不行。"人们在河中央这座极小的岛屿上修建了一座宝塔，就在危险区域旁边，以期待宝塔庇护众人。纽霍夫还提到了广东最北部的城市南雄州的一座宝塔，南雄州在北江的上游，紧邻梅岭古道南端，可他却没有在精美的风景画中绘上这座宝塔。根据他的记录，修建梅岭驿道的一位官员 ① 在此也修建了一座美丽的寺庙，在寺庙旁边有一座九级宝塔，与别处的宝塔并无不同，也是由能工巧匠建造而成。作为标志性的建筑，这座宝塔用来纪念这位官员开辟梅岭驿道这一丰功伟绩。

---

① 唐朝开元年间，张九龄奉诏在梅岭劈山开道。从此之后，梅岭驿道成为中原进出岭南的要道、长江与珠江相连的黄金通道，也是中国古代经济往来和文化交流的重要通道。——译者注

图 4　江西南康府的宝塔。南康府南城紧靠鄱阳湖北岸。参见 21 页，图 5。福兰阁拍摄于 1892 年。

梅岭驿道的北端是江西最南部的城市南安府，这里也有一座宝塔。南安府位于章水上游，地形起伏，风光秀丽。虽然纽霍夫在画中精心绘制了这座宝塔，在文字中却没有提及它，而是出人意料地描述了位于宝塔对面的悬崖峭壁上的一座寺庙。"宝塔与寺庙同名，这座寺庙虽是人工建造的，却十分珍贵，巧妙地嵌于山坡之中，就好像代达罗斯①再世，打造出了这个杰作。"他还提到了江西境内的一些宝塔，其中一些也被他画了下来，比如赣州府的几座宝塔，我们在后文中也将对它们进行更详细的介绍；吉安府的宝塔伫立于数座塔楼中间，是一望无际的城市景观中的唯一焦点；南昌府的大宝塔同时也是鄱阳湖洪泛区的标志物。鄱阳湖在西南部一直延伸至省会南昌的城门下，而最北部则以南康府②的宝塔为标记。南康府这座城市面积广阔，长度极长的城墙走向并不规则，不仅包围了地面抬升的鄱阳湖西岸，还延伸至城市西侧高耸的庐山脚下。不过城市内部还有很多空置的房屋和未开发的土地，

---

① 代达罗斯是希腊神话人物，厄瑞克族人，是一位伟大的建筑师和雕刻家，最著名的作品是为克里特岛国王米诺斯建造的一座迷宫，因此后人也常用他的名字指代迷宫。——译者注
② 清朝末年时，南康府下辖江西星子、都昌、永修、安义四县。——译者注

可能是在纽霍夫到来之前不久毁于战火，当时到处都在打仗，随处可见废墟。就在这位荷兰大使到访中国的十一年前，清朝政府才刚刚巩固了他们的政权。这里在太平天国起义中再一次遭受了沉重的打击。不过，宝塔至今仍屹立在城墙内、河岸边，就如同纽霍夫画中所描绘的一样，回廊、尖顶都无损坏。他也用文字简要地描述了这座宝塔："前方你能看见一座七级宝塔，非常古老、破旧。穿过城墙，通过一处旋转楼梯，人们便能登上宝塔，俯瞰湖泊和大片广阔的田野。"从湖面向城市方向看去，宝塔又成了整个城市风貌景观的中心。这就是此类宝塔存在意义的绝佳例证。

如果将纽霍夫在江苏北部所作的另外两幅画与之相比，可以看出，只要稍向北走远一些，风景已与南方大为不同。他沿着大运河继续旅行，穿越了广阔、肥沃的长江中下游平原，途经人口稠密的城市，不断见证灿烂文明留下的印记。著名的古都扬州位于京杭大运河汇入长江的入口不远处。船只可能是从东南角驶入这座城市的，"右侧有一座多级宝塔，此塔并不出名。不过登上此塔，你可以俯瞰整座城市，远眺周边田野风光，特别是能看见离这儿并不远的横山，此山高耸、秀丽"。横山是扬州以西的山脉。扬州北侧不远处便是位于洪泛区中心的城市高邮州[①]。在这里，平原上升起三座宝塔，看起来竟有些像我们欧洲的城市景观了。

本书的后续章节中也摘录了纽霍夫的更多绘画。你可能已经注意到了他的绘画方式，在这里我们可以简单的讨论一下。他放弃了在当时的风景画中十分常用的几何透视画法，因此画面更偏向于中世纪风格，或者说他借鉴了中式画法——如果远处的物体与前景相关，那么就将它画大一些。通过这种方式，远处的宝塔和城市远郊虽然只存在于画者脑中的记忆和内心的想象中，他却能将这一切与近处所看到的现实事物结合在一起，创作出一个完整的画面。这是我们通过纯粹的几何画法无法表现出的意境。就算是照片也无法完全反映出我们感知到的景观与建筑的立体感，因为我们的眼睛能快速调整、适应距离。也就是说，为了绘制出眼中所见之物的真正内容，就必须自我想象出更广阔的空间。在纽霍夫的一些铜版画中，我们所看到的并不是一些浮于表面的内容，而是在整个漫长旅途的日日夜夜中，这些地方给他留下的持久印象。在画中，他将给他留下最深刻印象的广东与广西的瑰丽山脉移至

---

① 今江苏高邮市。——译者注

图5 江西南康府的宝塔。从鄱阳湖北岸向西北方向眺望，远方的山峦为庐山。纽霍夫绘于1656年。

图6 山东长清县石麟山上的级塔。伯施曼拍摄于玉皇庙下。

城市旁边，增加宝塔、房屋和城墙的高度，放大屋顶的弯曲幅度和街道上的招牌，让城市的天际线更加奇妙，甚至还扩大了水域的面积。总而言之，他把画面中的独特特征放大，却使我们更加接近事物的内在本质。

这一切倒是正好与中国的山水画类似，中式山水画讲究将自我意识中所感受到的意境绘成可见的图像，并将其和现有的物体结合在一起。这种画法缩短了空间的距离，画家身在此地，心却已经飘远，他可以将想象中的远方、云朵、雾气，还有梦境都画在前景之中，融入正在发生的场景中，或者将这两者一前一后结合在一起，画在长卷之上。就像中国人的山水情怀一样，如果纽霍夫也使用了类似的技法，那么他画出的内容就一定会被那个时期人们内心中对风景的普遍印象所影响。这种印象来自于他熟悉的其他绘画作品，所以更接近当时欧洲人的认知。

还有一种与之完全相反的因素也影响了他的绘画，即"意外感"。中式建筑艺术给他带来的心灵上的震撼，被他通过强烈的线条变化和独特的外轮廓线表现出来。有些灵感是从外部的自然环境中汲取的，比如岩石、土地、水流、树木等引人入胜的形象；而有些灵感来自于内部，也就是宗教。宝塔融合了自然中的存在和人们内心中的思想，在不影响万物缓慢生长的情况下，它们是突然出现的重音，是旧历史的终点、新征程的起点，是变革的标记，是强大力量的主宰；它们所代表的意义在广阔的精神世界中将成为焦点。

这些想法都与人们对宝塔的理解密切相关，宝塔不论是在开阔的景观中还是在局促的空间内，都能融入外部环境中，甚至成为整个画面的中心。在建造宝塔的过程中，除了要考虑建筑结构、造型等因素，还要考虑它的起源和用途。这些与人们的需求息息相关，即认清我们所处的自然环境，了解我们在其中生存的法则，并为我们自己创造出一个形态完美、遮风避雨的庇护所。这是幸福生活的保证，也就是所谓的风水宝地。中国人用自己的方式理解宝塔这种佛教建筑形式，认为它在很大程度上可以改变风水。我们可以猜测，纽霍夫当时尚不理解宝塔的特殊含义，可仍然从风景中感受到了它们的本质。尽管他的绘画线条严谨、画风严肃朴实，但仍能够充分体现宝塔的特色。直到现在，也无人能与其比肩。在之后几十年，理性主义和浪漫主义的思潮在西方已初露端倪。经过后来的发展，我们的风景画变得平平无奇，也和中式绘画这种展露内心的画法渐行渐远。尽管19世纪中叶阿罗姆所作的

图 7 江苏苏州府光福镇（位于太湖岸边）的方形外廊式层塔。冯·韦斯特哈根拍摄。

铜版画有着更加精巧的绘画技巧，却也只能表现宝塔的外观。时至今日，我们仍然可以借用纽霍夫的眼睛，一睹中国山水中的宝塔之美。

山东长清县 [①] 的石麟山上有一座形态敦实的级塔，塔位于一座峰顶平坦的高峰之上。山脚下供人祭祀的玉皇庙美丽如画，光秃秃的山顶上出人意料地伫立着唯一的一座高塔。它其实是一座地标，让人们远远地就能在起伏的地貌中发现这里。出于类似的目的，人们在江苏也修建了这样一座宝塔。江苏苏州府以西的光福镇位于大运河畔，运河连接首都和这里的港口，并在此处汇入太湖。运河尽头的一座山丘顶上有一座方形外廊式层塔，这也是一处地标，在这里人们可以俯瞰整个太湖东岸。还有另外一种完全不同的地貌，中国东南部海岸多为峻峭的岩壁。难以靠近的宝塔立于嶙峋的悬崖峭壁某些特定的位置上，形态、轮廓都十分独特，通常就是由所在山体的石块建造而成，譬如福建厦门以南礁石岛上的金门塔及鸡屿岛上的一座已严重破败的宝塔。它们原本是为了给整个地区带来好的风水，除此之外它们还有一个特殊用途——海上标记。毫无疑问，在附近的海域中航行十分困难，这些宝塔就像是神的化身，可以保佑船员们平安。

①今济南市长清区。——译者注

遍布全国各地的例子都可以证明，在连绵起伏的山脉中，细长的宝塔从远处看起来像是山峰的峰尖，吸引了人们全部的注意力。它们通常独自立于峰顶之上，就好像周边环境的能量全部聚集于这个点，向外爆发；山峰、地貌、河岸的轮廓线条以最自然的方式汇聚于此，又像是将雷电从苍穹引至山峰的避雷针。在四川境内，水路旁的山坡上有大量的此类宝塔。四川北部嘉陵江上游的广元县有一座宝塔，位于江边一座平缓的山坡上，山体为红色砂岩，宝塔距离江中的船只并不远。在四川中部，重庆府和成都府之间的主干道旁，这类画面不断出现。红色砂岩上屹立的宝塔形态各异，有些建于悬崖峭壁上，有些建于平缓开阔的山谷中，不由得让人联想到这些宝塔都是江畔的地标。即使是在大片高耸的山脉中，有些宝塔也仍然可以伫立于合适的位置上。譬如位于桂江中游的广西昭平县附近，这里的山脊笔直，在一处向前伸出的山峰上有一座宝塔，它成了蜿蜒河谷中的标志物。宝塔的斜对面是一座魁星阁，通过它们的相互影响，这里成了风水宝地，保佑人们在急流中化险为夷。在广西南部的梧州府，桂江汇入宽阔的西江入口处，也有一座宝塔。它伫立在大山的山坡之上，尽管尺寸极小，却对这里壮阔的风景起着决定性的作用。

有时，一些较大的岩石上也会有漂亮的宝塔，它们会使整片风景更加壮观。广西的首府桂林就在刚刚提到的桂江上游，这座城市位于桂江右岸的一处平地上，被独特、险峻的金字塔状山丘围绕，这种地貌使这座城市成为世界上最奇妙的城市之一。就算是在城内、主街，或是在城墙之中，也有不少山岩穿插其中。在城墙外不远处，城市的东南边，有一块风水宝地，一块细长的岩石在河边拔地而起。岩石的形状好似大象的脑袋，象鼻插入水中，象鼻和脑袋之间留出了一条通道。就像人们在节日庆典时会在印度大象的额头上佩戴宝石装饰一样，象山之巅也冠有一座覆钵式宝塔，这说明了这座城市一直是佛教圣地。类似的情景出现在另一个绝佳的地点——江西最北端的鄱阳湖入江口。我们之前已经介绍过入江口北侧的城市南康府和其境内的宝塔，以及它与庐山之间的关系。入江口处有一座岩礁——大孤山，它突出于水面之上。在长江中就已经可以看见这座岩礁，如果船只向南驶去，便会路过这里。因为它形似一只中国古代的小小女鞋，所以也被人称作鞋山。一座很纤细的九级宝塔伫立在海拔约 70 米处，就像岩石上的一座灯塔。也许现在人们确实将

图 8 福建厦门附近的金门岛上的石质宝塔。坐落在海岸边。艾锷风拍摄。

图 9 福建厦门附近的鸡屿岛上的宝塔废墟。艾锷风拍摄。

其当作灯塔，可最初它只有宗教上和风水上的象征意义。直至今日，这一象征意义在很大范围内还是广为人知。

山峰、山坡或岛屿上的宝塔能使宽阔的水面景观别具特色。下面这些照片都是在较近的地方拍摄的。湖北巴东县长江峡谷中的江流拐弯处，江畔岩石层叠、陡峭，上方有一座七层宝塔。与桂江江畔昭平县的那座宝塔类似，它形态简朴，尺寸不大，只影响着附近的自然环境。在浙江杭州府西湖边，也有一座知名的宝塔——保俶塔，它的"姊妹塔"雷峰塔原本立于西湖的另一边，最近却倒塌了 [①]。保俶塔不仅改变了人们从远处眺望西湖所看到的风景，也和附近的建筑群、寺庙和桥梁相统一，形成了一道迷人的风景线。这两座宝塔将在后文中做详细介绍。闽江中也有两座位于岛屿上的宝塔，它们与周边的建筑群有着紧密的联系。其中一座位于福建的省会福州府附近，闽江入海口上游 25 公里处，即福州大桥 [②] 下游12 公里处的马尾岛的山坡上 [③]。这座山丘虽占地面积不大，却格外雄伟。马尾岛通常也被称作"塔锚地"，外来船只都在此处抛锚休整。这座宝塔有七层，看似由石块建成，与福州城内和周边地区的其他宝塔相似，我们在后文中也将更深入地研究那些宝塔。这座小山丘被住宅环绕，这些住宅大多数都很现代，岸边新建了一座军械库。即便河岸边有如此众多的建筑物，宝塔还是占据了整片风景的主导地位。与之相比，金山岛上的塔尺寸稍小，让人感到更加亲切。金山岛位于闽江上的另一座大桥——洪山桥上游 6 公里处，闽江在这里分成两股，江心有一大岛——南台，金山岛是南台岛前方的一片极小的礁石群，上面有一些低矮的寺庙建筑，宝塔立于其中，高于其顶。在这些迷人的河岸风光中，宝塔总是能占据中心位置。同时，不论航行时气候条件是宜人还是恶劣，人们都会发自内心地从宗教的角度将宝塔和这些气候现象联系在一起。

---

① 为祈求国泰民安，吴越王钱弘俶于北宋太平兴国二年（公元 977 年）命人在西湖南岸夕照山上建造雷峰塔。旧雷峰塔年久失修，于 1924 年轰然坍塌。1999 年浙江决定重建雷峰塔，恢复"雷峰夕照"的景观。——译者注

② 应指福州万寿桥。——译者注

③ 指福建福州罗星塔。它是国际公认的航标、闽江门户的标志，有"中国塔"的美誉。过去几百年间，从世界各地送到马尾的信件，只要写上"中国塔"就可寄达。据说，一两百年前，外籍船舶到福州马尾外海远远望见罗星塔，便欢呼道："China Tower（中国塔）！"——译者注

图 10　四川重庆府西部丘陵上的宝塔。萨多夫斯基拍摄。

图 11　广西梧州府西江岸边的宝塔。见于《西江文稿》。

图 12　广西昭平县桂江江畔的宝塔。伯施曼绘制。

图 13 四川广元县的宝塔。位于嘉陵江畔的山腰上。伯施曼绘制。

图 14 江西鄱阳湖入江口处大孤山上的一座宝塔。魏格纳拍摄。

图 15 远眺广西桂林府象山上的覆钵式宝塔。参见图 16。伯施曼拍摄。

图 16 广西桂林府象山上的覆钵式宝塔。位于桂江江畔。伯施曼拍摄。

图 17 湖北巴东县长江畔的一座宝塔。伯施曼拍摄。

图 18 福建福州府南部马尾岛上的一座宝塔。位于闽江中。施特措达拍摄。

图 19 浙江杭州府西湖岸边的保俶塔。伯施曼拍摄。

图20 福建福州府北部金山岛上的一座宝塔。位于闽江中。伯施曼拍摄。

图 21 江苏无锡县锡山上的一座宝塔。施特措达拍摄。

图 22 江西庐山天池寺内的一座石质宝塔。照片前景为一座佛堂，内有石碑。萨多夫斯基拍摄。

图 23 北京玉泉山公园内的玉峰塔。冯·韦斯特哈根拍摄。

图 24 四川蓬溪县牌楼旁的一座天宁方塔。法比希拍摄。

图 25 福建漳州府田间的一座宝塔。艾锷风拍摄。

图 26　浙江宁波府一座寺庙花园中的方形宝塔。伯施曼拍摄。

图 27 浙江杭州府灵隐寺山谷中被白雪覆盖的理公塔。吕登贝格拍摄。

宝塔与其周边的其他建筑物在山水中统一，在它们的共同作用下，新的动人风景出现。山顶上的寺庙建筑通常聚拢在属于寺庙的宝塔周围，宝塔高耸入云，像是要着重强调山峰的巍峨，譬如说江苏太湖边无锡县西南的锡山上的那座宝塔便是如此。江西北部久负盛名的庐山中有一座位于峰顶之上的天池寺，远远望去，寺中年久失修的石塔隐于宏伟的山景中。人们只能通过一条人造的狭窄石道和宝塔前方不远处的一座平台上的石质建筑来确定石塔的位置和尺寸。这座石质建筑内有一块纪念明朝开国皇帝朱元璋的石碑。北京玉泉山上有一座玉峰塔，山谷中有两座造型古朴的石质牌楼。三者皆为杰出的建筑作品，庄重却不失轻巧，一同塑造了一道极其动人的风景线。美丽的四川北部还有另外一个例子，可以说是著名的胜景之一，一组精美、生动的建筑物使整个画面完美无缺。一座方形的天宁式宝塔立于牌楼旁，白色的宝塔形态纤细，线条柔和弯曲，结构规则。周边的建筑略显低矮，宝塔在其中十分显眼。牌楼的形态与其完全不同，体形较为宽大，造型繁复，两者却能产生和谐的共鸣，在开阔平坦的地貌中显得尤为融洽。

本书中已反复提及宝塔与自然之间产生的和谐共鸣，有时宝塔的废墟与草地、灌木和巨树亲密结合，有时宝塔突出的建筑构件直接架于树干或石块上，而最重要的一点是，当人们在建造大型宝塔时，一定会考虑到周围自由生长的树木。在这种情况下，人们有一种清晰的观念，即艺术作品的形态并不会被自然条件限制，但两者同样重要。在福建南部、厦门以西的漳州府有一座田间宝塔，由砖块和灰泥砌成，结构清晰，塔顶有灌木，整座宝塔和植被融为一体。浙江宁波府附近的一座方形宝塔，笔直地伫立于一座寺庙的花园中，嵌于围墙内，每一层都由规则的飞檐分隔，外侧抹了白色灰泥，周围茂密的树叶似乎想要将它完全遮挡起来。还有浙江杭州府的理公塔，它位于西湖畔灵隐寺的山谷中，我们在后面的章节中也将更详细地研究它。冬天，宝塔灵动的飞檐上会留下薄薄的一层白雪，塔身素净、挺拔，其中匀称的深色部分和覆盖飞檐的白雪好似一圈圈围绕宝塔的绳带，深浅相间，就像是上天对宝塔不规则的线条和表面以及周边裸露的树干和树枝进行了艺术修饰。四川西部的灌县①也有一座大型宝塔，高耸入云，塔身一圈圈的飞檐十分密集，外形和塔旁的树木十分相似，这些树木枝干细长，茂密的树叶集中围绕树干生长。宝塔立于树木中央，几乎和它们融为一体。

最能展现宝塔、建筑群与自然和谐统一的地方就是大型寺院了，这些寺院往往隐于秀丽的风景中，宝塔紧邻寺院，这几乎是约定俗成的规则。以山西东北部的灵丘县为例，庞大的级塔立于主干道旁平坦的小丘上，寺庙建筑围绕在其四周，寺院内外都有一些零星的树木，生趣盎然。整个建筑群包括下方巨大的基础结构和带有外廊的宝塔，这些树木使它们在自然中不显得那么突兀。中国北方这种庄重的建筑风格也与更远处的山水相呼应，沿着灵丘的河谷继续向前不远，就会被五台山高耸的山峰包围，越过山脊就能看见连绵不断的巨型长城。山东首府济南府西南方向有一处著名的圣地——灵岩寺，它位于泰山北麓，寺院和宝塔被周围壮阔的山峦紧密地环绕着。纤细的宝塔屹立于狭长的山谷中，就像一束光柱从寺院的建筑群中破土

---

① 今都江堰市。——译者注

图 28 四川灌县的一座叠层塔。魏格尔德拍摄。

而出，保护着此处圣地和这里的传说，而宝塔自身又被包围峡谷的高耸山峰保护着。在后文中我们也将进一步研究这座宝塔。

　　一些案例已经表明，人们偏爱在孤立的山峰和连绵的山脉上建造宝塔，如果想要通过宝塔标记某些地点或增加它们的影响，人们一般会在同一个地方建造两座或是更多的宝塔。玉泉山就是很好的例子，它距离北京西北方向的颐和园不远，山中的核心建筑群是一座皇家别院——静明园。山峰和山坡上至少有四座形态和大小各异的宝塔，不过它们的历史并不长，分别建于康熙和乾隆时期。较高的两座宝塔是西山山脉与北京平原交会处壮丽风景的标志物，后面会有详细介绍。两座较矮的宝塔对于当地的景观风貌来说也不可谓不重要。四座宝塔都与其他建筑物相连，最高处的玉峰塔最大，同一座较大的寺庙相连。寺庙中的建筑沿着山坡逐级向上排布，直至峰顶十分气派的玉峰塔，在那里我们可以远眺令人陶醉的平原风光，一侧是北

图 29　山西灵丘县的一座级塔。伯施曼拍摄。

京城，另一侧是西山。

宝塔是孤立的、高耸的地标，它们有时能在富有灵气的大自然中找到可以模仿的蓝本，尤其是高山之中，而人们通常认为高山象征着特别的神迹。当人们越来越熟练地建造宝塔时，也逐渐找到了它们与崇山峻岭的共通之处。自然而然地，人们也会将一些奇异的岩石看作宝塔，甚至会特意赋予它们某些宝塔才有的特征。浙江绍兴府山阴县的塔状岩石算是一个典型的案例，一座不大的山中寺庙被夹在形状奇特的岩石之间，大自然的鬼斧神工将岩石打造成极具标志性的形态。人们在岩石顶端冠上宝珠，将它们定义为宝塔。北京西山山脉也有一块奇特的巨型岩石，倾斜着立于石门山的山道旁，还挡住了一部分路面。人们将岩石当作塔身，在其顶端冠上

图 30 山东灵岩寺内的一座宝塔。伯施曼拍摄。

"塔刹"，而这"塔刹"本身就是一座小型宝塔。正是这座天宁式宝塔才使得此处令人难忘的天然景观成为宗教圣地和特殊地标。

在中国众多连绵的山脉中，并不是每一座峰顶上都有宝塔，人们只在一些精挑细选过的山峰上建造宝塔。尤其是四川、陕西这类西部山区省份，或者是广西、广东和江西等东南地区，地形十分险峻，人们需要耗费巨大的精力才能将建造宝塔所需的大量材料运上山顶。所以，与中国大量险峻的悬崖峭壁相比，各类圣迹的数量要少得多，其中包括山崖上的寺院、洞穴中的庙宇或其他宗教古迹。大自然通过其取之不尽的各类山岩风光展现了自己的壮丽，宝塔只是锦上添花，所以人们往往会选择最佳的地点建造它们，而且规模都不大，好像是想给大自然的雄壮赞歌中添加

图 31 北京玉泉山公园内的四座宝塔。见于《波恩的天主教传教之书》(K.B.)。

玉峰上的宝塔

琉璃塔

寺院与琉璃大殿

图 32 北京玉泉山公园内玉峰上的两座宝塔。伯施曼拍摄。

图 33 浙江山阴县的两座塔状岩石。伯施曼拍摄。

一丝柔美的音调。比如山东济南府东南方向的龙洞山谷，那里的风景如诗如画。满是洞穴的砂岩是历山的一部分，同时也属于名山泰山的延伸。可以确定的是，这里自很古老的时代起就成了圣地，因为在六七世纪之交的隋朝时，佛教徒就已经在此处的岩石上雕刻佛像，就如同他们在别处所做的事情一样。尽管他们还不了解这个地方独特的宗教历史，却还是想要通过这些佛像来扩大佛教的影响力。无论如何，岩石中的佛像为山谷带来了灵气，人们在一些显眼的山峰上建造小塔也像是为了强调这处奇观之所在。带有佛像的石窟就位于山谷中，可以类比成宝塔中保存圣物的宝函，山谷自身可以被看作是一座"宝塔"，岩壁上的石刻铭文自然也符合这一想法。山峰上一共有三座宝塔，全都是方形平面。最大的宝塔是一座级塔，第二座宝塔基座更高，上部造型类似天宁式宝塔，第三座如今已是废墟，无法辨认了。

上述案例说明了，宝塔在悬崖和岩峰上的排列方式与我们开篇所展示的平原上的宝塔有着紧密的联系。不论是平地还是山脉，两类案例都通过"塔"这一建筑形式将所在的地点神圣化。除此之外，塔也可以与水域、植被和其他建筑物通过各种形式连接在一起。这一特点为中国的信徒、风水师和建筑工匠们打开了可供发挥的广阔天地，他们通过建造宝塔不断重塑山水、重新诠释它们的意义。在这一点上，中国人充分地利用了这一机会，并将其发挥到了极致。

前文中提到的案例和记录主要涉及了较为大型的或至少可见的宝塔，它们对于塑造影响范围较大的景观至关重要。除此之外，宝塔还以其他各式各样的形式出现，不过基本只会出现在特定的范围内。下文中我会简要地介绍其中的一部分，但并不会将它们全部列出，还有一些其他类型的宝塔会留在后续章节中详细介绍。

应用最广泛、建造最考究的一种小型宝塔是墓塔。从古至今，人们都会将逝者的遗骨放置在宝塔中，或是用宝塔来标记逝者的埋葬地点。就外观和目的而言，它们是大型佛塔的"简易版本"，在对风景的影响上却与之相似，无论它们是自由分布在风景中还是成群聚集，比如林立在山坡上或是出现在山谷中大片的墓地中时，都会对周边景观产生决定性的影响。有时，如果你远远看见一座较大的宝塔，可能就代表着它的周围是一片墓地。后文中将有一个单独的章节介绍墓塔。

与墓塔类似的还有立于野外和道路两旁的宝塔，它们有时各自分散，有时成群出现；有时立于平原或丘陵地带，有时又林立于山谷中，各具特色。这些宝塔通常

图 34 北京西山岩石上的天宁式宝塔。见于《中国旅行者》。

标记了田野和道路旁的上香位置，一般以香塔的形式出现，塔身中有一个或多个香室，供这片田地的主人或是路过的旅人、行人和僧人上香。这类香塔遍布中国各地，但主要还是被放置在著名的圣地旁、在通往大型寺庙的路上或在险峻的地方，如急流、栈道、峡谷和陡峭的山坡上。人们通常在塔中供奉观音像，或在塔旁放置观音石像、观音画像，祭拜观音，供奉祭品。各式各样的佛堂、石碑、旗杆会与小型及迷你型香塔结合为路标。还有一种类型是所谓的经幢，也就是具有宝塔状结构的石柱，柱上画有图案并刻有佛教铭文。不论是人来人往的道路旁还是人迹罕至的空旷地带，人们还会建造尺寸较小的纪念塔来纪念有贡献的佛教徒、僧人以及俗家弟子。广阔大地阡陌纵横，人们不仅在道路上建造了无数的牌楼，偶尔也会在最重要的道路构筑物——桥梁上或是其旁边建造宝塔。这种桥塔案例不多，已知的几个都在福建，那里的人们特别喜欢利用宝塔这种外形独特的建筑物以便让风景更加动人。这些宝塔往往独自伫立于桥上，或成对立于桥头。在中国北部，人们特别喜欢在桥的

图 35 山东济南府龙洞景区的岩壁。参见 49 页，图 37。伯施曼拍摄。

图 36 峰顶上的两座级塔。其中一座为方形平面，参见 49 页，图 37。伯施曼拍摄。

两端建造牌楼，而这里的宝塔发挥了同样的作用。在桥上建造宝塔会对景观产生特别强烈的影响，令人惊讶的是，这种建造方式并没有在其他地方流传开来。这可能是因为，不论是桥梁的内在含义还是实际用途都来源于中国古代的思想，与佛教没有什么关联。尽管存世的数量不多，但是这些桥塔还是应该归于田间和道路旁的宝塔这一类别中。在大量的建筑名胜之外，这一类宝塔让最微小处的中国山水也有了灵气，并为人们带来了佛祖的庇护。大型宝塔影响着广袤大地的风水，而作为它们的必要补充，这一类小型宝塔，则保护着一方安宁。

最重要的一点是，为了塑造整体形象，小型宝塔有时也会作为附属品出现在大型石窟造像旁，不论佛像位于户外还是处于岩洞中，都是如此。为了使画面能达到最佳效果，佛像与宝塔必须被人们视为一个整体，因此石窟艺术中的宝塔总是从属于佛像，尺寸不会太大，总的来说，这是十分重要的。因此在研究的最后，我们会站在纯粹的历史性的角度来介绍这类宝塔。

接下来，我们需要研究的是这一类宝塔，它们尺寸很小，通常作为建筑物的附属品出现。它们往往被设置在住宅的入口、寺庙的内院、花园中、露台上或者作为装饰物出现在建筑物上，比如屋脊和屋顶处。大型宝塔通常与寺庙相连，作为标志物处在中轴线上，以便从远处就能看见，而这类作为附属品的宝塔与之大不相同。内院中的宝塔可能是香塔，就像建筑物中其他的香炉一样供人上香使用；也有可能只是装饰品，表面通常会刻上佛像和铭文，供人摆放神灯。园林中的宝塔也是一样，它们与植物、池塘或假山密不可分，一同塑造出传统的中式庭院的景致。在相距不远的邻国日本，人们也会模仿中国古代的园林，在日式庭院或是经过精心设计的公园内摆放微型宝塔。这在欧洲也掀起了一股风潮，18 世纪时，人们也在欧洲的公园中大量兴建宝塔。只不过，这只是一时兴起，我们只模仿了宝塔的外形，却没有领悟到其中的奥义。对于中国人来说，宝塔是内心需求的延伸，他们将广阔的自然风光和对宗教的诠释微缩成小幅的画卷及符号，以便放置在家中，日日得见，便日日可见广阔世界。这就是为什么直到现在，中国人仍然会在庭院和花园中摆放小型宝塔的原因，那是因为它已然成为艺术作品和日常生活中不可或缺的一部分。

图 37 山东济南府的龙洞山谷。峰顶上有一座形态纤细的天宁式宝塔。伯施曼拍摄。

第三节 艺术作品和日常生活中的宝塔

就算尺寸再小，露天的宝塔也算作独立的建筑物。而宝塔还有另一种表现形式，它们主要出现在建筑物内部，其中一部分是宗教艺术品，多多少少可以被移动，另一部分是真正可以使用的器具。小型的香塔和宝塔式的香炉介于两者之间，它们多立于寺庙的大殿之前或者后院中，有时由砖块砌成，不过大部分还是由青铜或铁浇铸而成，在上香的内腔或凸起的炉体上有着类似宝塔的附加结构。这种金属香炉偶尔也可以达到很高的高度，但总归可以移动，它们将香客引导至大殿中央宝塔状的祭坛那里，这种祭坛造型多变。撇开真正的石质宝塔和金属塔不谈，还有一类宝塔往往作为圣物被单独摆放在大殿中，用来保存舍利，人们喜欢仿照大型宝塔的形态制造这些小塔，本书后面会有专门的章节详细介绍它们。因为宝塔这种建筑形式令人印象深刻、难以忘怀，所以大量虔诚的佛教徒命人打造大型宝塔的模型和一些小型宝塔，摆放在大型宝塔附近的寺院中，或是会馆、私宅，甚至是皇宫中。人们将珍藏的书画和其他圣物放置其中，将它们作为家中的佛龛使用。最有名的是青铜制成的小喇嘛塔，其中装有经书、一尊小佛像，其他的宗教宝物或纪念品。对于喇嘛教世界而言，它们也是一种重要的商品，与大小各异的转经筒一样，宝函也常被打造成宝塔的样式。再镀上一层金箔会显得更为精美，塔身通常会有丰富的装饰，甚至还有浮雕。人们通常会模仿著名的宝塔打造这些小塔，比如说五台山的青铜喇嘛塔。

北京故宫的佛堂就是一个绝佳的案例。佛堂中有一件特殊的文物——一座华丽的宝塔，塔中供奉着舍利。明朝早期的几位皇帝陆续收藏了一些此类宝塔，放于此处。但是在 1536 年，嘉靖皇帝命人毁坏、焚烧了这些圣物。清朝的皇帝再次在这里摆放了一系列宝塔，它们由青铜或景泰蓝制成，十分富丽堂皇。到清朝晚期，热河的小布达拉宫正殿中也有这样的一系列宝塔。它们是从其他寺院和皇家宫殿中收集而来的，高 1—3 米，由青铜、铁、景泰蓝、陶瓷、赤陶或木头等各式各样的材料制成。寺庙的大殿内也会摆放许多这样的舍利塔或香塔，其中少数几座尺寸较大，其余的皆为小塔，很多都是信徒出资打造，供奉在寺中。

有时候，小型的佛塔模型也被用作殉葬品，如果逝者是一名佛教徒并为建造大型佛塔做出了贡献，这种情况则更加常见。制作此类小塔首选的材料是黏土或釉面赤陶，工匠们也喜欢用这两种材料制作可以移动的香塔，特别是山西境内更是如此。通过类似的制作流程，这种小型宝塔也可以转变成纯粹的装饰品，可以作为小型工艺品被大量生产出来以供零售。它们可以由陶瓷、烧制或风干的黏土、象牙、动物的骨头、石头、滑石或木材制成，也可以由彩色的宝石、金属、搪瓷①或银制成，所有能想到的、常见的小日用品，甚至是各种不值钱的小玩意儿都可以被制作成宝塔的形状。

从很久之前开始，我们的博物馆和陈列室中就收藏了大量各式各样的、摆放于家中或供日常使用的小塔。如果有人致力于研究这一特殊的领域，那将是功德一件，不过本书对这一主题就不再继续深入了。人们在日常的事物中也使用了宝塔这一形式可以证明，在广阔的自然和宏大的建筑艺术中，这种建筑形式已然经过了充分的发展，它原本的用途促使它渗透进了普罗大众的意识中，从而成了一种别具一格的形态。当然，当宝塔成为一个小摆件、器物或是小玩意儿时，或成为建筑、绘画、刺绣和瓷器绘画中纯粹的装饰时，它最初所包含的宗教意义就消失不见了。但是，这并不是说人们的思想变得空洞了，在我们西方世界也有很多象征变成了无意义的符号，但这并不妨碍它们代表的真理。我们应当这样看待这件事情，只有当一种深刻的思想被转化为一种形态，并被普罗大众大范围地使用，甚至是像语言一样下意识地使用时，它才会成为所有人的共同财产。

除了各种立体的形态，宝塔也是人们在素描和绘画中喜爱的主题。有些石碑上甚至会罕见地出现图画，这些图画往往和详细的文字结合，一同被雕刻于石碑上，记录着宝塔最详细的信息，成为宝贵的原始资料。有些石碑嵌于寺庙或宝塔的墙上，有些石碑则就在寺庙或宝塔中，或是独自伫立于它们附近。由于石碑上几乎没有特别立体的浮雕，只有一些浅浅的凸起或凹陷的线条，所以人们会制作石版画，将碑

---

① 用石英、长石、硝石、碳酸钠等烧制成的像釉子的物质。涂在金属坯胎上，能烧制成不同颜色的图案，并可防锈、耐腐蚀。——译者注

上的内容拓印下来，一页页卖给香客。后来逐渐出现了大量的木版画，它们不仅拥有了颜色还可以进行手工补画。这些宝塔的拓片通常还会附有很长的文字，就像那幅著名的南京大报恩寺琉璃塔的图样。

图画和印刷品的另一种形式是经塔，它们流传的范围更广。高延解释了诵经时如何使用这种宝塔图："如果需要诵读经文很多遍，那么计数的工作可以通过所谓的经塔来完成。它们是手掌大小的纸片，上面用粗糙的笔触写着汉字'石'，这些汉字呈金字塔状排列。一旦诵读了某一段经文一百次之后，就可以在一个'石'字上添上一道横线，那么这个字的意思就会变成'百'。通过这种方式，人们随时可以知道，这项虔诚的工作进展如何了。经塔不只用于帮助人们记忆自己诵读了几遍经文，诵经者还会在纸片的角上印上自己的印章，写下地址，许下愿望，然后将经塔焚烧，以便向天上的佛祖传递消息。"我们还要补充一点，计数自然是自下向上进行的，从外观上看就像重复了真实的宝塔建造过程，一级级向上的阶梯也是人们内心的映射——许下的愿望逐渐累积，最终会被天上的神仙知晓。经塔还有一种更著名的形式——印有宝塔形象的线稿图，图中的每一个小块都填满了经文。就这样，经文以宝塔的形式表现出来，而宝塔又是经文中所述内容的象征。这样的表现形式也出现在石雕绘画或是露天的石柱上，比如北京的皇家别苑清漪园中有一块石碑，由六部分组成，每部分之间以石柱分隔，石碑上的宝塔图案中也刻满了经文、佛像和其他装饰纹样。北京天宁寺中的宝塔图也算是经塔的一个案例，图中共有六万多字，就连线条本身也是由汉字组成的。经塔还出现在其他更实用的绘画艺术中，比如刺绣、编织作品或是地毯纹样。喇嘛教中的一些经塔是彩色的，还掺有金线，更加华丽。

在更高级的绘画中，宝塔也是重要的主题，艺术家们创作时并不一定需要现实生活中的蓝本。本书章首的插图中就有一幅完全基于现实所画的建筑绘画，它原本是印在丝绸上的彩色图画，图中是南京大报恩寺的彩色琉璃塔。在更多的时候，宝塔是作为画中营造意境的"工具"出现的，它们可能出现在人物的梦境中或只是作为一个预兆出现，可能在雾中、云间或是苍穹之上。当然，宝塔也是山水画中很受欢迎的主题，也时常出现在各类县志或是外国人写的中国游记的插图中。甚至在彩色的瓷器上也能觅得它们的一席之地，比如瓷碗上的精美图案。宝塔也可以成为整个地区的标志，山东省政府曾短暂地发行过一些纸币，上面就印有灵岩寺的著名宝塔。

当然，宝塔这一形象还是在佛教作品中得到了最广泛的应用，前面我们已经说到了经塔。在日本的一幅画作中画有一座铁制佛塔[①]，世界的创造者金刚菩萨在塔中向他的信徒——龙树菩萨传授了已经失传的秘法。这幅日本的画作十分有名，但它一定是按照中国的某幅蓝本仿制的。日本的画作中还有一个类似的例子，四大天王之中的一位天王手中始终托着一座宝塔，这种接近于神灵的形象，甚至已经渗透进了中国的民间传说，实际上也是受到了中国佛教的影响。此外，宝塔作为佛教神灵的象征也大量出现在绘画中，比如佛祖的发冠会装饰佛塔，或佛祖就坐在佛塔中。例如地位最高的佛之一多宝佛[②]，在画中常见的形象就是他独自一人或与释迦牟尼同坐于宝塔中。

绘画艺术中出现的宝塔也使这一佛教建筑形式变得更为普及，并为人们在叙事文学、通俗故事以及戏剧中使用宝塔这一形象奠定了基础。在这里稍作提示，在小说和故事中常出现宝塔。最广为人知的便是白蛇传了，由于杭州府著名的雷峰塔，两个半人半妖的女孩的命运被改变了。在另一个故事中，一座秀美的宝塔从一对恋人的墓中拔地而起，八个角上都挂有风铃，监视着害死女孩的恶人。在这个故事中，宝塔被看作是逝者的化身，所以在详细的描述中，人们也逐渐赋予了这座宝塔人的特征。人们普遍将看见宝塔的幻象当作神迹出现的象征，比如传说在元朝时期，一位皇亲国戚到访五台山，逗留期间在菩萨顶看见了一团巨大的光亮，并在光亮中看见了一座七级宝塔。

正如中国人喜欢从泥土、岩石和树木中找寻生动的式样和符号一样，他们也喜欢将一些形状类似宝塔的植物命名为"塔"。不仅有柏树塔、黄杨塔，还有一种生长在中国北部和西部、用来获取黄色颜料的槐树，更是直接被命名为塔树。中国的国花牡丹，以生长在山东的为最美。其中生长在曹州府[③]的牡丹更为娇艳，花枝高大，

[①] 指南天铁塔。——译者注
[②] 多宝佛，《法华经》中的佛名，也被称作大宝佛、宝胜佛、多宝如来，系为证明《法华经》真义而自地涌现出的塔中佛。——译者注
[③] 曹州府，山东古地名，属菏泽，中国著名的牡丹之都。——译者注

花朵雪白，在黑暗中散发出淡淡荧光，还伴有阵阵幽香，人们深思熟虑后，赋予了这种植物一个优美的名字——雪塔。

民间俗语中有很多形象和场合也借用了"塔"这一名称，只因它们有着类似的塔状结构。牌楼指特别高大的大门，它也被人们称作"碑门塔"。以此类推，像塔楼一样的象棋棋子也叫作"牌楼"，自然也会被人们称作"牌塔"。新的汉语词典《辞源》[①]中收录了一个值得一提的奇特名字，即"龟塔"，还收录了下述内容："当我在杭州时，我看到一位驯兽师带着七只大小不同的乌龟。他将乌龟放在桌上，敲响鼓点来驱赶它们，最大的乌龟爬至桌子正中停了下来。第二只乌龟紧随其后，爬到它的背上。就这样一只跟着一只，直到最小的那一只费力地爬至倒数第二小的那只乌龟背上之后，直立起来并向上竖起它的尾巴。这一切看起来就像一座小型宝塔，所以也被称为乌龟叠塔。"有些谚语中也提到了宝塔，比如"胆大吞番塔"，就是形容吹牛大王的，字面意思是他把嘴用力张大，好像可以吞下一整座佛塔一样。

在上述的这些故事中，尽管很多看起来与宝塔并无联系，人们还是能找到它们和宝塔中蕴藏的神圣深意之间的内在联系。最直接的例子就是影响大部分人的节日庆典。美魏茶在文章中曾提到，七月三十日有一个习俗——烧番塔。相传人们燃烧宝塔来庆祝地藏王的寿诞。"孩子们共同砌起一座小的砖塔，将易燃的材料塞进塔内，填入火药，并在烟火、笑声、叫喊声和拍手声中点燃番塔。"八月十五中秋节时，人们用灯笼、铃铛和旗子将宝塔装饰一新，使整座宝塔看起来轻盈无比，画面极美，特别是平原地貌中突起的小山丘上的那些宝塔，更是如此。中国人看到这样的情景，便将这种轻巧的结构命名为"浮屠"。尽管这个词是由梵语直接音译而来，但中国人精确选择了"浮屠"这两个汉字，字面意思为"流动的或浮动的图画"，也就是空中图像。这是中国人语言艺术中的一个范例，他们能为外来词汇找到音、意相符的文字。

我仍能记起一场无与伦比的绚丽烟花表演。直隶总督袁世凯在 1903 年返回天津后，正巧遇上过节，他便为外国的驻军举办了这场表演。烟火绽放了将近一个小时，变得越来越梦幻，最后天空中出现了一座巨大的宝塔，火焰组成的图像在夜空

---

① 《辞源》是始编于 1908 年、续编于 1931 年的一部古汉语专门工具书。——译者注

中持续了几分钟，然后逐渐消失无踪。

如果你问在哪里最能展现宝塔的影响力，那一定是在剧院里，特别是在宗教主题的戏剧中。德龄公主曾描述过她在北京故宫的两年里排练的一出戏剧，其中有一个场景是王母娘娘为佛教僧侣举行宴会，请他们吃蟠桃、喝最好的葡萄酒。舞台中央首先升起一座宝塔，塔中有一位正在吟唱的僧人，紧接着在舞台的四角又升起了四座小佛塔。随后僧人们留在原地，宝塔消失不见。新年时我出席了苏州一家剧院举办的一场宗教表演。如同佛教的天界这一概念，道教中也有神仙、仙子和英雄，在这场戏剧中，他们一同出现在一幕幕宏伟的场景中。直到最后，整个剧院都被华丽的锦缎和各色灯光所装饰，其中最不可或缺的一定是舞台中心的宝塔，它使整个画面栩栩如生。

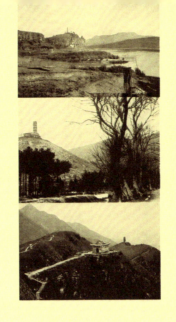

第二章

大型宝塔的主要形式

第一节 级塔 ①

中国宝塔最初的形式可能是来自那些带有阶梯式结构、修长的锥形建筑。我们将这种类型的塔称为级塔。中国级塔最早的形式可能是从印度传入的，而中亚地区的阶梯式建筑则对早期的佛教建筑产生了重要影响。与此同时，级塔也融合了中国古代的建筑风格。它由多级组成，通常在顶部的平面上加盖冠顶或其他的建筑标志，另一种表现形式为层级高度相等的木质塔楼。这些先决条件，使级塔在佛塔建筑发展初期享有特殊的地位。由于这种形态的建筑最初似乎是由不耐腐蚀的轻质砖砌成，历经多次损毁之后，只有极少数保持了最初的形态，而大多数则在经历不断地修整后已经发生了变化。目前已知的典型塔楼大都是非常高大的，即便如此它们基本上还是大幅缩小了最初的设计规模才完成的。本书涉及的并非总是那些最为古老的宝塔，只要是传统形式的宝塔，就可以追溯其结构和美学的基础。这些塔的平面最初是方形的，后来逐渐演变成了六边形和八边形。随着建筑技术的发展而形成的形态修长高耸的塔楼，也被看作级塔的一个分支。

1. 方级塔

陕西西安府大慈恩寺内的大雁塔

方形的大雁塔虽然并非中国最古老的宝塔，但这座位于古都长安，现今西安府的级塔却是中国最著名的宝塔。玄奘，又名元奘（公元 602—664 年），中国朝圣僧人和《大藏经》的翻译者。他在完成了十七年的印度求法后，于公元

---

① 作者在本书中对塔的分类与现在国内对塔的分类有所出入。为尊重原文，此处标题直接采用作者所注的汉语标题。——译者注

652 年主持建造了大雁塔。佛教在之前的魏晋南北朝和隋朝已打下了牢固的根基，并继续在唐太宗和唐高宗时期广泛传播。尽管当时遭到部分文人的强烈反对，寺院和佛塔还是随处可见。玄奘所完成的翻译著作无疑为当时的佛教注入了强劲的新鲜血液。

该宝塔位于现今西安市区以南 8 里①（约 4.5 公里）处，而耸立在不远处的是另一座方形天宁佛塔——小雁塔。在大雁塔的北部，是西安府的城墙以及挺立在起伏的旷野中的壮丽城楼，与北京的城墙相比，其巍峨雄伟丝毫也不逊色。周围林立的圆形坟丘或大或小，或独立或成群，一直延伸到远方平原的天际线，中途只是偶尔被稀疏的树木所打断。向南瞭望，这一景致与南部山脉所勾勒的轮廓一直蔓延至东部，神圣的西岳华山便在这芬芳中脱颖而出。通往平原的山谷遍布着著名的寺院和庙宇，一些村庄也散落其中，隐约可见。雄伟的大雁塔便耸立在村庄旁边，与古老的寺院比邻。

大部分中文资料所提供的寺院和佛塔的历史，以及它们在城市中所处的位置，已经在欧洲文献中有所体现。这些文献已经在这里被严格地筛选并加以借鉴，内容将在下文具体详述。

玄奘于贞观三年八月（公元 629 年 9 月）西去印度求取佛经，并于贞观十九年一月（公元 645 年 2 月）学成回到长安。他共带回 150 颗佛舍利和 675 部佛教经论。玄奘先居于洪福寺中，并在那里从事佛经的翻译工作。贞观二十二年（公元 648 年），太子李治（后来的唐高宗）出于对母亲文德皇后长孙氏的感激之情，在都城南部的晋昌坊建造了大慈恩寺。寺院在公元 649 年落成后，玄奘便迁居于此，潜心翻译佛经。虽然此后他还在长安的其他寺院居住过，但他的名字仍然与这座著名的寺院紧密相连。文学史上，他以大慈恩寺三藏法师这一身份闻名。根据玄奘最后的遗愿，他的遗体在下葬前，曾短暂地置于慈恩寺的译经之处。

永徽三年（公元 652 年）三月，玄奘决定在洪福寺大门以南与慈恩寺的北边相邻的位置建造一座宝塔，用以保存他从西方带回的书籍和图画，尤其要保护它们免于火灾。该塔应该高达 300 尺，由石头建造。这不仅彰显了伟大帝国的气魄，

① 清朝光绪时期，1 里为 576 米。——译者注

也为释迦牟尼所创立的佛教塑造了一座华美的纪念碑。

对于玄奘的请愿，唐高宗认为修建较小的砖塔就足够了，但对于建造工程还是提供了慷慨的资助。就这样这座寺院的第一座塔，于公元 652—654 年间于寺庙西院建成。随后建造的是位于东侧专门翻译佛经的翻经院。这座塔的外面由砖砌成，内部是夯实的黏土和石灰，正如它所明确表现的那样，它不是按照传统的中国风格建造的，而是一座仿照印度风格建造的宝塔。

大雁塔在最初建成的时候，与它今日的形式很相近，也是级塔形式，但其尺寸与现在的宝塔有所不同，主体只有五层，塔基四面各边为 140 尺，五层主体的高度为 180 尺。如今日的塔楼一样，塔室内部有可供登塔的塔梯，每层的中央都设有一个藏经室，有些存放 1000 册，有些存放 2000 册，共有超过一万册经书。最顶层配有一个石室，据说本想建成拱形屋顶。石室的南侧有两块石碑，其正面朝北面向皇宫，上面分别刻有公元 648 年唐太宗和当时的太子（唐高宗）为玄奘最初翻译的 100 本经书所撰写的序言。这两块石碑现今被安置在塔底层的两个壁龛内，《中国佛教史迹》对此有所记载。

在奠基的那天，玄奘将他西行取经的缘由和经过写在呈文上，并在结尾处表达了对两位皇帝所著序言的感谢，它们将会伴随着这座坚固的宝塔流传千秋万代。玄奘赋予这座塔最热切的愿望应该就是希望它能被千万信徒敬仰，它所供奉的舍利将始终被芳香的云彩所笼罩，其神秘将与日月同存。

雁塔是玄奘根据一个古老的印度典故来命名的。在王舍城有座名为“侩婆”[①]的窣堵波[②]，“侩婆”有雁之意，窣堵波等同于塔。每当玄奘经过王舍城时都要来瞻仰此塔。机缘巧合下他听说了关于它的典故。这一典故在许多文献中均有记载，如在《康熙字典》和美魏茶的记述中，这些资料内容或稍有偏差，但大体都是基于玄奘的生平所著。之后会提到的几点补充，大多也来自这些出处。大雁塔名字的由来可以追溯到下面的故事：过去此地有座信奉小乘佛教的寺院。按照南部小乘佛教的清规，僧人可以吃三净食，即雁、牛、鹿。一天一些僧侣看到头顶飞过的雁群，便说：“如

① 此处“侩婆”为作者所注，现多译为“桓娑”。——译者注
② 一种源于印度的塔。窣堵波意为坟冢，原是供奉释迦牟尼舍利的一种佛教建筑。——译者注

果我们抓住了这些雁，就可以吃饱喝足了。"大雁却鸣叫道："你们这些僧侣，随随便便就辜负了大乘佛教拯救众生的教义。"这里必须指出，大乘佛教教义在婆罗门教的基础上，更多地宣扬好施的精神：给予他人祝福，并带来治愈与救赎。话音刚落，一只雁便飞离队伍，在寺院大堂屋顶上坠落而亡。僧侣们打算将它烹饪，这时一位老和尚显然已经理解了鸟儿的劝诫，并告诫众人这只坠身而亡的雁正是群雁之主。这时僧侣们也领悟到了大雁坠亡的含义，并说："这只雁用自我的牺牲来劝诫我们慈悲。我们应该广泛宣扬这一教义，放弃食用肉类。"为此他们修建了一座宝塔，并将此雁安葬其中。雁塔之名也就由此而来。玄奘也据此传说命名了大雁塔。"玄奘法师通过这座佛塔，宣扬北方佛教的教义，并将传播这一教义作为己任。"上文的引述也印证了《中国佛教史迹》中的猜想，即大雁塔的名字来源于印度中部摩揭陀国帝释窟以东的雁塔。

这座塔流传千秋的美好愿景并没有实现。最初由玄奘主持建造的塔，由于植物

图 38 陕西西安府大慈恩寺内的大雁塔。共七层，高 60 米，建于公元 705 年。参见 63 页，图 39。伯施曼拍摄于 1906 年。

的生长，在中心开始出现裂痕，继而逐渐倒塌。武则天时期，大雁塔在长安年间按照中国传统佛塔样式，即依照东夏刹表旧式进行了拆除和重建。重建后的宝塔规模更大也更为宏伟。宝塔在此期间加建了一层，由最初的五层改为六层。但也有记载称，大雁塔在唐朝时已经有七层甚至十层。无论如何，岑参在公元 750 年所作的诗中提到的七层，基本与现在的结构一致。而在章八元的诗中则有关于塔身十层的描写，但这首诗是否针对大雁塔所题，还有待考证。当时的大雁塔可能已经与现在的造型十分相近。关于宝塔重建的记载，史书中还提及了在宝塔中供奉的辟支迦佛陀的牙齿。相传牙齿大如升，光彩焕烂。

今天的佛塔坐落于寺院的主轴线上，巍然耸立在寺院山丘的最高点，方形塔基高 5 米，边长 42 米。这一边长也正巧符合了当初玄奘对这座塔的预想，与他规划的宝塔尺寸相对应。这也表明了当前扩宽的平座很可能与早期宝塔的最底层基本相同。方形塔楼本身的底层边长为 25.5 米，塔基以上的高度约为 55 米，塔高 60 米，更为确切的尺寸尚未找到。①

就高度而言，除一层塔身较为高大外，其余各层层高大体一致。底层中央的方形塔室的边长约为 6.8 米，四面被厚厚的墙基所包围，每一面各有一条 1.8 米宽的走廊与外部相连。其他各层也有与之相似的内部空间，随着层数的增加，中心塔室会逐渐变小。另外塔室内部均铺有木制地板，设有可供登塔的木制阶梯。每层都有一个简单的祭坛，塔身四面均开一扇拱券门，光可以从这里透过，券门下部设有护栏。

从建筑学的角度来看，外部的造型和结构极为出色，展现了前所未有的规模，塔身砖块的排列非常整齐有序，是砖结构建筑艺术史上一件重要的作品。坚固的塔檐将塔身每级层次分明的分隔开。宝塔的各层外立面以细长、平整的立柱划分，底部两层均为十柱九间，上面的两层为八柱七间，顶部的三层则为六柱五间。

---

① 限于当时的测量技术和岁月变迁，文中给出的一些数据与现在略有出入，为了便于大家追寻这些变化，我们保留了原文数据，并在出入较大时加以注释。——编者注

图 39 西安府大雁塔的主轴线。碑文位于砖龛中。伯施曼拍摄。

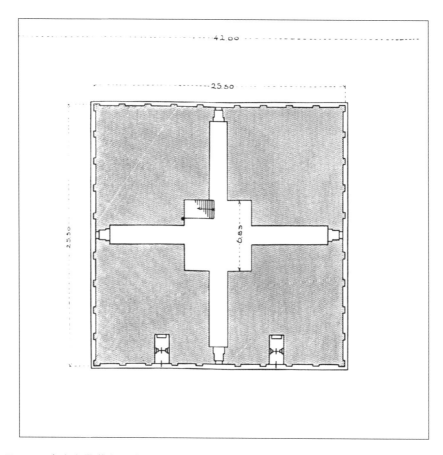

图 40 西安府大雁塔底层的平面图。比例尺为 1∶300，伯施曼根据《中国佛教史迹》绘制。

　　倚柱由砖砌成，工艺精良，各承栌斗 [①] 一朵，其上方为叠涩 [②] 出檐，层层出檐，且出檐宽度相同，叠涩的横截面整体呈现出微微的弧形，上方覆盖着斜砌的顺砖。从各个角度来看，无论是正面还是在拐角处，都得益于壁柱结构的精致感，展现出浑然一体的效果，清晰而生动。宝塔上方冠有攒尖顶，屋脊微微弯曲，顶端是结构精美的三重宝珠，代表着佛教三宝。

---

① 栌斗位于斗拱的最下层，是重量集中处最大的斗。——译者注
② 叠涩是古代砖石结构建筑的一种砌法。将砖、石、木材等通过层层堆叠向外挑出或收进，向外挑出时要承托上层的重量。——译者注

图 41 西安府大雁塔西面配有两个入口和
两座放置石碑的砖龛。见于《中国佛教
史迹》。

图 42 西安府的大雁塔。喜仁龙拍摄于 1922 年。

毫无疑问，现今的大雁塔与这座宝塔早期的形态十分相似——不论是玄奘于公元 652 年初建的那一座，还是公元 701—705 年修建的更为宏伟的那一座。后由于自然损坏和火灾，宝塔经历了四次修葺，基本上只重建了部分建筑元素，但是这些元素其实也是按照原始的建筑风格进行修建的。

这一形态也表现了山西、陕西、河南宝塔建筑的统一性。关于植物生长对宝塔造成的破坏，可以通过 1906 年和 1922 年的图像进行对比。今天的大慈恩寺在许多方面仍然可以显示出古代寺院的特色，寺院内有 10 组不同的建筑，却并无特殊的艺术特征。在我访问期间，许多屋宇都已荒废，只有大雄宝殿得到了很好的维护。在最近几十年的动荡中，西安常起纷争，寺院紧邻这座城市，其中的宝塔在此期间可能也遭到了严重破坏。值得注意的是两幅非常美丽的大型石刻画，这些画被留在院内墙壁上，描绘了抗击外族的战争，以及康熙年间平定战乱的故事。寺院中许多院落都装饰着数量可观的石碑，尤其是主轴线上的主庭院。这些石碑或是独立存在，或是存放于壁龛之中，其中一些可以追溯到寺院建成初期，如果将其中的内容进行翻译，很可能发掘出记载唐朝佛教历史的宝贵文献。

关于西安大慈恩寺大雁塔的诗词

大雁塔以其出众的地理位置、历史文化、建筑艺术，引来众多文人为其赋诗吟咏。在广东北部韶州府下辖的曲江县，雁塔之名已成为同类宝塔的代名词。8 世纪的唐朝学者、重臣韦绚曾将名字题于雁塔墙上，以此纪念他在科举考试中及第，此举引得文人纷纷效仿。"雁塔题名"这一成语也由此应运而生。在此之前，雁塔在中国古代文学中可能有特殊的象征意义。但自玄奘之后，它在艺术和文学主题中，被赋予了更普遍的佛教意义。

值得注意的是，在公元 630 年的时候，即中国科举制度设立和佛塔大量建造的早期，文人雅士就已赋予佛塔文学上的象征意义。这一时期也是文人身份与佛塔和高台联系在一起的开端，这其中也许还包含了有关风水的想法。成语中的"雁塔"是否指西安的大雁塔，并没有明确的记录。不过无论如何，这是指一座名为"雁塔"的高

图 43 南山映衬下的西安府大雁塔。伯施曼绘制。

塔，是连接佛教信众和文人的思想世界之间的纽带。

　　文学和宝塔之间更为紧密的联系是由众多首屈一指的诗人创造出来的。他们用佛塔来统一中国传统的和印度传来的宗教哲学思想体系。中德两国伟大的思想家在这一点上都选择将宗教体系的争端渗入真实存在的本质，以此创作具有深厚文化底蕴与美感的诗歌和散文。

　　《古今图书集成》中提供了大量关于大雁塔的诗词。一些著名的文人曾到过此处，有些诗人还曾与帝王同游此塔。这些诗的主题和形式大都受到限定，其中不乏赞颂皇帝的诗句，它们将帝王与这个圣洁的地方及佛教本身联系在一起。据说在唐朝有五位著名的诗人在此题诗，历史上得以考证的有两位。唐代进士沈佺期不仅是著名文人，还于神龙年间拜起居郎、修文馆直学士，去世于开元初期（公元 715 年）。李白、杜甫的好友岑参于天宝年间两度出塞，在诗歌和散文方面也有极深的造诣。

奉和圣制同皇太子游慈恩寺应制 ①

沈佺期

肃肃莲花界，荧荧贝叶宫。

金人来梦里，白马出城中。

涌塔初从地，焚香欲遍空。

天歌应春籥，非是为春风。

奉和九日登慈恩寺浮图应制

李适

凤辇乘朝霁，鹓林对晚秋。

天文贝叶写，圣泽菊花浮。

塔似神功造，龛疑佛影留。

幸陪清汉跸，欣奉净居游。

奉和九月九日登慈恩寺浮图应制

李恒

宝地邻丹掖，香台瞰碧云。

河山天外出，城阙树中分。

睿藻兰英秀，仙杯菊蕊薰。

愿将今日乐，长奉圣明君。

题慈恩寺塔

章八元

十层突兀在虚空，四十门开面面风。

却怪鸟飞平地上，自惊人语半天中。

回梯暗踏如穿洞，绝顶初攀似出笼。

落日凤城佳气合，满城春树雨蒙蒙。

---

① 原文所注诗名为《即四月八日题七级》，有误。——译者注

与高适薛据同登慈恩寺浮图

岑参

塔势如涌出，孤高耸天宫。登临出世界，磴道盘虚空。

突兀压神州，峥嵘如鬼工。四角碍白日，七层摩苍穹。

下窥指高鸟，俯听闻惊风。连山若波涛，奔凑似朝东。

青槐夹驰道，宫馆何玲珑。秋色从西来，苍然满关中。

五陵北原上，万古青蒙蒙。净理了可悟，胜因夙所宗。

誓将挂冠去，觉道资无穷。

图 44　西安府香积寺的宝塔。共三层，高 6 米，约建于公元 700 年。

图 45　陕西西安府兴教寺的宝塔，即玄奘的舍利墓塔。共五层，高 20 米，建于公元 700—800 年。喜仁龙拍摄。

图 46 玄奘舍利墓塔的第二层。见于《中国佛教史迹》。

图 47 西安府南部白塔寺的宝塔。共五层，高 20 米，建于公元 773 年。喜仁龙拍摄。

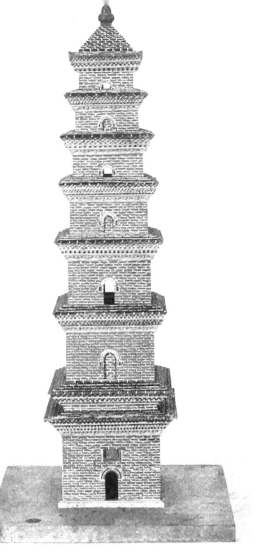

图 48 西安府兴平县的宝塔。共七层，高 38 米，建于明代。模型来自徐家汇博物院①。

图 49 南京普觉寺的宝塔。高 14 米。建于 1050 年。见于《中国佛教史迹》。

---

① 徐家汇博物院（Siccawei Museum）是上海最早的博物馆。1868 年由天主教耶稣会神父韩伯禄（韩德）创立，主要收藏中国动植物标本，今已拆迁。——译者注

玄奘的舍利墓塔：陕西西安兴教寺塔

在西安以南约 25 公里，接近秦岭山脉的地方有一座宝塔。不论是在形式、修建时间上，还是在建造风格上，它都与大雁塔密切相关。玄奘作为中国佛学创始人，于公元 652 年亲自主持修建了大雁塔。在五十年后，兴教寺塔被以类似的形式修建，并作为玄奘的长眠之地。玄奘在公元 664 年去世时，其灵骨先是被安葬在其他地方，后迁于现在的位置。与此同时这里也建造了一座寺院，该寺院的名字自唐肃宗年间确立以来，沿用至今。虽然还不能完全确定，但宝塔很可能是与玄奘之墓和寺院同一时期建造的，玄奘的舍利可能埋于宝塔之下，也有可能藏于其中。人们普遍认为，寺院在公元 828 年的重建中保留了其原有的造型。《中国佛教史迹》一书对此有更详细的阐述。

该塔是一座五层正方形级塔，底层边长为 5.35 米，塔高 20 米。层高逐级递减，并由非常坚固、带有简洁纹路的塔檐隔开，层层叠涩出檐（有两种形式），造型与大雁塔十分相似。不同的是，此塔只有上方四层的塔身各面通过四根倚柱划分为三个区域，底层则是平整的砖墙。倚柱的基本形状为八边形，棱角处尤为坚固，没有柱头。额枋和斗拱皆为砖质结构。正如关野贞和喜仁龙所指出的那样，这一结构应是模仿唐朝时期的木结构宝塔而建，扁平的三臂斗拱更加印证了这一点，只不过整体结构由砖块叠砌而成。多边形壁柱与斗拱的连接处十分清晰，这可能融合了由西方传入的建筑元素，但也有可能是从中国本土建筑造型发展而来，这也让我们在级塔中了解了中国古代建筑的技术水平和设计理念的融合。建筑美学在建筑本身的价值上，为其赋予了更多的内涵。令人遗憾的是，这座宝塔损坏严重，塔顶部已经完全消失，它原本应该由一个垂脊略带弧度的攒尖塔顶和塔刹组成。

在这座塔的两侧是两座三层的方形砖灵塔，它们的底边长约为 2 米，高约 5 米，塔中分别供奉着玄奘两名弟子的舍利。其中一位是窥基，去世于公元 682 年，享年 51 岁，其墓于公元 829 年迁入此塔。另一座是圆测舍利塔。圆测去世于公元 696 年，其遗体直到 1115 年（宋朝）才被迁到玄奘舍利塔的旁边，直到那时人们才建造了今日的圆测舍利塔。

五座楼阁式的宝塔

在最为古老的方形级塔中，有一座 6 米高的小塔位于西安以南 24 公里处的香积寺。香积寺应建于公元 681 年或 706 年，其寺院除两座宝塔外，几乎已不复存在。现存的两座宝塔，一大一小，都属于天宁形式，这种形式将在下一节中进行讨论。两座砖塔应该都是在公元 700 年左右与寺院同时建造的。

较小的塔是一座舍利塔，一层很高，上面两层则较矮。这表明，现在底层被砖块封住的开口，以前其实是门和窗。曾经立于佛塔入口的两座门神塑像也已被移走。上面一层，塔身上的壁画则暗示此处曾经存有佛舍利。略微突出的单层檐将光滑的塔壁加以分隔，塔顶处立有塔刹。

还有一座结构相似的塔位于南京附近的普觉寺内。这座小砖塔最晚建于宋朝皇祐二年（1050 年），同样呈现清晰的收分。这座辟支佛塔三层三檐，塔身呈现优美的曲线。此塔比陕西建于早期的那几座宝塔更为精致。人们仿照这一形式在平阳府建造了一座更大的宝塔，不过使用了造型完全不同的塔檐。

在级塔的另一类重要形式中，宝塔的层高略有降低，但层数有所增加，宽大的出檐依然存在。宝塔仍然保留了层层相叠的特征，但塔身更为纤细。陕西有两座宝塔也属于此种形式，它们均位于西安附近。其中一座位于西安南面 25 公里，距兴教寺不远的白塔寺内。寺院位于终南山北麓，周围有大量三阶教 [①] 的僧人墓葬，隋朝著名的三阶教创始人——信行也葬于此地。大量的僧人墓葬及寺塔遗迹也使得该寺院被称为百塔寺。塔高五层，塔面平整，正面设有塔门，两层飞檐，攒尖式塔顶上配有铜制塔刹。根据关野贞的著作，塔高 60 尺，而喜仁龙则将底边长度标记为 27 尺。他们两人的数据相互矛盾，日本人所测量的底边长度大致为 5 米，这似乎更为合理。另一方面，就建造时间而言，喜仁龙根据史书将其定为大历八年（公元 773 年），这一数据可能比常盘大定和关野贞所猜测的宋代和元代更为准确。

另一座是位于西安府西侧的兴平县宝塔，书中只能展示它的模型照片。它与白塔寺宝塔十分相近，建于明代，塔高 115 尺，约 38 米，共七层，底层配有双檐，

---

① 中国佛教派别，又称第三阶宗、三阶宗、普法宗。——译者注

图 50 山西平阳府的宝塔。共五层，高 46 米，建于公元 627—650 年，重建于 1750 年。伯施曼拍摄。

上面六层均为单檐。毫无疑问它是按照白塔寺宝塔而建。如果模型合理可靠，我们可以根据塔层和塔檐的特点，将其建造时间确定为明代。

　　还有一座位于宁波府的方形小佛塔值得一提。它位于寺庙庭院一角，层级清晰，但塔身的收分并不明显，并且由于其融合在如画般的风景中，已在第一章中对其做了介绍。

山西平阳府大云禅寺

　　平阳府位于山西南部，此处曾经有着十分重要的地位，历史悠久。尧帝曾在城市南部居住过，那里建有一座庞大的庙宇，以纪念他。现今这座城市正在衰落，城墙损毁，贸易低迷。在城墙的东南角，耸立着一座魁星塔楼，也是方形级塔。大型

图 51 山西平阳府宝塔底部的两层。伯施曼拍摄。

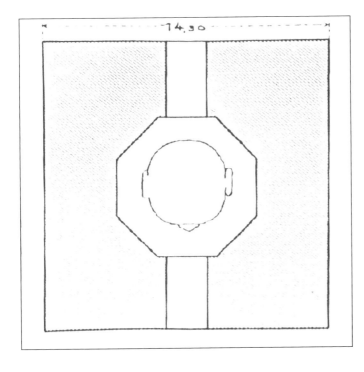

图 52 山西平阳府宝塔的平面图。显示了底层和佛头。伯施曼绘制。

图 53 平阳府宝塔一层
的铁质佛头像。伯施曼
拍摄。

宝塔在当时作为地标，高耸于城市低矮的建筑之上。

根据描述，大云禅寺位于山西临汾县城内安道坊，建于贞观年间，也就是唐太宗在位时期。宝塔的布局和结构可以追溯到唐朝早期，但个别形式表明它在历代屡有修葺。特别是下文中将要详细描述的细节，都让人联想到乾隆时期建造的山西太原府以南的奉圣寺中的宝塔。这两座宝塔显示出了非常相似的特征。此塔为五层方塔，平面为八边形，将塔身向上拔高，塔高约为 46 米。塔身每层的高度几乎一致，但并不完全相等。底边长度为 14.3 米，要比当时一般佛塔的规模更加庞大，让人联想到许多后期建造的塔，也就是那些底层建有回廊的宝塔。上方的四层自下而上呈阶梯状均匀地收拢。最顶层的塔室冠有攒尖塔顶。每一层塔身之上都有坚固的单

图 54 山西平阳府的宝塔。高 46 米，伯施曼绘制。（左）
图 55 山西临晋县的宝塔。共 六层，高 18 米，模型来自徐 家汇博物院。（右）

坡屋檐，檐角向上翘起，尤其是底层的一重屋檐。塔底层的塔檐、副阶①向外延伸，形成一条宽大的回廊。

宝塔每层均设有三层微微翘起的出檐和精致的砖质斗拱，束腰②形式简洁，由斗拱划分成几段。塔的底层设有真平座，其他各层则为装饰性平座。这些设计使得宝塔精美典雅。更多细节的设计，如装饰花纹和人物浮雕，正如上文所示，应该出自乾隆年间。这些细腻的设计使得佛塔粗犷的形态得以调和。

---

① 副阶，指在主体建筑外面另加一圈回廊。——译者注
② 建筑物墙上的环状装饰统称为束腰。——译者注

图 56 山东济南府龙洞的石塔。高 15 米，约建于公元 700 年。伯施曼绘制。（左）
图 57 山西蒲州府的宝塔。共 13 层，高 44 米，建于唐代。伯施曼绘制。（右）

　　上方的四层塔身各面均有三块琉璃镶成的图案，绘有些许藤蔓花纹，配有黄绿两色佛教浮雕琉璃砖构件。塔的主要建筑材料是灰黄色烧制砖。顶端的八边形塔室按八卦方位排列，在每个翘角的顶端悬有三个铃铎。魁星楼这种建筑形式总是和中国古代的八卦概念联系在一起。特别是山西的魁星楼，造型独特，顶端通常都有此类八边形塔室。这也让人回想起上文提到过的由玄奘主持建造的第一座宝塔——西安府大雁塔，两塔的相似之处也在于此。

　　值得注意的还有塔的底层。底层塔室由厚厚的墙壁所包围，内部呈八边形，设有拱顶。在底层的塔室中供奉着一尊巨大的铁质佛头。有史料记载："该寺院在民间又被称为铁佛寺。铁佛寺里面有一座铁佛，在它的头上建有一座高耸的宝塔。张

图 58 位于蒲州府城北部山丘上的宝塔。伯施曼绘制。

铨有诗于此。"这尊佛头颈高 5.5 米，铁质内芯外有两厘米厚的灰泥，表面镀金，嘴唇染为红色，眼白，瞳黑，眉鬓为蓝色。据说这尊巨型佛像的躯干仍留存于世，不过位于河南陕州。据僧侣所言，这尊巨大的铁佛像的历史可以追溯到寺院修建之初，即唐朝贞观年间。

无论如何一定有某些因缘，使得宝塔与铁佛头像如此紧密地连结在一起。从技术方面考量，券门是与塔墙、拱顶一体建造的，其宽度远小于佛头。毫无疑问，铁佛头像并不是后来被放置进塔内的，宝塔应是围绕佛头而建。因此可以说，铁佛头像本身要比宝塔更古老。

关于这座塔的建造，虽然说现今的塔是在铁佛铸成后建造的，但历史仍可追溯至唐朝初期。庞大而精细的具有拱顶的基座也具有那个时期的特征。不过，其中一些保存完好的典雅、精致的细节则来自于清朝时期。据僧侣所说，人们在清朝曾彻底修缮过宝塔。实际上，塔檐灵巧的细节、精美而丰富的琉璃装饰恰恰与我在前面提到的山西太原府奉圣寺的宝塔有异曲同工之妙。我们将在多边形平面级塔一节中介绍这座宝塔，它在 1748 年被重建，这一年份是十分准确的。

平阳府宝塔顶端精美的八边形塔室也可以追溯至这一时期，其设计十分新颖。不过，建筑物本身阶梯状的结构表明，它的历史要更为悠久。人们也能通过塔身斗拱的布局看到唐朝时期建造的兴教寺的影子，不知为何，这种斗拱形式在山西仍流传至今。通过参考其他的资料，我们得出结论，平阳府的宝塔从总体结构和某些造型上来看，应是一座古老的级塔，但外部结构应在 1750 年左右的修缮中被重建过。

龙洞、蒲州府、临晋县

位于山东省省会——济南的龙洞石塔，可追溯到著名的砂岩佛像时期。从隋朝开始，砂岩佛像便用来装饰石窟。石塔的建造时间被认定为公元 700 年，塔身七层，每层设有窄檐，整体为清晰的级塔形式，层高向上逐层递减，高度约为 15 米。塔身有清晰的收分，这一轮廓一直延伸到塔尖。这种上下收分的造型在同时代和后期都曾出现。例如蒲州府的宝塔通过增加层数来显示这种结构，临晋县的宝塔则直接通过倾斜塔身轮廓线来实现这一结构。

蒲州府位于山西南部，临近黄河岸转折东流处，相传为"舜帝之都"。如今，时过境迁，地域的减小和贫瘠的土地，都让这里失去了往日的繁荣。在蒲州府以北的黄土丘陵上，还耸立着保存完好的佛塔。塔底为四边形，塔高 44 米。塔身轮廓灵动，整体向外凸出，塔顶处又向内凹。顶层平面为八边形的塔身可参见相邻的安邑县叠层塔的造型，这部分将在本章的第三节中讨论。两者的相似之处在于塔檐的间距逐渐缩小。蒲州塔是级塔进一步发展的代表。这座十三层的宝塔轮廓连续，塔檐形成的分隔几乎难以察觉。

方塔的历史久远，在一座宝塔的名称中就可以体现。这座宝塔被称为河东蒲坂古塔，位于河东的蒲州。蒲坂是城市的名字，而河东则标示了它的地理位置。在春秋时期，河东表示黄河以东的地区。这座宝塔在现存的宝塔中无疑属于早期建造的。史料还有记载："后秦姚略叔父为晋王，镇于河东。古老传云，蒲坂古塔即阿育王所立也。

图 59 河南武安县北响堂山的宝塔。宝塔位于寺院主轴线上，参见 82 页，图 61。见于《中国佛教史迹》。

疑之屡有光现。依掘得佛骨于石函银匣中，照耀殊常，送以上略。略乃亲迎，睹于灞上。今蒲州东坂有救苦寺，僧住立大像极宏冠，而古塔不树云。"

根据这一记载，有一座宝塔非常古老，早在公元 400 年就已存在了。如果把它归于最早期的中国古代宝塔，也就是约为 3 世纪中叶的时候，应该不会出错。根据记载该塔在古时已经损毁，后来又被重建。可能是在重建时，人们才赋予了它向上逐渐收拢的造型以及紧凑的塔檐。但无论如何，方形平面是从早期流传下来的。

在蒲州东北的临晋县，级塔的形式又进一步发展，塔身向上伸展，更为修长。塔的轮廓略成方锥形，整个塔身成为统一的整体。相传塔高约 18 米，共六层，且层高自下而上逐层大幅均匀递减。表面倾斜，镶有浮雕砖块，内部可以攀登。这些也都表明方形级塔在经历了不同的发展阶段后，逐渐变得纤细修长起来。

2. 多角级塔

河南的级塔

两座雄伟的级塔耸立在河南北部，一座立于开封府和河南府之间，在旧时通往

图 60 河南郑州的八角塔。共十三层，高 79 米，建于公元 713—742 年。见于《中国佛教史迹》。

图 61 河南常乐寺的八角塔。共九层，高约 40 米，约建于唐朝后期。见于《中国佛教史迹》。

长安的要道上，另一座则在最北端。后文中另有两座宝塔，我们将通过这一组四座宝塔，来介绍多角级塔这种建筑形式。

开元寺位于河南开封府以西的郑州，在京汉铁路线上。寺内耸立着一座巨大的宝塔，其历史可追溯至唐朝开元年间。它虽然已严重损毁，但由于高大的造型和雄伟的结构，仍被作为重要的景观。塔的结构、个别塔檐、大的斜面和菱角牙子叠涩还可以被清楚地辨析出来。在台基和高大的底层上方，仍然可以根据图片数出十二层轮廓明朗的塔身，也就是总共有十三层。塔身整体呈锥形，这一结构很可能又通过塔尖被进一步强调。每层塔的四个主面上都设有券门，这些开口原本是用来通往内部的，此外宝塔平面八边形的结构也进一步扩展了西安大雁塔的方形基本结构。塔底层仅有一侧设有券门，作为通往内部八边形塔室的入口，狭窄的通道直接通往与此门相对的壁龛，其他三处主面也均配有壁龛。对于塔的原始高度，现已无法测量，估计有 70 米。内部呈空桶状，可从底层塔室望到天空。

河南最北部的山峰上也有一座级塔，同样有着早期级塔清晰的结构，但又被更细致地划分，那便是常乐寺中的宝塔。常乐寺所在山峰位于与直隶接壤的武安县境内，宝塔便耸立在常乐寺主轴线上的院门前。据《中国佛教史迹》记载，它可能建于宋朝，但形式和细节与唐塔更加相似。塔身共五层，除底层外，其余四层又被一圈细窄的塔檐分成两层，最终形成一座九层的宝塔。塔檐也由此分为两种，单数塔檐为三层斗拱设计，双数塔檐为三层倒圆角菱角牙子叠涩设计。底层塔身最为高大，上方各层和常见的形式一样，层高逐层递减，塔身每侧均设有开口或刻有浮雕。浮雕以不规则的形式交替，呈现出门板、直棂窗和小塔的造型。塔身各层中均设置了供奉舍利的塔室。最顶层的腰檐则综合了斗拱和菱角牙子两种元素，塔顶虽然已消失，但种种迹象表明了先前塔刹的存在。该塔高约 40 米，还保留着初建时的原始状态，因此被视为早期塔类建筑的重要示例。

开封府国相寺繁塔

开封府为宋朝都城，境内有两座奇丽的宝塔。它们都始建于宋朝初期，由赤陶建成，但在外形上有所不同。国相寺繁塔的平面为等边六边形，铁塔则为八边形（琉璃砖塔）。繁塔展现了令人印象深刻的阶梯形式，因此将在这里先行论述。另外在市内还有一座与国相寺名称相似的寺院——相国寺，其位于辖区以东。

先说一下这座位于开封城东南 3 里处，雄伟的六边形宝塔。在我考察的时候，宝塔所在的寺院就已缺乏维护，想必今天已完全破败了。在这附近筑有早先著名的师旷吹奏之台，也被称为繁台。麟庆在他的游记中描述了宝塔完整的造型，还有那高耸、雄伟的古台，上面建有与自然相依的亭台雨榭。多数较大的城市都会有台，有时还会成组出现。台在古时有着特殊的象征意义，几乎总能与历史事件相联。同样在开封也存在着这样的台，其中就有一座被称为东繁台。但根据麟庆所记，"繁"这一名称仅用于此台。据他介绍，这个露台应该有着相当久远的历史，曾被用于欣赏歌乐。相传汉朝梁孝王扩建了此台，史称平台。台上建有纪念祖籍河南、善于治水的大禹的禹王庙，在其右侧是一座为 29 位在秦汉时期治水有功的官员所修的祠堂，左侧是一座为唐朝诗人高适、李白、杜甫所建造的纪念庙宇。由此可见这里在早期就是一个著名的景点。后来在这个平台的不远处，生活着繁姓的居民，因某些功绩，此平台被命名为繁台。五代时周世宗柴荣于显德元年（公元 954 年）庆祝天清节后，将附近建立的寺院命名为天清寺，也叫白云寺，属于后来的三座繁塔寺之一。周世宗还在新寺院的一座华丽平台上建造了一座宝塔，名为繁台塔，又称兴慈塔。不过此塔似乎并不太重要，逐渐衰败。公元 960 年宋朝建立后，北宋的第二任皇帝宋太宗于太平兴国二年（公元 977 年）在开封（当时的汴梁）又修建了一座宏伟的级塔。这座塔原本有九层，由砖和琉璃陶土制成，今天我们仍然可以看到它的一部分。人们在天清寺前方又修建了国相寺，因为寺中的宝塔，所以该寺也被称作繁塔寺。这座大型佛塔的建造先于铁塔十年。这也进一步证明了各个朝代都热衷于在统治之初建造宏伟的佛塔，以便彰显新帝国的鲜活生命力。这座宝塔的建造与宋朝宫殿的建造基本同期。开封府在今天仍然拥有中国最重要、最古老的建筑遗迹。公元 980 年[①]开封府还兴建了一座太平兴国寺，这是一个大型的佛经翻译中心。

---

① 太平兴国寺在唐朝时为庵堂，后改为兴国寺。太平兴国三年（公元 978 年），宋太宗以自己的年号敕封"太平兴国寺"。——译者注

该寺院的布局很可能与繁塔寺或国相寺一致。

当汴梁，即开封府，不再是都城所在地时，寺院和宝塔的变迁也见证着城市的兴衰，历史上有许多相关的史料。其中最好的资料来源便是寺院中的两块石碑，一块来自万历四十五年（1617 年），另一块的历史可追溯至康熙十二年（1673 年）八月，并于同治二年（1863 年）十月被修缮。除了史料之外，笔者还参考了《中国佛教史迹》中细致的日文描写，并结合了自己所作的详尽记录。

在元朝末期，寺院和宝塔在经历了近乎四百年的风雨后，最终还是没能躲避战乱。寺庙与塔都遭到了损毁，但是宝塔还有部分被保留了下来。

据说当时九层宝塔只留下四层。在明朝洪武年间，僧人胜安扩建了寺院，使其比以前更加辉煌，同时他可能还对宝塔进行了修缮。当时塔的第四层可能已被拆除，锥形尖顶被放置在余下的三层上。在此基础上增建了一座类似的小塔，新冠的塔尖可能也沿用了旧时损毁的样式。宝塔在永乐年间、天顺年间和万历四十五年都进行了修缮，但在明朝末期的起义中，再次受到严重破坏。清朝顺治时期，在巡抚张自德的支持下，僧人桂山于 1649 年筹集资金重建了宝塔，同时也扩建了寺院。新建的寺院规模宏伟，并由康熙命名为国相寺。康熙十二年该寺又得到修缮，最后一次修葺可能是在 1863 年。

宝塔平面六边形基座的对角径为 22.8 米，底层砖砌塔身对角径为 20.7 米，基座的边长为 13.5 米。关野贞给出的尺寸，特别是内部塔室的数值，与笔者根据内径计算得出的尺寸数据略有不同。关野贞并未测量过宝塔的总高，但通过计算得出高度为 37.6 米。三层的高度分别为 14.9 米、7.55 米和 4.5 米，顶端小塔高度为 10.65 米。

此类角锥形小塔直接被放置在三层的顶层平面上，立刻使人联想到兖州府宝塔的结构，我们将在后文介绍这座宝塔。塔顶的这一形式或许也可以追溯至公元 977 年，宝塔初建之时。当然还有另一种可能，人们后来为了给这座巍峨的宝塔增加塔顶结构，便在顶端临时加建了这座小塔。但也有可能，在顶端建造小塔的理念已存在很久，那座位于兖州府的塔可能就是仿照繁塔而建的。兖州府的宝塔建于公元 982 年，只比繁塔晚了几年。据《中国佛教史迹》记载，繁塔在重建以前，原来的九层塔高度可达 66.5 米。塔上部的单层腰檐、带有栏杆的平座和顶层装饰都能

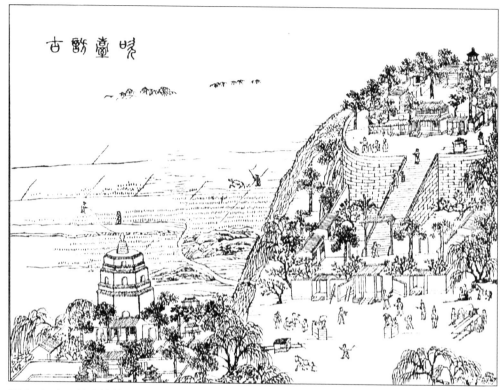

图 62 河南开封府繁塔及其附近的禹王庙。麟庆绘于 1840 年。

在兖州塔的造型中得到呼应，也和河南彰德府 ① 的宝塔十分相似，这部分将在第四章 ② 中进行介绍。

这座现存的闳敞轩昂的宝塔彰显了独特而生动的主题。宝塔的基座庞大，由砖块层层垒叠而成，顶端向内倾斜。基座上方的砖墙结构清晰，通过塔檐分隔的三层塔身呈阶梯状逐层向内收拢。每一重塔檐都由两层斗拱组成，每层另有两排斗拱，两层斗拱之间筑有大型的略带弧度的叠涩。下方的两排斗拱承托住叠涩，上方的两排斗拱则作为平座向外突出，就位于塔身开口的正下方。承托平座的斗拱样式朴素简洁，整体呈四分之一圆弧形，头部连接额枋。栌头上的拱只是用细微的浮雕刻画出形状，并没有实际的承托作用。繁塔外壁镶满了佛像雕砖，每块

① 今河南安阳。——译者注
② 即《中国宝塔 II》第一章。——译者注

图 63 河南开封府国相寺繁塔的正视图。今高约 37.6 米,建于公元 977 年,
约毁于 1368 年。伯施曼绘制。

约 30 厘米见方，仅在开口处断开，也就是断开于底层的两扇门、二层的六扇窗
以及三层的三或四扇窗处。底层共镶有十五排雕砖，每块砖表面上都有圆形的小
洞,形似小佛龛,龛中摆放佛像浮雕,共有七种不同类型的塑像雕砖和腰线 [①] 围合，
上面均刻有佛像、龙、凤凰、美丽的花朵和藤蔓，并具有强烈的浮雕效果。束腰
通常施有琉璃釉面，大多数未上釉面的佛像雕砖在其砖缝间也施有稠厚的琉璃釉

———————

① 腰线，指建筑装饰的一种形式。在外墙面上通常是在窗口的上沿或下沿（也可以在其他部位）将砖
　挑出 6 厘米 ×12 厘米，做成一条通长的、主要起装饰作用的横带。——译者注

料。按照关野贞的说法，可以假定整个建筑最初是由墨色琉璃釉料所覆盖的。公元977年，初建的宝塔可达66米，配有此类装饰必定是极其雄伟壮丽的，并在气势上远远超过同一城市后建的铁塔。但铁塔至今仍保留了它原有的琉璃面，而繁塔的外部釉面却风化严重，在最近一次的修缮中也并未使用施有釉面的砖块。时至今日，宝塔只有部分位置还保有釉面。

塔底层内部正中心是一个最长对角径为5.5米的六边形塔室，上面有一座砖砌的供坛，主要供奉佛陀和其左右的天王、力士。南部有一条2.7米宽的拱形走廊，高6.75米。走廊的入口通过拱顶和台基上的券门得到凸显。走廊两侧的墙壁上，各有六块刻有经文的黑色石板，其拼成的完整矩形石板周围刻有莲花浮雕装饰。两块皆刻于宋朝太平兴国二年十月八日。这再次证明了宝塔的建造时间。

在与正门相对的北侧有一条2米宽的走廊通向一座佛龛，基座上有一尊佛像。在走廊的尽头应有一条通向上方平台的楼梯，由于门用砖封住，所以楼梯的结构尚不清楚。只能看到一口狭窄的方形竖井藏于墙体之中，穿过天花板，通向上面的楼层。中央的主塔室也有同样的金字塔形天花板，顶点处留有通向上层的开口，上层

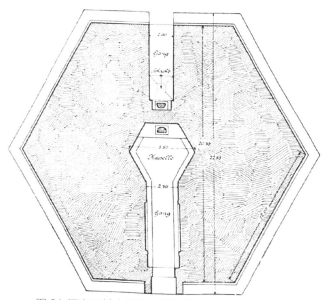

图64 河南开封府国相寺繁塔的平面图。伯施曼绘制。

的墙壁表面与主塔室的壁面结构相同，都覆盖着以佛像为主题的雕砖。

上部的小塔外面也有砖封护。总的来说宝塔的核心由一座带有塔室的主塔和当前作为塔顶的小塔组成，也可以说一座小塔立于另一座塔之上。主塔的六面被厚厚的塔壁所包裹，在它们之间有一条盘旋向上的回廊，使得外部和内部相互连通。小塔立于主塔第三层平台之上，起到塔刹的作用。三层原有的遗迹配上这一组合可谓是奇妙。内部的宝塔外面再包裹一层外塔结构，内外结构间形成回廊，是一种常见的形式。

以今天的高度来看这座塔并不属于像西安府大雁塔那样的高塔，但它用巨大的

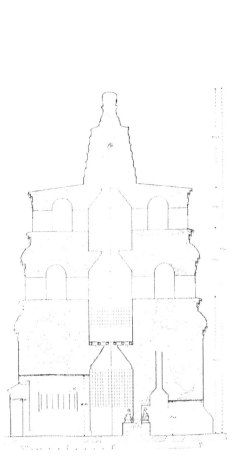

图65 繁塔的剖面图。比例尺为1:300 。伯施曼绘制。

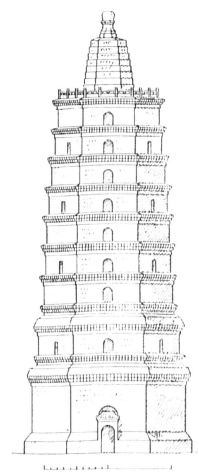

图66 繁塔的初始复原图。九层之上冠以小塔，总高66.5米，比例尺为1:600。伯施曼绘制。

图 67 河南开封府的六角宝塔。寺庙现已消失，只有宝塔耸立在民居中间。鲍尔泽拍摄。

图 68 开封府的繁塔。这座六角级塔高 37.6 米，建于公元 977 年。伯施曼拍摄。

规模和精湛的工艺清楚地展示了早期佛塔建筑的艺术成就。

　　河南府附近的一座宝塔延续了开封府繁塔的造型。它位于城市中部或西部，处在古时通往陕西的国道上，但仍在河南省内。它的平面也是六边形，通体覆盖着佛像浮雕砖块，这些砖块可能是琉璃制成的。这座宝塔的塔身也呈阶梯状向上收拢，各层层高自下而上逐渐降低，塔身的各个侧面都留有细长的拱券门，与繁塔相比，这座宝塔更高，塔身更为纤细。塔檐十分简单，只设有单层，腰线被漆白，两排斗拱和护板十分巨大。塔身共六层，与原来的繁塔层数相同，塔高可能达到 45 米，但顶部已然不见。作为繁塔的复制品，这座宝塔据说可追溯到宋代，大概在 1100 年左右，并且证明了当时该省及附近城镇广泛使用琉璃釉料。关于这一点，将在之后再作叙述。

图 69 开封府繁塔由赤陶制成的佛龛和塔檐。伯施曼拍摄。

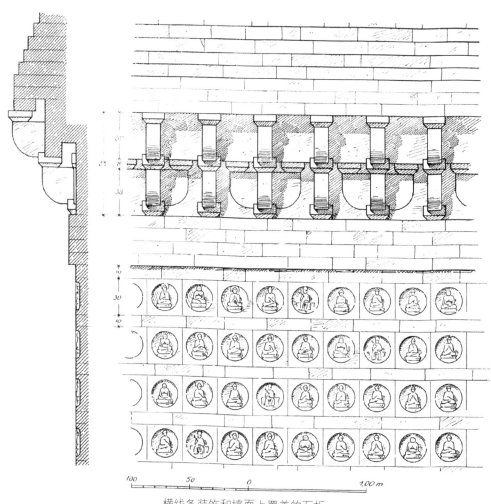

横线条装饰和墙面上覆盖的石板

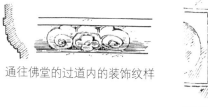

通往佛堂的过道内的装饰纹样

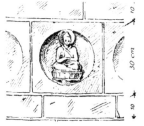

墙面上的浮雕板

图 70 繁塔的部分细节。伯施曼绘制。

图 71 开封府繁塔上的佛龛浮雕。见于《中国佛教史迹》。

直隶和山东的级塔

适度的收拢和层数的增加使得级塔更为修长，尤其是在没有宽大的出挑的塔檐的情况下。这使得塔身，特别是下面几层，不会显出明显的层级结构。在与河南东北部接壤的两个省境内，均能见到具有这一特征的宝塔。

定州府隶属直隶，位于保定府南部，其中有一座宝塔耸立在京汉国道上，位于开元寺内。这座宝塔是一座层级划分清晰、整体修长的级塔。它的历史可以追溯到宋辽时期，万历年间进行了修葺。宽大的八边形底座上还耸立着十级塔身，每级都设有塔檐，最上方冠有塔顶和塔刹，其最高点可达到 70 米以上。拍摄角度的不同会影响画面中建筑结构的比例。《中国佛教史迹》和喜仁龙的图片由于是从倾斜角度进行拍摄，在视觉效果上大大降低了塔的高度，所以我们要将塔身想象的更长些，徐家汇博物院的模型可能更为准确。当然从图片中，我们可以更容易地观察塔身细节，特别是塔基上方结构丰富的斗拱和回廊，以及平稳、大气的塔身和各层的塔檐。喜仁龙提供的关于定州府宝塔的第二张图片极为引人注目，这张照片使人们对这种宝塔的构造有了深刻的了解。在图片中可以看到内部的塔芯，塔芯上开有门洞，中央有塔室。还可以看到包裹塔芯的外部结构，在内外结构之间，每一级都设置了回廊。这一回廊处于内外层之间，高度恰好与外部塔檐持平，连接了内部和外部的平座。

1875 年，宝塔东北部部分塔身塌落，在塔底地面上形成瓦砾堆，塌落形成的缝隙可以使人们清楚地看到宝塔的内部。回廊和内塔所组成的奇特内部结构也被清晰的暴露在外面。在定州府辖区西北部的曲阳县还有一座与定州开元寺塔结构极为相似的佛塔。与开元寺宝塔相比，这座佛塔规模较小，名为修德塔。这座宝塔可能建于元代，与定州的宝塔一样，在高大的底座上建有八层塔身。宝塔在修建时或是在嘉靖十九年（1540 年）的修缮过程中，塔身下方四层的塔檐被拆除，形成了一个封闭的柱状体。它的表面被划分为五个区域，每排连续装嵌的浮雕砖都由莲瓣石雕承托，并可能带有铭文。这种带有巴洛克风格和喇嘛教建筑布局特色的塔楼同时融合了天宁方塔和级塔的特征。

这种体态修长的塔是级塔的分支，在结构上具有层高均匀且层数清晰的特点。这种类型的塔在其他地区也有分布，例如广州府的佛塔，其在形式上也属于级塔，同样值得研究。

图 72 河南府的六角陶塔。共七层，高 45 米，建
于 1100 年。冯·韦斯特哈根拍摄。

图 73 直隶曲阳县的修德塔。初建时在底层塔上还
建有八层，后将部分塔身磨平镌刻浮雕，高约 45 米，
约建于元代。喜仁龙拍摄。

图 74 直隶定州府的宝塔。平面为八边形，共十一层，高 70 米，建于 1001—1053 年。喜仁龙拍摄。

图 75 定州府的宝塔。外塔部分脱落，内塔暴露在外。喜仁龙拍摄。

山东兖州府兴隆寺

在很长一段时间内，不论是作为贸易重镇还是行政首府，兖州府都有着相当重要的地位。在一定程度上，也因为临近人才辈出的孔府而受到青睐。在历史上，它曾是鲁国的临时都城，据说鲁国皇室的后代仍以楚为姓居住在这座城市。在城市北部广阔的耕地中，可以看到两堵笔直耸立的土墙。它们成直角相交，代表着古时的城墙。这里还留有唐朝的记忆，县府的一扇大门上注有铭文，下面有一块小石碑，上面写着诗人李白的作品。兴隆寺宝塔位于兴隆寺院内，其早期历史可追溯至隋朝。它位于兖州城内东北隅，前面的交叉路口将它与城市分隔开，其东侧便是鲁国的老城墙。在城墙的东南角，有一座魁星楼与宝塔遥相呼应。根据史书的记载，我们可以大概了解到寺院的建造时间，如今这里除了一些带有铭文的石碑和柱子外，整座寺院已几乎完全消失。

山东省境内大多数的地方志可能是由信奉儒家思想的人撰写的。这些记载通常刻意忽略佛教事物，并着重笔墨在中国古代传统和典籍上。地方志里通常只提及寺院和佛塔的名称，其中对于兴隆寺的描写同样十分简要。但寺院的建造时间在这里尤为重要，因为兖州府的宝塔正好建于隋朝颁布诏令，大力修建宝塔的时期。

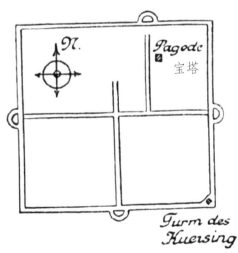

图 76 山东兖州府平面图。宝塔位于城中。伯施曼绘制。

图 77 山东兖州府的级塔。位于原来的兴隆寺，平面为八边形，共七层，七层之上又有六层小塔，总高约 59 米。可能建于公元 602 年，现存宝塔建于公元 982 年。伯施曼拍摄。

据史书记载："兴隆宝塔位于城市的东北方，这里以前被称为普乐寺。普乐寺建于隋朝仁寿二年（公元602年），宋朝太平兴国七年（公元982年）寺庙更名为兴隆寺，这一名称沿用至今。王禹偁[①]对此进行了记录。"史书中还记载了许多其他的佛塔，尤其是北京天宁寺宏伟的建筑。当然还有不少隋文帝在公元589—604年间大举修建佛塔的信息[②]。隋文帝的这一举动也推动了后世宝塔建筑的发展。虽然文献中对兖州府的这座宝塔记载很少，不过据此可以推测，这座宝塔也是在此期间依照皇帝诏令进行修建的。

宝塔脚下的千佛像还有部分残存至今，它可能建于公元713年，这也表明了宝塔在当时就极其重要。《中国佛教史迹》根据地方志记载，称宝塔在宋朝初期被改建，并在之后的1063年、1699年、1718年进行了修缮，这些信息可在塔内的铭文中找到。根据结构和细节来看，公元982年改建的塔与现今的塔较为一致。在此前不久，开封府也修建了一座类型相似的六角塔。在此不妨作以下推断，这座宝塔的整体结构在某种程度上可以追溯到隋朝的第一座塔，但其具体形式我们还尚未了解。如今保存完好的宝塔完全由砖建成，平面为八边形，底面边长为6米，对角径约15米，共有十三层，高度约为59米。宝塔分为两个明显不同的部分，下部共七层，高43.5米，上部共六层，高15.5米。下部坐落于带护栏的平台上，塔刹上的相轮为葫芦形。每个层级都被巨大的塔檐清晰地分隔开。整座塔雄伟壮观，几乎没有使用任何木制构件。

上部的六层结构让人想起开封府宝塔的塔顶，但此塔似乎在设计建造之初就是如此。同样比例的建筑在美学上也许并不常见。宝塔的外轮廓线条在第七层平台处断开，塔身骤然收拢，但上半部分的塔身仍与下半部分一样，轮廓线条自然、流畅。针对这方面的研究，找到类型相似的大型宝塔便显得尤为重要。

塔建在不高的底座上，施有向外突出的双檐，四面设有拱券门。其中三扇可通向内部的塔室，另一扇直接通往上层90厘米宽的主梯。塔梯中部有两座佛龛相对而立，在其之后继续以顺时针螺旋向上，塔内还有呈顺时针环绕的回廊。宝塔的每一级内都有一条完整的、一米宽的拱形回廊，并设有四扇门，其中两扇门通往楼梯，

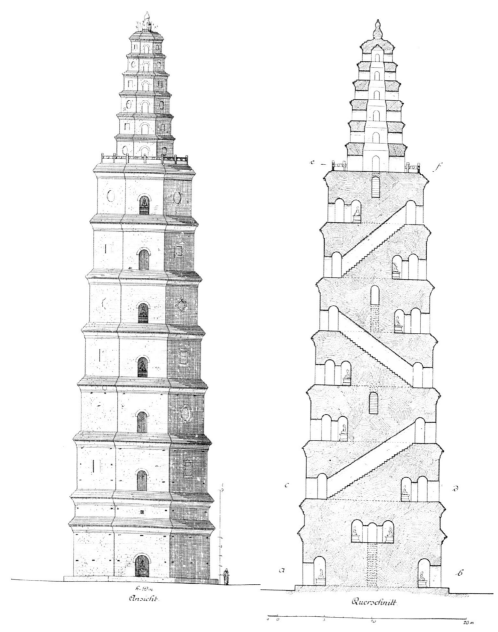

图 78 山东兖州府的级塔。始建于公元 602 年，高约 59 米。伯施曼绘制。

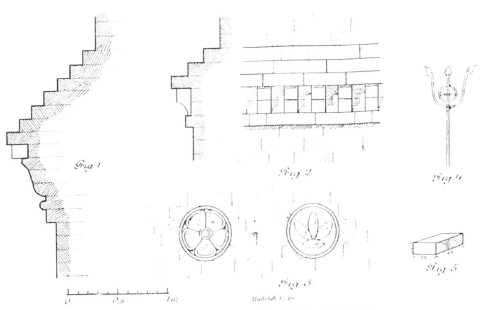

图 79　砖檐、砖上浮雕细节、塔顶上的铁质塔刹。伯施曼绘制。

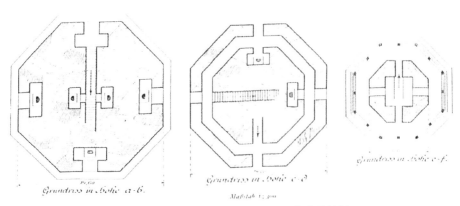

图 80　山东兖州府级塔不同高度的平面图。伯施曼绘制。

另外两扇则通向小塔室。外部的四扇门直接建在绕塔一周的塔檐上。塔的上部结构完全是空心的，无法攀登，顶层覆盖小穹顶。塔顶外侧设有多块三头叉，最上方是葫芦式或火珠式塔刹。

塔身侧面设有虚门和虚窗，样式有矩形、圆月形，以及（八边莲）弧形的。这种活灵活现的精巧设计和形式多样的变换也体现了宋代的建筑特点。它们有些设计成直棂样式[①]，有些刻有花纹装饰，有些也会打通形成塔窗。七层平座上的护栏由带有球形柱顶的望柱和镂空栏板[②]组成，护栏的形式虽然在唐代已经出现，但这种形式的护栏起源应该更晚一些。

砖块的垒叠方式和塔檐的样式值得一提。砖的规格

———————————

[①] 棂是窗户或栏杆上雕有花纹的格，直棂窗是棂条最为简单的一种窗户样式，棂条竖向排列犹如栅栏。——译者注

[②] 栏板，指栏杆上两根望柱之间的石板（木栏杆则为木板）。——译者注

图 81　山东淄川县杨寨的宝塔。共七层，高约 35 米，可能始建于宋代，重建于清代。见于《中国佛教史迹》。

为 11 厘米 ×22 厘米 ×44 厘米，十层便累积成 1.3 米的高度。砌的时候并不是很规则，丁砖和顺砖 ① 交错摆放。砂浆异常坚硬，使得宝塔得以留存至今。至于这层坚固的外塔体是最初建造的，还是后来重建时完成的，尚待进一步调查研究。腰檐的结构虽然简单，但采用了先进的工艺和清晰的设计。塔下部围绕塔身的巨大塔檐出檐 60 厘米，出檐叠涩为三层，檐边精巧灵动，塔身上下收分均匀。塔上部的结构为叠涩出短檐，斗拱上刻有凹槽。宝塔自下而上各级层高逐渐降低，构件的尺寸也逐渐缩小。

这两种形式的塔檐将在下面的章节结合西安府、开封府和其他地区早期的大型宝塔进行讨论。这种形式的塔檐主要运用在大型塔的结构上。人们可以通过追溯这些技术和构造的发展历史来解析明代和近代的塔。

在底层的塔室中曾经伫立着一座带有早期佛教风格的白色大理石坐佛像。无头的雕像或在后来被放置在附近，或被砌入墙中。塑像的右肩未被长袍遮住，袍子样式优雅，雕刻出的褶皱线条流畅，具有宋朝时期的特征。

淄川杨寨的宝塔坐落于宝塔寺，位于山东济南府和青州府之间。这座宝塔应始建于唐代，但其原始的砖结构和少数细节展现出了更早期的特征。高大的底座施有一层简单的塔檐，出檐叠涩为两层，平座用斗拱承托。在一层之上还有六级塔身，每层由塔檐分隔。斗拱出檐和菱角牙子叠涩出檐错落排列，塔檐宽度很窄。几个拱形开口可通向内部，其余的立面设有简单的直棂式或花棂式虚门和虚窗，类似于武安县的宝塔。这座宝塔和山东西南部、相距不远的兖州府宝塔也有相似之处，而且这绝不是偶然。双层基座、六层适度收分的塔身、十分相似的短檐和虚窗，基本可以确定一座塔是以另一座为范本建造的。淄川宝塔尽管整体造型较为古朴，但有可能建造时间更晚。

---

① 在砌砖时，长边平行于墙面砌筑的砖为顺砖，长边垂直于墙面砌筑的砖为丁砖。——译者注

图 82 湖北沙市的宝塔。共七层，高度未知，建造时间初步估计是明代。伯施曼拍摄。

图 83 湖北宜昌府的宝塔。共七层，高 41 米。一旁有多座小型的舍利级塔，建造时间未知。参见 107 页，图 87。

图 84 位于宜昌府扬子江岸边山上的佛塔。参见图 83。法比希拍摄。

湖北、陕西、四川、山西的级塔

宏伟的结构、粗犷或平滑的塔檐以及逐层明显的收分是级塔的主要特征。当然这种结构特征也可以体现在小型的宝塔上。中国有很多这种类型的宝塔，其最原始的形式是从陵墓和路边的祭塔派生而来。通过增强塔檐和塔身收分的幅度，级塔可以逐渐转变为层塔和叠层塔。接下来我们将从不同的角度来证明形式上的改变和塔身的增高并不会发展出一种全新的风格，只会使塔身各层的划分更加均匀。塔的样式多种多样，但都属于基本类型。由于技术原因，塔的高度不可能无限延伸，这也限制了塔的进一步发展。

湖北的几座宝塔就见证了级塔的各个发展阶段。沙市位于湖北荆州府东南方，是长江上活跃的贸易中心和港口。耸立于此的宝塔无疑是城市的风水塔和宣扬佛法的接引塔。关于此塔并没有更多详细信息，但是依据其结构和沙市悠久的历史，应该可以推测它建于较早的时期。这座城市应该在春秋时期的楚国就有着一定的地位，在唐代时更广为人知。也许之后还可以有所补充，但现在已知的信息表明这座塔始建于明代。"这座样式独特的宝塔拜明代一位老妇人所赐，得以在此建成。这位妇人居于此地并潜心向佛。从塔顶俯瞰可以欣赏江流城廓的绝妙佳景。"塔平面为八边形，高七级。塔基坚固，每层由塔檐分隔。塔檐由一排简洁的斗拱、一排结构复杂的悬拱和双重檐口组成，上面的平座光滑平整，但现已损坏。各层开口的设置并不是很有规律，塔身每层各面均有两座佛像，立于开口两侧。最下方的两层塔身各面则只设置了一座佛龛，外围是雕刻着铭文或佛像浮雕的砖板。塔上冠以穹隆顶，上面施有葫芦形铜鎏金塔刹，由八条铁链直贯塔檐加以固定。

宜昌府塔在长江三峡的出口处，与沙市塔相比每层收拢幅度略小，但也足够明显。宝塔高七层，最近似乎进行了修缮。塔由砖石建造，高41米，檐口刷白，刻有细条纹，每个塔檐下均有斗拱装饰，相比沙市塔显得更为精致。开口交替排列，穹隆顶和塔刹也与沙市塔的样式相同。除了这两座级塔的代表，在宜昌塔脚下，还有几座样式与大塔相同的小型级塔。

从形式上看，这种类型的宝塔还可以在较远的福建南部的漳州找到，但规模略小。它由砖和灰浆建成，塔身上缠满树根，像是画中的情景，在第一章中已有所介绍。

图 85 湖北黄梅县的宝塔。位于寺门大门后，共十三层，高约 50 米，建于 1019 年。见于《中国佛教史迹》。

图 86 陕西扶风县的宝塔。共十三层，高约 55 米，建于唐代。模型来自芝加哥菲尔德自然史博物馆。

　　黄梅县塔位于湖北黄州府高塔寺内，塔高约 50 米，底面宽 33 米，共十三层，整个塔体呈锥形，塔身状如春笋。塔初建于宋朝初期（1019 年）。塔的八面向内凹陷形成弧度，形式新颖。层高随着层数的增加而递减，每侧均设有拱形洞口和面宽而低矮的直棂窗或槅扇窗①。菱角牙子叠涩出檐，线条灵动，与离黄梅县并不远的

---

① 槅扇又称格门、格扇，指由立向的边挺和横向的抹头组成的木构框架。抹头又将槅扇分成槅心、绦环板和裙板三个部分。其中槅心是指由棂条拼成的各种图案，占整个槅扇高度的五分之三。槅扇窗其实就是没有裙板的槅扇门。——译者注

图 87 湖北宜昌府的宝塔。

图 88 陕西西安府的六角花塔。共七层，高 25 米。始建于唐代，重建于清代。喜仁龙拍摄。

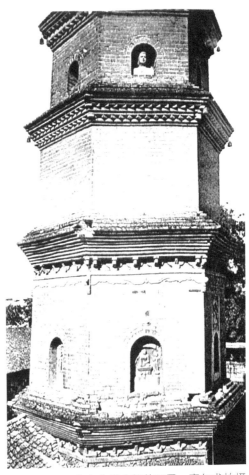

图 89 陕西西安府花塔底部的三层。喜仁龙拍摄。

江苏南京江宁县的方形宝塔类似。塔檐下有纯装饰性的巨大斗拱，只是浅浅地镶入砖层表面，并没有起到任何承重作用。由于塔檐和塔身这种特殊的线条，使得这座宝塔尽管遭到了严重破坏，但仍给人留下了深刻的印象。

扶风宝塔位于陕西西部的乾州，也叫真身宝塔。它是一座八角塔，由砖和灰泥制成，据说建于唐朝，高55米。装饰精美的塔檐、砖墙腰线和刻有浮雕的塔壁都十分值得称赞。这种建筑也体现了陕西和山西建筑艺术全盛时期的样貌。值得一提的是塔的穹隆顶，这种塔顶结构也在重庆、宜昌的宝塔，以及西安府大雁塔上有所体现。这种穹隆顶通常也被称为覆钵式顶。宝塔层数多、层高低矮的特征延续了黄梅县塔的特点，并有向叠层塔发展的趋势。扶风宝塔有蒲州府方形宝塔的影子，塔身结构和紧密排列的塔檐与之相似，平面却演变成了八边形。宝塔的底层塔身平整坚固，上方的十二层塔身收分明显，层高自下而上逐渐降低，每面都设置了开口和佛龛。底层尤其高大，上部设置了一圈装饰丰富的塔檐，上方装饰着平座和精致的护栏。这种特征在平阳宝塔上也能看到。下面高大的底层和上面十二层层级清晰的塔身使该塔成为连接叠层塔和天宁方塔之间的纽带。关于天宁塔，将在下一节和第四章进行讨论。此类宝塔的特点是下方有基座和一个主要的塔层，上方的塔身被划分为多级。

陕西西安府花塔所在的寺院被民间称为花塔寺。寺院最初名为宝庆寺，始建于隋朝仁寿年间。根据喜仁龙的记载，宝塔初建于唐代，完全由砖和赤陶土建成，塔中和寺院内大部分的雕塑也建于此时，但可能在明朝或清朝初期进行过全面重建，特别是一层腰檐和塔身上精美的雕饰。塔身七层，结构清晰，呈锥状，塔身修长。塔檐随着塔身增高而变窄，类似于兖州府和山东淄川的两座塔，它们都显示了宝塔的早期形态。喜仁龙在这方面提供了更多的细节。一、二重塔檐下设有一斗三升[①]八拱，共有正间八朵，塔身上饰有明显的花纹和巨大的腰檐，并设八座嵌有石造像的砖龛和带有边框的石制塔门。

第四层同样设有八座佛龛，顶层也加建了一座佛龛，使得塔的整体结构具有一定的规律性。在徐家汇博物院的宝塔模型中，有一座兴平宝塔，该宝塔起源于明朝，

---

① 斗是方形木块，一般设在梁上。升镶嵌在斗的上方，向两侧跳出斗边。三升即为三层，层层挑出。——译者注

图 90 四川双层出檐的宝塔。伯施曼拍摄。

图 91 山西太原县奉圣寺的宝塔。共七层，施有琉璃釉，初建于唐代，
现在的宝塔建于 1748 年。见于《中国佛教史迹》。

图 92 奉圣寺的宝塔。伯施曼绘制。

据说高 137 尺。它看起来就像是上文中所描述的西安府的花塔，只不过它的结构看起来比照片中更加敦实。根据图片来看，它的平面为六边形，应该就是花塔。

位于淄川的一座宝塔，塔身各层自下而上均匀地适度收拢，层高低矮，出塔的双檐由精美的斗拱承托，各层设置的开口均有边框装饰以及不规则的浮雕，展现了该省独有的风格。奉圣寺宝塔位于山西太原府南部的太原县，南面紧邻晋祠，每面都有拱券门，在四个主要壁面上则有赤陶土烧制的铭文。

据《中国佛教史迹》记载，尽管宝塔是新建的，但其历史十分悠久。这座寺院或许与第一座宝塔都是由一位生于今湖北的亲王资助所建。唐朝武德五年（公元 622 年），唐高祖曾赏赐一块写有铭文"十方奉圣禅寺"的砖匾，太原府有两座寺庙都用此名。该建筑在金代时毁于战乱，在元朝初年得到重建，并在 1341—1368 年间再次被摧毁，又在明太祖朱元璋洪武年间得以重建。古老的宝塔伫立在天龙山著名佛教石窟的入口，它们共同见证了历史的变迁。目前的砖塔可追溯到乾隆十三年（1748 年），如今连同寺院均已荒废。此塔平面为八边形，高约 50 米，底边长为 3.7 米，七层塔身收分明显。关野贞估计其高度为 60 米。宝塔的外形十分精致，尤其是琉璃装饰。塔檐施有蓝色和绿色釉面，一层黄砖上镶有蓝色琉璃装饰。琉璃瓦顶为蓝色和黄色，上面设有黄色拱脊，黄色的琉璃塔顶以小塔的形式呈现，一斗两升斗拱连接着塔檐与墙面。塔身上的细节与同时期平阳府方形级塔的风格吻合。奉圣寺宝塔几乎可被归入层塔，虽然它还保留有级塔的形式，但是精细的塔檐已经展现出叠层宝塔的特点。就此而言，太原府附近的几座宝塔可以作为范例进行进一步的分析。

图 93 山西五台山竹林寺的宝塔。共五层，高约 21 米。建于 1573—1620 年。见于《中国佛教史迹》。

图 94 甘肃平凉府的宝塔。共七层，高 57 米，砖石结构，建于 1457 年。模型来自芝加哥菲尔德自然史博物馆。

图 95 北京丰台的宝塔。共七层，高约 30 米。哈罗德
拍摄。

图 96 直隶良乡县的宝塔。共六层，
高度未知，可能建于宋代。福（Fo.）
拍摄。

图 97 直隶磁州响堂寺的宝塔。共七层，高度未知，建于元代。见于《中国佛教史迹》。

宽面级塔

西安府雁塔属方形级塔，可以看作级塔发展的起点。在级塔的发展过程中，方形平面逐渐转变为八边形，高度逐渐增加，从而形成了纤细修长的层级结构。在这一转变的过程中，一些建筑还保留了宽大的塔身结构，它们虽然也有清晰的层级划分，但就整体比例而言，宽大的塔身使得宝塔的收分不是很明显。由于底层所占面积过大，塔身显得较为低矮。这类宝塔的主要特征即整体结构较为敦实。这种形式的宽面级塔，就所举示例而言，似乎仅出现在中国的北部和西北部。如果这一观点成立，那么这种宝塔很可能向北延伸到蒙古地区。该塔的形状在某种程度上也可能与北方的建筑风格相呼应。北方一直受蒙古族和喇嘛教的影响，这一影响在建筑上也有所体现。位于直隶南部的赵州 ① 和蒙古地区在塔楼的造型上非常接近，以至于

① 今河北省石家庄市赵县。——译者注

图 98　归绥的白塔。共七层，高约 60 米，约建于 1400—1500 年。福兰阁拍摄。

让人感觉它们似乎是仿照对方而建。

　　如果想了解此类宝塔的基本形态，可以先研究一座较小的宝塔，该塔位于中国西北部喇嘛教兴盛的地方。这座宝塔便是竹林寺的八角塔。五台山为山西佛教[①]和喇嘛教的圣山，竹林寺位于五台山的西部，建于明朝万历年间。该八角宝塔，塔基宽阔稳重，共五层，高约 21 米。下面四层高度均等，顶层高度则急剧降低，最后冠以平顶和小塔状塔刹，产生了类似喇嘛教建筑风格的效果。双层的出檐雄伟坚固，由复杂的斗拱结构进行支撑，上面覆盖瓦片，并设有平座。塔身表面开有拱形洞口，精致的边柱更强调了塔的棱角。有些历史记载指出，寺院、宝塔与五台山的喇嘛教相关。

　　甘肃平凉府的一座宝塔伫立在通往兰州府的古道上，该塔建于明代（1457 年），由砖石砌成，高 57 米。在这一年，已被蒙古人扣留多年，回到北京后又被明代宗

[①] 指汉传佛教。——译者注

软禁的明英宗复辟称帝。明英宗在宦官王振的影响下开始信奉佛教，并提供了大量资金用以建造佛寺。明英宗从蒙古返回北京后，建造佛教圣所的意愿愈加强烈，这时所建的平凉府大型宝塔似乎也显示出蒙古建筑的特色。此塔为八角砖塔，共七级，高大的底座由基座承托，上面还建有六层，塔上建有一个扁平的、具有喇嘛教特色的塔顶，并冠有塔刹。双层的出檐在结构上与之前提到的五台山小塔类似，但平凉府宝塔通过大量的建筑和装饰细节、每层设置的精致拱形开口、假平座回廊、菱格窗、佛教浮雕和檐角铃铎展现出更为华丽伟岸的整体结构。在五台山的宝塔中，此塔最高，建成时间也最晚。

另一组的五座宝塔似乎延续了平凉府宝塔的特征，雄伟的塔身融合了高耸修长的轮廓，每层高度均匀，塔檐较窄。最为简洁的一座宝塔耸立在丰台的铁路线上，紧靠北京东南方。磁州广平府响堂寺内还有一座宝塔。广平位于直隶南部，距

图 99 直隶赵州的宝塔。共七层，高约 60 米，约建于 1400—1500 年。魏格纳拍摄。

河南最北部的县城彰德不远。该塔与丰台塔十分相似，只是锥形结构更为明显。该寺院位于响堂山南部，山中石窟初凿于北齐时期，佛像浮雕极为出色。寺庙约建于元代，建造时间在石窟之后。同样在直隶，但在更远的良乡县 ①，还有一座宝塔位于通往西陵的铁路线上。该塔底座上立有五层塔身，每层均有双层出檐。该组的最后两座宝塔在造型上几乎完全相同。

接下来的这座宝塔位于绥远省归绥市 ②。它在蒙古语里被称作查干·索布尔嘎，也叫白塔。这座七层高的美丽宝塔带有镀金的铜顶，屹立在白塔寺——一个由旧城墙从北至南围绕的矩形院落中。经过测量，南北向宽 840 米，东西向长 1100 米。塔位于北墙的南侧，并不在中央。塔四周有几块破碎的大理石碑，上面刻有藏文和蒙古文的铭文，可惜没有日期。从遗留的痕迹还可以看出，这曾是一座宏伟的寺院建筑。绥远的居民对这座寺院知之甚少，但据推测这些建筑可能建于唐代。后来这里建了一座小型喇嘛寺。塔的收分并不十分明显，塔刹形似一座结构紧凑的小型宝塔。根据宝塔成熟的建筑工艺，也可以将它归入明朝初期，就像平凉府宝塔和下文要提到的赵州塔。

大型佛塔赵州塔位于直隶南部，耸立在山西铁路与太原府的交界处，造型几乎与刚才提到的绥远宝塔相同。据魏格纳记载："赵州的两座石塔均保存完好，有开阔华美之感。"后来它们似乎也被当作一对双塔来看待。塔刹繁复，带有相轮，塔身七层，建筑设计美轮美奂。宝塔有双层出檐，下面支撑的斗拱将塔分为七层。塔身四面均雕刻有塔门，其余四面刻有塔窗。底层正面有突出的门廊通向内部，里面是改建过的塔室和走廊。在最近的战乱中，塔身遭到了严重的破坏。它的一面几乎被完全摧毁，但仍然屹立不倒。

最后提到的这两座绥远和赵州的宝塔虽然与平凉宝塔略有不同，但它们均标志着宽面宝塔的发展高潮。这些宝塔不仅展现了中国北部边疆地区的建筑风格，同时也体现出中亚地区的建筑思想对它们的巨大影响。

---

① 今属北京，位于北京西南部。——译者注
② 今内蒙古呼和浩特市赛罕区。——译者注

第二节 天宁方塔

这一节中所介绍的宝塔均为天宁方塔，具体原因将在后面进行解释。在第四章还会专门介绍天宁寺的多边形宝塔，这一宝塔建筑种类的名称便来源于北京天宁寺这座著名的大宝塔。它们的共同特征是塔下部的主体或供有佛舍利，或埋有文物，或有象征佛教教义的元素，使得这部分被赋予了神圣的色彩。宝塔主体的建筑工艺大多十分精湛，基座坚实，一层塔身高大，一层之上塔身外轮廓向上逐渐收拢，直至顶部，并由坚固的密檐分成狭窄的叠层，此类叠层有时也会以夹层的形式出现。但这一类宝塔并没有特定的名称，在中文里也没有统一的命名。本书根据北京天宁塔，将这一类型统称为"天宁式宝塔"。在第四章中将展示的天宁宝塔的主要案例的平面都是八边形的，然而正方形的平面更为常见，也代表着这种类型的宝塔原本的设计形式。根据建筑形态，它们似乎与方形级塔有些渊源，因此也可以一起进行分析，但这并不意味着这些平面呈正方形的天宁塔比八边形宝塔的历史更悠久，因为一些平面呈八边形的天宁塔可追溯到隋代乃至更久远的时期。这种形式的宝塔的起源也可以追溯到某些墓碑的形式，在本书讲述墓塔的第三章中也将对此进行更多的论述。在这里将呈现一些造型成熟的宝塔，以便能够将它们直接放在大型宝塔行列里进行探讨。这部分涉及的大多数平面呈八边形的宝塔的设计都相对简单，没有过多的装饰，塔身十分素雅。

1. 直隶和河南的四座宝塔

首先列出四个较小的例子以便清楚地展示简单方形墓塔演化成天宁宝塔的过程。墓室是存放遗体和佛舍利的地方，一般不会仅设置单层或双层的屋顶，上方通常有高大的塔身，塔檐整齐有序地盘绕于塔身上，排列紧密。在北京西南房山县境内的房山上，可以找到许多年代久远的小型宝塔。在山脚下的云居寺附近耸

图 100 云居寺北塔东南方的小型石塔。高约 4 米，建于公元 712 年。喜仁龙拍摄。

图 101 小西天的南台塔。高约 4.5 米，建于公元 740 年。见于《中国佛教史迹》。

图 102 河南嵩山永泰寺的两座舍利砖塔。均为叠层塔，一座有六叠层，高 16 米；另一座有十叠层，高 30 米，建于公元 602 年。见于《中国佛教史迹》。

立着两座大型宝塔，一处在北面，一处在南面。我们将在第四章对其进行详细介绍。

北塔可能建于公元 700 年之后。宝塔的四周各建有一座造型相似的小天宁塔，高约 4 米。还有一些石制小塔分布在附近的山丘上，建于公元 722—727 年。这些塔的一层塔身都特别高大，内置石龛。石龛位于塔的正面，开口为扇形或半圆形券门，两侧框架上刻有浮雕。石龛内摆放着各式物品，最主要的是佛像和内壁上的佛教题材浮雕。喜仁龙和《中国佛教史迹》都为这些塔提供了大量精美的插图，并进行了详细的研究。南塔毗邻北塔，建于公元 712 年，六层密檐相叠，下置方形塔身，形成一座七层佛塔。

云居寺小西天的南台石塔建于公元 740 年初，其九层塔身也符合这种形式。一层塔身高 1 米，整座宝塔（包括半掩埋的塔基）高约 4.5 米。两座宝塔的塔顶造型均是覆钵置于仰莲之上，形似皇冠，顶端的塔刹细长，关于此类塔顶的形式我们将在第三章有关建筑物内的宝塔部分进行讨论。塔檐结构清晰，线条平直，将宝塔分隔出层级，层级的形式明确可见。这种形式的塔也展示了许多小塔和大型砖塔在发展初期所具有的元素。

河南中部嵩山永泰寺的两座佛塔在宝塔向大型佛塔的过渡过程中，有着重要的地位。它们均由纯砖石建造而成，最初建成的塔壁上刷有白色石灰。高大的底层下面配有塔基，但如今整个基座已沉入地下，塔上分别配有七层和十一层塔檐，塔檐形式简洁有力，自塔身向外挑出，檐角上翘。塔顶冠有砖砌圆柱，由许多细环隔开，形成了相轮的形式，环环相扣。

底层中间有拱券门通向内部，里面可能设有供奉舍利的塔室。两座塔在尺寸上均没有明确数据，但较小的宝塔高 16 米，而较大的高 30 米。常盘大定根据塔中两块唐代石碑上的碑文判断，宝塔的建造时间应该在隋朝仁寿二年（公元 602 年）。这一年政府大力修建佛塔，这也是嵩山佛教建筑发展早期的重要时间节点，年代最为久远的大型天宁方塔正是在这一年建于嵩山。

2. 河南和西安的四座大型砖塔

法王寺宝塔距离嵩山上两座规模较小的宝塔不远，建筑形式基本一致，只是规模更为雄伟壮观。这座宝塔很可能也建于隋朝仁寿二年，正如前文所说，这是人们兴建宝塔的重要时期。宝塔的造型也与附近永泰寺两座较小的宝塔几乎完全相同。另外还有三座造型相似的塔也放在这里一同讨论。

法王寺坐落在嵩岳寺东北方的山丘上，一座最为古老、在现今中国仍十分著名的多边形天宁塔便坐落在寺院中。法王寺之名始于宋代，但它其实在曹魏时期就已经存在，因此它也当之无愧地成为中国最古老的佛教寺院之一，后被称为护国寺，也是北魏孝文帝的避暑行宫。仁寿二年，隋文帝下令在全国许多地方修建舍利塔，护国寺也在其中，之后人们便使用舍利寺来命名这座寺庙。初建时的舍利塔有可能与今天还保留有唐朝早期特色的宝塔相同，常盘大定猜测，它是为纪念某位著名禅师而建。该寺在唐代曾被多次更名，最后被分割成了五座独立的寺院，后在宋代被命名为法王寺，并一直沿用至今。

这段重要的历史记录来源于《中国佛教史迹》，这也表明了这座宝塔的重要性以及方形天宁塔在早期就被大规模建造的事实。高大的底层塔身上有券门通向塔室，十五层坚固的叠层单檐的弧度似梭形，不带菱角牙子。底层之上有十四级低矮的塔层，塔层每侧都有一个小圆洞。这种小圆洞在下面的一些示例中也能找到，一般是通往内部的开口，但是在法王寺宝塔上它只是起到象征性作用，充其量只能表明舍利存放的位置。塔身坚实，锥形塔顶上冠有塔刹，喜仁龙估算宝塔的整体高度为 36 米。

法王寺的宝塔保存完好，根据推测至少塔檐和正面部分在后来被修复过。如果猜测正确的话，这座大型天宁方的造型应仍与公元 602 年初建时相似。宝塔清晰而流畅的建筑构造说明，工匠们一定汲取了前人所积累的修建宝塔的经验，因此这种类型的佛塔历史必定更为久远。第四章提到的一座宝塔即可证明这一点，这座宝塔在离法王寺不远的嵩岳寺内，建于公元 525 年，是中国最古老的八角天宁塔。其实这种塔的前身在嵩岳寺塔之前就已出现过。种种关于中国最古老的佛

图103 河南嵩山法王寺的十四叠层塔。高36米，初步估算建于公元602年或宋代。见于《中国佛教史迹》。

图104 河南府白马寺的宝塔。共十二叠层，高30米，建于1175年，部分外观参见129页，图112。伯施曼拍摄。

教建筑的猜测和解释并没有确切的答案，但是本书中的其他示例至少清晰地展现了天宁方塔的演变过程。

嵩山地处旧时都城洛阳境内，即今河南府附近。四座唐代佛塔中最美丽的一座就坐落在嵩山上。这座宝塔位于著名的白马寺内，它的历史与中国佛教的开端息息相关，但其纯正的风格和完善的建筑工艺才是它极为引人关注的主要原因。今日高耸的宝塔可以追溯到 12 世纪末，除了宋代的华丽高雅，从它的造型中还能看出唐代早期的影子。该宝塔实际上属于齐云寺，该寺也被称为东白马寺，因为它位于河南府以东 15 公里处，即旧时的洛阳，与有着重要意义的白马寺相距不远。洛阳是东汉的都城。这里就不得不提一下众多史书文献、文学作品中反复出现的汉明帝所做的梦。公元 61 年，汉明帝派遣一支 18 人组成的队伍前往印度求法。这支队伍于公元 67 年，在一些印度佛教徒的陪同下，带着佛教经卷回到洛阳。据说当时这些经卷由一匹白马驮着。这个故事在当时非常有名，并被不断运用在中国文学和美术史中，当然也体现在白马寺这一名称中。

在文献中有一些与寺庙起源相关的传说："寺庙建于汉明帝时期。自佛教传入中国以来，'寺'就位于西阳门外 3 里（约 1.7 公里）御道的南侧。这里的'寺'并不是今日人们所说的寺院，而是中国古代官署的名称。也就是说，最初的鸿胪寺可能是外交部门。汉明帝派遣使者前往西域求法时，应汉使邀请来到洛阳的西域高僧最初就被安排在'鸿胪寺'暂住。汉明帝敕建的寺院建成后，即取'鸿胪寺'的'寺'为名，并在'寺'前冠以'白马'，称白马寺。这也是佛寺首次使用该名称。"

但文献中也有一处注释提到了白马和经的故事，可能是该寺名称由来的另一个传说："很久以前，印度的一位国王打算毁掉国内所有的佛寺。其中有一座名叫'招提'的僧院非常富有。还没来得及毁坏，只见夜里有一匹白马绕塔悲鸣，由于这一灵异事件，国王中止了毁寺之举，并改'招提'为'白马'。此后其他僧院也多以白马为名。白马驮佛经的故事显然是后来才出现的。"至于汉明帝做梦这个故事是否真实存在，人们尚无定论，但是当时确实可能有一个宗教使团被派往印度，并从印度带回佛教经文和舍利。

这一点在地方志中有所记载。佛经带回后很快就从官署被迁移到了位置相对偏远的、新建的白马寺，也许那时佛经就已经被安置在一个特殊的窣堵波或宝塔

图 105 陕西西安府的小雁塔。共十二叠层，高 40 米，建于公元 710 年，平面图参见 127 页，图 109。伯施曼拍摄。

图 106 陕西西安府香积寺的宝塔。共十叠层，高约 35 米，约建于公元 700 年，平面图参见 128 页，图 111。喜仁龙拍摄。

状的建筑中。有记载称："始以榆櫝[1]盛经，白马负图，表之中夏，故以白马为寺名。此榆櫝后移在城内愍怀太子浮图中，近世复迁此寺。"这里的太子指的是印度的王子。

《古今图书集成》中的内容也许表明了第一座藏经的宝塔并不在今天河南东部的白马寺，而是在洛城雍关西。同样值得注意的是，相关的描述把它称为"故白马寺"。文字记载为："洛都故都塔者，在城西一里，故白马寺南一里许古基。俗传为阿育王舍利塔，疑即迦摄摩腾所将来者[2]，降邪通正，故立塔表以传真云云。"

佛经原本存放在城市的一座宝塔中，后被重新安置在白马寺内。佛经何时被转移，我们并不知晓，但可以确定的是，在公元 350 年的洛阳已有 42 座塔，且至少有几座都属于大型宝塔。从这里也可以看出当时建塔的理念已经十分盛行。北魏将都城从山西大同迁到洛阳后，魏孝文帝于公元 494 年开始全面推广佛教艺术，其中就包括大规模增修雕塑、寺院和宝塔等佛教建筑。这里便涉及了嵩山上最古老、最杰出的嵩岳寺。据说魏孝明帝的母亲命人建造了一座佛塔，高 90 丈，尽管这一数据极有可能被夸大了，但可以推测，它是一座木质结构的高塔。成书于 6 世纪的《洛阳伽蓝记》中记载，寺庙中有一座宝塔。如果这一记载属实，那么东西魏时期的洛阳（公元 550 年左右）很可能就已经存在一座大型宝塔了。但这座寺庙是否就是现今城市东部的白马寺，尚无法确定。因为对这座寺院的描述无论是与今天的白马寺，还是洛阳的其他古寺都有所不同。一块立于 1175 年的石碑上的文字记录表明现今的宝塔建造时间相对较晚，据碑文记载，唐庄宗建立后唐之后，下令修建了寺院和一座高 150 米的九层木制宝塔。寺院和宝塔均在宋代（1126 年）被烧毁。一位僧人在 1175 年重修了寺庙，并在原来的位置上建造了一座十三层的砖塔。这座砖塔在清代（1798 年）进行过修葺。

尽管有这些精确的信息，但还有一种可能：宝塔的造型仍与东西魏时期的其他宝塔相似。如今宝塔高度发展的造型无疑要归功于那些作为范本的隋唐时期的宝塔，特别是河南和陕西那些给人留下深刻印象的古迹。

---

① 指用榆木做的经函。——译者注
② 据传说迦摄摩腾是公元 67 年随东汉使者来到中国的两名印度僧人之一。——译者注

宝塔完全由砖砌成，以最简单的形式展示了天宁塔完整的结构，它以完善的八角塔形式出现，这种形式的宝塔将在第四章中进行讲解。正方体塔基位于宽阔的高台上，基座上的束腰清晰可见，基座之上是主要的塔层，上面另有十二级较为低矮的塔层和十三重塔檐，宝塔的总高度为 30 米，塔身整体呈梭形，在顶部逐渐变细，最上方立有塔刹。塔内部有竖井、壁龛和塔室。塔室的设计与位于西安府附近、玄奘初建的大雁塔十分相似。宝塔一层每侧的塔檐下端都装饰有菱角牙子，檐部斗拱每面两朵，一斗三升，转角斗拱结构与侧面的两朵相似。这让人想起平阳府级塔的布局，比较而言，该塔双层出檐之间的间距更为宽大。这种结构在早期时就有迹可循。塔身上的门洞是初建时就已预留好的，还是后期被直接敲开的，已无从考证。无论如何，这些门洞通向底层内部的空间。这里应供奉有舍利或至少有一个为存放经文而建的塔室。参照其他宝塔，这种门只有借助梯子才能进入，此处很可能也是如此。通过一些小的开口，可以攀爬至上方塔层的内部。宝塔层层叠涩出檐，并饰有菱角牙子，塔檐自下而上尺寸有所缩小，檐上似乎覆盖了平整的砖块。这种形式在较早期的示例中也曾出现，这种设计使宝塔给人留下十分深刻的印象，尤其是宝塔的轮廓令人难以忘怀。

在陕西省西安府的南部，南门西南两里处大荐福寺内耸立着小雁塔。这座方形的天宁塔与它东南方四里处的大雁塔为一对姊妹塔，俯瞰着南部山脉和城市北部的风光。西安府向北便是向东流淌的渭河。唐朝时的都城与现在的西安府相比，要向南部延伸一些，所以寺院和宝塔的位置相对于当时的都城也与现在有所不同。地方志中记载，北侧有荐福寺，建于公元 684 年；南侧的浮图院与其相隔一条街，与后来修建的宝塔相连。"宝塔所在的庭院大门向北敞开，与寺院的大门之间隔了一条道路。该塔由宫人凑钱于景龙年间建造。"景龙年间即唐中宗在位时期，其母是著名的女皇武则天。唐中宗先是被废黜，公元 705 年再次登基，但他仅活到公元 710 年。小雁塔的建造时间仅比她重建的"长姐"大雁塔晚了几年。小雁塔所在的寺庙在历史上并不重要，但是跟大雁塔所在寺院一样，其主庭院也因众多的铭文碑而闻名。小雁塔是当时流传的俗称，官方的名称是根据寺庙而命名的荐福寺塔。

这座宝塔似乎延续自百年前的嵩山法王寺宝塔。法王寺宝塔如今几乎是直接拔

图 107　陕西西安府大荐福寺内的小雁塔。参见 124 页，图 105；图 108、图 109。伯施曼拍摄。

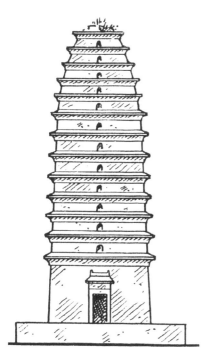

图 108　西安府的小雁塔。塔壁垂直。
伯施曼绘制。

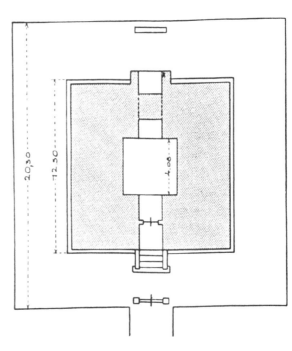

图 109　小雁塔的平面图。比例尺为 1：300,伯施曼绘制，
见于《中国佛教史迹》。

图 110 陕西西安府的小雁塔。建于公元 710 年，初步估算重修于宋代。喜仁龙拍摄。

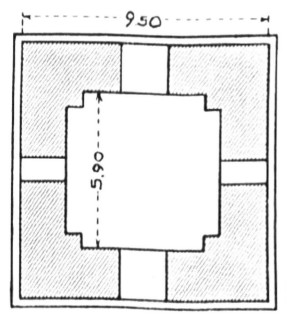

图 111 陕西西安府香积寺宝塔的平面图。见于《中国佛教史迹》。

图 112 河南白马寺塔的塔檐。建于 1175 年。喜仁龙拍摄。

地而起，而这座宝塔还屹立在庄严稳重的方形基座上，基座边长为 20.3 米，高为
2 米。宝塔底层底部边长为 12.5 米，上面另有十二层塔身，层高明显降低，并配
有十三层巨大的塔檐，整体呈现完美的收分。根据现今宝塔的底面边长推测其高度
约为 40 米。塔顶已经消失不见，塔层仅在北面和南面配有狭窄的拱券门，作为通
往内部的开口。如今宝塔只在一层有两个入口，南侧的入口要先通过一条斜坡和一
座牌楼才可到达，北侧入口前方则建有门廊和护墙。入口最终通向一间 4 平方米
大的塔心室。在当时建筑工具十分有限的情况下，这座纪念性建筑其雄伟的塔身、
巨大的塔檐淋漓尽致地展现了工匠们精湛的建筑技艺和独特的表现力。

　　香积寺塔位于西安府以南约 25 公里，几乎隐匿于群山中。宝塔所处的寺院在
级塔一节中已有所提及。寺院建于公元 681 年或 706 年，如今几乎已是废墟。根
据喜仁龙的记载，宝塔建于寺庙初建时，《中国佛教史迹》则没有给出明确说明。
如果假定修建时间为公元 700 年左右，那么它就与附近的小雁塔几乎同时修建。

在许多关键点上它们也是一致的。这座宝塔和小雁塔一样，一层塔身都特别高大，上面的塔身则较为低矮；塔檐造型也十分相似，均由砖砌筑而成，十分坚固。在两张照片中底层塔身墙壁呈倾斜状，这是拍摄角度问题，实际上墙壁应该是垂直的。但与小雁塔不同的是，香积寺塔底层之上有十层，共有十一重塔檐，每层各面都有开口。值得注意的是塔身墙体的制式呼应了西安府大雁塔第二次重建后的样子。塔身几乎没有弧度，接近直角锥形。它的高度如果根据底层的平面图和照片对比推测，宝塔的高度可能为 30 米，但实际上它应当更加雄伟高大，因为拍摄的角度会使宝塔看起来更低矮。它的雄伟和秀丽并不输小雁塔，但在灵动优雅上似乎有所不足，小雁塔的塔角轮廓圆润，它的塔角轮廓则显得更为方直。宝塔内部是空心的，从所有开口望去都能看到天空。

3. 北部省份和四川的八座宝塔

这一系列宝塔的底层普遍较为高大宽阔，被建造成特定的形式或者用于供奉舍利和圣物，上面各层排列紧密，层高较为低矮，整体向上延伸，此类宝塔在中国的其他地区也能找到。天宁塔及其所在寺庙开元寺位于直隶正定府[①]，即北京通往山西太原府的铁路支线上。坚固的塔身呈直锥形，仅略带弧度。这个城市有四座美丽的宝塔，分属于不同的形式，因此将在不同的章节进行介绍。

九层砖塔位于开元寺主殿西侧，在一块 1668 年的石碑上记录了关于它的确切信息。它初建于公元 639 年，也就是唐朝初期，1661 年遭到破坏，1668 年进行了修葺，并于乾隆年间再度进行修缮。宝塔应该还保有原本的形态，但一些细节则来自清代。现在高度为 48 米，较高的一层塔身显得格外醒目，上面八层较为低矮，层高自下而上逐层明显递减，几乎呈直锥形，陡峭的塔顶上设有钟形塔刹和尖锥状刹杆。塔身底层角落里刻有力士浮雕，门框上刻有龙和花的图案。该塔与另一座邻近山西蒲州、纤细修长的方形级塔相似，不同之处在于，它有着格外高大的底座和

① 今河北正定。——译者注

紧密排列的塔檐。

如果说正定府宝塔的造型与河南府嵩山佛塔吻合，那么山东济南府龙洞的天宁塔就近乎为缩小版的白马寺塔。龙洞天宁塔与白马寺塔都建于同一时期。前面的章节已介绍过宝塔所在的山谷，在它对面的一个山顶上还有一座这样的方形塔。宝塔造型与白马寺塔相同，高度约为 15 米，收分使塔身外轮廓呈现出优美的曲线。

之前提及的结构清晰的方形级塔和天宁塔范例大都来自北部省份。如果说这种形态的宝塔是北部省份所特有的，那么现在就要列举一些来自西南部省份的例子，特别是四川西部和云南的一些宝塔。在这些地方也已发展出了一种方形的天宁塔，并且与先前的示例强烈呼应，天宁宝塔基本的制式和肃穆的外形在此仍得以展现。陡峭的塔身通常只带有轻微的弧度，上面覆盖着紧密的塔檐，由于塔檐的厚度和宽度较小，使得它们像带子一样围绕着塔身，并没有特别强调层级的划分。高大的底层结构仍是此类宝塔的重要特征。

在四川，随着建筑寿命的增加，我们看到了令人欣喜的发展与变化。怀德镇的宝塔位于泸州以西的沱江（长江北部支流）边，完全由红色砂岩建造，高约 15 米，共有十一层，配有拱券门。底层塔身墙面由壁柱和开口两侧的浮雕像隔开，上面所刻的菩萨和天王像十分引人注目。第二层也显示出了相似的结构，两层之间施有雕饰富丽的塔檐。再向上层高逐层递减，腰檐精细，整体轮廓呈现出优美的线条感。宝塔的建造时间并不确定，也许是明代。

此塔的外轮廓呈现出强烈的线条感，与嘉定府的宝塔相似。嘉定府宝塔位于长江上游与岷江交汇处的大渡河畔，与怀德镇的宝塔相比，它在造型上更加壮观，塔身线条也更为清晰明显。它坐落于城市的东南部、岷江河岸的风水山上。此山被认为是该地区的风水宝地，并以诗人苏东坡的祠堂而闻名。这座宝塔以其 35 米的高度俯瞰着周围的山河，从山上的其他遗迹中脱颖而出。其底层巨大的方形塔身也十分引人注目。塔身外轮廓呈现的线条感十分明显，并在塔顶处急剧收缩。十五重塔檐将底层之上的十四层塔身分隔成低矮的叠层，每面都设置了三个门洞或壁龛。宝光禅寺的宝光塔几乎直接复制了嘉定府宝塔的样式。这座著名的寺院位于与该省省会成都府北部相邻的新都县。该塔耸立在四大天王殿后方的第一座主庭院中，高约 20 米，被刷成白色。在高大的底层塔身之上，有被塔檐分隔的、十二个非常狭窄

图113 直隶正定府开元寺的宝塔。底层之上共有八个叠层，高48米，建于公元639年。参见133页，图115。特雷斯寇（V. Tr.）拍摄。

图114 四川新都县宝光禅寺的宝光塔。参见134页，图118。伯施曼在从南部进入香塔入口前拍摄。

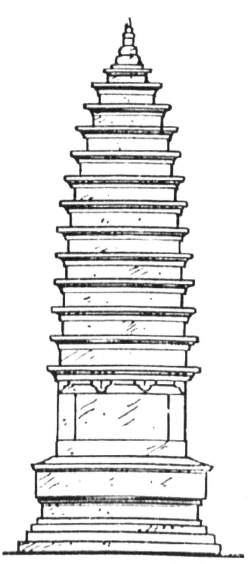

图 115 直隶正定府开元寺的宝塔。模型来自徐家汇博物院。

图 116 山东济南府龙洞的石塔。塔基上方共有十二层,高 15 米,建于 1150 年。伯施曼绘制。

图 117 四川怀德镇的宝塔。塔基上方共有十一层，高约 15 米，初步估算建于明代。伯施曼拍摄。

图 118 新都县宝光禅寺的宝光塔。魏格尔德拍摄。

图 119 四川嘉定府东南部的砖塔。塔基上方共有十四层，高 35 米，约建于唐代。伯施曼拍摄。

的叠层，每层均有三座小型佛龛，整体轮廓略有弧度。

嘉定府的另外三座佛塔将在第七节中进行描述。在四川省较为偏远的西部，雅州府[①]洪雅县城以南4里也有一座大型宝塔，位于雅江北岸。塔高24米，上部轮廓带有轻微的弧度，细檐将其分隔成十二个叠层。河南岸也有一座小塔（也属于洪雅县），高度仅为12米，塔身轮廓几乎没有弧度，塔身上部分为六层。两座宝塔都被刷成白色，并配有黑檐。嘉定府南部岷江岸边犍为县的宝塔高40米，塔身上部几乎笔直而立，共有十二个叠层。就这些已知的主要示例而言，它们的类型都与邻省云南的宝塔非常相似。

4. 云南的七座宝塔

云南这个中国西南边远山区省份，至今仍保留着当地的风俗文化，虽然主要城区受中原王朝文化影响很深。这一点在宗教和民间建筑中都有很明显的体现，不过又在很大程度上保留了当地特色。在某种程度上对于生活条件艰苦的当地百姓来说，宝塔的涵义无疑是笼统的；但另一方面，它又气势巍峨、光彩夺目，富于想象力，倾向于重复的同时又热情洋溢地强调了节奏感，同时附近的西藏地区也对其产生了强烈的影响。这里所列举的宝塔，就建筑艺术热情洋溢的姿态而言，只占很小的比例。它们大多朴实简单，其中一些也表现出了非凡的高度，位于大理府的宝塔就是中国最高的宝塔之一。就云南特有的建筑风格来说，很难把这些塔单独归为一类。

本节所列举的宝塔，有两座位于云南首府云南府，三座位于大理府西部的偏远地区，还有一座位于楚雄府。

楚雄府佛塔高25米，可能建于明代，由砖砌筑而成，具有简单的方形平面结构。塔身轮廓几乎与地面完全垂直，只有顶部呈现出非常微弱的曲线。高高的底层塔身位于一个平台上，四面的虚窗被设计成佛龛样式。底层之上共有六个叠层，塔身整体由七重坚固密集的塔檐分隔。塔顶上冠有一座亭子，这与佛塔整体硬朗的风格形成了反差。

[①] 雅州府位于四川省西部，辖今雅安、名山、芦山、荥经、清溪、天全、康定。——译者注

　　云南府的两座宝塔分属于两座寺院，一座位于云南府东部，一座位于西部。东部的塔高 50 米，始建于明朝成化年间。巨大的塔身轮廓带有弧度，具体来说塔身在三分之二的高度时达到了其最大宽度，并在之后急剧收拢直至塔顶。在高大的底层塔身之上有十一级低矮的塔层和十二圈密檐，因此此塔共有十二层，这一数字并不十分常见。顶端的塔刹已经消失，也没有关于它的准确信息。西面的塔据称高 42 米，曾被用于纪念东京[①]战争的胜利。这场战争可能发生在明朝初期永乐年间，从 1406 年持续到了 1411 年，最终东京和安南被征服。在徐家汇博物院的模型中也有为纪念胜利所建的宝塔，但都与此塔不同。毫无疑问这座宝塔也是一座佛教文化遗迹，八环或九环的相轮、莲花宝瓶等无一不显示出这一特征。最引人注目的是底层之上被密檐分隔的十二层塔身，中间部分明显变粗，这一呈抛物线形状的塔身轮廓显然也被复制到了塔刹相轮的结构中。因此这种造型共出现了两次，即塔身和上方的相轮。这种中间突起的轮廓在四川其他的一些宝塔中也时常出现。

　　有趣的是，《云南府志》中记载了关于 1671 年和 1673 年某些自然灾害的内容，极具想象力，西部那座寺院中的宝塔顶上的铜质金鸟也是因此而立。在徐家汇博物院有一座大理府宝塔的模型，其攒尖顶的四角上各驻有一只鸟，这种鸟并非是鹳，而是公鸡，或者说是大鹏鸟。

　　云南府官渡的宝塔在《古今图书集成》中也有记载。这座塔被称作穿心塔。由于没有进一步的文献资料，所以并不确定它能否算作天宁方塔的案例之一。但由于塔的名称恰当地反映了云南府的地貌，因此在这里也略作叙述。"传昔有螺精为患，建此镇之。其处有山，周一里许，皆螺壳积成。居人于平地掘井，深二丈馀，亦皆螺壳，壳并无杂土。"即宝塔刺穿了螺精精元，使其无害。

　　云南最有趣的塔是位于大理府的三座宝塔。这三座宝塔在城市以北 1.5 公里处，与南部的第四座佛塔隔空相望。这样的排列是为了给城市祈福，祈求好的收成，祈求带来好的风水。然而事与愿违，大理府这座曾经繁华的贸易之都一再受到战争、自然灾害和瘟疫的影响，如今这座拥有 6000 名居民的城市几乎已经失去了往日的昌盛。不过无论如何这些宝塔都为这座秀美壮丽的城市平添了许多不凡之气。在宝塔后面不

---

① 指越南东京。——译者注

远处，群山上闪闪发光的积雪在夏日来临时便会融化为水，流入城市的万千涓流，潺潺于数座石桥之下。然后流进城市东部 50 公里，南北走向、宽约 10 公里的湖泊中。

大理府的大型天宁方塔据说高 99 米，并有两座高度约为其一半的宝塔相伴，它们所在的寺庙被称为三塔寺。不幸的是它们可能在 1925 年的一次地震中遭到了严重破坏，甚至被摧毁了。在徐家汇博物院所藏宝塔模型的注释中曾提到它们建于公元 872 年。《古今图书集成》中提供了更为详细和精确的信息："崇圣寺三塔位于大理府太和县城墙西北侧。三塔其一高三十余丈，十六级；其二差小，各铸金为顶。顶有金鹏，世传龙性敬塔而畏鹏，大理旧为龙泽，故为此镇之。"人们希望用这种方式降伏这里的龙。龙为鳞兽之主，腾挪于天地之间，可隐匿可现身，可变换形态、大小。春天，腾于天空之上；秋天，隐藏深水之中。由此人们便将城市周围遭受洪灾的地区命名为龙泽，并修建佛塔，放置金鹏鸟，以期望达到镇压水患的目的。从照片上可以看出，水患缘于大理府地处平原低地。《古今图书集成》中还提到了千寻塔，它位于崇圣寺中，可以推测是其中较大的那座宝塔。顶部铁柱铭文记载："唐太宗贞观年间，尉迟敬德监督建造了此塔。明英宗正统年间（1444 年）曾发生地震，导致宝塔炸裂。但在十年内裂缝又自己愈合了。"因此可以推断出，此塔建于唐朝初年，并在明代进行了修复。

宝塔的基本形式与河南府和西安府的两座宝塔一致，底层塔身宽阔，平面为方形，底层塔身之上被分为十五个窄层。中文文献中把宽阔的底层也计入塔层内，按照这种说法塔被分成了十六层。这一层数再次违反了奇数惯例。铜质覆钵式塔刹外面裹有已经松散了的铁圈。塔顶还残存铁架，或许有一只金鹏曾屹立在那里。

大理府还有两座八角天宁塔，它们耸立于大方塔的旁边，基本形式也可归于下一节将介绍的叠层塔，但由于它们和大塔有许多共同点，所以放在这里进行讨论。在一个结构清晰规整的塔基上，建有墙体光滑、高度适中的底层塔身，底层之上的九层塔体结构纤细，上有塔顶和塔刹。塔顶边角处略微上翘，底层以及塔身中部都设置了可进入内部的开口，并设有塔窗。在天宁塔的经典形式中，每重塔檐排列得都非常紧密，并没有过多的空间设置入口，所以这些塔并不是最纯粹的天宁塔，这就是为什么我们将它们和其他几个例子放在一组单独进行讨论的原因。这两座砖塔其中一座高约 45 米。建造时间也许和徐家汇博物院所给出的唐懿宗咸通年间（公元 872 年）相吻合。无论如何，它们的建造时间都应比中间的大方塔更晚。

图 120　云南府的两座宝塔。东侧的宝塔在底层塔身之上有十二层，高 50 米，建于 1465—1488 年。西侧的宝塔底层在塔身之上有十二层，高 42 米，约建于 1410 年。盖洛拍摄。

图121 云南楚雄府的宝塔。底层塔身之上有六层，高25米，约建于明代。盖洛拍摄。

图122 云南府的西塔。参见139页，图120，模型来自芝加哥菲尔德自然史博物馆。

图 123 云南大理府三塔寺中的三座宝塔。最高的方塔有十五层，高 99 米，建于公元 627—650 年。另外两座宝塔为八角九层，高 45 米，建于公元 860—874 年，毁于 1925 年。盖洛拍摄。

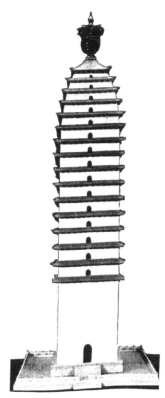

图 124 大理府的两座八角塔之一。参见图 123，迈尔博士拍摄。

图 125 大理府的方塔。参见图 123，模型来自芝加哥菲尔德自然史博物馆。

图 126 云南大理府的三座宝塔。参见 141 页，图 123—125，迈尔博士拍摄。

第三节 叠层塔

如果级塔是因为它的八边形平面、匀称的层高和纤长的塔身而得名，天宁方塔因为它紧密排列的塔檐而为人所熟知的话，那么这两种类型结合的新式样便产生出了一种特殊的宝塔类型，即叠层塔。叠层塔的标志是密叠状的塔檐，它们围绕实心的塔体重叠排列，依次构成较矮的塔层，或许人们更愿意称之为密檐层。层高通常自下而上逐层递减，尽管底层的塔身，即地面与最底层的塔檐之间的部分，有些建的也较为高大，但并没有什么特殊的含义，只是便于设置宝塔的入口。当然，位于塔身较低位置的塔檐往往加设回廊或者修筑成双层，与腰檐相比更为突出。叠层塔的轮廓以直线或者上下收分为主，但在收顶时，收分的程度可能会有所增强以形成曲线，将最后的收尾凸显得更为纤细。腰檐之间的距离和样式的变化往往通过设置门、窗或不同样式的虚窗来突显或弱化某些塔层，同时为达到丰富多样的效果也会采用不同厚度的墙体，让宝塔从自身简单的基础形式中产生众多变体，由简朴走向精美。为使建筑更加生动，叠层塔的底层平面几乎总是选择灵动的八边形。如果层高增加，它们就更像真正的楼阁，而整座宝塔也更接近通常意义上的层塔，这表明层塔是从级塔和叠层塔演变而来的。下面的示例部分也证明了叠层塔的发展史。

1. 不同省份的六个例子

山东泰安府位于气势巍峨的泰山的南面，在这座城市的东南方有两座山，东面的那座山代表着主管生死的阎王，西面的那座山代表着文学之神。因此西面的小山被称为文峰，山上的魁星塔也被称为文峰塔。它并不是传统的佛塔，而是一座风水塔。这也符合自古以来泰山地区所拥有的神秘且神圣的色彩。塔在山水之中极为突出、引人注目、令人神往，也使得山峰的轮廓更为完整。不仅西南地区如此，东南地区的人们也保留着对魁星的崇拜，这在文学和教育的发展史上留下了浓墨重彩的一笔。

图 127 山东泰安府的六角魁星塔。共九层，高 13 米，约建于 1700—1800 年。伯施曼拍摄。

图 128 四川重庆府觉林寺的八角报恩塔。共九层，高 46 米，约建于宋代。参见 147 页，图 133。模型来自芝加哥菲尔德自然史博物馆。

图 129 江西于都县的新塔。共七层，高 38.6 米，建于宋代。参见 198 页，图 188。模型来自芝加哥菲尔德自然史博物馆。

这里有一座六边形的小塔，高 13 米的塔身立于 1 米高的基座上。它的建造时间应该比较晚，人们也可以根据塔身明显的收分形式将其归为级塔，但更合适的分类应是叠层塔，因为它从底层到顶部层高大幅降低，并形成叠层。塔身被狭窄的出檐分隔，檐上覆有砖瓦，塔身各个墙面修建了砖质佛龛。最下方的两层塔身稍稍倾斜，上面的塔身则是垂直的，最顶层置八角攒尖顶，塔刹分段，由四颗宝珠叠加而成。值得注意的是，底层有一圈开放式的回廊，上方也有飞檐。

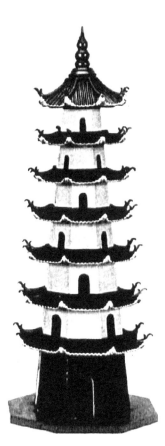

图 130 山东荣成县的宝塔。共七层，高 37 米，约建于宋代。模型来自芝加哥菲尔德自然史博物馆。

图 131 直隶正定府的木塔。共九层，高 59 米，约建于公元 900 年。参见 147 页，图 134，模型来自芝加哥菲尔德自然史博物馆。

图 132 直隶保定府的北塔。共八层，高 30 米，建于北宋。模型来自芝加哥菲尔德自然史博物馆。

叠层塔是通过强调层级和塔檐使整体造型更有韵律感。首先我们将介绍三座宝塔，它们的墙壁都明显倾斜，有一部分从地面起就呈现出这一形态，并有规律地将平坦的塔檐进行叠加。报恩塔建于一座山谷中，地处长江岸边的四川重庆府附近，位于觉林寺内，为八角砖塔。高 46 米，共九层，塔身上下收分明显，呈锥状。上方塔层的层高与下方塔层相比明显降低了许多，但徐家汇的宝塔模型将这一点表现得过于夸张。人们可以将这座宝塔看作是级塔的延续。塔上开口交替排列，下文中的两个案例也是如此。它们展现出了叠层塔经典的造型，它们的塔身都由塔檐分隔成十分相近的高度。

重光塔位于江西南部的赣州府于都县，建于宋代，高 38.6 米。另一座宝塔位于山东荣成县以北的登州府，在威海卫港口不远处，高 37 米，共七层。宽大塔檐上的开口、塔顶制式都与于都县的宝塔一致。虽然它们相距很远，但还是存在一座宝塔受另一座影响，并加以仿造的可能。只是山东北部这座宝塔宽檐的形式与北方的建筑风格有所不同，可能模型在这一点上进行了夸张。

同样惊人的一致性也体现在另外两座八角砖塔上。它们都位于直隶境内的京汉铁路线上，彼此相距不远。塔的造型融合了几种形式，上部呈现叠层结构，下部近似于层塔。正定府的木塔高 59 米，属于一座今日几乎完全消失了的寺院——天宁寺。《中国佛教史迹》基于寺院石碑上的记载和 1552 年的地方志，非常精确地描述了它：它初建于唐代，宋代时进行了大修，明代 1445—1448 年和 1552 年进行了重修，清代也进行了补修，此后必定还进行了修缮。由于修缮了多次，在 1901 年拍摄的照片中可以看出，塔顶几乎没有损坏。但是宝塔在二十年后就成了一片废墟，由此可知，史书上记载的修缮工程应当并不全面，实际上应该存在更高频率的小规模修缮。

这座八角塔共九层，底层塔身高挑，底面边长为 6.3 米，对角径为 15.2 米，上面紧挨着的三层塔身高度略有降低，上面的五层为低矮的叠层，层高约为下面三层的一半。关野贞认为这种不规则、不协调的造型是在宝塔翻新的时候造成的。还有另外一种说法是，宝塔在最初建造时，下方的三层塔身原本都各为两层，这就表明，底层之上本有十一层塔身，即宝塔总共十二层。这一极不寻常的数字几乎不会被运用在佛塔设计中，所以我认为，人们最先建造了底层和其上方的两层塔身，然

图 133 四川重庆府觉林寺的报恩塔。伯施曼拍摄。

图 134 直隶正定府的木塔。特雷斯寇拍摄于 1901 年。

后又在上方建造了被均匀分隔成各个叠层的高大塔身。正如模型中显示的那样，人们在建造宝塔的过程中可能临时改变了计划，便在塔身略矮的三层之上建造了叠层的部分，并获得了数字为阳的奇数序列，即 1、3、5，它们之和也为奇数 9。加建的工程可能发生在唐朝末期，大约公元 900 年左右。宝塔独特的造型应是受到了当时新的建筑形式以及数字象征的影响。如果考虑到数字象征这一元素，倒也能解释整体结构些许不协调之处。尽管如此，整座宝塔仍有一种独特的韵律感。

这座宝塔的底层有四个砖砌入口，上方的各层也都均匀分布着四个开口，对于开口的内部结构我们并没有进行观察，但其外部观感很是庞大。通过关野贞和喜仁龙早年拍摄的精美图片，可以从最顶部两层的破损处，观察到叠层内部原始的建筑风格和木质结构。宝塔的整个上部框架可能都是这种结构，外部覆盖着砖和灰浆。此结论也正好与木塔之名相吻合。塔檐的形式也可印证这一点，这在《中国佛教史迹》中得到了非常明确的证实。最下面三层的塔檐十分坚固，每面两侧均设精致的角柱，檐下有赤陶双斗拱，在平座上也有低矮的浮雕柱。从第四重塔檐开始，斗拱、腰檐皆为木制，这与关野贞记载的建于宋代的原始形式相同，但也适用于此塔在唐朝时的制式。叠层塔檐完全由椽木制成，并覆盖砖瓦，位于下部的三重塔檐皆为单层，上方置有小平座，平座上方的塔身辟有洞口，其余各层的腰檐则没有平座。在低矮的攒尖顶上方（模型中夸大了其高度），九个围绕着顶杆的、镂空的铁环构成了相轮。相轮呈纺锤形，中间的铁环最为突出，上下两端的铁环直径逐渐变小。在这一点上，模型所展示的塔刹是错误的。尽管经过数次修葺，但宝塔流畅、弯曲起伏明显的轮廓线表明，最初在公元 900 年左右建造的那座宝塔的大部分结构还是保留了下来。

保定府的北塔高 30 米，建于北宋时期。它应是仿照正定府木塔而建，两者的区别在于，它建造在一个独立的、带有平台、回廊和垛墙的基座上，基座上方才是真正的塔身，有八层，最下方的两层高度约为基座的一半，再往上还有六级叠层。如果模型准确地反映出宝塔的结构，那么它便不再符合数字为阳的奇数序列，即 1、3、5 这一组合。两座宝塔的层高并无规律可循，十分奇特，可能是正处于天宁方塔演变至密檐式的时期。

图 135 山东邹县的宝塔。

图 136 山东邹县的宝塔。共九层,高 40 米,约建于公元 650 年。参见图 135;161 页,图 144。罗特克格尔拍摄。

图 137 山东灵岩寺的宝塔。共九层,高 51.6 米,始建于公元 742—756 年,重建于 1050 年。参见 153—160 页,图 139—143。伯施曼拍摄。

2. 山东邹县、文昌县、灵岩寺的三座宝塔

距离兖州府不远，有一组三座小塔组成的小建筑群。它们完整展现了各种式样的叠层塔。之前已经讨论过的兖州府级塔可能是此类宝塔最为古老的前身。

邹县位于兖州的东南部，在通往南部的一条大道上。它在山东颇为著名，是春秋战国时期邹国国都，同时也是大哲学家、思想家孟子的故乡。关于这座独自伫立在邹县西北部的宝塔，地方志中有简要的介绍：在邹县重兴寺北门内，有一座于佛教复兴时期建造的古塔。正统六年（1441 年）进行了重修。当文字记载中提到古代佛塔时，通常都指向唐代。因此我们在这里将根据塔的造型，大致判断其建于公元 650 年前后，《中国佛教史迹》则认为其建于唐朝晚期。这座宝塔的建筑风格非常有趣，如果有确切的研究可以证明这座建筑的准确建造时间，将是一件让人十分欣喜的事情。

宝塔的造型具有早期佛教建筑的风格，《中国佛教史迹》中给出的唯一测量得出的数据是宝塔底边的长度——3.3 米，但这似乎太小了，很可能是由于严重风化造成的。根据估算，4.5 米的边长可能更为合理，如果按照照片上 1 : 3 的比例来看，整座宝塔较为敦实，总高度约为 40 米。从照片中也可以看到，宝塔塔身收分十分明显，有九级低矮的塔层，层高自下而上只有些许降低。每层四个主要的墙面上开有拱形或尖头开口。整座宝塔只有底层较高，上方有坚固的双重檐，与其他各层分隔开。底层之上的第一层，即第二层塔身，也设置了相同形式的庞大的双重出檐，下施一斗三升斗拱，整体结构非常清晰。上面的塔檐可参考河南、山西，也许还有兖州府附近传统的叠涩出檐。正面砖墙对缝而砌，形成了明暗对比鲜明的棋盘格样式。所有出檐都非常宽大，檐口为双层，檐角略微翘起，檐上覆盖瓦片，并在边缘通过双层线条加强阴影效果。塔身各隅砌有坚固的圆弧角柱，这些角柱通过柱顶与平板枋[1]相连，塔身各面的飞檐下方有平整的装饰线条，彼此相连，墙面底部也有同样的线条装饰，纵横交织的线条勾勒出塔身各层的轮廓。这种边角结构显示

---

[1] 平板枋在宋朝时又叫普拍枋，平置于阑额上，是用来承托斗拱的构件，有时会画上彩绘。——译者注

图 138 山东文昌县的宝塔。共十三层，高 30 米，建于公元 936—947 年。伯施曼拍摄。

出了级塔和天宁塔的早期特征，同时也说明了邹县塔的建造时间可能接近唐朝初年。如果纯粹从砖砌建筑的构造来说，它可能融合了中国古代木塔的木制角柱这一元素。另外，在最下方的叠层上设置了类似砖龛的长方形虚窗。

　　邹县塔是一个极具纪念意义的典型代表，它突显了早期宝塔极其丰富的建筑特色。同样能代表山东建筑艺术的还有位于泰山北部的一座著名寺院——灵岩寺中的宝塔。它的建造时间更晚，但两座宝塔十分相似，都在开阔华美之上尽可能地保留严谨和韵律感。它们同样都有九层，层层飞檐极富节奏感，张力十足。灵岩寺塔整体更为纤细，宽高比 1：5。灵岩寺塔在叠层塔的基础上进行了演变，但在结构上仍保留了叠层塔的主要特征，这将在后文得到详细阐述。作为这组建筑群的第三座宝塔，汶上县的宝塔又在之前的基础上进行了进一步的发展，叠层的思想体系已逐步完善。汶上县地处兖州府西北部，城市呈正方形，在东南角仍有保存完好的城墙，后被改造成堡垒，上方有一座魁星楼。而在它们的对面，也就是城市的西北角，有一座池塘，水边伫立着一座修长纤细的叠层宝塔。当地人认为，这座宝塔可能建于后晋时期。宝塔共有十三层，与前面讨论过的两座塔一样，塔身收分明显，但整体轮廓的弧度十分和谐。塔身共有十三重飞檐，每一重飞檐都由两排斗拱承托，如同灵岩寺宝塔一样，最下方的两层塔身有着双重飞檐。宝塔顶部明显为临时建造，各个叠层都在四个主要的墙面上设置了门洞。宝塔给人的整体印象是塔檐排列均匀，叠层紧凑。

灵岩寺及其宝塔

灵岩寺位于泰山西北麓，山东长清县东南约 35 公里处，紧临黄河岸边。寺院向西行进数小时便可到达连通省会济南府和泰安府的要道。该寺院因其地理位置、历史以及纪念意义而闻名，作为山东五大名刹之一，长期以来一直处于显要地位，至今仍是该省有着重要意义的佛教寺院。寺院内有一座美丽的宝塔，建造时间可追溯至唐朝鼎盛时期，并在宋朝繁荣阶段进行了翻新。尽管文中无法将地方志中所记录的有关寺院的详尽史料完整复述，但也必须要简单介绍一下这座寺庙及其周边地区的情况。

就如笔者在日记中所写的那样，从主干道出发沿途就有许多值得注意的细节。在前往泰山的旅途中，我停在了张夏（Tscháng hia），并将行李留在那里，然后只带了一名随从前往灵岩寺。三小时的旅途中我领略了风光地形变幻，河流渐宽，谷涧纵横。村庄南部是高耸的馍馍山，也叫馒头山。沿途村庄错落，古风尚存，灵洞曲涧，桥梁相连。前方直通宽阔的主山谷，拱形山门深静幽邃，由石头制成的坚固栏杆已有部分被破坏。青杨村（Tsíng yang schu）以其明代华丽的琉璃陶土浮雕而闻名，村庄中许多房屋宽阔的山墙上都装饰着浮雕。而在靳庄，一条主街贯通整个村庄，两端是村庄的出入口，建有两座门楼。我们到达的那天正好有市集，我们继续向东行进，离开了主街，来到了位于村庄东边两座山头之间、建于山谷中的灵岩寺。北面的山顶上紧密排列着三座锥形石塔，仅由石块简单向上堆叠而成。南面的柱形山峰从锥形山体中破土而出，从四面看去，山体的形态都差不多。这两座山峰耸立在山谷的入口处，似门神一般守护着山谷中的灵岩寺。此处山峰似报晓的雄鸡，被称为鸡鸣山。史书中将山与宝塔一并记述，还描述了此处岩石的特征——有

图 139 灵岩寺和辟支塔所在的峡谷。参见 149 页，图 137；155—160 页，图 140—143。

褶皱但也有光泽。此处山谷被称为塔宝谷。这里的村庄本就是道教仙人靳八公的故乡。在中国悠久的历史长河中，壮美的自然景观经常会与当地著名的历史人物紧密相连。穿过相对狭窄的入口，继续前行半小时左右到达牌楼，其后山谷甬道渐宽，周围岩石峭壁高耸环绕，其陡峭程度几近垂直。继续前行一个小时之后，便到达了入口，此时我已身处寺院中，看到了白塔。寺院邻近明孔山，此山峭壁上有一圆孔，光可从中透过，像是山脊峭壁上的天然窗口。此处墓塔林立，我们将在第三章中详细介绍。另外还有一座带有牌楼的石桥，上有匾额——"黄毛岗"。"灵岩山具有重要的战略价值，历史上曾多次被占领，因此寺院也屡屡遭受战争破坏。"灵岩山因主峰之故，又名方山，即《水经注》中提到的玉符山。山上涌有六泉，其中一泉下面即是寺院。

寺院的历史和相关介绍

魏晋南北朝时期，寺院所在地已有宗教活动。据说公元 351 年，来自西安的高僧朗公（后居直隶）在距灵岩寺不远的地方建立了著名的朗公寺。正是他的开山之功造就了附近的芸芸古迹。笔者将在本章第七节中介绍朗公寺及其院内的佛塔。据说朗公通过弘法布道使得灵岩山成为佛音袅绕的圣灵山。这里有一块岩石，形似呈微倾之态的僧人，有传说记载："朗公和尚说法泰山北岩下，听者千人，石为之点头，众以告，公曰：此山灵也，为我解化，他时涅槃，葬于此也。"这块岩石位于宝塔南部的一座石窟之中，人们称此石窟为"鲁般洞"，这一名称来源于古老的鲁国。而朗公的陵墓也位于此窟之中，甚至那听佛法时点头的石头也还在那里。在神迹出现之后，这里便被赋予了"灵岩"之名，以示这里山脉灵秀，峭壁幽奥，有圣灵之气藏于其中。在中国有这样一种说法：神能为灵。

北魏时期，法定禅师在此开辟寺院。修建工程开始于正光元年（公元 520 年），也就是魏孝明帝在位时期。虽然法定一开始就将寺院设计得十分宏伟壮观，但可能直到宋代之后，人们才将它与江苏南京（古称金陵）栖霞寺、浙江天台国清寺、湖北江陵玉泉寺并称为"天下四绝"。这些寺院中的宝塔将在本章其他部分和下一章中进行讨论。据《长清县志》记载，法定来自景城[①]，相传为观音菩萨转世。他在方山北侧建造了神宝寺，该寺距其北部的灵岩约半小时路程，后于方山南侧又建一寺，得御赐之名——灵岩寺。所以法定禅师是这里真正的开山祖师。

地方志中还有更早期的记载，相传有一位大师——祖士自印度而来，到此地后开始寻找建寺弘法之处，左右有两只老虎为之驮经，前有青蛇引路，最后来到一处峭岩险壁，无法前行。祖士面对峭壁闭上眼睛默念佛经，只见头顶山石迸裂，光线破洞而出，红光多次涌出，法师便跟随光线指引前行。也有许多传志中记载，现存的寺院是朗公为百姓祈福而建，距今已有八百多年。为了纪念他的功绩，其形象被临摹成画并刻于石上。

根据僧侣所述，寺院最奇特之处的历史可以追溯至汉代，这可能也表明了此处圣地最初建造的时间。此处有两棵古桧（也可能是柏树或东方崖柏），虽树干干

---

① 今属河北省献县。——译者注

裂，但枝丫依旧，翠意叠秀，今日依然引游人驻足侧目。其中最大的一棵立于寺院主殿前。它与中国最著名的僧人、朝圣者和佛教典藏翻译者玄奘有关。玄奘曾于公元 629—645 年在印度求法，后在西安府建造了大雁塔。据说他前往印度求经前曾居于灵岩寺，当他将要与学生分别离开这里时，曾登临小桧之顶，临行时留言道："我将去西方求取佛法，你可以朝着西方生长；如果我回来，你就掉转方向往东生长，以便我的弟子们能知道我的归期。"玄奘西行求法之后，这棵树的枝条果然向西生长，十数年后树枝忽然转向东方，玄奘的弟子便知道可前去迎接大师归来了。该树由石栏围护，有一石碑，上有皇帝的题字——"摩顶松"，刻有古树的图样。古树前还有另一块石碑，上面题有一首诗，据说是乾隆皇帝所赋："顶自称摩松自安，底须唐史检重看。"寺院中屹立着大量唐代的纪念石碑，有些独自立于院中，有些嵌于墙壁内，有些带有精美的图画。

　　隋文帝时，寺院于公元 589—605 年进行了翻新，后在唐朝达到了全盛。唐玄

图 140　山东灵岩寺及寺内的辟支塔。伯施曼拍摄。

宗开元十三年（公元 725 年），寺院进行了翻新，寺内有梁昇卿[1] 的题字。唐朝天宝年间，慧崇曾参与寺院修建，并为寺院的设计做出了巨大贡献，慧崇的名字也与这座寺院息息相关。地方志中不仅详细描述了寺院中各座建筑物的历史背景，还记录了关于宏伟的 40 尊罗汉雕像的内容。罗汉像原本有 500 尊，存世的只有上述 40 尊，其中有些很可能出自鲁班[2] 大师之手，也有可能是在明朝鼎盛时期，即 1506—1522 年，由他的学生所建。针对这些雕像，梅尔彻斯写过相应的文字。寺院及其周围众多古迹奇景以后有机会一定要详细讨论。据《中国佛教史迹》记载，灵岩寺于 1070 年广泛延揽天下名僧，1073 年禅宗高僧成为寺院住持，后来其他宗派的高僧陆续担任住持，并且在元朝时与嵩山少林寺建立了紧密的联系。

麟庆在 1816 年观灵岩寺后，撰《鸿雪因缘图记》

当年九月，我和父亲及一位友人骑马前往该地。驻足胜景，高山耸立，山顶峭壁之上有一圆孔，南北相通，称为明孔。在东部有一平台，上有铭文"灵岩圣境"。我们越过平台，云杉落于小径旁，迷雾似云，阳光照耀，如碎金一般，往来行人衣袖皆相映成绿。途中下马小憩，便闻峡谷风声，泉水回音，如有狂浪卷于谷底。为念此行，作诗道：

转入灵岩境，阴生十里松。断山丛树补，古寺乱云封。

白挂亭前瀑，青抽雨后峰。幽深少人迹，溪午一声钟。

灵岩寺辟支迦佛塔

这座秀丽的宝塔因其耀目的白色和优美的轮廓显得与众不同，位于逼仄的寺院

---

[1] 唐朝著名书法家，擅长八分书。——译者注

[2] 原文为鲁藩，但根据原文推测更有可能指鲁班。——译者注

图 141　山东灵岩寺的宝塔。伯施曼拍摄。

建筑群落的西北方，也就是大殿的西北方，十分引人注目。中文的文献中会根据附近的建筑物来描述宝塔的具体位置，比如镜池、御书阁和倚翠亭，宝塔以西为和尚林——即寺庙中的一片墓地，也就是塔林。这座宝塔耸立于塔林之中，供奉着辟支迦佛。辟支迦佛是指在无师友教导，而以智慧独自悟道的情况下，虽未达到佛陀的终极境地，但得到最大开悟的圣者。在中国，通常会为这样的圣人建塔，并有相应的神话、传说或历史原型。地方志中将这座宝塔称作僧慧崇塔，这可能并不只是代表了慧崇命人建造了这座宝塔，而是有更深的含义。

宝塔建于公元 742—756 年。据《中国佛教史迹》记载，宋仁宗嘉祐年间宝塔进行了彻底的重修。宝塔中有一块石碑，上面所写的时间为 1041—1048 年，而另一块石碑上所写的年份则为 1057 年。在不同的楼层上，有三组三身佛像，其风格也表明建造时间应为宋代，或在宋代之后。至于当时人们是否按照宝塔最初的造型进行了重建，这一问题仍然悬而未决。如将其结构与邹县的大型宝塔（这里将其修建时间定为公元 650 年）进行比较，灵岩寺中这座美丽的宝塔外形更为纤细，也更为优雅精致，引人注目，这是宋代风格的特征。实际上根据塔檐的结构和其他细节判断，建造时间为 1050 年。尽管如此，地方志中并未记载宝塔倒塌和重建的细节，只是描写了慧崇塔最初在唐朝建造时的结构和造型。《中国佛教史迹》中写道，这是十分稀少的案例，建于宋朝的宝塔仍完好地留存至今。地方志中倒是记录了后期针对这座宝塔的修缮工程。根据这些记录，我们将对这座有趣的建筑进行详细的讨论。

宝塔的四面与东西南北方向完全一致，没有偏移。塔完全用砖建造，共有九层，塔身巍峨，顶部冠有铁刹，总高度为 51.6 米。宝塔内部有一通天塔芯，楼梯交错排列其中，连接各层，人们可循级而上，到达顶层。塔芯的两面墙壁上设有楼梯出入口，另外两面墙壁上设置了大壁龛。这些壁龛为拱券形式，其中除了供奉一座较大的佛像外，还会摆放一些小型的塑像。与之对应，在宝塔八边形外墙的四个斜面上，也各设置了四座小的佛龛，并未放置任何物品。而外墙的四个主要的立面上，则各有一条陡峭的台阶，连接内部的回廊和墙面上的开口。开口下边缘贴着各塔层上方的飞檐，从外面看去是带有低矮护栏的券洞，在内部则形成特殊的肋拱形结构。各塔层的四个斜面外部分别设置了四个矩形的虚窗，其表面都装饰有浮雕或直棂图案，在这一点上与邹县佛塔非常一致。上方各级都有四个门洞和四扇虚窗，而底层则只有四扇门。塔层的高度自下而上逐渐降低，比例经过测算，塔檐富有张力，向外挑出，使得塔身轮廓巧妙而富有韵律感。最下方的三层塔身每层皆有双重出檐，上方各层则为单檐，塔檐顶部水平，直接与垂直的墙面连接。塔檐上有青砖砌成的突起条带，形成明暗阴影，塔檐末端轮廓线条流畅。宝塔顶部的铁制塔刹原有七重相轮，可现已不复存在，塔刹上的宝珠也已不见，只有从宝盖垂下的八条铁链还固定于塔顶檐角。

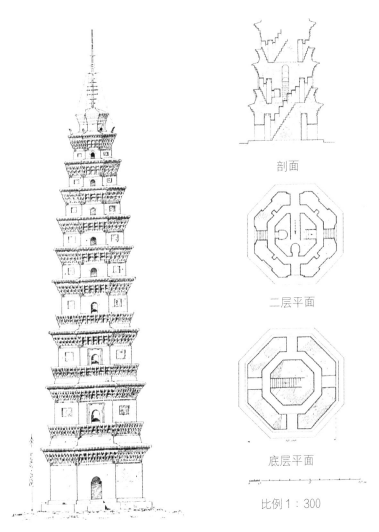

剖面

二层平面

底层平面

比例 1：300

图 142 山东灵岩寺的宝塔。建于公元 742—756 年，重建于 1050 年。伯施曼绘制。

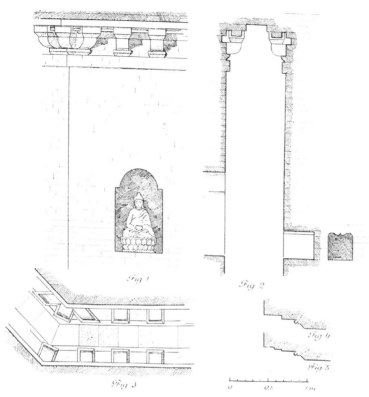

图 143 山东灵岩寺的宝塔。插图 1—3 为塔层内部回廊、塔檐和天花板的
细节。插图 4—5 分别为一层和二层外部侧面轮廓。建于公元 742—756 年，
部分细节建于宋代。伯施曼绘制。

　　宝塔所用砖石的形式特别值得注意，尤其是美丽的檐口。使用的普通砖石高 7
厘米，长最多为 30 厘米。宝塔的二层和三层有轮廓非常清晰的拱券和矩形虚门、
虚窗，具有哥特式风格。在内部的回廊中，能清晰地看到塔檐的构造。回廊两壁上
均有砖制斗拱，呈简单的半圆形，并通过装饰精美的内顶加以封闭。石质塔基为八
边形，上面有多幅传统风格浮雕，图案丰富。栌斗由砖砌成，制式类似于开封府国
相寺繁塔，这种形式似乎是从木结构斗拱发展而来。邹县塔和太原府宝塔中展示了
这种塔檐形式相对成熟的实例，《中国佛教史迹》中的相关细节描写也曾在本书中
转述。此类流畅的结构造型是唐朝中期建筑艺术的重要特征，因此在相关的叙述中
我们还会提及此塔。

图 144　山东邹县塔的檐口。
约建于公元 650 年。见于《中
国佛教史迹》。

图 145　山西太原府的双塔。其中一座塔的塔檐建于 1611 年，参见 166 页，图 149；167—168 页，
图 151—152。见于《中国佛教史迹》。

3. 山西和四川的五座宝塔

在许多情况下，宝塔的叠层特征体现在塔身上紧密排列的层层塔檐，这种塔的塔身轮廓通常会带有些许弧度。下面要列举的宝塔也都明显展现出了这种形式。

山西南部、邻近盐池的一个小镇——安邑县有座宝塔。此地历史悠久，东部边界处据说是夏禹居住过的禹王村，又名禹王城。安邑县境内并未设有禹王的纪念庙宇，但牌楼上的题字还是会使人想起禹王和他的故都。这座繁荣的城市中的宏大宝塔见证了历史的变迁，也是该城标志性的建筑。宝塔耸立在城墙边，城墙的护墙和城垛进行了很好的修复，并配有典雅的城楼。城中还有一座占地广阔的孔庙和许多两层的民居。

根据宝塔的形态和特征，它的历史应该极其悠久。有历史记载："太平兴国寺在安邑县治东北，建于宋朝嘉祐八年（1063 年）。明朝洪武年间在寺内设置了僧会司，寺内有一座十三层的宝塔，高 260 尺，上有黄白宝瓶，世传出自鲁班之手。明朝嘉靖乙卯年（1555 年），由于地震塔从顶部裂至七层，裂缝宽一尺左右，到万历年间裂缝竟然自动复合，真是神物啊！"《古今图书集成》中几乎逐字援引此文，却将宝塔的高度写作 360 尺。这几乎是不可能的，270 尺的高度似乎更为可信，不过这只适用于以前宝塔底部边长较短的情况。据我估计，宝塔高度约为 46 米。塔上裂缝仍然可以清楚地看到。在没有其他资料的情况下，我们可以初步判断，寺院的创建和宝塔的建造是在同一年，即 1063 年，也就是宋仁宗在位的最后一年。

塔由砖建造，塔身细长，逐层收分，高度逐渐缩短，直耸高空。十三重塔檐将塔楼分为十三层，底层出奇地高大，其他各层自下而上层高不断降低。最下面的三层配有双檐，类似前文讨论过的山东叠层塔，但它的砖拱结构更为简单。各层只有主要的墙面上设置了窗口，这似乎是古老的叠层塔的一大标志。安邑县塔损坏极为严重，有倾倒的危险。鉴于其高度，修缮需要大量的资金，这是清贫的山东民众难以承担的。

山西太原府北十方院的宝塔位于城市西北门以北 3 公里处，正对着城市东南方的一对双子塔，它们也属于叠层塔，所以将在这里一并介绍。这座寺院非常有名，原名千寿寺。这里的寺主是一位学识渊博、为人和气的年轻方丈。由于寺院坐落在宽阔的黄土平原上，并没有什么特别的景观。建筑维护不善，只有庞大的拱顶建筑物的状况尚好。这座九层宝塔与其他塔层均匀的宝塔有所不同，它的层高更高，且各层高度几乎没有变化。

图 146 山西安邑县的宝塔。高约 46 米，建于 1063 年。伯施曼拍摄。

图 147 山西太原府北十方院的宝塔。共九层，高约 30 米，约建于明代。参见 164 页，图 148。伯施曼拍摄。

图 148 山西太原府北十方院的叠层塔。伯施曼拍摄。

山西省会太原府永祚寺双塔

在前文中我们已经举了一些大型双塔的例子，在后续的章节中，也将专门讨论这些成组的宝塔。因为太原府的双塔算是叠层塔中的代表作，所以更适宜在这里进行论述。

这两座宝塔位于城市东南部不远处的一座山——巽峰上，山脉向西北方向延伸，寺庙建筑面向城市。"巽"也意味着柔和、高贵，与五行中的风和木相对。

我在日记中写下了在寺院中见到的景色，晨光和煦温暖，春意盎然。阔叶树新出的绿芽闪闪发光，柳树已枝繁叶茂，紫丁香花开放，香气如故。阳光照耀在城中林立的塔楼和城墙上，西部波光粼粼的湖水后方是连绵的山脉，遥望东方，山峰巍峨。在略微起伏的黄土之巅，沿小径顺斜坡而上，便来到了这座位于黄土丘陵之上的寺院。整个寺院由相连的两部分组成，双子塔位于永祚寺内，其入口前方是永乐寺，永乐寺面朝北方，与永祚寺的朝向相反。

寺院建于明朝万历年间，围绕着一座几乎为方形的庭院的是一座面阔七间的入口大殿和三座歇山顶大殿。寺内的佛殿均为出色的砖砌建筑，这种建筑形式在山西尤为常见，具有明朝时期的风格。两层高的主殿和单层的侧殿，均在殿内重要位置和带有拱顶的壁龛内供奉着佛像和菩萨像。庭院中有一座特别的凉亭，其中供奉着佛教的护法菩萨——韦陀。这座寺庙维护不善，已逐渐衰败，只有少数年迈的守寺人，其中包括一位僧人，还居住在寺中。

伫立着宝塔的永祚寺西北方正对着城市。建筑位于城市东南则反映了中国传统观念以东南之气增风水之运的寓意。地方志中也强调了两座宝塔在中国传统文化中的意义，记录了它们为科举考试带来的积极影响。根据风水师的说法："如果巽位（八卦之一，即东南方）上建有宝塔，那文学之风必将繁荣。当塔建成之时，许多学子都通过了科举考试。这也证明了宝塔补山水之形胜，助文风之盛兴。"但无论如何，这都是一座佛教建筑。

经寺院的看守证实，那座倾斜的宝塔的历史可以追溯至唐朝。这应该是指已经消失的一座宝塔。根据文献记载，如今的两座宝塔是在明朝同一时期修建。这座寺院是高僧福登在皇帝的诏令下于明朝万历年间修建的，且得到了皇太后的资助。大殿中的铁制铭文记载，两座宝塔的建造时间为 1611 年，铭文中甚至记录了工匠的姓名，宝塔高耸入云，高处可观平日见不到的风光。此塔名为宣文塔，如前文所述，宣文塔所具备的浓郁历史文化气息在建立之初就与古代科举制度联系在一起。当地人更喜欢叫它们双塔。塔内供奉有佛舍利，苏维霖 [①] 也在此留下过石刻的铭文。清朝顺治十五年（1658 年），人们对宝塔进行了修缮。据说从清朝康熙五十九年（1720 年）八月起，宝塔的顶端绽放深青色光芒，状如马车车轮，不久便消失了。

寺院院落深深，长约 125 米，被破败的墙壁所包围。建筑分列于寺院中轴线上，

[①] 苏维霖，明朝万历年间进士，精通佛学。——译者注

山门、二门、三门、宝殿相互连接，两座宝塔就耸立其间。中间大殿前设有平台，两间位居尾部的殿堂为木质结构，最后是三教殿。三教殿内有三尊气势巍然、带有头光、立于莲台上的佛像。建筑中有很多木质构件和雕刻，皆轮廓简洁，正面描绘有龙的图案。

图 149 山西太原府永祚寺的双塔。两座叠层塔高 54 米，塔院的轴线为东南—西北走向。建于 1611 年，倾斜的塔心建造时间可能更晚些。左侧是永乐寺的宏伟大殿。伯施曼拍摄。

图150 山西太原府永祚寺的双塔。

图151 山西太原府永祚寺双塔之一——北侧带有外廊的笔直的宝塔局部。塔檐细节参见161页，图145。

图 152 山西太原府永祚寺双塔之———位于西侧、倾斜、不带外廊的宝塔。参见 166 页，图
149；168—171 页，图 153—157。伯施曼拍摄。

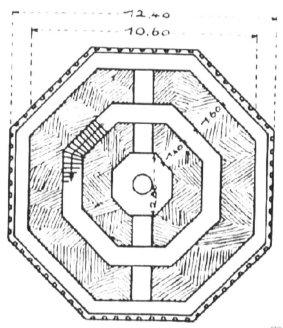

图 153 带外廊的笔直的宝塔平面图。

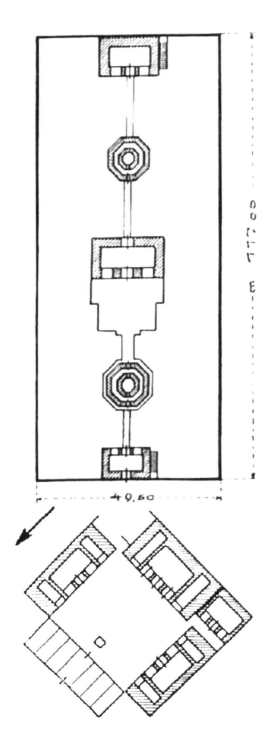

图 154 山西太原府永祚
寺的平面图。寺院内有
三座大殿、两座宝塔，
大门入口前方为永乐寺。

图 155 笔直的宝塔和正殿。后方是永乐寺的主殿。

图 156 后殿三教殿。

图 157 从寺内观入口的大殿。伯施曼拍摄。

图 158 寺院与宝塔。伯施曼拍摄。　图 159 十七层的塔身。魏格尔德拍摄。

图160 四川灌县宝塔的底层。塔身共十七层,高约45米,初步推测建于明代,另见图28。魏格尔德拍摄。

图161 四川灌县宝塔的塔檐。魏格尔德拍摄。

北侧竖立的宝塔其八边形底座直径为 11.30 米，边长为 4.65 米，根据精确的计算得出高度为 54 米，与倾斜的宝塔高度相当。巍巍的双塔在城市景观中占有主导地位，所以民间也称此寺为双塔寺。两者外形相似，风格协调，十三重相叠的塔檐将塔身分隔成十三层低矮的塔层。最底层的塔身稍高一些，但除了设有不显眼的入口外，与其他各层没有明显区别。其他叠层每面都有门洞，这一点具有后世建筑的特征。在那一时期，众多艺术门类相互融合，某种程度上实现了统一。北塔的收分明显，轮廓优美，有律动之感，并具有独特而精美的塔檐。最底层檐口上方的回廊围栏完整，南塔则缺少这种设计。两座塔的不同之处还体现在顶端部分，虽然都冠有穹隆顶，但其中一座塔刹为圆形宝珠，另一座则为三段式的塔刹。建塔所用的浅灰色砖石高 7.2 厘米。两座宝塔都可循级而上，内外塔体之间留有一定的空间，每层内部都设有回廊并搭有塔梯。

东南方没有外廊的宝塔有明显的倾斜。由于所收集的资料都只记录了宝塔倾斜这一事实，却并没有对这一现象进一步做出解释，所以可以推测，这座宝塔可能在最初就是倾斜的。从这两座宝塔在城市中的特殊排列方式可以得出这样的假设：山上靠后的那座塔建成稍早，建成后便是倾斜的，这显然无法积极改善城市的风水。在它前面很快增加了第二座塔，此塔笔直挺拔，旨在改善城市的风水。无论如何，和西方世界一样，由于技术原因人们并不会特意设计建造此类倾斜的塔楼建筑。南侧倾斜的塔仅略有收分，轮廓陡峭上升；而北侧后建的宝塔则收分明显，各级塔身的直径逐渐缩小，塔身自下而上逐渐变细，顶部塔层的对角径还不到底部的一半，轮廓秀丽。此种特征也说明了两塔的建造时间有所不同。这就是斜塔的塔芯被认为建成时间较早的原因，但是它的塔檐和外部结构是在 1611 年和新塔一同修建的。

四川灌县叠层塔在外形的发展变化上十分引人注目，其中就包括非比寻常的层数。宝塔底部对角径略短，与宝塔高度的比例为 1∶6。在底层塔身之上另有十六层高度均匀的叠层，共十七层，高度估计为 45 米。檐口坚实，檐角翘起，由砖制成，塔身略有收分。每面均有开窗，从窗口望去可以欣赏到绚丽缤纷的景观，虽然整体轮廓略显刻板，但又很好的彰显了其纪念意义。该塔与周围的树木相映成趣、完美融合，这一点在第一章中已有叙述。宝塔也与附近建筑物保持着一致的风格，这些建筑物一般较为低矮且结构简单，宽大的屋顶向上翘起，建筑框架、墙体、山门都融为一体。

第四节　层塔

从第三节对叠层塔的描述可以看出，就纯粹的形式而言，叠层塔的形式逐渐演变为塔层高度增加、各层高度均匀这一形式。在八角级塔的分支中也可以看到同样的形式，该塔也呈现为层高均匀的塔楼形式。此外层级均匀的宝塔也是中国传统木制塔楼的基本思想的延续。这种演变的终点同时也是新的开端，最终指向了三个不同的发展方向。简明的建筑技巧和清晰明朗的效果使得这一类型的建筑有着极为广泛的分布，特别是在中国的中部和南部尤为明显。在古人的游记中，这些宝塔被孜孜不倦地加以描绘，当然古时的这种宝塔在数量上要比今日多上许多。纽霍夫在《荷使初访中国记》中所描绘的大量宝塔就多为此种类型。

这类形态的宝塔又可分成两组，一组是在各个层级之间设有简单的塔檐，而第二组则是塔檐与外廊相连。第二组宝塔的形式后来又有了进一步的演变，我们将在下一节中进行介绍。此类宝塔塔檐形式丰富，塔层结构复杂，塔身轮廓收分变幻，令人印象深刻。塔的外部给人以独立封闭的印象，内部则完全不同。围绕内部塔芯设有回廊，要通过各层塔身表面交替排列的门窗开口才能观察到。两种形式的共同点是塔身上下收分的轮廓，只有少数宝塔会呈现阶梯式的轮廓结构。层塔轮廓经常随着层级的增加，塔身或多或少自下而上会逐渐收拢，有时甚至呈现出尖锥形，但大多数情况下，塔身都几近垂直于地面，向上伸展。在这些层塔中，出檐相对较窄，使宝塔的造型看起来比较紧凑，不过斗拱和其他结构使它的形态更为丰富。此类宝塔的塔檐大都十分坚固，并配有木雕饰、砖顶和外翘的檐角。层塔中很少出现向外出挑很多的或弧线明显的塔檐，这通常是外廊层塔的特征。

如果想要清楚地了解此类宝塔的个中区别，需要研究几个案例，它们虽然彼此相距甚远，但外轮廓和塔檐的结构具有规律性。这类宝塔多位于长江流域和中国东南部。沿着长江一路走来，一直到浙江都林立着杰出的层塔。它在福建，甚至最南端的广州附近和西江流域的许多地方也常以石塔的形式出现。

北方的宝塔案例更清晰地展现了叠层塔至层塔的过渡，在这里会着重进行讨论，这也更加深刻地体现出了中国南方宝塔风格的完整性和统一性。在南方，我亲自参观了许多形态标准的层塔，却并未做太多记录。这就是为什么这部分的内容主要是基于其他出版物，特别是《中国佛教史迹》一书的原因。这些出版物提供了有关长江流域的那些层塔的珍贵资料，特别是它们高耸入云的形态和绚丽多彩的造型。之所以要进行更大范围的研究，是因为这项研究不仅仅关注宝塔的形式，而且在建筑历史和宗教文化方面也具有非常重要的意义。长江流域和浙江的宝塔建筑主要起源于宋代。有些建筑在某些情况下得以保留或修缮复原，使其可以追溯到初建时期。但是在一般情况下，经过后期修缮或重建的宝塔，就只能通过早期遗留下来的些许痕迹和细节进行分析和研究。中国北方的层塔多有琉璃釉面，这些琉璃塔将在后面的章节进行专门介绍。石塔在这里占据了另一个特殊的位置，这种形式的塔几乎只能在中国的南部和东南部找到，其中一些宝塔的结构、形态十分出众，极具纪念价值。

1. 北部省份和四川十个具有代表性的例子

在东北地区的南部，靠近直隶的锦州府也建有双塔，其中一座的修建时间应正处于叠层塔演变成标准的层塔的时期。据称该塔建于辽代，但实际上更有可能建于明代，高度应为 67 米，为八角塔，底层高大，其上方还有十一层低矮的叠层，层高自下而上逐渐降低，最上方是纤细的塔刹。它形似太原府的双塔，但塔檐为木质结构，檐上覆盖砖瓦。如果仔细观察宝塔模型的表面，可以看出塔身表面有丰富的线条和图案装饰。塔身收分轻快，宝塔外轮廓弧度不大，塔身富有韵律感，整体结构十分美观。

陕西西安府以北泾阳县宝塔的高度应为 76 米，由砖砌筑而成，上面部分饰有琉璃。它也是由级塔发展而来，形似附近武功县的唐塔，这座宝塔也有同样的特征——自下而上层高逐层递减。不过泾阳县宝塔的外轮廓线条为笔直的斜线，塔檐围绕在塔身之外。宝塔共有十三层，最底层虽然设置了双重檐，却十分低矮。

在甘肃北部临近长城的黄河之滨，也有两座宝塔。宝塔位于引水灌溉的戈壁绿洲处，更为清晰地展现出了层塔的标准特征。其中一座八角塔位于凉州府，与紧邻

的尼姑庵、周围的其他建筑、凝翠的
松柏、波平如镜的池水共同构成了一
幅风光秀丽的画面。塔高十二层，下
面五层拥有双重塔檐，最上面七层为
单层腰檐。塔高为50米，呈锥形，各
级层高自下而上逐渐降低，但降低幅
度并无规律，檐口工凿秀丽，塔身修长，
顶部似针状，塔顶收尾自然流畅，高
塔巍巍，向天而立。另一座宝塔位于
长城与黄河交汇处的宁夏府南部。这
座巨大的宝塔，八面玲珑，每面均设
置了开口或虚窗，塔身拥有简洁细腻
的檐口，层檐微展，十一层飞叠而上。
抬头向上观看，塔身渐细，但轮廓并
无弧度，高40米，塔身愈发陡峭，在
塔顶聚拢，以塔刹收尾。它与汾州府
的宝塔十分相似。宝塔精湛的建筑技
术、艺术设计、建筑规模和装饰都让
盖洛称赞不已，周围景致也十分优美。
宝塔立于寺院的中轴线上，湖光树影
肃穆幽静。可能建于明代或清初。甘
肃还有另一座层塔——雁塔，它位于
兰州府东南的巩昌府，徐家汇博物院
的宝塔模型中也有它的身影，可惜文
中并未列出它的照片。它的历史可以
追溯到1700年，尽管高度只有22.5米，
但是整体仍呈现出层级结构，塔身表
面刻有浮雕。

图 162 锦州府的宝塔。塔身共十二层，
高 67 米，建于辽代或明代。图中为徐家
汇博物院的宝塔模型。

图 163 陕西泾阳县的宝塔。塔身共十三层，高 76 米，建于明代。图中为徐家汇博物院的宝塔模型。

图 164 山西汾州府的宝塔。塔身共十三层，高 70 米，初步推测建于 1500—1600 年。喜仁龙拍摄。

还有一座宝塔与山西的宝塔密切相关。这座宝塔所在地区的纬度与甘肃凉州府几乎相同，宝塔也呈现出标准的层塔造型。它位于太原府西南的汾州府，为八角塔，高 70 米。这座十三层宝塔的顶部结构与甘肃宁夏府的宝塔十分相似，但其整体造型更为纤细，带有略微弯曲的檐口、精致的斗拱，每面都有玲珑小巧、比例协调的开口。在建造时间上，它也与上文所说的甘肃宝塔非常接近，大约在 1500—1600 年。喜仁龙将它们作为范例，来阐述明代精致且富于创新精神的砖造建筑艺术，并写下了精准的描述：

宝塔结构分为内外两层，以坚固的拱顶紧密相连。内外两层墙壁之间的空间内设置了笔直的小楼梯。每层地面都铺有砖块，两面墙上均设有拱券门，相对而立。砖块的样式中规中矩，拱门由工匠以一顺一丁的形式砌成。塔身没有使用灰泥或其他装饰，每层仅供奉着木雕佛像，旁边立有麒麟、龙、牛、马、老虎、狮子等动物雕像。根据这些雕像可将塔的建造时间确定为明朝后期。

这座高大的宝塔不同寻常的纤细形态让人联想到最高可达 25 米的细长风水柱，风水柱是山西的特色。凉州府的针状宝塔可能也属于甘肃的一种特色风水建筑。

图 165 山西介休县的七层宝塔。伯施曼绘制。

图 166 甘肃宁夏府的西塔。塔身共十一层，高 40 米，初步推测建于明代。盖洛拍摄。

图 167 甘肃凉州府的宝塔。塔身共十二层，高 50 米。盖洛拍摄。

　　宝塔有着标准的层塔结构，塔身轮廓几乎呈现出笔直的斜线，整体形态类似锥形，各层层高几乎相同，自下而上逐渐向内收拢，墙面垂直于地面。这种造型的宝塔在山西也十分常见，比如位于刚刚提到的汾州东南方的小镇——介休县的宝塔。该塔有七层，上冠穹隆顶，砖块垒砌的样式丰富。

　　直隶还有另一个例子——著名的玉峰塔。宝塔位于北京西北方的皇家园林静明园内的玉泉山上，距北京平原约 20 公里。玉泉山距离颐和园和万寿山不远，是整座皇家园林的中心，园内有寺院和其他建筑群，有池塘和湖泊，还展现了最为精致的造景艺术。

　　玉峰山之名源于清澈见底的玉泉。玉泉不仅象征着泉水晶莹如玉，如美玉一般弥足珍贵，同时也说明泉水流淌之音清脆悦耳、如鸣佩环，是自然界中完美的乐章。

图 168 北京静明园的玉峰塔。共七层，高 35 米，部分饰有琉璃，建于 18 世纪。齐格勒拍摄。

图 169 四川重庆府的九层砖塔。高 40 米，初步推测建于清代。萨多夫斯基拍摄。

图 170 北京玉泉山静明园的玉峰塔。

图 171 四川富顺县的宝塔。全市十三座宝塔之一，共九层，高40米。由砂岩灰泥建造，初步推测建于清代。伯施曼绘制。

玉峰实际上是玉泉山的顶峰，也是玉泉的源头，泉水从山顶流淌而下，清脆之音犹如清风，绕山穿峡；犹如玉佩、玉环相撞之音，不绝于耳，所以玉峰之称也随之而生。

　　玉泉山有两座相连的、呈马鞍形的山峰，上面有寺院、岩洞和四座宝塔。这在第一章中已有介绍。除这里将要阐述的宝塔外，另外三座宝塔也会在其他章节进行详细介绍。由于它们在基本形式上各不相同，所以被分开讨论。北峰上建有妙高寺，其中有一座缅甸式的瓮形宝塔。而本节将要介绍的宝塔，位于南部更高的那座山峰上的香岩寺中。目前尚不能确定宝塔的修建时间。根据各种口口相传的信息、宝塔的形态和各类细节，可以推测该塔建于康熙年间或乾隆年间。这座八面七层宝塔位于宽阔的方形塔基上，细檐瓦片、交替排列的开口和虚窗使得整体造型活灵活现。塔高约 35 米，上冠纤细的攒尖顶和精美的塔刹。圆弧形砖柱、开口框架、石雕饰、檐口和瓦片都施有琉璃。必须承认，独立于山顶、层级划分均匀的宝塔与山上其他三座宝塔相得益彰，并与附近万寿山上的亭宇楼阁融为一体。该塔位于北京西北，与附近西山的景观一起被赋予了宗教和建筑的双重内涵，令游人难以忘怀。

图 172 浙江兰溪县的同仁塔。共七层，高约 40 米，建于明代。福兰阁拍摄。

图 173　浙江兰溪县的同仁塔。共七层，高约 40 米，建于明代。福兰阁拍摄。

图 174　兰溪县能仁塔的西侧。福兰阁拍摄。

图175 浙江常山县的六角宝塔。共七层，高约30米，建于明代。福兰阁拍摄于1892年。

　　登上宝塔可以欣赏颐和园迷人的景致——湖光山色、亭台楼阁、花卉溢香，一派雄伟壮丽的景象。广阔的平原上土地肥沃，芦苇茂密，灌溉的水稻根株稠密，有经过精心维护的田野、错落有致的树木，还有古色古香的高塔宅院。极目远眺，北京内外城门、街道建筑、煤山和大型宝塔清晰可见。回转身来，西部的崇山峻岭、茂密山林及其他宝塔尽收眼底。中国北方历史悠久，风景壮阔，拥有大量纪念性的建筑，几者之间有着密不可分的关系。

　　四川地处盆地，四周群山环绕，峡谷中多点缀有宝塔，其中层塔尤为常见，在这里只举两个例子加以说明。富顺县宝塔位于泸州西北、沱江上游，是环绕着这座美丽城市的十三座宝塔之一。宝塔耸立在约50米高的河岸边，下游有一座大型佛像。佛像是由三块叠在一起的红色砂岩雕刻而成，线条流畅。佛陀将双手置于胸前，长袍搭在小臂上。该塔部分由石块建成，高约40米，表面抹有泥灰，整体轮廓颇有四川建筑精巧灵动之风，塔身均匀划分为九层。宝塔为美丽的四川风景打上了一个肃静、优雅的宗教烙印。重庆附近另有一座精美的宝塔，同样也有九层，整体由砖块砌成。

2. 浙江、江西和安徽的二十六座宝塔

前文所述的三座分别位于北京和四川的宝塔都是十分标准的层塔，而位于长江畔和南部省份的许多宝塔案例中，会融合外廊层塔的元素，这是这些地区独有的特色。在这里可以总结出此类宝塔一些共同的特征，它们通常是七层或九层，不论外形修长还是低矮，结构都十分清晰明了。有时也会演变出其他形式，比如细长的针状塔或宽大的五层塔，但大多数宝塔为七层，比例协调，最为赏心悦目。

福兰阁提供了大量关于这一类型宝塔的资料。他曾于1892年5月游历（浙江）钱塘江上游，并拍摄了四座宝塔的精美照片。美魏茶和福尔蒂诺（Fortune）则在19世纪40年代就提到过这些宝塔，比福兰阁更早。这些宝塔的平面几乎都为六边形，塔身纤细，檐口将塔身几乎均匀地分为几层。塔身各面一般都设置了开口和虚窗，且交替排列。各层虽逐渐向内收拢，却并未呈现出明显的阶梯状，塔身轮廓几乎为笔直的斜线或近乎垂直于地面。在钱塘江河口处的兰溪县有两座高约40米、十分具有代表性的宝塔，宝塔位于山巅，伫立于城墙之内，结构均匀，比例协调。其中能仁塔共九层，每面都有简单镂空或三重拱券佛龛，中间的佛龛通常高于两侧的佛龛，镂空洞口和拱券佛龛交替排列，位置略有偏移。这样的设计使得建筑结构活泼灵动、充满生机，在扁平的攒尖顶上方冠有六环相轮，并设置了与塔身上相似却极为微小的壁龛，整体看起来像缩小的宝塔，塔刹末端立有相轮。其姊妹塔——同仁塔共七层，每面均设有简单的拱形开口，但檐角略微上翘，新奇的攒尖顶和纤细的塔刹是该塔造型的一大亮点。

钱塘江上游还有两座结构更为清晰的宝塔。龙游县的状元塔位于钱塘江右岸的山麓中，距平原上的城市不远，附近有一处古老的墓塔林遗址，也许曾有状元遗骨埋于此处，显然有镇压风水的作用。宝塔位于紧临河畔的山丘上，该地现在还以风水宝地而闻名。宝塔之名由民间俗称而来，针状的塔身略呈锥形，塔身被出挑并不

图 176 浙江龙游县的状元塔。高约 30 米，建于清代。福兰阁拍摄。

多的塔檐分层，檐角微微翘起，檐面平整，塔刹带有六重相轮，看起来像是一座真正的风水塔。浙江与江西交界处的常山县宝塔伫立于城市东南三里一座很小的道观内。这里供奉着三位地位显赫的天神，分别为天官、地官和水官，所以也被称为三官殿。从这一点也可以看出此地信奉道教。道观内的宝塔檐口上翘，塔刹极为纤细，上有六重相轮。两座宝塔塔身上都有完整的拱券门，位置排列略有交替，上山县的宝塔在其余各面还设置了佛龛。

图 177 浙江绍兴府塔山寺遗迹——露出屋檐的六角塔。共七层，高 30 米，建于宋代。伯施曼拍摄。

图 178 浙江宁波府的六角天封塔。共七层，高 55 米，初步推测建于公元 250—700 年，屡毁屡修。参见 190 页，图 179。伯施曼拍摄。

图 179 在运河边眺望浙江宁波府的天封塔。伯施曼拍摄。

宁波、绍兴、台州

　　浙江和毗邻的江苏均为历史悠久、艺术文化繁荣之地，两省存在大量层级结构规律的层塔。可惜许多广为人知、极为出色的文物建筑几乎都损毁严重，例如文中将详细介绍的位于苏州和杭州的宝塔。在这些宝塔中，大多数案例塔身自下而上逐渐收拢，各层直径逐渐均匀地缩小。如果塔檐和斗拱完全消失，宝塔便会明显呈现为锥形，塔身有时会像很细长的圆柱或方尖柱。各层各面均设置了开口，交替排列，使宝塔整体看起来更加平整、均匀。

　　绍兴府位于杭州府东南部，公元前 500 年它便是吴越地区的首府。境内运河交织成网状，城市街道上行人如鲫，与邻近此处、地处平原的苏州一样，这里很早就是富饶之城，两座城市从吴越争霸之初就处于竞争态势。佛教最初传入中国无疑与这里有关，佛教很可能就兴起于杭州湾和长江三角洲。绍兴府城内三座砖制宝塔的建造时间已无从查证，但其中的大善寺宝塔很可能建于宋代，塔身纤细，各层开口和虚窗交替排列。如今这座宝塔已成废墟。塔身墙面和墙角上的细长洞口原本是为固定斗拱而设，如今斗拱也已同其余的木质结构一样，全然消失无踪。这座高30米的宝塔遗址为七层六面，与绍兴府的另外两座宝塔一致，关野贞在文中将其误写为八面。位于城市北部蕺山的宝塔如今只剩底层结构仍存于世。另外一座位于塔山、保存完好的宝塔将在其他章节，结合另外一些出色的范例进行讨论。

与绍兴府塔山寺宝塔废墟相似的还有宁波的天封塔，这座塔在历史上更加广为人知，经常出现在文献之中，并有着辉煌的历史传说。宁波是长江三角洲繁荣的港口城市，宝塔坐落在城市的东南部，靠近南门，是城中富有历史意义的标志性建筑，同时也是城市的文化古迹，四周风景如画。行人无论是走在日益衰败的运河小巷中还是热闹繁华的市井大道上，抬起头总能望见这座宝塔。它也是屡毁屡修的经典范例，以其悠久的历史和传说闻名于世。根据口口相传的故事，宝塔的起源可以追溯至3世纪，这一时期也是佛教在吴越地区兴起的时间。宝塔所在寺院与塔同名，根据天封寺的僧侣所言，宝塔是在南朝梁武帝时期建造的。第一次修缮应该是在唐朝初年。美魏茶和常盘大定根据史书上的记载，认为宝塔建于武则天时期，更确切地说是在万岁通天年间。这一时期也被称为万岁登封年间。宝塔在1010年改称现在的名字，1107年被摧毁，1221年依皇帝的命令彻底拆除，1285年重建，1326年又被摧毁，1330年由寺僧妙寿主持重建，1410年被闪电击毁三层，1411年再次进行了重修。1547年台风摧毁了塔刹，之后县令命人进行了修复。1621—1644年多次受损，1659年又进行重修。1731年当地官员通过募捐所得修缮了宝塔。美魏茶在1843年写下的文字中描述了宝塔损毁的状态，还断言其将在不久后完全坍塌。可如今宝塔不仅表面有所修缮，内部也已完全修复。历代的多方努力和有关宝塔的详尽记录证明了宝塔对这座城市及其历史的重要性，这或许也证明了它与中国佛教的起源有着古老的渊源。

图 180 浙江宁波府天童寺的六角镇蟒塔。共五层，高度未知，始建于公元 845 年，重建于宋代。见于《中国佛教史迹》，拍摄于 1918 年。

图 181 重建后的镇蟒塔。见于《中国佛教史迹》，拍摄于 1922 年。

图 182 江西庐山西林寺的六角宝塔。共七层，高 32 米，建于 1044 年，屡经修复。见于《中国佛教史迹》。

宝塔平面为六边形，高 55 米，塔身经铅垂线测量倾斜 1 米，底层与上方六层通过 150 级台阶的螺旋楼梯连接。塔身各面都有摩尔式的挑高拱券门洞，边缘抹白色灰泥。与长江下游的其他宝塔案例一样，游人可以登临宝塔凭栏远眺。如今仍能看见损毁的塔檐遗留下来的痕迹——木檐下曾有两朵补间铺作斗拱和两朵转角铺作斗拱，固定斗拱的洞口如今清晰可见。塔刹由一组沉重的宝珠组成。登临宝塔可看到周围的秀美风光，因此攀登的游人不断。从塔上放眼望去，视野中的景色令人震撼，美魏茶和在其之后到访此处的马伯乐都对此等辉煌景象给出了极为相似的描述。景致中一侧山脉连绵，另一侧岛屿湖泊璀璨别致。"当这座方尖柱点亮时，我曾在此逗留过一次，每个塔窗上都悬挂了一盏灯笼。一派隆重华丽的景象。"

宁波市以东约 25 公里、杭州湾以南、太白山中有许多佛教遗址和历史悠久的圣地，人们可以穿过一座美丽的山谷，然后到达著名的天童寺。寺庙中建有一座引人注目的宝塔——镇蟒塔。在公元 300 年，距现在的寺院不远处有一处佛教徒的聚居地，不过在公元 400 年左右被毁，直到公元 757 年，如今这座寺院才建成。宝塔建于寺院后面，由一名僧侣主持建造而成。传说他铲除了作恶的巨蟒，并将其焚烧，最终用宝塔将其镇压。这个故事颇有佛教神话色彩。这一事件发生在公元 841—847 年，也就是唐朝后期。在《中国佛教史迹》中有两张宝塔的图片，可以相互比较，极富启发性。一张是 1918 年所拍摄的宝塔废墟，根据关野贞的说法，宝塔应建于宋代，1920 年左右完全修葺一新，而第二张照片拍摄于 1922 年。

第一张照片上的宝塔废墟清晰地展现出宝塔曾经的造型，塔身笔直向上，共有五层，底层高大，上面四层高度相当，各层以双重檐分隔，墙身上有细长的开口，开口顶端为类似三叶草的形状，与下文中将介绍的台州宝塔十分相似。弧形角柱上的斗拱十分坚固，上面承托着平座，全部由砖块建成，两转角间的补间铺作带有浮雕。根据这些重要的细节，可以初步判断，宝塔建于唐代。重建后的宝塔更具有现代风格，造型朴实简洁，同时更强调了塔檐和墙角的设计感。由于需要加固宝塔的外部结构，原本古旧的出檐、斗拱连同浮雕全部消失，只剩下墙面上作为装饰的横向线条和角柱。人们又在顶端为宝塔加建了第六层，通过坚固的塔檐承托平座，游人便可以凭栏远眺。与原来相比，宝塔的各个建筑元素均有所变化。

这一案例可以引导我们思考这一问题，在修复宝塔时，到底应该在多大程度上

图 183 浙江台州府巾山的东塔。平面为八边形，共五层，高 24 米，建于 1165 年，1865 年进行了修缮。见于《中国佛教史迹》。

图 184 浙江台州府巾山的东塔、西塔和中塔。林普利特拍摄。

保留它原本的样式。如同其他许多地方一样，包括普陀山，当佛教刚刚在中国兴起时，战乱频发，时局动荡，但人们仍然会尽力修复古老的宝塔遗迹。人们在修缮宝塔时，并不总是将其完全恢复到之前的形态，而是根据时代变迁，将复杂的形式进行简化，使整体造型更加现代。

图 185　浙江台州府的八角千佛塔。共七层，高 21 米，塔身上贴着佛像砖，约建于 1130 年。林普利特拍摄。

　　此外，浙江还有另外两座宝塔。它们位于台州市内、宁波以南 120 公里处，南临灵江上游的巾山。这两座宝塔各自伫立在灵江江畔东西两座山峰之上①，均为六面五级砖塔。它们初建于南宋孝宗时期（1165 年），并在康熙年间进行了翻修，于同治年间（1865 年秋）再次进行了修缮。尽管修缮之后现代简洁的造型会让人联想到新的镇蟒塔，但总体上还是保留了最早期的形态，例如通过壁柱线条划分的墙面，不过开口下方的三层线条应当是新增加的。宝塔的开口为拱券式，用菱角牙子砖和叠涩砖砌出塔檐，上面覆盖砖瓦，冠有宝瓶状塔刹。塔身整体收分较小，设计简洁明快，朴实无华。根据关野贞所述，东塔底层边长 2.8 米，总高 24.5 米，在底层西侧有一个入口，内部有盘旋至塔顶的旋转楼梯。西塔与东塔的样式几乎相

---

① 灵江为东西走向，两座山峰位于江北。——译者注

同，但稍小一些，底层边长只有 2 米，没有任何入口，因此显得十分坚固结实。

在台州还有另外两座塔，其中一座为中塔，位于巾山的半山腰。照片中有这座宝塔的痕迹，却没有留下更多详细的记录。巾山中峰的山脚下还有一座塔，即千佛塔。据《中国佛教史迹》记载，它所在的寺院已经被毁，紧邻被毁的寺院入口处还有一座天宁塔。这座宝塔是一座七层的八角砖塔，底层边长为 3.6 米，总高 21.5 米。通过宝塔东侧入口可达塔梯。每层都有砖檐叠涩和平座，现在所有的木制构件都已消失了，只有砖结构得以保留下来。底层无檐，从第二层起，塔身墙面由壁柱划分为几个部分，各面中间有尖顶开口，两侧各有三排赤陶佛像浮雕，每排四块，两侧加起来一共 24 块。也就是说，这座六层八面的宝塔共有 1152 尊佛像浮雕，"千佛"之名便来源于此。这种贴着佛像砖的大型宝塔，在中国中部和南部实属罕见。根据史书记载，宝塔第二层有一块石碑，碑文表明宝塔重建于大德三年（1299 年），因此初建时间肯定更早。如果根据宝塔的类型判断，它可能始建于宋代，很有可能是南宋定都杭州的时期，也就是 1130 年左右。

江西

在江西省北部，我们的团队造访了位于长江流域鄱阳湖口著名的大孤山塔（即鞋山古塔）。这座宝塔在第一章中已经提及并进行了简短的介绍。这座宝塔建于1522—1567 年，后坍塌，并在清朝初年（1650 年左右）得到重建。此外，已经在本章中介绍过的杰作——能仁寺宝塔也位于江西北部。而江西最为秀美、俊朗的代表是著名的庐山西林寺宝塔，它伫立于鄱阳湖西岸，此处自古以来就是著名的佛教和道教圣地。《中国佛教史迹》曾对庐山层塔加以归类和描述，其中有一座建于 1084 年的宝塔、三座建于 1244 年的宝塔（位于东林寺内）和这座西林寺中的宝塔。宝塔为六角七层砖塔，根据一些古砖石上所刻的内容记载，宝塔初建于1044 年，1623—1643 年进行了翻修。塔身各层交替设置四扇拱券门或四座佛龛。檐下是三踩单昂斗拱，木结构组件如今几乎已无法分辨。

纵贯江西南北的赣江沿岸的许多宝塔已经在第一章中有所涉猎。所有被提及的位于南康、南昌、新干和吉安的宝塔都属于层塔，部分也可能带有外廊层塔的特征。位于江西赣州府的大型宝塔伫立在章水河畔，十分引人注目。正如魏格纳在1906 年所记录的那样，宝塔位于城市东南角约 3 公里处，九层塔身十分高大壮观，通体为白色。纽霍夫也曾在 1656 年赞扬过它。他对这座城市的美丽富饶赞叹不已，并写道："在城市的东面，有一座美丽精致的塔楼，塔刹雄伟，高耸入云，九层宝塔装饰华美，如图中所描绘的一样。登临宝塔，眼前景观分外秀丽，不仅整座城市尽收眼底，远处山野、四周乡村和水域也可窥探一番。宅院影壁排列整齐，建筑风格规整美观——其中官吏之宅尤为富丽，但府衙院落最为雄伟。"按照魏格纳所绘的地图，宝塔位于城市东南角，临城墙而建，下文中依里斯对宝塔的描述也证实了这一点。除此之外，魏格纳还记录道，在城市全景中，不止这座宝塔，还有一座高大的亭楼。魏格纳与纽霍夫一样，看到此情此景都非常兴奋，但他认为纽霍夫画作中两座塔楼的位置相互矛盾，并不正确。纽霍夫的作品其视角是从北向南，从长江口一直延伸到赣江，两座宝塔均位于右侧。

依里斯于 1816 年 12 月 2 日到达此地，写下了如下文字："我们通过城门后，

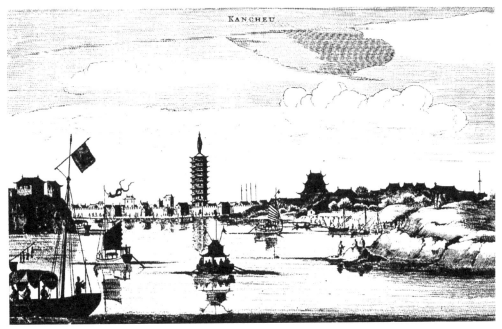

图 186 江西赣州府城市东南部的大型六角塔。共九层，高 70 米，建于 1522—1567 年。纽霍夫绘制。

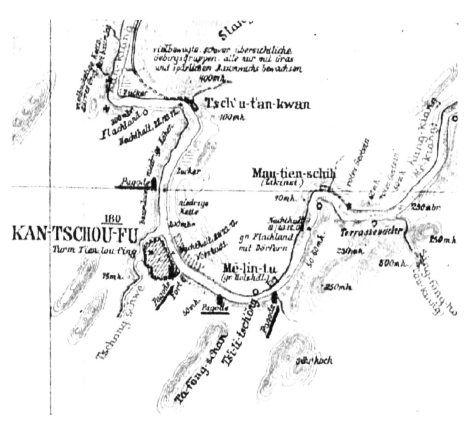

图 187 江西赣州府赣江支流章水沿岸的四座宝塔。魏格纳绘制。

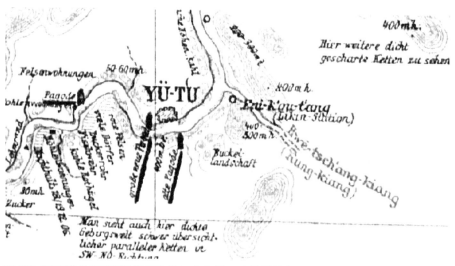

图 188 江西赣州府于都县赣江边的三座宝塔。魏格纳绘制。

将船只泊于章水以西,然后行至对岸。宝塔距城墙仅几米之遥,在同一形式的宝塔中,除了临清州的宝塔,这座宝塔便是我们旅途中最值得参观的一座了。它的外形为六面九层,相较之下,底层最为宽大,上方各层逐级缩小。塔面纹饰为深灰色,落于白色塔体之上,恰到好处。塔六面出檐,檐角施有陶瓷装饰。塔顶上方有一莲苞形铁塔刹,最顶端以细尖收尾。此塔始建于嘉靖年间,已有三百年的历史,但屡次经历重修。很显然,最近这座宝塔也被修缮过。"这里完全没有提及这座宝塔有外部回廊,所以我们将其划入标准的层塔之中。这座重要的宝塔值得被进一步仔细测绘和研究。魏格纳曾在他的旅行地图中绘制了赣州附近的三座宝塔,其中一座宝塔位于城市北部,距离城区约 3 公里,另外两座宝塔则伫立于东南方。三座宝塔均位于向东北方延伸的赣江左岸,从风水上看,它们作为一个整体,一同守护着这座城市。不过,如今我们已无从知晓它们当时的形态了。于都县位于赣州以东约 45 公里处,也有三座宝塔以同样的形式守护一方,其中有一座古塔已成废墟,高高地耸立在城市东南方赣江的另一边,从江面向东便可望见它。于都县新塔位于城市西南角城墙前面,再向西另有一座西塔。于都县新塔庄严壮丽,我们已在叠层塔那一节做过介绍。在江西最南端如此小的范围内就建造了如此众多杰出的宝塔,除了上面列出的案例,还有一座位于信丰县的大型宝塔。信丰县隶属于赣州府,地处信丰河的上游。信丰河流淌至赣州,在上文提到的赣州东南方的一座宝塔前方汇入赣江。根据徐家汇博物院的模型图片和细节来看,信丰县的大宝塔巍峨壮丽,高 49 米,带有些许级塔的特征,塔檐结构并不规则,但十级塔身结构清晰,塔层低矮。据说宝塔在公元 238—356 年,即东吴和晋朝时期,就已经进行过修缮,也就是说宝塔初建时间还要更为久远。这也使它成为中国最古老的宝塔之一。刚刚提到的公元 238 年是东吴赤乌[①]时期的开端,它也因佛教的历史和大量宝塔而为人熟知,因此信丰宝塔与这个时期有所关联也不足为怪。如果事实如此的话,即便它在今日只是一座庞大的废墟,只要前文所说的建造时间是准确的,那么便可以证明那时佛教正沿着广东—江西—长江流域这条主要驿道一路向北传播,或是沿着反向的路线自北向南传播。如果就这一点进行进一步的研究,一定能得出重要的结论。

① 赤乌是孙权的第四个年号,起止时间为公元 238—251 年。——译者注

安徽

现在让我们重新回到长江以北地区。除了我们已经熟知的浙江北部的精美灵动的宝塔外，还有一些庄严壮美的宝塔。自很早的时候起，伟岸壮观的大型宝塔就和较为玲珑轻盈的宝塔同时并存。安徽的两座伟岸的宝塔正是十分恰当的案例。太平府①位于长江东岸，一侧依傍山脉，其余多为平原，宝塔就伫立在平原之上，七层雄伟的塔身使这片一览无余的风景变得大不相同。在有关群塔的第八节中，我们将详细介绍太平府的三座宝塔，纽霍夫到访中国时也曾参观过这三座宝塔。同样在长江岸边，太平府南部不远处的芜湖县也有一座宝塔。芜湖县属贸易重镇，宝塔紧靠江岸，不仅可做航运灯塔，从风水学的角度来看也对城市有着积极的影响。

现存遗迹有七层，高 34 米，开口和壁龛上方均为拱券结构，各层交替排列。其间开有方形小口。塔身各层由宽大的双檐分隔，原本承托塔檐的斗拱和檐上的覆

---

① 太平府即今马鞍山市、芜湖市一带。——译者注

图 189 安徽太平府的宝塔。位于长江岸边，共七层，约建于明代。林普利特拍摄。

图 190　安徽芜湖县长江岸边的宝塔。参见图 191。法比希拍摄。

图 191　安徽芜湖县长江岸边的宝塔。
　　共七层，高 34 米，建于宋代。见于《波
　　恩的天主教传教之书》。

瓦如今已消失无踪。根据遗留下来的高大的棕灰色塔身，可以推测此塔建于宋代。它是这座城市的象征，但同时也完美展示了一座中国宝塔变为废墟后的命运。根据索格（Sorge）的说法："棕灰色的塔上已长出了金合欢树。几乎已经无人知晓通往宝塔的路径。人们穿行在狭窄的小巷中，却总是迷失方向。宝塔似乎近在眼前，可绕了一圈又一圈，却总是无法到达它脚下。中国的商人们紧挨着宝塔建造了商铺，如今只能从几座狭小院落的缝隙中窥探这座宏伟的建筑。宝塔曾经的入口，如今已被一位卖酒的商人占据，他在宝塔的门前砌起了一堵厚厚的墙。"

3. 浙江省杭州府和双塔：雷峰塔和保俶塔

南宋时期，古都临安（今杭州）西城墙的正前方便是闻名已久、誉满天下的美丽西湖，湖面水波荡漾，如同一幅徐徐展开的画卷。西湖沿岸分布着众多寺庙、庵堂、宫殿和园林，树林茂密，岩石重叠，湖岸蜿蜒曲折，移步换景。上述种种景致为西湖，还有这座美丽的城市带来一片生机，以及浓浓的宗教氛围。每一位游人都会情不自禁地称赞这般风景是人间奇迹。在对西湖和杭州赞不绝口的欧洲游客中，马可·波罗是最著名的一位，他将杭州称作"行在"，还洋洋洒洒写下了许多富有诗意的溢美之词。此外，弗里德里希·帕金斯基[①]也为我们留下了最新的记录，表达了他内心的情感。可惜对于中国文化的精髓，我们只能管中窥豹、加以揣测，但是读过书的中国人结合历史和文学的记忆，便可以在杭州感受到景色、宗教和艺术的完美融合。在这整幅画卷中，伫立在湖岸边的两座宝塔和山脉西侧的其他宝塔都起着至关重要的作用。而在这些宝塔中，尤以雷峰塔和保俶塔最为引人注目，也最为著名。

两座宝塔分别位于西湖南北两侧的两座山丘上，靠近西湖的东部源头，离城墙不远。它们像两根定海神针，为整座城市带来好的风水。两座宝塔之间的西湖，代

---

① 弗里德里希·帕金斯基（Friedrich Perzyński，1877—1965），德国汉学家，热衷于收集中国古代佛教造像，并于 1920 年出版了关于中国佛像研究的代表作《神佛在中国：中国行记》（Von Chinas Göttern:Reisen in China）。——译者注

表着这座城市的价值。西湖西侧的山脉及山中的圣迹既体现了自然之美，又是人们的精神归宿。不幸的是，现今两座宝塔只剩下残存的废墟。尽管如此，它们仍一直庇护着这块福地，直到最著名的雷峰塔于 1924 年 9 月完全倒塌。彼时，中国正处于危急的内战中，这一伟大的标志性建筑物的最终陨落似乎也恰好呼应着风雨飘摇的形势。人们认为，塔楼的坍塌预示着浙江督军卢永祥的战败，当时他正向他的对手江苏督军齐燮元发起进攻，最终他真的失败了。

就像这座城市和西湖一样，两座佛塔历经了沧海桑田，如今只剩一片废墟。尽管它们如今只留在人们的记忆中，却也无法掩盖它们曾经伟大、充满变迁的历史。奇怪的是，中国两个最辉煌的城市杭州和苏州都遭遇了同样的命运——它们引以为傲的宝塔都坍塌了。在苏州及其周边地区的众多宝塔中，只有北塔留存了下来，因为它与这座城市的风水息息相关。出于同样的原因，在杭州也只有钱塘江的六和塔被保存了下来。除了北塔之外，苏州周边地区的其他宝塔均受到严重损坏，尚未修复。

西湖双塔的命运也象征着该地区的繁华不再。在无所顾忌的军阀混战时期，许多中国人彻底地亵渎了西湖畔美丽的古迹及其周边的环境，在有些时候甚至直接摧毁了它们。杭州的城墙沿着西湖东岸延伸，如今已然倒塌，并且已经被一条现代街道所取代，这条路一直延伸到湖的深处，光线和噪声打破了古老的寂静。更糟的是，新建的高楼在中国古建筑中显得格格不入，而这些楼房即使按照欧洲审美标准来看，也非常丑陋。外国商人在诗人白居易于唐代建造的白堤上建造了冰冷的宫殿，而另一条由诗人苏东坡建造的从南向北连接湖岸的长长堤坝，不再通往宁静的园林和庙宇，而是通向轰鸣的现代工厂。不过，古老庙宇和宫殿的遗迹尚在，西部的山中也仍然布满了神圣的古迹。最重要的是，高峰和远处的宝塔依然挺立，遥远的东方还有著名的龙井茶山。我们无须沉浸在西湖过往的风采之中，因为时至今日西湖精彩依旧。这两座宝塔不仅与整体地貌的风水相辅相成，也因其独特的位置而闻名。南面巍峨的雷峰塔位于西湖的东南角，在引人注目的南屏山支脉上拔地而起，南屏山像是西湖的一面围墙，守卫着南岸。北面是纤细的保俶塔，位于宝石山的东北角。"宝石"之名出自一个传说，相传这珍贵的岩石是从天上掉落此处。在南屏山脚下还坐落着众多大大小小的寺院，比如夕照寺，它因山顶某处可见瑰丽的晚霞而得名；又比如净慈寺，它的南部是小小的万工池。宝石山上还有许多更小的庙庵、凉亭和石佛像。在宝石山的山脚下，还坐落着大佛寺。

忠懿王钱弘俶的宝塔

云林禅寺
下天竺

中天竺
上天竺

三座印度古寺

下天竺又名灵隐寺

保俶塔

城内一座有众多
庙宇的小山坡

雷峰塔

钱塘江

六和塔　　　　　　雷峰塔　　　　　钱塘江
（又名六合塔）

图 192 浙江首府杭州城的地图。西湖西部有小岛和两道堤坝，北侧堤坝为白居易于公元 822 年
所建的白堤，西侧堤坝为苏东坡于 1089 年左右所建的苏堤。沿岸矗立着两座巍峨的宝塔，它们
是这座城市的风水塔——威武的雷峰塔位于南侧一座小丘上，细长的保俶塔位于北侧山坡上。西
侧的山中有许多庙宇，包括四座著名的寺庙。西湖和杭州城的西南部是钱塘江畔的六和塔。参见
205—206 页，图 193—194。
根据一幅 64×61 厘米的中文地图绘制。东西长 9.7 公里，南北宽 9.3 公里。

雷峰塔

一座大岛

图 193 在城中那座密布庙宇的小丘之上向西眺望杭州城，可见城市、郊区、西湖，还有远处的山峦、庙宇。伯施曼拍摄。

宝石山上的保俶塔

两座小岛　　　有着数座庙宇的大岛 "小瀛洲"，
前方是水中三潭印月的美景

雷峰山上的雷峰塔

图 194 远眺西湖北岸。

城南庙宇连绵起伏

西湖南峰

图 195　远眺西湖东岸及杭州城。

图 196 从东侧眺望雷峰山上的雷峰塔。伯施曼拍摄。

图 197 浙江杭州府西湖岸边的雷峰
塔。共五层，遗迹高 50 米。建于公元
975 年，1924 年彻底倒塌。伯施曼拍
摄于 1909 年。

雷峰塔

雷峰塔建于宋朝开国皇帝太祖赵匡胤在位时期的开宝年间，可能是公元 975 年。[①]
吴越王钱弘俶在公元 947 年登基，并于公元 978 年自愿纳土归宋。宝塔最初被命
名为"黄妃塔"。后来因其所在山峰为雷峰山，便逐渐被人们称为"雷峰塔"。黄妃
塔原本计划建造十三层，由于资金不足，将其降至七层；后又因风水师警告层数过
高会破坏风水，便又降至五层。无疑，这一建议完全是出于美学标准的考虑，如宝
塔过高则会破坏整体景色。就这样，宝塔的高度被定为五层，高约 50 米，由砖砌
筑而成，至今仍清晰可辨，造价为 60000 美元。这座八角塔虽然早已成了一座废墟，
人们却仍能从中分辨出宝塔奇特的建筑形态。

　　之前，宝塔每一层的中间位置都有一间宽敞的佛堂，据说内部甚至还有回廊。
这表明，宝塔内部肯定曾有过一个巨大的核心支柱，可惜很久以前崩塌了。最终，
风从四面八方吹来，穿过空荡荡的中庭和半圆拱门，这些拱门上下整齐排列，嵌在
宽阔的墙体中。宝塔的每一层以巨大的双重塔檐分隔开，塔身表面八边形半壁柱和
水平的线条装饰使其更加灵动。每重塔檐均由双层平砖和倾斜的盖板构成。不过，
每重塔檐上似乎都曾有带有砖块的倾斜木檐，因为曾为安装木椽留下的孔洞和未经
加工的砖块随处可见。门拱的圆形部分仅通过挑出的砖块装饰。大面积的墙面，包
括一些建筑构件，都被浅浅地抹了一层灰泥，整体呈现出黄白掺杂的颜色。最顶端
是大型的塔冠，大部分抹灰墙面已自然脱落，砖块裸露，各处接缝日渐斑驳。幸好
当地气候还算温和，宝塔才得以长时间屹立不倒。但另一方面，宝塔也遭到了一些
人为破坏。雷峰塔因许多传说和神奇的故事而闻名于世，逐渐产生了这样的风俗——
人们敲下宝塔上的砖块或是小部件当作纪念品和护身符。特别是人们认为将砖屑撒
在田野中，便可以保证来年的收成。这导致宝塔底部的支柱被削弱，最终只剩下薄
弱的塔基来支撑上方巨大的塔身。为了避免宝塔倒塌，不久之前人们在底部建造了
护墙，刷上了白色的石灰浆，对塔基进行加固，而且特意将其建造得陡峭平滑，难

[①] 作者根据雷峰塔倒塌后发现的经卷上的文字，得出上述结论。另有说法认为，雷峰塔建于宋太宗赵
　　光义在位的太平兴国年间，即公元 977 年。——译者注

以攀爬。塔基的底边边长为 10.5 米，这是关于这座宝塔我们唯一能确定的尺寸。不过，植被还是在宝塔上肆意萌芽生长，并酿成了危险。最终，一切努力都化作乌有，在完成加固措施仅仅几年后，塔基还是崩坏了，沉重的塔身只能继续依托在这极细的"高跷"之上。

与雷峰塔有关的传说中，最著名的就是"白蛇传"。这个故事有着各种版本，在中国各地广为流传，同时作为戏剧主题，广受人们的喜爱。白蛇和青蛇是两只蛇妖，亦正亦邪，化身为人，生活在杭州地区。来自长江江畔镇江金山寺的佛教禅师法海驯服了她们，并将她们压在雷峰塔下。这一传说具有丰富的神话内涵、清晰而深刻的象征意义，这也是白蛇传在中国家喻户晓的原因。后来，在明代，白蛇、青蛇和法海的形象被雕刻成三根烟柱，自塔顶向天空伸展，象征着升华了的纯净灵魂。

关于宝塔，还有另一个传说。这个传说与两个大恶魔有关，他们生活在宝塔附近的地下，不断地发出响亮骇人的呼吸声，每个接触到恶魔毒气的人都会丧命。也许是因为人们依稀记得这里曾经有过火山活动，才会将雷峰山的名字、异常庞大的雷峰塔与不断呼出毒气的恶魔联系在一起。这种联想可能还与一种较少提及的说法有关，据说早在孔子时代，雷峰塔的地基上本就已经建有一座宝塔。在那座宝塔倒塌后，人们在地宫珍宝库中发现了舍利和经文，这些宝物的历史很可能可以追溯到宝塔初建之时。在砖块中还发现了大量空心砖块，里面装有陀罗尼[①]的经卷以及这样一段注释："在祥和安乐的乙亥年（即公元 975 年）八月的某一日，吴越王钱弘俶的一位权臣制作了 84000 部经卷，将它们放到西城门前的砖塔中，以此表达永恒的崇敬，并长久供奉。"收藏家们争相购买这些约 1 米长、0.40 米宽的古卷经文，84000 这个数字正好对应阿育王建造的 84000 座佛塔。后文中我们还将对这些佛塔进行深入、反复的研究。同样，与吴越王钱弘俶相关的内容也会在后文中持续出现。

---

① 梵语 dhāraṇī，意为总持、能持、能遮。指能令善法不散失，令恶法不起作用。——译者注

图 198 钱弘俶在西湖北岸的宝石山上建造的保俶塔。参见 206 页，图 194；212 页，图 199。伯施曼拍摄。

保俶塔

在如今的保俶塔所在的位置上，公元 1 世纪时可能已有一座宝塔屹立于此。然而，直到北宋开宝年间，保俶塔才由吴越王钱弘俶的大臣吴延爽在旧的塔基上建成。新塔共九层，和雷峰塔建造时间相近。相传，"保俶塔"这一名称来源于僧人"永保师叔"。失明的"永保师叔"曾对佛祖诚心起誓，又在建造宝塔时做出了巨大贡献，从而恢复了视力。关于塔名还有许多种说法。最常见的一种是，保俶塔是为保佑钱弘俶而建。由于年久失修，宝塔毁坏严重。直到元朝末年——元顺帝至正年间，宝塔彻底毁于一场起义中。后来，慧炬和尚重建了宝塔。因为有人指出，从风水的角度来说，原来的九层宝塔太高了，便将其改为七层。保俶塔的重建也遵循了雷峰塔的风格，以保持整体景观的和谐之美。此后，宝塔

图 199 西湖岸边的保俶塔。见于《中国佛教史迹》。

的命运仍经历了诸多变迁，成化年间宝塔被烧毁，弘治年间又被重建。之后，宝塔在一次雷雨中，被雷电彻底摧毁，到 1514 年再次被重建。嘉靖年间，保俶塔又一次被毁，但很快就在 1544 年由一位僧人和一位道士牵头进行重建。宝塔的造型延续至今，只是再次落入衰败毁坏的状态，巨大的塔身废墟突兀地耸立在西湖岸边。幸运的是顶部的精美塔刹仍留存至今。可惜的是，如何让宝塔恢复往日光彩，仍未得到解决。人们根据徐家汇博物院的宝塔模型而做的修复尝试并不令人满意，并不能展现出老照片上灵动飞檐的风采。关于宝塔不断损毁的中文记录中往往也只提到了顶端的飞檐。塔身的形态可以追溯到宋代，《中国佛教史迹》中的一张精美照片特别展现了这一点。宋代艺术的细节体现在方方面面，圆形的角柱、侧墙面的划分、通过赤陶浮雕得以重新分割的格子窗，都让宝塔全方位地焕发了活力，尤其两排飞檐更是点睛之笔。细长塔身的历史可以追溯到很久以前，高 40 米，当时人们还可以爬上宝塔的最下面几层。

4. 江苏苏州府宝塔

　　苏州是江苏的省会,它和浙江的省会杭州共享"上有天堂,下有苏杭"的美誉。在中国的众多大城市中,苏州因其深厚的历史和文化底蕴独树一帜。而苏州很可能是中国最古老的城市之一,今日的城市规划仍有着旧日的影子。著名的吴王阖闾(公子光)于公元前514—前496年在位。据说,作为吴国的旧都,苏州在公元前525年由阖闾的大臣伍员(伍子胥)奉命设计建造。如今的苏州仍然位于当时的旧址,并且很有可能还保持了最初的城市布局。根据记载,苏州的城市规划甚至有着某些象征意义。整座城市体现了天和地的关系,共拥有八个水门和八个陆门,它们按照八卦阵形排列,四方形的城墙明显象征着大地。苏州的地理位置也为它带来了非凡的风景。在城市周边宽阔的平原上,覆盖着无数密集的网状水道。城市的东南部散布着广阔的湖泊,而南部和西南部则毗邻太湖。在太湖与苏州城之间,从平原上拔地而起的连绵山脉和小山丘环绕着城市的西部。这样的景观壮阔瑰丽,中国人将那些山脉与风水思想联系起来也就不足为奇了。当宝塔这种建筑形式传入中国后,人们便自然而然地在山上建造了佛塔,而宝塔也极好地融入了城市与山水之中。这里有无数的历史记忆和文物古迹,有山峰、寺庙和洞穴,有神圣的池水、铭文、树木、丛林和岩壁。山上伫立的三座宝塔已将其神圣的影响扩大到了城市中,并与其他宗教建筑和公共设施相得益彰,尤其是城市中的四座宝塔。由于数量众多,地理位置优越,这些宝塔至今仍是苏州的骄傲和风景。虽然在太平天国起义时期,这些宝塔都受到了非常严重的破坏,不过就算它们只剩一片废墟,也依然是苏州的名片。其中的大多数已经很老旧了,甚至可能是中国已知的最古老的宝塔。保存完好的北塔是一座外廊层塔,我们在下一节将着重针对此类宝塔进行研究,其余六座宝塔均属于层塔。更早之前,这种宝塔形式就已出现在中国中部,它们有着独树一帜的风格,甚至能给整座城市和周边的山水赋予浓墨重彩的艺术气息。

苏州虎丘云岩寺塔

虎丘是一座面积不大的小山，在苏州西北部，距城区约一小时路程，不过人们在宽阔的平原上远远地就能看见它。有一条运河和一条步道径直通向虎丘。这座小山和它的每一部分，比如岩石、泉水、池塘、陵墓以及文物古迹，都有着深厚的历史底蕴。人们通过建造佛塔将此处神圣化了，虎丘长期以来都是著名的宗教圣地，也是为整座城市带来好风水的关键之一。在这一点上，只有灵岩山可以与之相提并论。

虎丘第一次在历史记录中出现，是因为吴王阖闾埋葬于此。阖闾去世于公元前496年，人们将开挖运河的土堆成了一个巨大的土坡，逐渐形成了现在的小山。在彭亚伯（Albcrt Tschepe）的记录中，没有写明墓葬具体的位置在哪里，大概是由于他所阅读的苏州地方志中并没有详细的记录，墓葬很可能就在虎丘附近的平原地带。当然，这并不是说虎丘和其中的大型建筑，特别是宝塔，是完全依靠人工用土堆起来的，其实虎丘有很大一部分是自然形成的岩石。虎丘的名字起源于一个传说，据说在阖闾下葬之后，有一只白虎在此出现，保护着他的坟墓、这条山脉、这座城池，还有整个吴国。毋庸置疑，这个传说更像一个神话，不过虎丘位于苏州的西北部，正是白虎所代表的方位。相传，残暴且不考虑后果的秦始皇为了获得阖闾遗留下来的两把著名的宝剑，曾南下寻访阖闾的陵墓，还与白虎发生了打斗。白虎向他嘶吼，秦始皇尝试用剑刺杀白虎，却始终没有刺中。显然这只是一个具有象征意义的传说，秦始皇也并没有找到宝剑。也有人认为共有三把宝剑，它们都是古老王国——吴国强盛的象征。这一传说让虎丘充满了传奇色彩，却也错误地将虎丘与阖闾的儿子、吴国的最后一任君王夫差联系在了一起。虎丘寺内有一座备受赞誉的虎丘剑池。关于剑池我听说了这样一个带有传奇色彩的故事：夫差命人开凿剑池，并在池水中淬炼两把双锋宝剑——莫邪剑和鱼肠剑。宝剑一直没有锻造成功，直到铁匠将两个儿子献祭、投入熔炉，才终于造出了完美的宝剑。不论白天黑夜，夫差总是随身佩戴着两把宝剑。当危险来临时，宝剑会自动发出声响，提醒君王。后来，越王勾践消灭了吴国，吴王夫差自杀，宝剑也落到了勾践的手中。整个传说有着明确的象征意义，这段历史使虎丘山成为著名的江南圣地，苏州的美名也因此发扬光大。在佛教

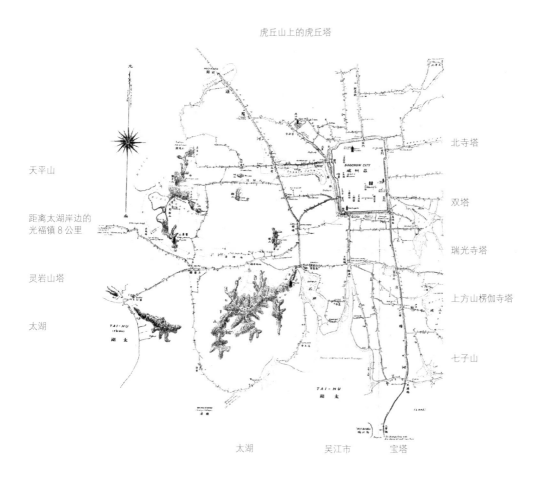

虎丘山上的虎丘塔

天平山

距离太湖岸边的
光福镇8公里

灵岩山塔

太湖

太湖　　　吴江市　　宝塔

北寺塔

双塔

瑞光寺塔

上方山楞伽寺塔

七子山

图200　江苏苏州府的地图。苏州位于太湖岸边，水网密布。苏州城宽3.7公里，长5.3公里，公元前525年建城。城内有四座宝塔以及所谓的墨塔。此外，在西部连绵的山脊上还有三座宝塔。法比希和伯施曼绘制。

世界中，虎丘也很早就拥有了重要的意义。东晋初年，献穆公司徒王珣及其弟司空王珉分别建宅于虎丘，同时还建造了祠堂和一座著名的戏台。咸和二年（公元327年），两人均舍宅为寺①。寺院的建立者道一是僧人竺法汰最早的弟子。虎丘还有一处点头石，背后有一则这样的故事。建寺之初的一天，竺法汰的另一位弟子——竺

① 即东寺、西寺。——译者注

图 201 从虎丘山远眺。虎丘位于苏州西北，山上有一座虎丘塔，可眺望城市西部的天平山以及灵岩山。伯施曼拍摄。

道生 ① 正在宣讲经书。他讲得十分贴切，深入浅出，完全道出了佛经精髓之处，以至于岩石也仿佛听懂了似的点了点头。时至今日，点头石仍然伫立在寺前池塘旁的旧址上，上面有几个大字，记录着生公宣讲经书的功德。这使人联想到山东灵岩寺的点头石和东晋的高僧朗公，那里也有着类似的故事。朗公于公元 351 年在那里宣讲经书，也同样得到了岩石的点头赞同 ②。南朝梁时期，虎丘山上的老旧寺庙被扩建。随后，人们又在山上修建了宝塔，使整座山变得更加神圣。这座宝塔恰好位于之前那座戏台的旧址上，在现今寺庙建筑群的尽头，也就是虎丘山的最高处。

　　虎丘山上的大佛塔最初由隋文帝杨坚建造于仁寿年间。杨坚命人在中国各地同时建造宝塔，均用于供奉舍利，虎丘的这座宝塔就属于其中最重要的一座。我在文中已多次提及这些宝塔，对于建筑史和宗教史而言，这些宝塔都有着重要的意义。

---

① 东晋著名高僧。——译者注
② 所以被称作"灵岩"。——译者注

图 202　从苏州西南的上方山远眺。山上有一座宝塔，可眺望东部的太湖。参见 223 页，图 208。
伯施曼拍摄。

图 203　苏州附近的虎丘山。山上有云岩寺的残垣断壁及倾斜的虎丘塔。参见 216 页，图 201；220 页，
图 204。施特措达拍摄。

笔者也十分希望能根据详尽的拍摄资料和其他重要的文献记载，来进一步研究这些出色的文物建筑。

在宝塔的建造和落成大典上发生了许多奇事。在挖掘塔基时，人们发现了许多珍宝，其中还有一座镀银的佛像。这座镀银佛像很可能被安放在一个黏土烧制的容器内，然后与其他珍宝一起被埋藏于塔基中。当皇帝送来的舍利子到达时，大概是出于对舍利子和奉命前来转交舍利子的高僧的敬畏，周围的溪水叮咚作响地流淌了两天。在落成典礼上，山上还涌出了一股新的泉水，雷声大作，天降甘霖，好像佛祖亲临人间。太阳逐渐变暗，随后又再次射出两道耀眼的光芒。就这样，寺庙迎来了属于它的第一个鼎盛时期。

在那之后，寺庙和宝塔在频繁的政治动荡中经历了十分曲折的命运，而苏州地区长久以来也处在风雨飘摇中。在宋朝建立之前的混乱时期，也就是公元960年之前，寺庙和宝塔被毁。于是，宋朝开国皇帝下令重建，但直到宋仁宗（赵祯）时期，寺院和宝塔才再次重焕光彩，自此经历了第二个鼎盛时期。但根据《中国佛教史迹》中的记录，重建寺庙和宝塔的时间为1077—1136年间。在元朝灭亡前不久，元顺帝也注意到了此处。后来，明朝的皇帝们也对寺庙和宝塔的修缮十分关心，这座寺庙和这里的宝塔一定对他们有着特殊的含义。明朝开国皇帝朱元璋在称帝前，就曾率军驻扎在虎丘，从这里围攻苏州，用了将近一年时间才拿下这座城池。在1380年的一场大火后，明成祖朱棣命人开始整修寺庙和宝塔，可惜工程在1430年的第二次大火后被迫中断。自此之后，各方力量都想尽办法继续这项工程。为此，明英宗朱祁镇在他第一次在位时期就动用了大量的人力，同时也耗费了巨资。工程从1437年的春天一直持续到1438年秋天。落成典礼上，又发生了众多奇事。当这座精美的宝塔落成时，有一大群仙鹤飞过塔顶，这预示着上天赐福宝塔。此后，人们便在寺中悉心供养仙鹤。自此，寺院进入了第三个鼎盛时期。在那之后的几个世纪中，寺庙和宝塔又经历了数次小规模火灾的侵袭，也数次被重建。帝王们常到访虎丘，游览宝塔，明英宗、明神宗、康熙皇帝和乾隆皇帝都曾到过此处并亲赐墨宝。他们不仅派人将墨宝刻成碑文，还将许多佛教经文赠予寺院，并且告诉僧人们如何妥善保存、使用这些书籍，若是有何不妥之处，便将受到惩罚。不幸的是，太平天国起义时，寺庙毁于战乱，只留下了那座宝塔。直到近几十年，寺庙中的一些建筑才得以重建。

　　尽管遭到了严重破坏，宝塔如今的形态仍能给人留下深刻的印象，各类细节都经过精心设计、装饰。整座宝塔倾斜得很严重，八边形的塔身向上逐渐变细。在宝塔的内芯和外墙之间，台阶依次盘旋而上。宝塔的外轮廓类似阶梯状，层级之间划分清晰，结构规律。每一层塔身都有八个门洞，相互之间通过双重塔檐隔开，双重塔檐下方有精美的斗拱支撑。下方的飞檐上覆盖瓦片，上方的飞檐则位于每层的洞口下方，围绕塔身，形似宽阔的窗台。塔身之上没有设置回廊。苏州所有的层塔以及长江流域和浙江地区其他众多宝塔都有这种双重檐的设计。塔身墙体外围的边缘都装饰了圆柱。这座宝塔的基本轮廓也许还有着隋朝时期初建时的影子，但是结构和细节都延续自 1100 年左右新建时期，也就是宋朝的鼎盛时期，或是延续自 1438 年翻新修葺时期。塔身结构中砖块垒叠的纹路绝大部分尚清晰可见，但部分墙面和横线条装饰都涂上了白色的石膏。拱形的门洞被做成了三叶草的形状。飞檐十分具有张力，使宝塔显得生动而有韵律，并与坚固的墙体互相呼应。

　　在宝塔的下方，点头石所在的池塘边，有一座小石亭。石亭的前方伫立着一座结构精美、建于公元 958 年的八面经幢。不远处还有另一座经幢，形似一座小型的方形宝塔。石碑和岩石上刻有铭文和图画，进一步凸显了这处古老遗址的神圣韵味。

苏州灵岩山宝塔

　　距苏州以西约三个小时路程处，绵延着一段南北走向、层次分明、高约 180 米的丘陵。丘陵各个部分的名称虽有所不同，但都风景秀丽，随处可见寺院、陵墓等古迹，有着深厚的历史底蕴。丘陵的东麓面积最大，名为天平山，山中有一座白云寺，建于公元 826 年。寺旁有一座经幢，结构形似宝塔，上面刻有"白云塔"三个字。在天平山山脊西南方不远处，经过约一小时的路程，便是灵岩山。它位于整片丘陵的南部，也是其中最为著名、最为秀丽的山峰。它的名字"灵岩"往往使人联想到山东长清县那座著名的寺庙——灵岩寺，还有那座与其同名的宝塔。

图 204　苏州府的虎丘塔。共七层，高约 45 米。始建
于公元 605 年，重建于 1100 年，于 1438 年进行了翻新。
参见 217 页，图 203。见于《波恩的天主教传教之书》。

图 205　虎丘塔的局部。其历史可追溯
至 1100 年。见于《中国佛教史迹》。

图 206 虎丘山山顶上的圣迹。位于宝塔脚下。参见 217 页，图 203。伯施曼拍摄。

图 207 苏州城西部灵岩山灵岩寺中的宝塔。原本有九层，高约 30 米，建于公元 978 年。伯施曼拍摄。

为了区分这两座山，苏州附近的那座被称为吴灵岩山。这得名于古老的帝国吴国，时至今日，长江下游的整个南部地区仍被称作吴地。山上还有吴王阖闾和夫差的夏宫。据《中国佛教史迹》记载，山中的寺庙叫崇报禅寺。山顶处有一座宝塔，被人们称作"砖塔"，可惜如今已成了一片废墟。根据宋代一名孙姓学者的记录，这座宝塔建于公元 978 年，也就是宋朝太平兴国年间，高九层，76 天就建成了。孙承佑（Sun Tschen Yin）建造这座塔是为了纪念他的姐姐——吴越王妃。一百年后，即 1078—1085 年间，崇报禅寺更名为秀峰寺。1600 年，由于一场雷击，宝塔上所有的木制构件均被烧毁。如今，宝塔只剩下八层完整的结构，塔身每一面均有开口，塔顶有一尖锥形结构，也许替代了之前被破坏的最顶层。宝塔最上方的六层呈明显的阶梯状。宝塔的内芯和楼梯都已消失不见，内部空间像是一个完全空心的圆柱。

苏州上方山宝塔

苏州西南约 1.5 小时车程处坐落着七子山，它被太湖伸展出的双翼所包围。其东北方向的一座山峰名为"上方山"，山顶上有一座已经完全被毁的寺庙，寺中伫立着一座宝塔。上方山上的这座宝塔与虎丘塔和灵岩寺塔是整座城市宏大风水系统中的重要元素。就像苏州附近其他的山峰一样，从这里你也可以极目远眺，欣赏广阔的平原、密布的水网，以及湖泊、山脉和城市，景色都蔚为壮观。大概只有从虎丘山欣赏的景色可以超越这里，因为在虎丘山，人们可以环顾四周，欣赏城市全景。

上方山的宝塔与虎丘塔几乎在同一时期建造，也就是公元 608 年，即隋文帝杨坚的继任者——隋炀帝杨广在位时期。我认为，如今这座宝塔已不是最初建造的那一座。最早的那座宝塔属于隋文帝仁寿年间所建造的著名宝塔群，这一塔群的外观几乎都非常庞大、粗笨，而如今的上方山宝塔的形态却十分纤细精致，可惜我们没能找到更详细的记录。根据现存的这座宝塔的结构推测，它应为宋塔，不过在宋代之后，甚至在近代，进行了多次重建和修葺。

宝塔塔身向上逐渐收拢，共七层，最下方为基座。上方的五层以双重飞檐进行

图 208 苏州府上方山的佛塔。共六层，高约 25 米。始建于公元 608 年，如今的宝塔应是建于宋代之后。参见 217 页，图 202。施特措达拍摄。

图 209 江苏松江府的佘山塔。共七层，高 29 米，建于宋代。伯施曼拍摄。

分隔，这些双重飞檐的下部结构十分丰富。斗拱从塔身的角落和墙面中间伸出，支撑下方的一重飞檐，斗拱之下刻有浅浅的浮雕。围绕塔身的飞檐向上翘起，形似大花环。上方的一重飞檐同样围绕着塔身，精致无比，向外凸出，在交错排列的窗洞下方形成窗台。塔身的每一面都通过凸起的竖向线条划分为多个区域。整座宝塔结构规则，不过就像苏州周边的其他宝塔一样，各类装饰线条为它带来了灵气。最上方是窄帐篷状的塔顶，上面有一根高耸的刹杆，刹杆上装饰有相轮、伞盖和宝珠。上方山的这座宝塔似乎仿照四川纳溪县的那座宝塔而建，那座宝塔也是按照七层设计，并且也拥有较高的基座层，且上方的五层结构相同，轮廓也与上方山的宝塔类似，只是围绕塔顶的飞檐上翘的弧度不大。

苏州瑞光寺宝塔

在城市的西南部，距离盘门不远处，有一座高约 50 米的八角塔，共有七层。它是苏州最古老的宝塔，也是中国最古老的宝塔之一。据说宝塔始建于公元 241 年。文献资料中标明了具体的年份，所以毫无疑问，在这个位置当时肯定已有一座宝塔。只不过，最初的宝塔有十三层，而不是今天的七层。根据苏州府志中的记录，如今这座瑞光寺宝塔的历史可以追溯到宋徽宗赵佶宣和年间，显然是在被毁的旧塔基础上重新建造的。文献中记载道：宝塔位于开元寺的南部。东吴赤乌四年（公元 241 年），孙权为了感谢母恩，建造了这座十三层的舍利塔。来自西域粟特国[①]的和尚性康就住在那里的普济禅院。唐昭宗天复二年，即公元 902 年，僧人智明和琮远重修了宝塔，宝塔散发出彩色的光芒。皇帝赏赐了一块黄铜碑，命人安放在塔顶上。北宋元丰二年（1079 年），宋神宗赵顼在这里郑重地讲道，宝塔再次发出光芒。当时共出现了四种祥瑞：一只白龟认真地倾听布道，达摩的转经筒自己发出了声音，绿竹出于欣喜缠绕在一起，宝塔散发出光芒，因此宝塔也被命名为四瑞堂。北宋崇宁四年（1105 年），皇帝下旨重新修葺宝塔。天空中再次映射出五种颜色，

---

① 西域古国之一。——译者注

宝塔也被命名为天宁塔。北宋宣和年间，人们筹集资金，在此处建造了一座七层的宝塔。明朝天启三年（1623年），僧人圆净在四瑞堂的旧塔基上建造了一座七佛阁。当柱子刚刚被立起时，光芒再次出现。王珙写下一文，将这里称作"天眼"。后来，宝塔也时常发出瑞光。每到夜间，舍利塔的灯点亮时，苏州太湖附近的渔民就什么也捕不到了。太湖距宝塔有三十里之遥。根据中国人的解释，被点亮的宝塔倒映在湖水中，鱼类便会远离此处，也不会进入网中。这一理论并不令人十分信服，因为两者距离15公里，十分遥远。不过，这也算是一种佛教思想的体现，宝塔被点亮可以保护众生，避免杀生。

本文开篇提到的开元寺建于梁武帝时期，位于宝塔以北，如今几乎已成一片废墟。唯一留存下来的、保存尚且完好的是一座庞大的两层大殿，即所谓的无梁殿，中国各地都有此类建筑。这座无梁殿可能建于明朝万历二十九年（1601年），当时人们正在对寺庙进行最后一次修缮工程，并且将此殿用作收藏佛教经书的藏书馆。瑞光寺塔正位于大殿中轴线的正南方。除了最下方的基座，宝塔的上方还有六层。基座上方的飞檐已完全消失。塔身的六层中，下方的两层各有八个门洞，上方的四层各有四个门洞，各层的门洞交错排列。每一层塔身均为八边形，每面墙上都装饰了壁柱和额枋，上方有浅浅的浮雕，墙身全部都被涂成了白色。每层的双重飞檐损坏严重，下面有两层精致的斗拱，下方的飞檐有瓦片覆盖，上方的形似窗台，与苏州其他宝塔的飞檐形式相似。塔顶为伞形，檐角向上高高翘起，屋脊弯曲，最顶端有一颗宝珠。

据传说，宝塔对一位巡抚的命运也产生了重要影响。过去，从衙门向外望去，便可看见宝塔的全貌。19世纪末，一场台风摧毁了宝塔的刹杆，一位巡抚为替生病的母亲祈福，便下令修缮宝塔。可惜他筹措的资金很快耗尽，承包方终止了工程。不久，巡抚的母亲去世了，伤心欲绝的巡抚不仅损失了大量财产，还被迫告老还乡。这可能就是杜步西 [①] 文中所提到过的大规模修缮工程，发生在1880年，耗费了五万两白银，最终却没能完成。

———————————

[①] 杜步西（Hampden Coit Du Bose，1845—1910），美国传教士，曾在苏州传教38年。——译者注

苏州双塔

在苏州东部偏南的地区，靠近城墙处，有两座完全相同的、并排伫立的宝塔[①]，位于一片废墟中，杂草丛生。尽管它们的塔檐受损，但其他部分保存良好，尤其刹杆仍然清晰可见。可惜双塔所属的寺庙已消失无踪。

根据庄延龄[②]的记录和《中国佛教史迹》中的记载，我们可以还原这样一段历史。般若寺始建于唐朝末期，双塔由王文罕建于宋太宗雍熙年间，但似乎在宋神宗赵顼熙宁年间进行了重建。在此之后它们又经历了多次修葺，最近的一次是在 1822 年。

双塔是苏州市内最小的宝塔，两者外观几乎完全相同。除了低矮的底层之外，上方还有六层，塔身呈阶梯状，向上收拢，顶端有一根高高的刹杆，上面有环状装饰，圆环向上逐渐变小。刹杆的顶端有一个稍大些的悬浮状的圆环，上面另有一个精致的尖顶。这是此类相轮的绝佳案例。与苏州的其他宝塔一样，塔身上方的飞檐也为双层，下方的一层由斗拱支撑，上方的一层形式简单，同时也是洞口的窗台。只有底层是双重檐，却没有翘起的飞檐。塔身每一层的高度都很低，使得整座宝塔看起来更像是一座叠层塔。每一层或有四扇凸出的圆拱形券门，或有四扇矩形的虚门，其中装饰了花窗或碑文。两种门洞交替出现。墙面被扁平的框架分隔成若干部分，角落装饰着圆柱。

在文化底蕴深厚的苏州，这两座引人注目的双子塔自然一再被文人墨客们当作好风水的象征。据说，它们一直对周边城市举行的科举考试有积极作用。人们还尝试将这种积极影响不断地扩大。风水先生认为，由于科举考场紧邻双塔，属白虎，白虎主掌西方，太过强势，因此必须用更高的建筑来平衡，以便让主掌东方的青龙发挥自己的影响力。这就是文昌阁建在东方离城墙很近的地方的原因。文昌阁同时也是苏州城的钟楼。它始建于 1589 年，并在康熙年间进行了大修。显然是文

---

① 一座叫舍利塔，另一座叫功德塔。——译者注

② 庄延龄（Edward Harper Parker，1849—1926），又译爱德华·哈珀·帕克，英国汉学家，1869—1894 年来华，曾在北京、天津、汉口、广州等地的使领馆供职，并担任过上海、福州等地的领事。著有《蒙古游记》等。——译者注

人墨客推动了文昌阁的建造，以便平衡双塔的风水。因为在古代，文昌阁供奉魁星，他是中国文人的守护神。此外，人们还将这些建筑与文学联系在一起。人们将双塔比作毛笔，毛笔缺少砚石，而文昌阁的形态方正、坚固，材质也偏暗，恰似一块砚石，所以人们也将文昌阁称为墨塔。在关于魁星风水塔的文章中，我们会更加详尽地研究它。至于双塔，人们经常编一些这样的小故事，因为双塔非凡的造型激发了中国人的想象力，也衍生、创造出了许多传说和故事。将建筑形态与书写工具联系在一起，也在其他地方出现过，湖南和湖北两省的一些孔庙牌楼的立柱有意地被建造成毛笔形。因此，双塔不仅与佛教世界有关，还受到了中国风水学的影响。苏州的其他所有宝塔也是一样。苏州共有八座塔楼——七座佛塔和一座文昌阁，其中最大、最重要的北塔也同样受中国古代思想的影响，这座外廊层塔将在后文中作详细介绍。

不论是从形态还是风格上，松江府的两座宝塔看起来都应被归于苏州的宝塔中。松江府位于苏州和上海之间，宝塔位于上海市西南部的佘山上，现在那里建有一座天文台。据说，宝塔的历史可以追溯到宋代，其中一座在 1914 年左右完全成了废墟，高约 21 米，如今已完全消失。而另一座如今尚存于世，尽管也遭到了严重破坏，但结构仍然完整，顶部有精致的刹杆，上面装饰了圆环和倒扣的露盘。塔高 29 米，共有七层，塔身上交错排列着门洞，每层均有斗拱飞檐。就外观设计而言，它可能与苏州上方山上的宝塔最为相似，不过从比例上来看，它要精巧得多。但是，塔檐和一些较长的椽木残骸则更接近苏州瑞光寺塔的样式。

5. 浙江、江苏及湖北的六大宝塔杰作

到目前为止，我们介绍过的长江三角洲地区的层塔均令人印象深刻，地理位置优越，历史意义重大，但它们几乎都已成为废墟，以至于几乎无法辨认其原本的形态，或是一些特别的设计，更无法从美学角度来评估它们的价值。下文中挑出了一系列与它们相似的宝塔，这些宝塔或早或晚都进行过翻新，所以原本的结构尚且保存完

图 210　苏州城东部的双塔。参见图 212。伯施曼拍摄。

图 211　苏州府西南部的瑞光寺塔。共七层，高 50 米。始建于公元 241 年，如今的这座宝塔建于 1126 年。伯施曼拍摄。

图 212　苏州的双塔。共七层，高约 25 米。始建于公元 985 年，重建于 1070 年左右。参见图 210。见于《中国佛教史迹》。

好，美丽的外形十分引人注目。这些宝塔仍然是长江下游地区，直至浙江的宝塔建筑群中的亮点。从某种意义上说，它们与钱塘江上游保存完好的宝塔交相呼应。所以从这里开始，我们将详细研究中国中部的层塔。所有的这些宝塔都极其均衡，结构和细节极其和谐，极佳地融入了景观中，建造技术炉火纯青。除了天台山中那座纤细、独特的九层宝塔外，其他的宝塔大都有一层与众不同的基座，上方还有六层塔身，每一面都开有洞口，其中一些会被虚门替代，或另外加上虚门作为装饰。这是一种极其华丽的形式。

在很久以前，台州北面的著名圣山天台山的国清寺中就有一座大砖塔，位于南门旁。奇怪的是，除了大砖塔之外，这个地区的宝塔并不多，只有某座寺庙中还有两排稍小的宝塔，每排七座，另外在赤城山的山顶上还有一座方形的级塔。天台山算是浙江最古老的圣地之一，其历史可以追溯到 4 世纪中叶，当时除了古老的道教以外，佛教也开始逐渐传入此地。有一些名人曾到访此地，其中包括画家顾恺之，他在公元 400 年左右来访，不过最重要的一位是僧人智凯。智凯见证了梁武帝时期佛教在长江下游地区极速传播的盛况，后来在天台山建立了佛学院，并建立了十二座寺院。然而，时至今日只有一座仍传承着他的衣钵。而佛教以及天台宗在天台山的兴起，直至隋文帝杨坚仁寿年间才达到了高潮。如前文所述，这一时期，隋文帝命人在全国各地建造了许多舍利塔。根据我们现在了解到的信息，国清寺宝塔初建于隋炀帝杨广大业年间，那么它显然与其父亲隋文帝下令建造的重要宝塔群有着直接的联系。据说，隋炀帝亲自安排司马王弘为智者大师建造一座宝塔，该塔也因大师而得名。至于这座宝塔是为了纪念大师而建，还是作为大师的舍利塔而建，目前尚没有明确的说法。智者大师的墓塔实际上位于天台山中的其他寺庙内。[①] 但是，这座九层宝塔形态十分纤细，还有一些建筑细节也几乎可以断定，这一定不是最初建造的那一座了。宝塔如今的形态应是源于宋代，因为它与其他著名的宋塔有着不少相似之处。宝塔位于寺庙大门东南方 500 米处，平面为六边形。据《中国佛教史迹》记载，宝塔底部的直径为 9.3 米，高度可观，为 230 尺。在塔身底层，

---

① 相传智者大师于隋朝开皇十七年（公元 597 年）逝世于新昌大佛寺，后移葬于浙江天台山真觉寺中。——译者注

墙面外侧嵌有四座佛龛，尺寸为 1.3 米 ×0.9 米。中央是一座六边形的佛堂，直径却只有 3 米，一条通道联通内外。宝塔中似乎没有可以向上攀爬的楼梯，上方的八层塔身都开有门洞，不过现在有一些已被砖块封住了。整座建筑物完全由砖块垒砌而成，每一层塔身都很高，每向上一层，塔身的直径都略微变小一些，高度也会下降一些。因为木质飞檐已完全消失，砖制斗拱也全部被毁，所以整座宝塔看起来像是一座方尖塔，让人不禁联想到了西亚的塔柱。无论如何，人们还是能从福兰阁的照片中看出，每一层塔身的墙面并非像那本日本文献中所描绘的那样是倾斜的，而应当是垂直的。正因如此，我们可以断定，其他的一些宝塔尽管轮廓看起来是锥形的，但是每一层的墙身也应是垂直的。在大砖塔保存完好的情况下，外观看起来一定与现在截然不同，类似后文中将要介绍的宁波附近的阿育王寺中的宝塔。每层塔身都被飞檐环绕，下面有双层斗拱。在各层飞檐上方，也就是塔身各面所开洞口的下方，均有一圈镶边横线条装饰。关野贞在书中提到的外廊，或是护栏，是肯定没有建造过的，不论是宝塔整体的结构还是纤细的外形都与外廊并不匹配。大砖塔与隋文帝时期杰出的宝塔群中的其他宝塔造型相似，双重檐均由一层飞檐及一圈镶边横线条组成，底层只有两圈横线条装饰。塔身墙面被凸起的竖线条分隔成数个区域，在塔角和门洞旁均有三叶草形状的装饰。宝塔的整体结构展现出了卓越的建筑工艺和技术。

想要了解此类已成废墟的宝塔最原始的外观设计，可以研究宁波以东阿育王寺中的宝塔。阿育王寺位于古老的佛教圣地阿育王山中，距离海边并不远。寺庙的历史可以追溯到公元 390 年，当时高僧刘萨何 [①]（法名惠达、慧达）与其他僧人一同定居此处，传播佛法。他们在那里发现了一座著名的舍利塔，其中供奉着阿育王的舍利。于是他们便将舍利转移到寺庙中，主殿从此被称为舍利殿。然而，据传说，阿育王寺于公元 405 年才建成，当时已经是东晋义熙元年了。当初那座寺庙的原址距离现在的地址约三公里，就在一个山谷中，正是刘萨何发现了舍利的位置，现在此处还建有一座纪念佛塔。文献中记录的建寺时间为公元 405 年，或是僧侣达摩密特拉（Dharmamitra）所说的公元 424—442 年，这可能是寺庙重

---

① 其名称在不同的文献中有多种写法，亦称"刘萨诃""刘萨河"。——译者注

新迁址的时间。在公元 6 世纪时，这里有两座大型的木塔，后来多次被翻修；到了 10 世纪时，人们则建造了更坚固的宝塔来替代它们。根据《中国佛教史迹》中引用的一段中文记录，在元顺帝时期，人们建造了一座底部直径 7 米，高度 17.3 米的宝塔，也就是一座宽敞的低矮建筑。宝塔内部有向上攀爬的楼梯，底层有佛陀、罗汉和天神的肖像。宝塔具体的形态已无从得知。人们称其为下塔或西塔，它位于寺庙大门的西南方向。如今那里杂草丛生的花园中正巧也伫立着一座宝塔，因此元代的这段文字应当只是记录了当年局部修缮宝塔的工程，因为关于其高度的描述与如今这座宝塔不符。如今这座宝塔的历史无疑可以追溯到宋代（10 世纪）。塔身底层的边长为 3.6 米，直径大约为 7 米，关野贞给出的高度为 36.6 米。宝塔平面为六边形，共有七层，每层都较为高大。内部有一座楼梯，但是通往高处楼层的入口已被人用砖封住，每层所有窗口以及凸起的圆拱也同样被砖封住，现已被当作佛龛使用。塔檐保存得很好。双重檐的下方有斗拱，除去角拱，每一侧还各有两个。飞檐向外挑出，上方曾经覆盖木瓦，如今一部分椽木仍然可见。上方的重檐与下方飞檐的距离很近，环绕塔身，同时也是壁龛的窗台，壁龛的表面装饰了凸起的竖向线条。整座建筑物具有强烈的韵律感，工艺精美，让人联想到苏州的宝塔。可以确定，这座六面七层宝塔属于宋代早期风格，在同一地区还有一些类似的宝塔，令人难忘，其中的巅峰之作是位于长江中游武昌府的一座宝塔。

阿育王寺的第二座塔是所谓的上塔，也被称作东塔，它位于寺庙后面的一座山上，这座宝塔的详细情况已经无从得知。不过这座寺庙和其中的宝塔、宝塔中的舍利、寺庙的开山祖师都十分著名，我们将在第三章中进行详细介绍。它们算是极少数被引入画作中的案例。日本画家雪舟在 1470 年左右绘制了阿育王寺的图画，可能完成于他在中国的旅途中，或是归国之后。在日本的不少地方都保存着这幅画的原本或是复制品。雪舟的绘画技艺极为高超。画作中展现了三座完全相同的七层外廊宝塔，塔顶还有高高的相轮。近景的两座宝塔中，左侧的那一座位于正殿佛舍利殿的西南方，被称为西塔；右侧的那一座被称为东塔，比山峰略低一些，在画中出现在主殿的另一侧。实际上，主殿并不在后方两座宝塔的中轴线上。山上的第三座塔定是那座位于发现舍利的地方的纪念塔，即距离现在的寺庙 3 公里的那座塔。过去，在它附近也许还有其他的古老建筑。不过，这座宝塔实际上与画中的体积和造型完全不同，距离下方的寺庙也更近一些。如今，马伯乐将其描述为一座小小的四边形舍利宝塔，塔身的一面有一块匾额，另外三面供有坐佛雕像。雪舟还从不同角度绘制了另外两幅画作，不过画中的宝塔仍处在相同的位置。我们尚不能确定，雪舟是根据现场画出的草图绘制了这些画作，还是完全凭借回忆创作的。在这里，我要感谢奥托·屈梅尔教授所提供的关于这些图片的一系列信息。

前文中已经介绍过浙江绍兴府的两座宝塔，那里的塔山寺中还有另一座宝塔。塔山自古以来就广为人知，《山水经》曾将它比作乌龟，这也是它被称为龟山的原因。它还有其他的名称，比如飞来山、宝林山、怪山等。越王勾践于公元前496—前465年在山脚下建造了一座宫殿，并开始建造国都，但在公元前473年时因为迁都苏州而终止了工程。当时，山顶上的灵台已经建成，在那里可以远眺云海。旁边还有一座三层高的阁楼，据说高达465尺，这个高度大概是被夸大了。如今，此地有一座非常衰败破旧的清凉寺，只剩一座宝塔保存完好，名为应天塔。塔身为六边形，底层的边长为3.1米，总高36.6米。塔身的底层较高，曾被一圈回廊环绕，回廊如今只剩一些石柱残存。上方的六层原本通过一重飞檐和一层平座分隔，造型十分常见，如今各层的飞檐却只剩下斗拱、椽木留下的孔洞和涂过灰浆的表面了。

各层塔身表面都有倚柱，中间被分成两三部分，或不做分割，墙体内嵌有壁龛，壁龛上方的花纹呈裂片状。与宝塔其他部分规律均匀的造型相比，这种装饰花纹更显活泼，类似兰溪县能仁塔的风格，十分少见。塔顶只剩一个覆钵形底座还清晰可见，上方原有一根刹杆，现已消失无踪。这座宝塔应该建于宋代，后来肯定进行过修葺。根据马伯乐的记述，宝塔二层的墙砖上刻有铭文，表明宝塔在1532年进行了修缮。太平天国起义时期，即1855年左右，这座塔遭到了严重的破坏，重建之后又于1904年被大火烧毁。

相比之下，江西九江能仁塔的形态、特征则清晰可辨。宝塔的平面为六边形，每一层都向内缩进一点，共七层，其历史应当可以追溯到宋代，看起来在近代进行过全面的修复。各层塔身每面都开有洞口，双重檐的造型十分朴素，就像整座宝塔的风格一样，每一边的墙面都向外伸出三个排列紧密的斗拱。塔顶为狭窄的伞形，上方排列着五颗尺寸均匀的小型宝珠，顶端是细长的塔尖。这样的设计给人一种强烈的视觉冲击，对比十分鲜明。能仁寺的宝塔与九江鄱阳湖和长江交汇处的一座宝塔非常相似，甚至可以说是仿照它建造的。虽然江西九江的这座外形呈阶梯状的七层宝塔具体在哪里我尚不清楚，但是它的外观极其优美，达到了巅峰。

我们将要介绍宝塔群中的最后一座，也是其中最为登峰造极的一座宝塔——位于湖北省会武昌、长江南岸的宝通寺塔。宝塔在洪山脚下的平阳门以东，约一个半小时路程。洪山以前叫东山，宋朝末年才改为现在的名字。洪山以西的山麓——蛇山横穿了整个武汉，一直延伸到长江边。面向江水的陡峭山坡上有一处平台，上面便是著名的黄鹤楼，黄鹤楼与宝通寺塔相互呼应。这座古老的寺庙在明朝时建造完成，占地广阔，大殿数量众多，并在成化年间得名宝通寺。

海尼世在书中引用了一段中文资料，几乎未做任何改动："洪山位于武昌衙门以东十里。洪山以前叫东山，很久以前，就有一座黄鹤亭屹立于此，与黄鹤楼相对而立。南朝刘宋时期，这里建造了一座寺院，变成了佛教圣地。唐太宗贞观年间，人们又在此建造了宝通寺和宝塔。山中有一座面向西方的门楼，匾额上写着'弥陀寺'三个字。宋朝末期，蔡州沦陷后，著名的荆湖制置使孟珙将湖北北部大洪山一座寺庙中的僧人迁至武昌东山。大洪山位于随州西南约50公里处，距武昌西北约140公里。僧人们到来之后，便在山中修建寺庙，并将随身带来的匾额'洪山寺'挂起，此山也就此改名为'洪山'。在元世祖忽必烈至元年间，如今所见到的这座寺庙建成，宝塔也于1270年左右竣工，人们用临济宗的名字将其命名为临济塔。1280年，一名僧人率众人扩建了宝塔。1322年，宝塔又进行了新的修葺。文献中记录了下列尺寸，塔身高133尺，底部边长112尺，也就是说八边形平面的直径为10.8米，边长4.25米，塔尖高13尺，总高约44米，这些尺寸与今天的宝塔几乎完全相符。1485年，明宪宗朱见深将宝塔改名为宝通寺塔。清朝康熙年间，总督和财政大臣出资修葺了宝塔。相传太平天国起义时，寺庙和宝塔被完全摧毁，成了废墟，僧侣们仓皇逃离，太平军用宝塔的石块在附近的两片湖泊之间筑起了屏障。

"僧人们直到1856年才返回，在断壁残垣中搭起房子，生活极度贫困。1865年，他们开始重建寺庙。1872年，为了重建宝塔，太守发起了一次募捐。1873年，人们开始建造塔顶；1874年，宝塔已完全建成，一共耗时三年。这座建筑是由来自武昌西南地区、长江江畔嘉鱼县的著名工匠林定高和汉阳的石匠叶得坤设计建造的。在这次重建期间，人们将宝塔高度增加了1.5米。塔顶有一颗铜质宝珠，整个塔顶重达 7.8 吨，数字似乎有些夸大了。重建宝塔耗资 9560 两 7190 钱，总计约 50000 马克。资料中还有一段关于修缮寺庙的文字记录，根据府志中的记载，元黄潜为寺庙写了碑文，其中描述了众多细节。"

比较罕见的是，僧人们甚至为寺庙编撰了一部详细的编年史，其中记录了宝塔从建造到近代的所有信息，这一特殊的编年史也为我们研究其他宝塔提供了帮助。尽管资料中尚不能完全确定这一点，但如果宝通寺塔真的在太平天国起义时期被完全毁坏，并被彻底拆除，那么如今的这座宝塔的全部结构都应该是在 1872—1874 年间建造的。即便宝塔内芯的坚固墙体是遗留下来的，其他建筑构件毫无疑问也是新的，不过它们是完全仿照古旧的形式而建造的。所以，这座宝塔的结构特征不是来源于唐朝初建时，也一定是延续了宋朝末年的特色。无论如何，人们在新建的这座宝塔中，能感受到出色的建筑理念、优美的形态比例和雅致的造型，成为 19 世纪 70 年代中国建筑艺术的绝佳证明，也是它一直深受所有游客赞颂的原因。事实上，宝通寺塔是长江流域直至浙江地区一系列层塔中的一大亮点。这座宝塔的平面为八边形，共七层，每层都有双重飞檐，每一面都开有洞口，侧面的墙面被矩形方框分割，上面有浮雕装饰，各部分的比例都十分平衡和谐，就像一个最佳范本。宝塔高约 47 米，塔身向上逐渐收拢，呈清晰的阶梯状。每层塔身都被极具张力的双重塔檐分隔，每一层的高度都逐渐下降，不过并不明显。塔顶上方有一个巨大的塔刹，由底座、三颗宝珠和一个细长的宝葫芦组成，塔刹整体的曲线稍稍向外凸起，展现出向苍穹延伸的姿态。根据《中国佛教史迹》和徐家汇博物院的宝塔模型照片来看，向外挑出的双重塔檐上似乎有一圈外廊，但事实上，这座宝塔从未有过外廊护栏。从风格上来看，它是一座纯粹的层塔。《中国佛教史迹》中有一张十分出色的照片，从中可以看到，在塔顶，双重檐这一元素再次出现。这座宝塔算是中国宝塔建筑艺术中的一件杰作。

图 213 浙江宁波府东部太白山中的阿育王寺。这是日本著名画家雪舟于 1470 年左右所作的画作。参见 237 页，图 217。见于《日本艺术精选文物》。

图 214 浙江天台山国清寺的宝塔。参见图 215；237 页，图 216。福兰阁拍摄于 1892 年。

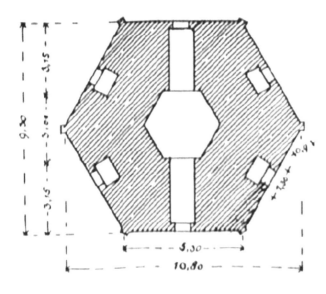

图 215 国清寺宝塔的平面图。参见 237 页，图 216。见于《中国佛教史迹》。

图216 浙江天台山国清寺中的宝塔。已成废墟。
宝塔平面为六边形，共九层，高70米。可能
始建于公元610年左右，如今的这座宝塔应出
自宋代，后期曾进行了多次修葺。参见236页，
图214—215。见于《中国佛教史迹》。

图217 位于浙江宁波府东部太白山中阿育王寺
的西塔。平面为六边形，共七层，高36.6米。
建于公元980年左右，在1368年及之后进行
了多次翻新。参见235页，图213。见于《中
国佛教史迹》。

图 218 浙江绍兴府塔山上的应天塔。平面为六边形，共七层，高 36.6 米。建于宋代，1532 年及近代进行了修缮。见于《中国佛教史迹》。

图 219 江西九江府能仁寺中的宝塔。平面为六边形，共七层，高约 38 米。可能建于宋代，近代进行了修缮。法比希拍摄。

图 220　江西的层塔。

图 221　湖北武昌府宝通寺的层塔。

图 222 江西九江府的宝塔。宝塔的外观参见 238 页，图 219。法比希拍摄。

图 223 武昌府洪山南麓宝通寺中的宝塔。参见 239 页，图 221；241 页，图 224。萨多夫斯基拍摄。

图 224　湖北武昌府宝通寺的宝塔。共七层，高 47 米。始建于公元 627—650 年，重建于 1270—1280 年，如今所见的宝塔建于 1872—1874 年。参见 239 页，图 221；240 页，图 223。施特措达博士拍摄。

图 225　湖北武昌府宝通寺塔的模型。芝加哥菲尔德自然史博物馆供图。

6. 广东广州和西江的宝塔

在长江下游和浙江，层塔主要为七层，形态较为矮壮，塔身也比较封闭。而在最南部的省份广东，层塔的形态截然不同，独具特色，它们的形态纤细，多为九层。根据图片和文字资料，广州、西江江畔以及珠江三角洲的宝塔数量是最多的。珠江三角洲地区人口稠密，西江源于广西梧州南部，流入广东。在那里，纤细的高塔林立，仅在广州和德庆县之间宽阔的水路旁，赫尔利（Hurley）的旅游指南中就列出了 18 座宝塔，并标出了它们的具体位置。这里常见的宝塔多为九层，高度适中，塔身向上明显收拢，不过每一层的墙身仍然保持垂直。双重塔檐下方没有斗拱，只通过砖瓦堆叠，向外略微挑出，并不显得突兀。塔身各面均匀排列的洞口或壁龛、几乎没有什么装饰的光滑墙面、和上方各层完全相同的最底层、高度适中的塔顶和塔刹，这一切都将宝塔结构的统一性展现得淋漓尽致。因此，这些宝塔不仅是山水中的标志物，也是风水中的重要元素。尽管这些宝塔可能大多都是在佛教的影响下建造的，但据资料记载，它们大多还是与风水联系在了一起。与这些宝塔相关的许多寺庙已经消失，大部分宝塔的历史都可以追溯至明代或是上一个朝代。

西江流经的区域包括广西梧州，游客们可以坐船游览西江，自然也都知道梧州塔，这座宝塔至今依然占据着举足轻重的地位，它也属于前文中提到过的重要宝塔群。在顺流而下的整段旅程中，游客们都可以见到奇特的岩层，这些岩层主要由石灰石或大理石组成，中国东南部的大部分地区几乎都拥有这样的地貌特征。这里重峦叠嶂，沟壑纵横，独具特色。这种地势连绵不断，好像上天赐予了此地一种神奇的力量。就像是在长江上游或是在其他穿越山脉的河流旁一样，自从宝塔这一建筑形式传入中国，这里就一直是建造宝塔的绝佳地点，也为其他地区做出了示范。西江就是一个很好的例子。奇峰峻岭中宝塔的数量并不多，因为风景本身已足够小众与奇特。相反，在河流的下游，多为低洼地带，宝塔则数量众多，向城镇和乡村中聚居的人们传播着宗教的影响。通常，人们在岸边的重要地点建造宝塔，在小丘之上、树林之间，使其与远近高低的山脉和谐地融为一体。德庆的宝塔就伫立在一座低矮的小山上，影子倒映在水中；三水的宝塔傲立在著名的北江汇入西江的入口处。如同肇庆府的宝塔一样，这些宝塔就这样伫立在三角洲头，与密布的水网之间凸起的山丘和岩石交相辉映。

最广为人知的宝塔位于珠江入海口处，就在广州南部珠江江畔。这片土地见证了自欧洲入侵以来，尤其是自 1840—1842 年第一次鸦片战争以来，许多对中国影响重大的事件。从很久以前开始，人们就在从海上驶入广州的水路旁建造宗教性的地标，不过按照威廉姆斯从中文资料中摘抄的文字可以得知，直到明朝末期才有宝塔出现。

从海上一路驶来，首先要经过虎门，实际上这里是珠江的入海口。江中有一座虎岛，再经过一些较大的岛屿，很快就到达了所谓二沙岛，这是江中的一片浅滩。二沙岛的西岸宝塔林立，南部有一座小沙洲塔，北部有一座莲华塔，也被称为石砺塔，英国的水手们则称它为二沙洲塔。我没能找到这座宝塔的照片，但是，根据引用的威廉姆斯的这段生动的描述，我们应该可以找到它们的位置。1850 年，它们被刊登在一本杂志上，只不过现在也很难找到这本刊物了。

宝塔位于珠江西岸的红色砂岩山顶上，山坡朝向江面的一侧十分陡峭，山中有一条狭窄的小路通向宝塔。山中还有几处采石场。在宝塔脚下，人们可以极目远眺美丽的风景。"宝塔孑然独立，人迹罕至，旁边没有任何有人居住的痕迹。附近只能看见一个古老的要塞。我们沿着台阶爬到了八层。在此处环顾四周，景色蔚为壮观，美丽绚烂。伶仃岛① 位于珠江入海口的东南方向，靠近香港，同时还能看见西北方向的广州，美景一览无余。而黄埔和广州的两座宝塔，就像守卫一样守护着内陆。东部的河流是东江，这里的江面超过了一英里宽，也被称为狮湖。南边光秃秃的山丘阻挡了视线，不过在西侧和西南侧，平原风光一览无余，稻田、树林中的村庄、纵横的水网使得这片土地生意盎然，有些水域只能通过桅杆和船帆辨认，辛勤工作的人们随处可见。在北部，远景中的山丘让人不禁注意到前方的平原，大约能看到一百多个村庄。"

威廉姆斯从地方志中了解到关于这座宝塔的资料，并写下了一篇详实的文章，其中提到了有关风水的重要信息。"石砾的各面都被流水冲刷。下游的河段叫作狮

① 原文为"Lintin？"——译者注

湖，因其东岸的一块奇特的岩石轮廓类似狮子而得名。这块岩石和另外四块岩石形似五种动物，它们阻挡了大湖中汹涌的洪水汇入江中。因此，这个地方对于首府的未来至关重要。明朝时，几位贪心的文人伙同别人开采这座山岩，破坏了这里的风水，给整个地区带来了不幸。1566 年，五位举人联名请求朝廷禁止采石，并在山顶上建造了一座九层宝塔，这座宝塔因位于石砾之中而得名石砾塔。宝塔位于黄埔岛和虎岛之间。1665 年，在康熙皇帝统治下，为了躲避郑成功 ① 的进攻，整个沿海地区的居民均向内陆搬迁，这座宝塔标志着安全地区的边界。当时该要塞建有烽火台。自 1630 年以来，采石场时而开放，时而关闭。但是，采石活动始终在秘密地进行，下级官员收受贿赂，阻止举人继续上奏。因此，岩石上的缺口也越来越大。直到 1765 年，在乾隆皇帝统治时期，一位林姓举人和别人一同树立了两块石碑，一块立于要塞中，另一块立于广州知府的官邸中，这才禁止了采石场的继续开采。"

从中可以看出，人们建造宝塔，将这里尊为圣地的真正原因其实是为了保护岩石。作为抵御洪流的堤坝，这至关重要。不仅宗教世界为此费心，文人墨客也不惜余力地参与其中。

宝塔完全由砖块砌成，据说塔檐上覆盖的是琉璃瓦。中心的支柱一直延伸到第八层，支撑住顶部的刹杆。刹杆伸出塔顶上方几英尺高，这是为了"接受天赐良恩"。宝塔总高度为 150 尺。宝塔也并非完全无人看守。传闻，有一位佛教高僧隐居在离宝塔不远的岩洞中。到了近代，宝塔逐渐广为人知，因为鸦片战争时期清朝大臣在与英军司令义律及其随员们签署了初步协议后，在宝塔附近的一座寺庙中请他们吃了早餐。

船继续向上游驶去，在广州下游约 15 公里处，有一座宽阔而平坦的黄色小岛，即黄埔，小岛将江水分为两股支流。人们在这里建造了两座宝塔，以凸显此地的重要性。黄埔岸边的宝塔伫立在珠江北岸，而岛上另一座著名的海鳌塔则是珠江转向处的重要标志。鳌是神话中的巨型海龟，是身背大地的巨兽，宽阔的岛屿就像是龟背。这里要再引用一段威廉姆斯的描述。"海鳌塔显得与众不同。它的平面为八边形，与莲华塔或二沙洲塔一样，也是用砖建造的，但是墙壁更坚固。台阶并非连续向上

① 西方国家根据"国姓爷"的闽南语发音"Kok-Sèng-Iâ"，称之为"Koxinga"。——译者注

旋转，而是交替排列于相对的两侧。塔身各层的地板都已消失不见了。整座宝塔伫立在一块巨大的石制基座上，基座的八个侧面都装饰了八卦①图案。塔基内部的空间为圆形，与外部的八边形不同。宝塔高约 180 尺。广州府志中记载：广州东南三十里处的江面上有一座小岛，岛上有三座小山，小岛的形状像一把琵琶。在明朝万历年间，官员们上奏希望可以在江中建造一座宝塔，以增强整体景观的美感，这一建议随后被批准，宝塔被命名为海鳌塔。宝塔北侧是供奉玄天上帝的北帝宫，旁边是海鳌寺。"当威廉姆斯在 1850 年来到此地时，这些建筑物都已非常破败，但宝塔仍保存完好。

逆流而上，在广州东南方向约 5 公里处，北岸的大岛河南岛上伫立着一路行来的第五座宝塔。河南岛在江中向着城市的南方和东南方向延展，岛上的这座宝塔也是广州城东南方向的风水塔。它与城中高大的花塔以及"广州五层楼"②交相辉映，五层楼位于北山之上，紧邻城墙。这座宝塔名为赤岗塔③，欧洲人也将其称为半路宝塔，因为它恰好位于大型港口、锚地——黄埔和广州城的中央。在广州南部和东南方向，地形宽阔平坦，河道密布，景色优美，这座宝塔对广州城来说，算是一处真正的地标。威廉姆斯对其的描述如今依然适用。"赤岗塔高高地耸立在南岸边，在一条特别小的支流上，位于广州东南方向约十里处。宝塔被田野和民宅包围，虽然也有一些破败的痕迹，但绝没有像另外两座宝塔一样，被人忽视而渐趋没落。从台阶的布置和宝塔的高度来看，它与黄埔的那座宝塔较为相似。府志中记载，赤岗山上的土像朱砂一样红。风水师认为，山下藏着珍贵的宝物。传说在唐朝时，安南④的一位男子想花一大笔钱买下赤岗山，但县长却拒绝了他，因为赤岗山保护着南部的这片地区。明朝天启年间，由一位文人牵头，在山上修建了一座宝塔，以保护这座城市与县府交界处的河流免于泛滥。这里曾经还有一座寺庙和一座供奉魁星的楼阁，文人墨客常聚在那里吟诗作赋。只是，如今这些建筑物全都已经不复存在了。"

---

① 原文为"伏羲的符号"，相传伏羲画八卦于卦台山。——译者注
② 广州五层楼本名镇海楼。——译者注
③ 原文为赤冈塔。——译者注
④ 即越南。——译者注

当人们为这座位于广州城东南方向的宝塔赋予了极其重要的意义后，在 1837 年，有人呼吁大家募集资金，用于重新修葺城中破旧的宝塔，并在广州的文人、官员和商人中得到了响应。

"市民们和乡民们！省会东南部地区的潮汐情况对在此居住的人们的命运有着十分巨大的影响。根据古代的记录，黄埔附近的琶洲塔和海鳌寺始建于万历二十五年（1597 年），用于镇压海怪。赤岗塔和旁边供奉魁星的寺庙始建于明熹宗天启年间。所有这些建筑物都为附近地区带来了好的风水，这也是此地文人才子辈出、土地肥沃富饶的原因。但疾风和暴雨却摧毁了宝塔的塔尖，使寺院变成了废墟，破坏了建筑物的基础。我们必须要恢复这些建筑物往日的神采，那么幸运和福祉也会如期降临。城市北部的那座墙面漆成红色的五层宝塔也应当进行修葺，重新粉刷。知府已首肯，我们可以有计划地开展修缮工程。同时我们也已经收到了推荐信，其中推举出了一些人，可以帮助我们完成这项工作。因为此次修缮会为我们所有人带来福祉，所以我们满怀信心地盼望同胞们团结一致，量入为出，或多或少出一份力，以便我们尽快聚众人之力，开始修葺工作，这些建筑也可以早日恢复往昔的辉煌。完工之后，上天也会根据你们做出的贡献，再次赐福此地，你们是做了一件功德无量的大好事。"

赤岗塔有九层，各层高度几乎相同，高 55 米。它的造型与前文所说的广州以及西江沿岸的宝塔群完全相同，十分典型，这种风格独树一帜，极具辨识度。宝塔的结构明朗，双重檐、门洞、壁龛等细节精美，墙面光滑，线条清晰。毫无疑问，这一切都愈发凸显了宝塔的宏伟壮观。整座宝塔并没有过多的装饰。清晰的阶梯状塔身和纤细的外观让人一眼就能认出，它是一座层塔，与位于湖北宜昌和沙溪的宝塔有着异曲同工之妙。而且，有时人们还会在双重塔檐之上建造外廊，广州城中的花塔就是这样一座外廊宝塔，算是附近其他宝塔的进阶版本。因此，我们将在下一节中以其为案例，介绍这种类型的宝塔。而广东省东部韩江江畔潮州府宝塔的造型也由这种纤细的广东层塔演变而来，最终以石塔的形式展现，在中国东南沿海地区也有着非常重要的象征意义。

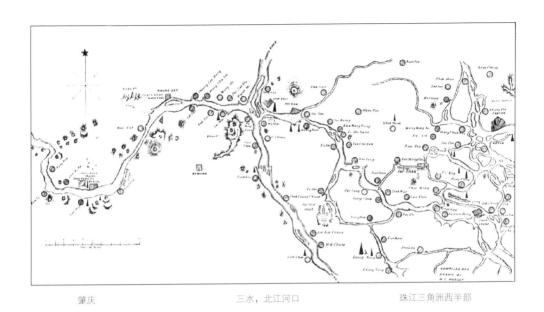

肇庆　　　　　　　　　　　三水，北江河口　　　　　　　　　　珠江三角洲西半部

图 226 西江下游、珠江三角洲的城镇与十八座宝塔。见于《广州旅行指南》。

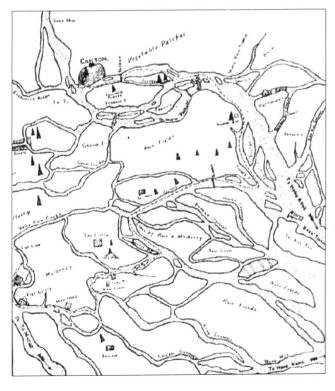

图 227 广州府南部、珠江三角洲东侧的地图。标有十七座宝塔的位置。见于《西江旅行》。

图 228 海鳌岛和两座宝塔。参见 253 页，图 234。阿罗姆绘制。

图 229 广州府东南部珠江江畔的赤岗塔。参见 250 页，图 231。伯施曼拍摄。

图 230 位于西江江畔、北江河口上游的肇庆府宝塔。见于《西江文稿》。

图 231 广州府东南部的赤岗塔。共九层，高 55 米，建于 1621—
1628 年。参见 248 页，图 229。伯施曼拍摄。

图 232 位于北江河口处的三水塔。见于《西江文稿》。

图 233 位于广东、广西两省交界处的德庆县宝塔。见于《西江文稿》。

图 234 位于黄埔岛上的海鳌塔。共九层，高 55 米，建于 1598 年。参见 248 页，图 228。见于
《西江文稿》。

赵省伟 主编

|第二十一辑|

找寻遗失在西方的中国史

西洋镜

中国宝塔I（下）

[德]恩斯特·伯施曼 著　张胤哲 李学敏 译

SPM 南方出版传媒 广东人民出版社

·广州·

第五节 外廊层塔

全部位于塔身主体之外的回廊会打断塔身原有的外轮廓线条，因为回廊向外挑出，上方还有护栏。上方的飞檐向外挑出得更多，为下方回廊和前来朝圣的信众遮风挡雨。通常，外廊由一圈特殊的外挑斗拱承托，斗拱下方有一圈塔檐，紧贴塔身；有时塔身向上逐渐收拢，外廊便会直接落在下方的塔层和塔檐之上，与下方的飞檐形成一个整体。宝塔的每一层都足够高且高度均匀，是设置外廊的前提条件，即使从下向上层高逐渐下降，但整体还保持着相同的韵律。对于没有外廊的层塔，不必严格遵守塔身均分这一原则，每一层的高度可以有所变化，有时甚至会演变成类似叠层塔的形态。叠层塔的塔檐只向外挑出一点，大多也都是形式简单的飞檐，给人塔檐与塔身紧密结合的印象。从南向北，塔檐的形式也从敦实逐渐转变得更加锋利。而外廊层塔所特有的出挑大屋檐、形态灵动的檐口和屋脊，像花环一样围绕着塔身，是对工匠们技艺的极大挑战。由此佛塔也具有了我们所说的"中式"风格，即基本形体的严谨韵律和轮廓细节的美妙线条完美统一，这是中国中部省份所特有的宝塔风格。此类带有外廊的佛塔在建筑造型方面最接近中国人的感性化思维，类似的造型也出现在中式多层楼阁式建筑和中式的凉亭上。外廊层塔几乎仅出现在中国中部，尤其是长江下游地区和长江以南地区，远至华南地区也能偶尔看见它们的身影，这些均是中国精神生活最丰富和最活跃的地区，这一现象并非偶然。杭州周边，也就是长江三角洲一带的文化最为发达，因而佛塔也最精致、最灵动，最具美感。正是在这一区域，衍生出了内廊这一形式。宝塔的基座是一个环形的大平面，内廊环绕宝塔底层一圈。底层之上的塔身多为方形或八边形，分为六层或八层。塔顶雄伟壮观，中心有装饰华丽、结构轻巧的塔刹。在南京，这个古代政治、宗教和文化生活的中心，这种样式得以发扬光大。直至明朝初年，人们建造了著名的琉璃塔，它是宝塔艺术的登峰造极之作，集合了当时最为华丽的造型和材料。我们将在下一节"琉璃塔"中做进一步介绍。

图 235 江苏青浦县的宝塔。共七层，高约 30 米。建造时间不详，可能在 1743 年进行了修复。吕登贝格拍摄。

图 236 江苏常熟县的宝塔。共九层，高约 59 米，新近建造。吕登贝格拍摄。

1. 外廊方层塔

在本书中，宝塔按照其构造特征分类，这一节中的案例包括了方塔、形制严谨的八边形塔以及自由灵动的现代宝塔。不过，根据前文中已经介绍过的案例可以看出，这种分类方式并不能与建筑历史中的各个时期完美地相互对应。尽管如此，本书中仍然保留了这种分类方式，因为每一位工匠在建造宝塔的过程中都对其造型做出了精心的设计，而历史的进程一定会对设计造成内在的影响。这是因为工匠们在职业生涯中接受了大量的、深入的艺术训练，而这一定会在他们的作品中反映出来，即使是最基础的造型也能展现出他们的艺术素养。正因如此，尽管有些宝塔建造时间较晚，人们却仍能感受到历史的印迹，各类造型、细节从古流传至今。说起这种古老的形式，如今只在江苏南部、长江三角洲的苏州府附近出现过，那里有着最精美的五座方形外廊层塔。此类形式在当地自成一派，在中国其他地区似乎也未曾出现过，这证明了中国人偏爱在特定的山水中创造特定的本土建筑风格。上海西南边的松江府虽为大城市，却只有一座方形外廊层塔；松江府西北边的青浦县以及苏州府东北边的常熟县各有一座；此外，上海以西的南翔镇和苏州以西的太湖港口光福镇这两个重要的商业城镇也各有一座。五座宝塔都有着相同的基本形态。塔身平面为方形，墙体坚固，被均匀地划分为若干层，塔身内部藏有楼梯；围绕塔身的飞檐向外挑出很多，极具艺术感地被固定在墙身上，塔身之外另有细柱支撑四个檐角。宝塔的底层围绕着一圈回廊，同样为方形。回廊和塔檐向外延伸的屋面，塔檐檐口笔直的线条，除去底层之外，上方还有六层或八层的外廊，这些都彰显了宝塔的肃穆优雅，但檐角却高高翘起，为宝塔带来了一丝灵动，使其更加柔和。在弧形的塔顶上方，刹杆直插入云霄，附有相轮装饰，垂链由佛教宝珠组成，连接塔刹顶端和塔顶四角。

位于青浦县的万寿塔，如今已成废墟。不过人们仍能分辨出其笔直的塔身被均匀地划分成几层，每一层都形似方块，墙面上有凸出的竖直线条装饰，还设置了门洞和壁龛。每一层由双重檐分隔，尽管如今向外挑出很多的塔檐已然消失，塔身之上却仍能看见单个挑出的椽木留下的痕迹。现在还不能完全确定，紧贴墙身的上一

图 237 江苏嘉定县南翔镇的宝塔。共七层，高约 30 米。林普里希特博士拍摄。

图 238 江苏苏州府光福镇的宝塔。共七层，高约 30 米。参见 23 页，图 7；259 页，图 241。林普里希特博士拍摄。

图 239 江苏松江府宝塔的模型。共九层，高约 49 米。参见 259 页，图 240。见于芝加哥菲尔德自然史博物馆。

重檐之上是否设置了外廊；但可以肯定的是，下一重檐曾向外挑出很多，宝塔的外轮廓也受到了位于常熟的那座姊妹塔的影响。外侧的全部木质结构，包括屋檐、支柱和栏杆，好似一件长袍，包裹住坚固的塔身。徐家汇博物院的一座精巧的宝塔模型最能体现这种构造特征，模型的原型是江西南康府的八面梯云塔，底层有宽敞的回廊，上方各层的木结构轻盈得堆叠在一起，像极了中国古代的多层楼阁式建筑。因此，人们自然会联想到常熟和松江两座形态规则的方塔，它们有着结构清晰的外廊，高高的栏杆中有网格形花窗，塔身都有八层向外挑出许多、同时向上翘起的塔檐，它们是长江下游地区此类华丽风格的宝塔中的最佳杰作。南翔镇秀美的外廊层塔与它们属同一类风格，造型却朴素一些，就伫立于运河桥边；光福镇的宝塔则位于从苏州到太湖的运河的尽头处，伫立在一座高高的山坡上，成为太湖的地标。到了现在，这些宝塔最初的建造时间已不得而知，人们推测青浦的宝塔建于 1743 年，但这很可能只是后来一次修葺工程的时间。宝塔的初建时间虽无法确定，可能是宋朝或 18 世纪的明朝，但可以明确的是，向上翘起的塔檐的历史并不长，一定是后来才出现的。松江和常熟的宝塔可能也都在近几十年里修复过。

2. 外廊八角层塔

前文提到的南康府宝塔（梯云塔），是外廊层塔的绝佳范例，其各层外廊上的角柱均演化成了坚固而独立的建筑构件，作为辅助，支撑着沉重的外挑塔檐。作为层塔的"近亲"，最初的外廊层塔只是多出了形式简单的外廊和略微出挑的腰檐，

图 240　江苏松江府的宝塔。参见 258 页，图 239。林普里希特博士拍摄。

图 241　江苏苏州府光福镇的宝塔。共七层，高约 30 米。参见 23 页，图 7；258 页，图 238。林普里希特博士拍摄。

这种独立的支柱未曾出现过。广州的花塔和安徽安庆府的振风塔是最具代表性的过渡，虽然它们并非位于长江下游地区，即经常建造外廊层塔的区域，但仍完美地呈现出了此类宝塔的风格。还有一些华丽、完美的外廊层塔，分别位于金山、松江、上海、苏州以及海宁州，其中杭州的六和塔最为特殊。这些宝塔在后文中都会进行详细的介绍。它们的共同点在于，塔身底层都环绕着封闭式的回廊，不论是从建筑学还是从文化的角度来看，建造这一回廊显然是为了与塔身上部华丽的外廊相呼应。

广州和安庆

广州花塔，位于广东首府广州的西北部。正如前文第四节所提及的，它与位于城市东南部的风水宝塔赤岗塔遥相呼应，赤岗塔位于珠江江畔的河南岛上。花塔的形式从层塔演变而来，逐渐接近外廊层塔的造型，与西江和珠江沿岸的同类型宝塔十分相似，却更加精致华丽。花塔位于净慧寺[①]中。相传中国禅宗的始祖菩提达摩，即禅宗西天第二十八祖于公元526年到访广州，在如今宝塔所在的位置上住了一晚。根据记载，在不久之后的公元536年，也就是推崇佛教的梁武帝统治期间，僧人昙裕在此地修建了第一座宝塔。据说，唐代曾进行过一次重建，但现今的这座宝塔是在宋代重建的。1373年，花塔失火，不过只有木结构的部分受损，所以毫无疑问，宝塔被迅速修缮完好。到了1859年，宝塔已非常破败，从1880年的一张照片可以看出，它与废墟无异。1900年时，人们对它进行了一次大修，据说耗费了一万两大清银币[②]。当我1909年去参观时，宝塔已整修完毕。值得一提的是，有一位中国政府官员，名为梁士诒，他是一位"宝塔万事通"。据他所言，该塔始建时间可追溯至公元200—300年，但不知这一结论从何而来。"花塔"这个名字可以被简单地理解为装饰华丽的宝塔或是鲜花之塔，这也很容易让人联想到上海的"龙华塔"。

---

① 净慧寺现称六榕寺。——译者注
② 1903年，清政府发行的一种金银本位货币。各省均有发行。俗称龙洋，因上面有龙的图案而得名。——译者注

图 242 宝塔的废墟。拍摄于 1880 年。见于柏林民族文化博物馆。

图 243 1900 年修缮后的广州六榕寺宝塔。共九层，高 82 米。建于 1090 年，修复于 1900 年。参见 263 页，图 244—245。伯施曼拍摄。

据推测，这座平面为八边形的九级佛塔的高度有 270 尺。宝塔底层开阔，外围有开放的回廊和独立的支柱，上方的各层层高略有降低。墙面被竖向线条划分成几个部分，每一面均设有门洞。宝塔的塔身向上逐渐收拢，呈细微的阶梯状，层次分明，具有赏心悦目的节奏感。墙面和其他构件均以白色涂料粉刷，仅竖向线条有着不同的色调。形态简洁的斗拱和斜边上的三层榫卯结构承托住向外挑出的塔檐，塔檐环绕塔身，檐角略微上扬。紧贴塔檐上方是两重叠涩，承托住外廊，外廊有一圈木质护栏，护栏上装有几何形窗格。不论是在仰拍的照片中，还是正面拍摄的照片中，向外挑出的木椽都清晰可见。这也许表明，修缮宝塔时人们先设计了向外挑出许多的塔檐，但后来又决定建造较小的塔檐。木椽的端头在后来的某次修缮工程中被切短，可能是更换栏杆的时候。塔顶由三重环形屋面组成，让人联想到武昌的宝塔。宝塔的顶端立有一根高耸的刹杆，自下而上分别是露碗形底座及向上逐渐变小的十个钟形宝盘，垂链被固定在刹杆最顶端和最上方一重屋面的檐角之间。

广州花塔对这座城市的兴衰始终有着特殊的象征含义。有传言道，一旦塔刹跌落，恶灵将笼罩整个城市。据说这种预言实际上已经实现了两次，是上天对疏忽大意和不信之众的惩罚。人们在 1900 年的最后一次修缮工程中，又建造了极其典雅的新塔刹。光塔的遗址距花塔不远，那里风景秀美。光塔的最早建造时间可追溯至汉代，应当是中国最古老的宝塔之一。而如今的光塔据说是阿拉伯人在公元 650 年左右或公元 900 年左右作为清真寺的宣礼塔建造的，后于 1468 年进行修复。它形态纤细，塔身类似锥形，上方另有塔刹，与花塔一样，是广州市高耸的宗教标志。中国风水师将这座城市比喻为中式帆船，这两座宝塔被视为桅杆，北山的五层楼阁和当时的城墙则被视为高大的船尾。

振风塔，是安徽首府安庆府引以为豪的标志性建筑，位于东城门正前方，伫立在长江江畔，是整座城市和往来船只的地标。"振风塔"这一名称似乎还有另一层寓意——振兴安庆文风。自南京琉璃塔衰败之后，它一直被认为是长江流域最美丽的宝塔，安庆府也因此闻名。能超越它的也许只有武昌的宝通寺塔，但宝通寺塔隐匿于群山中，不像振风塔与安庆府的城市景观有着紧密联系。

作为宝塔中的"皇后"，振风塔得到了很好的维护，徐家汇博物院的宝塔模型也展现了它的构造之美。宝塔底层环绕着开放式的回廊，回廊上有顶盖，由独立

图 244 1900 年修复后的宝塔的上层结构。上图为仰拍照片，上层的外廊均已拆除。伯施曼摄于 1909 年。

图 245 广州花塔的模型。见于徐家汇博物院的宝塔模型。

的支柱支撑。上方塔身分为六层，层高向上依次递减，呈圆锥形。宝塔总高 240 尺。塔身各面光滑，设有门洞和用于安装固定照明设备的小型壁龛，各层之间以向上翘起但几乎不出挑的塔檐分隔，塔檐由结构繁复的斗拱承托，与之相似，光滑的板式护栏也由此种类型的斗拱支撑。双重塔檐气势恢宏，使得檐下的塔身看上去向内收缩得厉害。这导致宝塔的整体风格十分整齐肃穆，但是宝塔精巧协调的比例和生动的细节又使人眼前一亮。此外，底层回廊的大屋顶、塔身之上的环形塔檐和外廊的护栏，相互呼应，十分协调。而呈现曲面的塔顶则有着特别显眼的屋脊，上方还有宏大的塔刹，整座宝塔构造极为精美。加之宝塔的每一层都十分高大，光滑的墙面加上双重檐约有 8 米，更增强了纪念碑式效果。正如几乎所有的宝塔一样，振风塔的每一层檐角都悬挂了小风铃。

图 246 屹立于一片低矮建筑物中的宝塔。韦斯特哈根拍摄。

图 247 从长江上远眺安徽安庆府的振风塔。法比希拍摄。

图 248 从长江上远眺安徽安庆府的振风塔。共七层，高 73 米。建于公元 905 年，最近一次修复是在 1865 年。参见 266 页，图 249。林德博士拍摄。

遗憾的是，目前还没有关于振风塔的结构和细节更细致的资料，我们只能简要地了解一下它的历史。徐家汇博物院的资料认为，该塔最初建于10世纪左右的唐朝，准确的年份可能是公元905年。明代时安徽一位巡抚主持兴建了一座新塔，然而它在1851—1864年间的太平天国起义中被毁，后来由安徽臬司署巡抚吴坤修再次修缮翻新。据说宝塔脚下的两座雕像就是为了纪念这两位官员而建。振风塔被市民视为城市的桅杆，城市被视作帆船，被锚定在江岸边。因此，人们在塔身的墙体中嵌入了两个大铁锚。而地区官员的任命要谨慎避开姓名中带有"篷"或是"桨"的，因为民间流传一个说法：这座城市可能面临着某天滑进长江的风险，或是被涨潮的江水淹没。

盖洛对这座宝塔进行了详细的研究，尤其着力于其对周边风景的影响，并收集了许多有关宝塔的诗作。为了进行对比，他也收录了有关其他宝塔的诗作，有一部分是摘抄自翟理斯[①]的转译。他还收录了参观者在宝塔各层墙壁上留

① 翟理斯（Herbert Allen Giles，1845—1935），英国汉学家，终生致力于研究与传播中国语言、文学、文化及其翻译。——译者注

图 249 安徽安庆府振风塔的模型。见于徐家汇博物院。

下的诗文，共有 105 篇。人们常在宝塔内部的墙壁上书写诗文，本节将要介绍的杭州六和塔的内壁上被写满了文字。盖洛在研究过安庆的振风塔后，得出结论，所有铭文诗作都有一个共通点，大部分都通俗易懂，也具有一定的水准，通常以富含哲学意蕴的中国方式展现周围的环境或壮阔的视野，同时又不乏礼俗细节。一些参观者是为了祈求安康，另一些也许下了其他的愿望，大多数都以韵文的形式书写。这里仅列举两篇诗作，第二篇诗作的作者是北宋文学家杨亿（公元 974—1020 年），该诗与安庆振风塔没有直接关系。

登安庆府塔

佚名

为赏风景速登楼，讨教和尚问古今。

两岸青山展画卷，半江碧水拂诗情。

登天我欲乘金龙，赏月更要擒玉兔。

上楼远眺宇宙小，万千阶梯凌绝顶。

羊肠小道蜗牛步，千回百转手攀援。

层层游客题诗文，步步行者吟佳句。

高塔凌云如援笔，飞船戏水似穿梭。

倚窗凝望燕飞迹，多少路程至月宫。

登楼

杨亿

危楼高百尺，手可摘星辰。

不敢高声语，恐惊天下人。

3. 金山塔、松江府塔、上海塔

广州花塔和安庆振风塔的形态十分相似，低矮的栏杆紧靠着砖石墙面。在宝塔造型逐渐演变的过程中，承托栏杆的塔檐向外挑出更多，外廊被拓宽，栏杆被加高，塔身角柱的形式更加自由灵动，用以支撑悬挑出的沉重飞檐。宝塔的整体轮廓就此改变，屋脊和檐角向上耸起，砖砌的塔身显得非常纤细，犹如一根实心柱，外围包裹着华丽的木结构。这样建造完成的各座宝塔会达到完全不同的效果，有的敦实，有的瘦长，根据每一层的比例和塔檐的位置，所产生的韵律感也有所不同。松江府和上海的宝塔结构精巧繁复，艺术性极强，与其他宝塔相比，称得上是最美的杰作。所以，下文中我们将介绍这些最完美的案例，展示这类独特的宝塔宏伟而灵动的身姿。它们是典型的八面外廊宝塔，位于长江下游，距金山塔和苏州塔不远。

我们可以从江西的一个案例中了解此类宝塔的结构。前文中已经提到过江西省鄱阳湖畔的梯云塔的模型，从中可以看到精美的木结构围绕着坚固的塔身。该塔具体位置未明，徐家汇博物院的宝塔模型制作者认为，这座宝塔位于南康府，而根据盖洛的描述则位于南昌府。梯云塔高 36 米，据说建于 1090 年，即宋哲宗年间。当然，这个建造时间仅仅是指中央的塔身部分。徐家汇博物院的模型呈现的是宝塔 1912 年左右的状态，与盖洛拍摄的照片吻合。整体的木结构，包括塔顶、塔檐和栏杆，像一件长袍一样包裹住塔身，并且与之只呈点状连接。可以看出，这层结构与中央的砖石塔身相对独立，在大量关于宝塔起火的记录中，基本只有这层外部结构被毁，不论是古老的还是新建的，这层结构都十分易于更新。因此，如果没有十分可靠的资料，在发现一处被毁的宝塔遗址时，往往是无法对其最原始的外观做出判断的。金山塔就位于高 33 米的金山岛上，金山岛举世闻名，耸立在长江汹涌的流水中，靠近长江南岸，位于江苏省镇江府西北 7 里处，这里也曾被称作丹徒。该岛又称"浮玉"，是自 1842 年以来江水在南岸冲积而成。但是，一篇旧的记载中写道："这座山被大海包围。当风从四面八方吹来时，人们似乎能感觉到地面在摇动，甚至变换了位置。这就是'浮玉'一名的由来。在镇江以南约 20 里，五洲山山脉向西北方向延伸，直至下邳府（Hiapifu）的港口处，与长江相遇，而大地在江中再次隆起，便形成了金山。金山的最高点是金鳌峰和妙高峰。岛的东侧耸立着吉照岩、金玉岩和妙洞岩，还有朝阳洞和龙洞。西侧是突通峰，以 7 世纪时的名将屈突通命名，在那里人们可以找到裴公洞。山的北面有黑衣洞和飞云洞。东麓山脚下有长寿岩、忠诚崖、智慧坡。南部的江水中有礁石，在其东侧的江水中还耸立着一座雀鹰山，其中有一座文人的坟墓，正对着有三座尖峰的笔架山。"

康熙皇帝曾在金山岛为寺庙题字"江天一览"，寺庙也因此得名①；他还在吉照岩写下了"松风石"三个字，在正阳洞写下"云峰"两个字。乾隆皇帝在1751年南下时，则命人在山顶建了一座行宫，在此写诗作文；此后的1755年、1765年、1780年和1784年，乾隆下江南时也均到访此处。

山上第一座佛寺的历史要追溯到公元265—420年东西晋时期。在南梁、唐代和宋代的史料中，都提到了金山寺。北宋大中祥符五年（1012年），真宗皇帝梦见他在这座山上散步，因此赐名此地"金山"。南宋初期，1137年左右，佛寺失火被毁。如今可见的

图 250 江西南康府鄱阳湖畔的梯云塔。外侧木结构像一件长袍包裹住坚固的塔身。共七层，高 36 米。建于 1090 年，图中的模型展现的是 1912 年的宝塔废墟。见于芝加哥菲尔德自然史博物馆。

---

① 即江天禅寺。——译者注

建筑全部建于清代，主殿似乎在 1892 年之前不久才建成。这座佛寺名为"江天寺"，"天"暗喻银河，在中文中也叫"天河"；而"江"对应长江，与之相互呼应。宝塔旁边的亭子也常被人提及，与之对应的是江对岸的另一座亭子，就位于金山东南、长江江畔的五洲山顶峰。站在高处的凉亭中，视野开阔，甚至可以看到远方的大海，因此被称为"吞海亭"，寓意着在此处可见江水流入大海。

奇怪的是，清代地舆图中似乎遗漏了一座宝塔。尽管如此，这座宝塔的起源至少可以追溯到宋代，也许与宋真宗在 1012 年的梦境有关。传闻佛寺内有两座宝塔，但均已消失无踪。一座是建于宋代的慈寿塔，另一座是建于明代的多宝塔。1472 年，日本画家雪舟在画中绘制了金山岛的风光，在半山腰的一片寺庙建筑群之中，可以看到两座宝塔的踪迹。这应该就是那两座古老的宝塔，其中一座建于宋代，位于一座禅宗寺庙——龙游禅寺中。在这里，诗人苏东坡曾和一位住持对谈，并赠予佛寺一条玉石腰带，住持去世于 1098 年。此后不久的 1137 年，这座宝塔毁于一场大火，不过很快又被重建。1290 年左右，马可·波罗将该岛称为"佛教世界的一处中心"，其中自然也包括宝塔在内。这座宋塔和共同出现在 1472 年那幅画作中的明塔，可能都在明朝末年毁坏了，因此未被纳入清代的地舆图中。

眼前的宝塔显然是建于清朝，确切时间不详。从阿罗姆绘制于 1844 年的一幅精美版画中可以看出，宝塔的状况良好，位置适宜，只略低于那座顶部立有亭子的山峰。这座宝塔另选新址修建而成，与前面提到的两座宝塔没有关系。根据约翰·汤姆逊[①]拍摄于 1870 年和福兰阁拍摄于 1892 年的两张照片可以看出，那时宝塔再度被毁，已成废墟。不过 1892 年时，寺庙的建筑群已被重建，宝塔必定在此后不久也被重建，大约在 1895—1900 年间，其造型就是我们如今所见的样子。

金山的外廊层塔，八面七层，高 50 米，外形紧凑美观。塔身纤细坚固，门洞和带有圆拱的虚门尺寸相同，交替排列，塔身内部有木制楼梯，通往最高一层。最底层位于八边形的平台基座上，被一圈开放式木制回廊围绕，回廊附有栏杆。每一层的塔檐都向外挑出许多，就连一向非常精确的徐家汇博物院的宝塔模型在这里也

---

① 约翰·汤姆逊（John Thomson，1837—1921），英国摄影家，第一个最广泛拍摄并传播中国风光的西方摄影家，著有《中国与中国人》等。——译者注

图 251 金山与两座宝塔。日本画家雪舟绘制于 1472 年。屈梅尔教授供图。

图 252 耸立在长江中的金山与一座宝塔。阿罗姆绘制于 1842 年左右。

显得有些夸张。塔顶形态华丽，檐口呈弧形，檐角高高上翘，而长江上狂风凛冽，宝塔暴露在各种恶劣天气中，却仍然选择了这种大胆的造型。看来工匠们早已对这种结构的安全性了然于心，他们用极其粗壮的对角梁替代了常见的斗拱，主梁的长度足以贯穿整座塔身，外廊下方通过向内缩回的斜撑支架加固，突出的木梁的末端让人联想到象鼻。坚固的木料组成的环状结构连接了所有檐角，形成了一个刚性整体，并为接合与铺设轻巧的塔檐屋面创造了条件。栏杆由轻质木料制成，带有竖向立杆，立于坚固的塔檐上。角柱后方均有圆钢，连接上下两层的对角梁，通过层层相连，整座宝塔便形成了一个稳定的结构。宝塔上方的伞形尖顶被牢牢固定，最上方的两层梁架固定了中央庞大的铜质塔刹，自下而上依次是露盘、相轮、华盖、露盘和葫芦形宝珠。相轮由七个相互脱离的铜环组成，整体轮廓呈梭形。上方的华盖则是一个更大的圆环，伸出八个带有风铎的角臂，由垂链与伞形塔顶的八个檐角紧紧相连。

图 253 江苏镇江府长江中的金山岛。宝塔已成废墟。从侧面拍摄的新建造的江天寺、宝塔和高处的凉亭。福兰阁拍摄于 1892 年。可与 273 页，图 255 对比。

图 254　江苏镇江府长江中的金山岛。宝塔已成废墟。从背面拍摄的山中凉亭和宝塔，它们位于寺庙建筑的延长线上。福兰阁拍摄于 1892 年。可与 274 页，图 256 对比。

图 255　江苏镇江府长江中的金山岛。从侧面拍摄的佛寺、宝塔与凉亭。林普里希特博士拍摄于 1913 年。可与 272 页，图 253 对比。

图 256 江苏镇江府长江中的金山岛。从背面拍摄的山中凉亭和宝塔。韦斯特哈根拍摄于 1910 年。可与 273 页，图 254 对比。

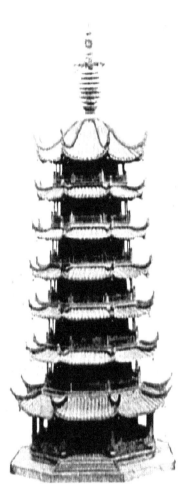

图 257 江苏镇江府金山岛上的金
山塔的模型。重建后的宝塔共七层，
高约 50 米。始建于宋代，重建于
清朝初期，1895—1900 年进行了修
缮。参见图 258；276 页，图 260。
见于徐家汇博物院。

图 258 江苏镇江府金山岛上的宝塔。修缮于 1900 年左右。
参见图 257；276 页，图 260。见于福尔曼《中国》一书。

图 259 上海的龙华塔。图中是底层及上面三层。参见 278 页，图 263。梅尔彻斯拍摄于 1913 年。

图 260 江苏的金山塔。参见 275 页，图 257—258。韦斯特哈根拍摄。

图 261　江苏苏州府的北塔。参
见 283—287 页，图 264—269。
施特措达博士拍摄。

金山塔造型十分新颖，算是外廊层塔最好的杰作之一，只有它的姊妹塔——松
江府塔和上海塔才能与之媲美。不仅如此，金山塔既是长江江畔的风水塔，也是镇
江的地标性建筑，对整片风景的影响无可比拟。在山坡上，人们可以看到长江的繁
华航运，江南运河交汇于此，还能看见长江北岸由乾隆皇帝命人建造的著名的五园，
它们毗邻现在已被遗弃的旧城瓜洲。

西林塔位于松江府，这片地区宝塔林立，前文中已经介绍过不少。与纤细通透
的上海宝塔相比，西林塔更为敦实。它的塔檐向外挑出许多，也向上翘起许多，栏
杆高大，整体风格自由灵动，但仍凸显了水平方向的线条感。西林塔高 45 米，共
七层，底层外面建有一圈回廊。虽然缺失更为详细的史料，但有关西林塔的记载从
佛教传入中国初期时起，直到如今几乎未曾断绝。

龙华寺的龙华塔位于上海南部黄浦江西岸的龙华村。它也是外廊层塔的杰出代
表，在欧洲的知名度最高。尽管经历了无数次的改建和修缮，自 1700 年以来也历

经战争与纷乱，但依然完好无缺地留存了下来，这显然归功于它悠久的历史。尽管常盘大定和关野贞并不认同民间口口相传的故事，但大部分人笃信，佛寺和宝塔在孙权统治时期就已存在了，约建于著名的赤乌十年（公元 247 年）。赤乌年间意义最为深远的事件就是佛教传入了中国沿海地区和长江下游地区，就此人们也建造了许多知名的宝塔，包括苏州北塔和南京琉璃塔，后面的章节将更详细地介绍它们。

　　我们从《中国佛教史迹》和上海地方志中整理出了与龙华塔及龙华寺的历史相

图 262 江苏松江府的西林塔。共七层，高 45 米。最后一次修缮可能在 1900 年左右。林普里希特博士拍摄。

图 263 上海的龙华塔。共七层，高 38 米。始建于公元 247 年，最后一次修缮在 1900 年左右。参见 276 页，图 259。伯施曼拍摄于 1907 年。

关的内容。唐中宗（李显）嗣圣元年（公元 684 年）或是四年之后的公元 688 年，此地建造了一座大殿，后来却被毁。五代十国时期的吴越国君忠懿王，在黄浦江的船上看到漫天星辰，于是下令重建佛寺。北宋治平年间，宋英宗将佛寺命名为"空相"。后来，包括宝塔在内的寺庙建筑均毁于元朝末期，但在明朝永乐年间进行了重建，并在明朝成化年间进行了修缮，明朝嘉靖年间再次进行了重建。主殿虽然又被破坏，但很快在明朝万历年间重建，并在明朝末期进行了修缮。1647 年，即顺治帝在位期间，人们又将其重建，并在康熙年间进行了多次修缮。后来的很长一段时间内，宝塔和寺庙状况尚好，直至咸丰年间。尽管当时时势艰难，人们在僧侣的带领下依然募得了善款，对整座佛寺进行了修复，但 1860 年太平天国时期，佛寺再次被摧毁。新一轮的募捐和重建发生在 19 世纪末，确切时间不详。如今，佛寺已作为兵营使用。

我们可以认为，在佛寺一次次的衰败和旷日持久的重建过程中，宝塔也被一次次新建、修葺。宝塔中心坚固、十分纤细的砖石塔身的历史是否可以追溯到更早的时期，尚不清楚，但是可以假定，该砖石塔身的绝大部分结构建于明朝永乐年间，确切的时间应当是 1411 年。外层通透、华美、优雅的木构"外衣"，高高翘起的塔檐、外廊和塔顶，看起来跟清朝中部各省常见的建筑风格类似，应当是在最近几十年内建造的，即 1900 年之前不久。龙华塔八面七层，高达 38 米。最底层围绕着一圈宽敞的回廊，回廊砌有实墙，上方的六层稍向内缩，高度也略有降低。塔身上的门洞交替排列，墙面上装饰着常见的竖向线条。外廊向外挑出的平台上设置了高大的栏杆，中间装饰了精细的花格，纤细的擎檐柱支撑着翘起的屋脊，其间的檐口呈优雅的弧形。伞形塔顶比例协调，顶端有一根高高的刹杆，上面装饰了相轮，刹尖也被细致划分。此类宝塔中充满了弧线和弧面，灵动闪耀，但同时又有着规律的结构和连续的韵律感，展现了超越一切的完美性和统一性。如果单纯从美学的角度来看，正与西方所追求的后哥特式与后巴洛克式风格相似。从深层次的宗教角度来看，此类宝塔在细节上不断重复，高耸入云，是为了传达一种强烈的感受：我们所处的现实生活不可预测，所以向上苍祈求福祉的降临。

4. 江苏苏州北塔

苏州著名的北塔位于北门附近，就在早已破败的报恩寺内，报恩寺也被人们称为北寺。宝塔高高耸立，是城市景观中的标志物。近期它经过大规模的修复，算是中国中部最杰出的宝塔古迹之一，所以值得在本书中详细地记录和讨论。它在历史和宗教方面也有特殊的意义。我们从王世贞 [1] 一篇详细的文章中了解到了许多有关该建筑及其历史的信息，王世贞生于苏州东部的太仓州，因此必定对北塔有着浓厚的兴趣。我们将他的文章《吴郡北寺重修九级浮屠记》中的内容和《古今图书集成》中的内容、庄延龄所写的文章以及《中国佛教史迹》中的内容精炼、整合成了如下内容：

汉明帝在位期间，高僧摄摩腾在河南府洛阳建造了一座地标——白马寺；三国初期吴国定都南京，来自粟特国的僧人康僧会在长江以南地区讲经弘法。一句古诗形容得十分贴切："经来白马寺，僧到赤乌年。[2]"当时，孙权的奶妈陈氏在苏州有一块土地。她捐出这块地，供人们建造佛寺，孙权则从国库中划拨了银两资助建造工程。后来，僧人正慧在佛寺大殿右侧建造了一座十一层的"窣堵波"宝塔，也称"十一成"。据《中国佛教史迹》记载，这应当发生在公元 902—922 年间，即唐朝末期和后梁初期。

这座宝塔又被称为"报恩寺塔"。不过很早之前，就有史料记载，这里有一座阿育王塔，也可能是一座宝塔形的舍利龛。帕克根据他收集到的资料，整理了如下内容：

西晋建兴元年（公元 313 年），在一天夜里渔民们在太湖湖畔，靠近松江府方向的一个叫作沪渎 [3] 的地方看见了水面上的圣光。渔民们第二天再次来到水边，看见了两尊漂浮在水面上的石像，认为他们是海神，便举办了祭祀仪式迎接它们，可两尊石像纹丝不动，仍漂在水上。此后不久，这一异事传到了苏州，一些和尚

---

① 王世贞（1526—1590），明代文学家、史学家。——译者注
② 出自唐代诗僧灵澈的《芙蓉园新寺》。——译者注
③ 吴淞江沪渎口。——译者注

和尼姑便出发去了沪渎。他们找回了石像，并将其带回了苏州，供奉在后来建造了北塔的那座寺庙中。据说石像的圣光持续照亮了七个昼夜。关于苏州这两尊浮海而来的石像的故事被收录在《法苑珠林》①中，"佛教真传"（Fo kiao tschen tschuan）中的一幅精美图画也描绘了这一场景。此事件发生的确切时间也有记载——西晋愍帝在位的第一年，即公元313年。建兴四年（公元316年），渔民在同一位置发现了一个青金石碗。当他们准备将它用来盛放日常菜肴时，碗身外侧显现出了一幅佛像，显然这个碗属于那两尊石像。因此，它也被送到了苏州的佛寺中。此后不久，几名来自异国的高僧来到苏州，带来了流传在异国的预言：在东方必定有两尊石雕佛像和一座阿育王塔。而他们真的在苏州找到了这些圣物。

王世贞的文章中还提到，宝塔建成后留存了1000多年，直到逐渐破败，最终被大火焚毁。这里可能指的是一座古老的宝塔，甚至是前文中所说的阿育王塔，也可能指的是后来建造的一座宝塔，但绝不可能指那座公元902年至922年间由僧人正慧建造的十一级宝塔。宝塔何时被焚毁，我们尚不清楚，但人们很可能在宋朝元丰年间一致决定将其修复。同时，他们决定将宝塔改为九级。绪成被舍利子发出的圣光触动。诗人苏轼在1070年左右作为杭州和苏州的通判，为此做出了一点贡献。他从收藏中捐出了一只古老的青铜龟和一颗舍利子，并写下一篇长文，也被收录在《古今图书集成》中。几十年中，宝塔为人们提供了远眺风光的绝佳地点。但在1130年，战火四起，佛寺和宝塔也被烧毁。南宋绍兴末年，一位法号为"金大圆"的游僧重建了宝塔，塔高九层。我们初步认定这发生在1160年。尽管随着时间迁移，这座宝塔逐渐有些损坏，但历史应当已十分久远了。明朝弘治十二年（1499年），知府令僧人德昊修缮宝塔。建于1160年的那座新宝塔在400年后，由于疏忽大意，再次失火。1567年至1573年间，寺庙和宝塔又一次被焚毁。明朝万历年间，人们计划对佛塔进行全面的修缮时，却发现缺少资金。山僧性月自愿请缨，愿独自承担这项工作。当人们将脚手架搭好后，工头突然翻脸，坐地起价。此时正是万历十年（1582年），游僧如金来到此地，绕塔顶礼、

①《法苑珠林》是概述佛教思想、术语、法数等的佛教类书，作者为唐代高僧释道世。——译者注

叩头诵经。山僧性月认出了他，高兴地说道：事情有了解决的希望，我请求将这项任务移交于他。游僧如金觉得这并非难事。他更换了搭建脚手架的工匠，只留下不足十分之二三的人，带领人们完成工程并在此布道，创造了奇迹。整整九年过后，该工程于 1590 年完工。尽管人们完全是按照它之前的样子重建了这座九层宝塔，但它在美感、华丽度和尺寸比例上都更胜一筹，如同出自一位伟大的魔术师之手，高耸入云。游僧如金甚至还有余力，完成了一尊巨型的能仁丈六金身佛像，以及一幅"圆通妙相"。当所有的一切如期完成时，如金声名大噪，但这也给他带来了困扰；为了摆脱烦扰以免思虑过度，最终如金还是离开了此地。

王世贞亲身经历了这次大修，所以也将此事详细记录了下来。在 1590 年宝塔建成后，尽管时不时还会进行修缮，但如今的宝塔与当年建成后的状态并无太大的改变。美魏茶认为，在清朝道光初年，也就是 1821 年后不久，宝塔进行过一次大修，耗费了巨额资金，据说由三位名流相继资助：一位官员、一位富商和一位琉球群岛的亲王，富商还因此破产。据说整个修缮工程持续了六十年，这倒是可信的，工程很可能在 19 世纪中叶的动乱和灾难中一次又一次中断。最后一次彻底的修缮发生在 1903 年。完工后的宝塔外观极其完美，人们为其拍下了不计其数的摄影照片，访客络绎不绝。可以假定，这座宏伟宝塔的大型结构，包括其内部坚固的塔身，绝大部分的历史都可以追溯到宋朝，这些部分在 1590 年的大修中被保留下来。不过宝塔最外层的结构造型大多是建于 1821—1903 年。

关于该宝塔的描述：

通过此次考察，我们记录了一些主要尺寸，但没能进行更精确的测绘。不过，这些尺寸已经足够我们画出宝塔的图纸了。八面的砖砌塔身由内外两层组成，两层结构之间由一圈完整的回廊分隔，但塔身每一层的地板和屋顶又将它们连接在一起，形成一个整体。回廊中设置了楼梯，楼梯均按顺时针方向排列，以保证游人可一路向上攀登，不用改变方向，右臂始终靠近塔芯，这也遵循了佛教仪式中的规定。塔身向上虽逐渐收拢，但并不明显。宝塔底层的八边形平面的直径为 17.5 米，最顶层为 14 米，塔身内芯的直径从 7.4 米逐渐减少到 6.9 米。外层墙身从内侧看起来似乎是笔直向上的，其实墙身的厚度从 3.55 米逐步缩小到了 1.56 米，回廊的宽度从 1.7

图 264 苏州府北塔的模型。在此模型中，塔身过于纤细，塔刹过高。最底层回廊的墙面上应当是一扇扇窗户，而不是封闭的实墙。参见 277 页，图 261；283 页，图 265。见于芝加哥菲尔德自然史博物馆。

图 265 江苏苏州府的北塔。共九层，高 70 米。可能始建于公元 300—400 年间。后来在公元 902—922 年间重建一座十一级宝塔，1080—1160 年间重建一座九级宝塔。现今的这座宝塔建于 1582—1590 年，修缮于 1903 年。参见 277 页，图 261；283 页，图 264；284—287 页，图 266—269。见于《中国佛教史迹》。

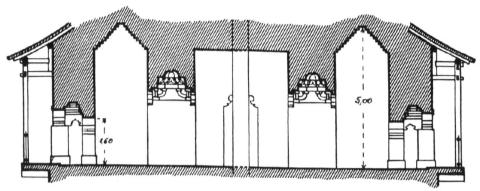

图 266 外廊和佛堂的剖面。比例尺为 1∶150。

图 267 墙身内部的一座佛堂。拱顶材质为赤陶。

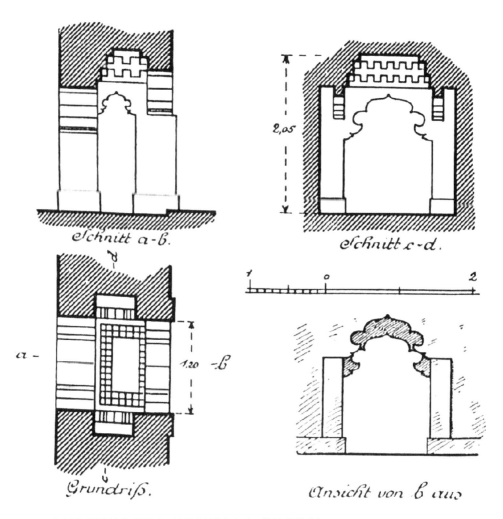

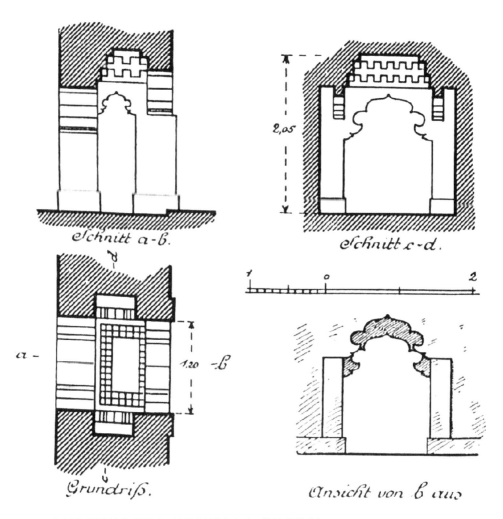

图268 苏州府北塔的外层佛堂。墙体材质为赤陶。伯施曼绘制。

米增加到了 1.97 米。每一层的中央都有一间方形的佛堂，墙面上设置了壁龛，入口数量不等。塔身中央还有一根圆木，直径 55 厘米，上面钉有长长的竹条。它穿透最顶层的佛堂，直插云天，支撑着伞形的塔顶以及铁制刹杆。塔基高 1.9 米；九层塔身每层的高度从首层的约 7 米逐渐减小到顶层的 4.5 米，塔身总高约为 52 米；伞形塔顶和塔刹高度约为最顶层的 3.5 倍，约 17 米。徐家汇博物院的模型夸大了宝塔的高度，整座宝塔高 70 米，是中国宝塔中较高的一座。根据帕克、杜步西的资料和徐家汇博物院的模型，人们认为这座宝塔高 76 米，但我们仍然认为，这座宝塔高 70 米。

底层之上的每一层均有八个相同的、通向回廊的开敞的门洞。外侧的墙身上不仅有转角壁柱，每面墙上还有两根壁柱和一根横梁，像是框架形的装饰。门洞位于墙面中央，因为墙身有一定厚度，门洞后方形成了一条甬道，通向一座小小的佛龛。佛龛的顶部有悬挑的木制构件和一面水平的镜子。这些木制构件由嵌入墙身的额枋和一些更大的拱式构件支撑，外部比内部更高，轮廓上有点像带有尖角的三叶拱。十分高大的回廊上方为尖顶，两边的墙壁线条笔直，在顶端汇成尖角。从门洞处小小的佛堂空间到中央的佛室都称得上是艺术杰作。八角形横梁位于角拱之上、扁平的三叶拱之间，支撑着上方的穹顶。屋脊由独具特色的斗拱构件组成，每条屋脊同样自下而上向两侧延伸，互相连接形成圆环，上面刻有浮雕。一层层圆环逐渐变小，穹顶的顶点处是一小片圆盘。穹顶内部和下部的构件尺寸大小变化多端，线条和平面之间产生的光影生动活泼，使整个内部空间自成一体，灵动优美，令人惊奇。宝塔内部光照充足，窗口数量众多。每处开口都经过了精心的设计，引入的自然光线使塔内细节清晰可见。光线自然也照亮了塔中不计其数的浮雕和佛像，它们的材质多为陶土或石块，被人们雕刻于墙壁上，放置在壁龛中、佛坛上甚至屋顶处，使得这座宏伟的建筑物处处体现了佛教精神。按照美魏茶的说法，宝塔内部曾有 500 尊佛像。

一个个坚固的斗拱承托住外廊的平台，苏州的宝塔中也有类似的形式，但那些斗拱并不完全是为了支撑外廊而建造。外廊的栏杆由高大、精细的花格组成。紧贴着斗拱下方的便是塔檐，其边线笔直，于屋脊处汇成高高翘起的弧线。每个檐角都悬挂了风铎，每层 8 个，九层共 72 个。

这座宝塔的一大特色是底层宽大的八面回廊。回廊宽 7.5 米，围绕着塔身，通过塔身上的四个门洞可以进入宝塔内部，每个门洞处均设有台阶。回廊的每一面外墙均被划分为五个花格窗口，四个主立面均开设了出入口。外廊宝塔所特有的形式在这里被表现得淋漓尽致。而徐家汇博物院的宝塔模型错误地将回廊的外墙全部制作成了实墙的样式。

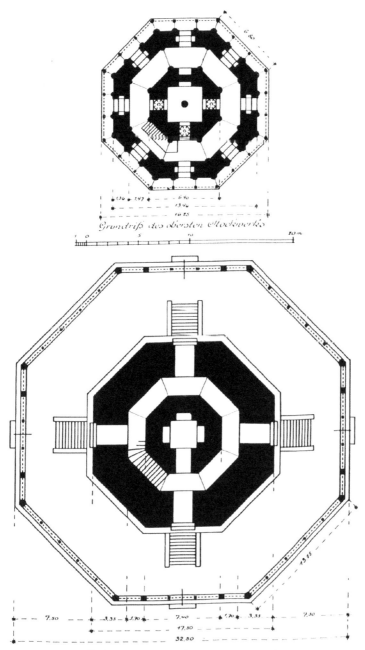

图 269 苏州府北塔的首层平面图及第九层平面图。参见 283—285 页，图 265—268。伯施曼绘制。

宝塔顶部的伞形塔顶和塔刹高高耸立。正如中国中部和南部的宝塔建筑一样，北塔的塔刹也非常高大、华丽。塔刹七重相轮呈纺锤形，相轮上方是伸出八根悬臂的精致华盖，八条垂链连接悬臂和伞形塔顶的屋脊末端。这一结构可以固定刹杆。塔刹的上下两端分别是两颗宝珠，上方那一颗像是多层圆盘垒叠在一起，最顶端是宝瓶形的火珠，宝瓶顶端以细尖收尾。这种具有多种元素的塔刹有着特别的象征意义，我们将在后文中进一步阐述。塔刹作为宝塔不可或缺的一部分，其形态也受宝塔整体结构的影响。

宝塔建筑之鬼斧神工、高处景色之优美壮阔，让中国人惊叹不已，成就了大量著名的文章和诗篇。北塔造型新颖，形态完美，一直为人口稠密、经济富庶的苏州城带来福气，是此地的地标。在艺术和宗教两方面，它将这座城市与遥远的过去联系在一起，三国时期的吴国为佛教的传入敞开了大门，同时带动了这片地区的繁荣昌盛。宝塔与这座城市本身的风水息息相关。一条名为"护龙街"的主干道从北向南贯穿整个城市，全长 4.5 公里。街名中的"龙"象征着城市的灵魂。龙头位于南端，以孔庙为标志，附近的两口井象征龙的眼睛。而龙尾就是北边高耸入云的北塔。正因其重要性，宝塔一直被人们妥善维护着，城中也常举办与宝塔相关的大型庆典。帕克曾描述过，这座宝塔装饰着华丽的灯光，照亮天空整整三夜。塔身的每一层都挂着灯笼，每层还有八位僧人同时转塔诵经。大户人家也纷纷为庆典捐款，以缅怀先人，祈求福报。

这座大型宝塔给人带来强烈的视觉冲击，同时也给人留下了极佳的美学印象。塔身各层的尺寸自下而上逐渐缩小，因此所有细部构件也必须缩小，更加精细，不过由于距离地面的高度逐渐变大，逐渐缩小的构件倒也不显奇怪。这些构件包括了门、佛堂、栏杆、腰檐以及最微小的细节。中国人，尤其是佛教徒，将建筑物的这种艺术生命力视为其不可或缺的一部分。攀登一层又一层的宝塔，就像是登上佛教世界的一重又一重天，随着距离地面越来越远，人们也会感觉自己逐渐脱离尘世，变得越来越渺小和虚无。文人墨客常在诗文中表达这种感受，以宗教和精神世界中的标尺来衡量现实世界。欧洲人也会有相似的感受，但文字中总少了这种超脱自然的心境。比如长期居住于此、对苏州及其周边地区有着全面认识的杜步西，他写道："回廊层层转换，这座城市落在您的脚下，护龙街向南延伸至孔庙。西北边是熙熙攘攘的城门，西边是太湖、连绵不断的丘陵和伫立在山峰上的宝塔。平原上布满了村庄，在那里的最南端，耸立着一座宝塔的地方就是吴江。若你的视线沿着闪闪发光的运河向东望向远处的山坡，那里便是昆山。山脚下东北方向 30 英里处是拥有10 万人口的常熟。转向西北方向，距大运河 30 英里处，便能看到惠山。那里是拥有 15 万人口的无锡，方圆 30 英里内有数以百计的市镇，人口从 1000 人至 5 万人不等，或许还有近万座村庄，总人口高达 500 万。"

北塔是苏州最重要的一座宝塔。其他几座宝塔已在本章第四节介绍过，即城市中部的双塔和最南端的瑞光塔，书中也已研究过苏州以西的三座大型宝塔：西北的虎丘塔、西边的灵岩山塔和西南的上方山塔。这七座宝塔在城市全景中十分和谐，与城市自身以及周边不断变化的风景始终保持平衡，但北塔作为苏州南北轴线的端点，占有绝对的主导地位。

5. 浙江杭州六和塔及海宁州宝塔

江苏苏州和浙江杭州作为"姊妹城市"，杭州自然也有一座苏州北塔的"姊妹塔"，它就立于钱塘江畔。杭州这座以西湖闻名的城市，共有三座大型佛塔，其中雷峰塔和保俶塔我们已在第四节中介绍过。所有宝塔几乎都在同一时间建造，地理位置优越，以确保这座城市拥有绝佳的风水。

六和塔位于开化禅寺内，建塔是源于一种奇特的自然现象——钱塘江潮。钱塘江潮发生在杭州湾，即海宁州附近的钱塘江入海口，杭州沿江而下 130 里，每天涌潮两次，水声澎湃。根据一句中国谚语，天下有三绝 [1]：一是杭州钱塘江潮；二是雷州换鼓，雷州位于广东南部雷州半岛，即海南岛对岸；三是登州海市，登州在山东北部。三者分别代表了具有巨大威力的三要素，即中国最南部的"天"、中部的"水"、北部象征阴间幻象的"地"。巧合的是，三地的名称中都有"州"这个字。

---

[1] 原著有误，应更正为"天下有四绝"。出自明代文学家冯梦龙《警世通言》："从来说道天下有四绝，却是雷州换鼓，广德埋藏，登州海市，钱塘江潮。"——译者注

每天都上涨的大潮可达几米高，威力巨大，在每月的新月和满月之后达到高潮，在春分和秋分时甚至可达十米。如果大浪遇到持续的东风，同时倾盆大雨又使河流水位急剧上涨，那么便会造成灾难性的后果。说起对抗水灾的故事，人们可能会想到薛西斯[①]，他曾试图用铁索控制兴风作浪的大海。钱镠在唐朝末期建立了吴越国，即如今的苏州、杭州和宁波地区，自公元 907 年起据地称王，还命人在钱塘江两岸筑起堤坝。有一次，当上涨的潮水快要使堤坝崩溃时，他命令士兵向水中射箭，水位居然真的下降了，并恢复了平静。钱塘江潮造成的危害甚至可以远达杭州。因此，宗教人士也试图阻止此类自然灾害，建造宝塔便是其中一种方式。于是，人们在海宁州的钱塘江入海口建造了一座宝塔，在杭州附近的钱塘江畔建造了另一座，也就是六和塔。

该塔位于凤凰山南门——凤山门西南约一个半小时路程的钱塘江北岸，江水向北延伸。宝塔伫立于卧龙山的玉轮峰上，北边耸立的山峰为荔枝山。有一种说法是，宝塔被赋予了特殊使命——保佑此地免遭灾难和洪水泛滥的厄运，即所谓的"镇江潮"。在宝塔高处，人们可以欣赏到山上的壮丽风光、浩瀚江流的蜿蜒曲折，视线远至入海口。我们从历史资料中整理出了以下信息：

公元 713—741 年，即唐玄宗开元年间，六和寺建成。

公元 970—976 年，即宋太祖开宝年间，宝塔建成。开宝三年，即公元 970 年，吴越国当时仍保持独立。吴越国最后一位君王钱弘俶，即首任吴越王钱镠的孙子，下令建造宝塔。公元 978 年，钱弘俶自愿纳土归宋。宝塔由延寿禅师建于吴越的第二任君王钱元瓘的一座园林内，钱元瓘为钱镠之子，钱弘俶之父。宝塔高九层，文献中记载此塔高 525 尺，这显然是笔误。宝塔首层的平面为六边形，塔身自下而上逐渐变成圆形。每层都开有门洞，通向环绕塔身的外廊。

公元 976—984 年，即宋朝第二位皇帝宋太宗太平兴国年间，六和寺改名为开化寺。

1122 年，宋徽宗在位期间，杭州爆发了一场地方起义，宝塔彻底被毁，未遗一砖，随即便发生了前所未有的特大洪灾。

[①] 薛西斯（Xerxes，约公元前 519 年—前 465 年），波斯帝国统治者。——译者注

1143—1153 年，即南宋第一位皇帝宋高宗绍兴年间，人们于 1152 年开始重修宝塔，从九层改为七层。通过智昙禅师的努力，工程从未中断过，至 1156 年完工。重建的苏州北塔也落成于这个时期。在元朝和明朝，宝塔多次遭到火灾的严重破坏。

1735 年，清朝雍正年间，人们重建了宝塔，雍正本人也对此做出了巨大贡献。

1736—1796 年，乾隆皇帝多次造访宝塔，并多次为宝塔题字，其中包括寺庙中一座立于 1751 年的石碑。乾隆曾命人在热河行宫模仿六和塔再造一座一模一样的塔，但热河行宫的这座宝塔后来毁于一场大火，已不复存在。

1862 年，六和塔毁于太平天国起义。

1894 年，皇帝下令重修宝塔，由曾任礼部侍郎的朱茗笙[①] 负责这一工程。从那时起，宝塔再也没有受到过洪灾和火灾的威胁。

1901 年，宝塔又进行了一次规模宏大的修缮，为此苏州的布政使还拨款十五万两大清银币。

宝塔由坚固的主塔身和外围的木质结构组成。底层的平面为八边形，边长 9.8 米，坐落在边长 14.6 米的塔基上。宝塔底层有一圈完全开放的柱廊，每边立有四根圆木柱，每边相距最远的两根之间的距离为 12.9 米，这便是外廊的边长。宝塔的主入口位于南侧，不过八边形底层的各面均设置了宽 1.6 米的通道，通道穿透 4.2 米厚的外墙，连接外廊和塔身内部的回廊。内部的回廊中只有南侧有台阶，穿过 3.1 米厚的回廊内壁，通往中央的方形佛堂。佛堂的底层中央有一根粗壮的立柱，一座木制楼梯盘旋而上，直达上层。回廊和厚实的内壁之上设置了许多小型的壁龛，壁龛内部嵌有《四十二章经》的石刻，每章都用一种独特的字体刻出，每一处壁龛中还有一幅观音像，这些都出自南宋绍兴年间。南宋初期人们很有可能预见到了宝塔即将重修，便事先制作了这些石刻，1152—1156 年新建宝塔时，石刻被放入壁龛，保留至今。

塔身坚固的墙体可能一直贯穿至第六层，然后向上逐步收拢，塔身最顶层的直径只有 13.3 米，而底层直径为 22.5 米。每一层的平面布局都相同，外层墙体设置

---

① 朱智，字茗笙，浙江钱塘人。光绪五年（1879 年）任兵部侍郎，光绪七年（1881 年）病免回钱塘，光绪十六年（1890 年）因在家乡办赈出力，受到嘉奖。——译者注

了八个通道，内层墙体有四个通道，两层墙身中夹有一圈内廊，两侧设置了壁龛，内廊中还设置了楼梯，各层楼梯向一个方向旋转，中央有一间佛堂。不过宝塔的外观与它封闭的内部空间全然不符。塔身除最底层外，被划分为十二级，外侧有一圈装饰性木板，每层均有外部回廊。塔身每层高度不同，一高一矮交替垒叠，这与内部楼梯的高度有关；每一层由塔檐分隔，檐角略微翘起；每边的墙面均设有三个矩形洞门。外部木质结构与内部实墙塔身向上收拢的幅度完全相同，呈锥形，外侧木饰面也和墙体一样倾斜。塔身上方是形式简洁的伞形塔顶，顶端冠有小小的宝珠。由此，高达 84 米的宝塔呈现出标准的金字塔形结构，紧凑的楼层划分让人不禁联想到古老的中式楼阁或是某些天宁式宝塔。徐家汇博物院的宝塔模型的许多细节并不准确，高度也被夸大了，但本书仍然选择展示该模型的照片，用来帮助读者理解宝塔整体的结构。

塔身中央是供奉佛像的佛堂。第一层佛堂供奉掌管潮汐的龙王，上面各层分别供奉了如来佛、释迦牟尼佛、地藏王。宝塔在四月八日、七月三十日、十二月八日会被点亮。四月会举办盛大的庆典，成千上万的信众汇聚于此。在寺庙中、宝塔旁，树立着两个"七佛台"，即七边形的祭祀柱，它们是按照两座佛教名山普陀山和天

图 270 六和塔。伯施曼拍摄。

图 271 塔身上方各层层高不一，墙身饰以木板。伯施曼拍摄。

图 272 宝塔底层有一圈开放式的回廊。六和塔位于钱塘江北岸，浙江杭州府西南。外侧共十三层，高 84 米。始建于公元 970 年。如今的宝塔建于 1152—1156 年，并被不断修缮，最近的两次修缮工程是在 1894 年和 1901 年。参见 294 页，图 273。图为芝加哥菲尔德自然史博物馆内的模型。

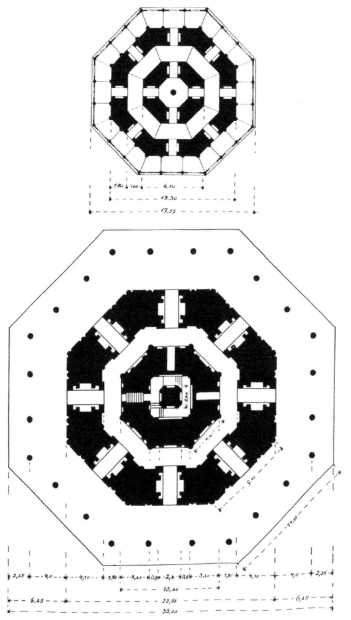

图 273 杭州府钱塘江畔六和塔的首层平面图及最顶层平面图。参见 292—293 页，
图 270—272。见于《中国佛教史迹》。

台山中的祭祀柱为原型创作的。其基座和柱脚表面平整，可以作为祭台使用，一个摆放食物，另一个摆放水。因此这两个露天祭坛也被称为"饭台"和"水台"。仿照普陀山中的做法，七位佛陀的名字被雕刻在祭祀柱的七个侧面上。据此，这种祭祀柱也被称为"七如来宝塔"。

海宁州塔

　　钱塘江于海宁汇入杭州湾。我们在前文关于杭州六和塔的相关内容中已提到，钱塘江每日两次会有特大潮涌，便是在此处。河岸上有着高达八至十米的高大、坚固的堤坝，通过四级台阶式的结构加固。大坝的顶部是一条沿江路，路旁伫立着来自宗教世界的"守护者"——大量的纪念碑和建筑物，人们相信它们拥有能够镇压汹涌潮水的强大力量。这里曾经建造了大量的亭台楼阁，其中一座皇家凉亭在太平天国起义时被毁，另一座"望潮亭"留存至今，亭上题有"大观"两字。雍正年间，魏氏家族铸造了一尊两米长的青铜牛，将其置于大坝上，希望它"变身为龙，永远守护大坝"。这里还有一座小佛寺，名为"小普陀山"，是仿照佛教圣地普陀山上的一座大佛寺而建。小普陀山就位于杭州湾前方，与东部最远处的群岛遥相呼应。这里就像是一处小小的前哨，最先感受到汹涌的大潮。这座小佛寺的主殿中央供奉着观音大士，其两侧各供奉着六座塑像，为十二圆觉菩萨像。

　　作为最重要的圣地，堤坝上伫立着一座六面七级的宝塔，塔身有结构清晰的塔檐，檐角向上翘起，每层交替设置洞门。外廊环绕塔身，有高大的栏杆，栏杆之间有木制窗格。顶部塔刹高耸，几乎就是苏州宝塔塔刹的精致复刻，只是尺寸小了许多，但基本结构大致相同。该塔建造时间不详，不过海宁城中一座寺庙的碑文似乎提供了一个线索。这是一座纪念唐代杭州刺史赵氏的寺庙，据说他曾遵照钱镠的命令，让士兵将箭射入水中，以打败洪水中的恶灵，这个故事我们在前文中曾提到过。他被供奉在大殿正中，左侧是钱大王 ①，右侧是春秋末年吴国重臣、苏州的建造者

---

① 传说中钱塘江边的巨人。——译者注

伍子胥。主殿背后有一座凉亭，其中有一块刻有乾隆皇帝题字的石碑。依据碑文记载，此地在雍正皇帝即位之前还没有大坝，洪水泛滥严重。直至雍正皇帝即位，他才划拨了十万两白银，于雍正十年（1732年）命人建造了大坝和庙宇，人们也可能同时建造了宝塔。如果宝塔早已存在，那么人们也一定对其进行了修缮，使其呈现出如今的造型。几乎在同一时间——1735年，雍正命人重修了杭州六和塔。所以暂且可以将海宁塔的建成年份定为1732年。

6. 诗作

与宝塔有关的诗作众多，我们从《古今图书集成》中选出了三篇，它们似乎都与外廊层塔有关。郭登[①]的诗，描述了雨后登上塔顶看到的壮阔景象，不过没有明确的线索证明诗人登上的是一座外廊层塔。值得注意的是，诗中提到宝塔为十三层，还设置有栏杆。而唐代诗人刘长卿和李太白所写的另外两首诗则提到了扬州府。久负盛名的城市扬州位于长江以北，运河之畔。在扬州的大东门外有一座庞大、精美的宝塔，在中国至今仍广为人知。尽管这座城市就在长江繁华的航道旁，但我们没能获得关于这座宝塔更详细的资料。下文摘录的这两首诗的诗名中所提到的"西灵塔"和"栖灵寺塔"，是否为同一座宝塔，或者就是那座著名的宝塔，尚无法确定。纽霍夫在他的画作和文字中仅简短地提到了一座高大的宝塔，登上塔顶便拥有了广阔的视野。李太白的十句五言诗在流传的过程中，缩减为八句五言诗。最后一首刘长卿的诗文，有两行诗也互换了顺序，内容连接更为顺畅。

秋日登扬州西灵塔

李太白

宝塔凌苍苍，登攀览四荒。顶高元气合，标出海云长。

万象分空界，三天接画梁。水摇金刹影，日动火珠光。

---

① 原文为郭钰，疑似有误。郭登为郭英之孙，郭钰可能为郭英之子、郭登之父。——译者注

图 274 海宁州的占鳌塔。位于浙江杭州湾的北岸，钱塘江入海口处，这里大潮汹涌。宝塔六面七层，高约 40 米。修建或修缮于 1732 年。伯施曼拍摄。

鸟拂琼帘度，霞连绣栱张。目随征路断，心逐去帆扬。

露浴梧楸白，霜催橘柚黄。玉毫如可见，于此照迷方。

塔顶

郭登

塔顶新晴独自登，画栏高倚十三层。

不知眼界高多少，地上行人似冻蝇。

登扬州栖灵寺塔

刘长卿

北塔凌空虚，雄观压川泽。亭亭楚云外，千里看不隔。

遥对黄金台，浮辉乱相射。盘梯接元气，半壁栖夜魄。

稍登诸劫尽，若骋排霄翮。向是沧洲人，已为青云客。

雨飞千栱霁，日在万家夕。鸟处高却低，天涯远如迫。

江流入空翠，海峤现微碧。向暮期下来，谁堪复行役。

第六节　琉璃塔

迄今为止，使用不同材料——如陶土、石块、铁——建成的宝塔以及结构独特的墓塔，其造型或无先例可考，或后期演变而来，但无论如何，其基本结构都得以保留了下来。本章将对其中的一部分进行介绍。在材料允许的情况下，有时人们会极度自由地设计宝塔，或希望宝塔发挥出独一无二的效果，便会使宝塔结构发生巨大的变化，呈现出新颖的结构。这类特殊形式的宝塔往往尺寸都较小，却也让人眼前一亮。还有许多小型的纪念碑，也样式各异。中国的工匠们创造出越来越多的新式造型，超越了佛塔和印度塔原本的建筑理念。

大型陶塔是宝塔形式自由发展的一个历史阶段。作为具有纪念意义的建筑，其设计很大程度上受到了限制。不过，单就建材而言，上了彩釉之后，宝塔便足够雄伟壮丽了，巨型宝塔也是如此。构件由琉璃化的陶土烧制而成的宝塔简称为琉璃塔，主要形式多为叠层塔和层塔。关于设计造型比建造材料更吸引人的宝塔，如北京的天宁寺塔和承德府永麻寺宝塔，将放在本节最后进行介绍。

毋庸置疑，早在唐代便已经出现琉璃建筑，但普遍使用琉璃作为一种建材最早应该是在宋代。我们暂时还没有找到可供调研的具体实例，只能研究某些案例的资料。宋朝初年，都城开封建造的宝塔已经大规模地使用了琉璃这种材质，这具有重大的历史意义，特别是公元 963—967 年 [1] 间建成的开封铁塔和公元 977 年 [2] 建成的繁塔。由于风吹雨淋，又经过了改建，繁塔上的琉璃所剩不多。此外，其造型也很独特，所以笔者在前文级塔一节中对其进行了介绍。最著名的例子——"南京瓷塔" [3] 如今已不复存在，它建于明朝初年，后来的一些小塔都是模仿它而建造。18世纪的康熙以及乾隆时期出现了大量的、知名的琉璃塔，这一系列宝塔，不论是在

---

[1] 一般认为开封铁塔建于 1049 年。——译者注
[2] 一般认为繁塔建于公元 974 年。——译者注
[3] 即大报恩寺琉璃宝塔。——译者注

这一时期新建还是修缮，都大量使用了琉璃，而有些宝塔最早在明代就使用了琉璃。其中许多宝塔在前文已经介绍过，如山西奉圣寺中的宝塔和平阳府塔。此外，虽然承德避暑山庄永麻寺宝塔只有部分使用了琉璃，但本节中会将其作为南京大报恩寺的延续进行对比介绍。

1. 河南开封府铁塔

在宋朝古都开封府东北部，即当年皇宫的东北方向矗立着这座城市的象征开封铁塔，与古城墙东南角低矮很多的魁星楼形成了鲜明对比。铁塔位于佑国寺中，佑国寺规模宏大，十分著名，不过很久以前便只剩下少许遗迹，今天已完全消失无踪。这座宝塔建于宋朝初年，当时国泰民安，比它晚十年建造的开封大相国寺内的一座大型宝塔也可以体现这一点，正是宋朝皇帝对于权力的追求和国家强大的期待推动他们修建如此宏伟的宝塔。关于寺庙和宝塔的历史，我们可以从河南的地方志、《中国佛教史迹》和《鸿雪因缘图记》中找到相关记载。《鸿雪因缘图记》中的文字显然参考了别的史料，因为它错误地将铁塔的建造时间标注为 1041—1048 年。本书已对这些资料进行了梳理加工。

这座铁色琉璃宝塔呈铁褐色，建于宋太祖乾德年间，位于河南甘露寺内。该寺始建于后晋天福年间，当时名为等觉禅寺。宋朝乾德年间移到现址，更名为甘露寺，建造宝塔之后又被更名为上方寺。从那时起，人们也将该寺称为铁塔寺。元朝末年，也就是 1368 年之前，该寺毁于战乱。在明朝初年——明太祖洪武年间，确切地说是洪武十六年（1383 年），该寺得到重建，不过也有一种说法称寺庙是在 1395 年时重建。现在，人们大多称其为铁塔寺。明英宗天顺年间，铁塔寺改为现在的名字——佑国寺；另一个版本的说法是，直至乾隆时期寺庙才再次改名。明世宗嘉靖三十二或三十三年（1553 或 1554 年），该寺又进行了大规模整修。约明朝末年，该寺毁于一次水灾，只有宝塔保留了下来。清朝初年，即顺治二年（1645 年），一位高官筹款重建了该寺，铁塔寺重现人间。在乾隆皇帝到访此地后，人们于 1750 年修缮

图 275　开封府的铁塔。共十三层，高 50 米，建于　图 276　徐家汇博物院的铁塔模型。
公元 963—967 年。寺庙遗迹现已消失无踪。巴尔
泽拍摄于 1911 年。

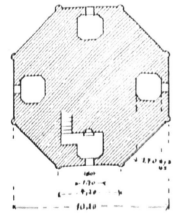

图 277　开封府铁塔底层的平面图。比例尺为 1∶300，参见
302—308 页，图 278—282。伯施曼绘制，见于《中国佛教
史迹》。

图 278 河南开封府铁塔的底层和上面的一层。建于公元 963—967 年。塔身外侧布满琉璃浮雕。参见 301 页，图 275—277；304—305 页，图 279—281。喜仁龙拍摄。

了该寺。根据麟庆的记载，铁塔寺最后一次修缮是在 1831 年。沙畹 [①] 拍摄了几张铁塔的照片，并在其中一张下方标注了铁塔的修建时间为 1383 年，也就是寺庙毁于战乱之后重建的时间。《鸿雪因缘图记》的作者却在书中明确写道，现存的这座宝塔就是当年初建的那一座。而从当地人口中得到的信息是铁塔建于宋代，在洪武年间修缮。虽然塔身外部一些浮雕板与明代的风格相近，但大部分雕像，尤其是大型釉彩佛像，还是更符合宋代的风格。在很多佛像、浮雕和铭文上可以看到不同的日期标注——1512、1529、1553、1577、1590、1814、1775，这些都与信众捐款的时间有关。铁塔上的一处文字中提到，塔中 48 座阿弥陀佛琉璃像是一位皇子命人打造的。有了这些捐款，人们自然会长期尽心尽力地保养维护这座建筑。地方志中将这座古塔称为铁色琉璃塔，也明确记录了它的主体结构由砖块垒砌而成。在 14 世纪，要想摧毁这样一座宝塔应该是非常困难的，至少应该能够在地方志中找到关于宝塔损毁和重建的记载。然而，事实并非如此，所以这里暂且将其建造时间定为公元 963—967 年。

　　根据推测，这座极纤细的八面宝塔的底层边长为 4 米，对边直径为 9.75 米，对角直径为 10.5 米，总高约 48—50 米，中国的历史图片往往夸大了宝塔的细长感。喜仁龙称其高 56 米，这肯定过高，关野贞的测量数据为 70 米，徐家汇博物院的宝塔模型显示出塔高 72 米，这也是不可能的。宝塔的基座高大、敦实，上缘有一圈看起来十分古老的塔檐，上面高耸着十二层塔身，层高不高，自下而上高度逐层递减，每层由双重塔檐分隔。由此呈现出叠层塔的特征，所以该塔在外形上也应该属于此类宝塔。宝塔各层只在四面主墙上设置有开口，每个开口通向一间四方形的小房间。下部的 1—5 层有稍许向外出挑的塔檐，由两组形式简单的石斗拱组成，每一重各有两排石斗拱，上下叠放，向外挑出。下方的那一组石斗拱上方有着细长的、下边缘呈弧形的木制椽木屋檐。第 6—10 层塔身，上方的那一组石斗拱只有一排。在最高的 12 和 13 层，则完全没有上方的那一组石斗拱了。微微出挑的塔檐为高塔几近笔直、毫无突起的外部轮廓带来了一丝韵律感。伞形塔顶高耸入云，屋脊带有一点点弧度，顶端只有一颗形态简洁、带尖的宝珠，符合宝

① 沙畹（Édouard Chavannes，1865—1918），法国汉学家。——译者注

图 279 开封府铁塔的部分琉璃浮雕。砖层厚 7 厘米，石板分别高 20 厘米和 35 厘米。参见 305 页，图 280。见于《中国佛教史迹》。

图 280 铁塔正面的乐师雕塑。高 20 厘米。

图 281 河南开封府铁塔底层佛殿内上了黄色釉彩的佛像。有三相光晕，高 1 米。参见 301 页，图 277；304 页，图 279。伯施曼拍摄。

塔整体纤细的风格。底层有四个 1.7 米 × 1.7 米的小房间，正面的一间设置了一段宽 70 厘米的台阶，环绕着厚 6 米的实心内墙向高处延伸。台阶很暗，几乎没有光线照射进来，不过中间设置了许多休息平台。这些由砖块和石灰石铺成的台阶有点陡峭，经过多年的使用已经被磨得漆黑。这条台阶通向各层的佛堂，前行途中障碍重重，直到第 12 层有一座铁质佛像完全阻断了继续上行的路。

　　该寺因其砖块垒砌技术、琉璃和浮雕而与众不同。砖块厚 7 厘米，彼此无缝契合，轮廓清晰，在结构复杂的地方也贴合得十分完美。刻有花纹的半圆形瓦当遮挡住细长的开口，这些瓦当表面的浮雕图案十分精致。该塔前殿高 2.2 米，顶部是结构清晰的八面尖顶。前殿的下方空间平面为方形，顶部四角有层层叠叠悬挑而出的砖构件，上方空间的平面也逐渐转变为八边形，边长 0.7 米。屋面垂脊上覆盖了扁平的釉砖，屋面上另有九层瓦片向外挑出，交互叠放，边缘有凸起的线条装饰。屋脊交汇在顶点处，那里也有两层瓦片。

塔身外部全部由琉璃和浮雕构成，颜色十分华丽，氧化铁表面的棕色作为基色，上方是绿色和黄色彩釉，然后是淡青色和黑色，最高处的塔顶施的是黄釉。塔身笔直向上的墙面用 20—35 厘米长、20 厘米宽的釉砖装饰。每块釉砖上都设置了一对佛龛，顶部的双重弧线结构颇具哥特式风情，龛内雕有佛像、飞天、飞龙以及其他纹饰,壁龛外围绕着 7 厘米宽的装饰带。水平方向的装饰带上有逼真的树叶、藤蔓和莲花图案，垂直方向的装饰带则雕刻了约 20 厘米高的曼妙人像。重复出现的人像主要有两个，一个是身着铠甲、双手持一根棍棒的佛教护法天神韦驮天，他往往在佛教大殿内被放置在重要的位置上；另一个身着线条流畅的长袖袍褂，吹奏着笛子的是汉朝著名的谋臣张良，奇怪的是，他在此处被视为八仙之一。这让人很难理解，也许以吹笛子而闻名的张良在此处被看作是民间传说中演奏佛乐的乐师。塔身的多处琉璃已风化，不过剩下的部分保存完好。

从《中国佛教史迹》中的一幅照片中可以很清楚地看出，宝塔底层原本比现在要高，尤其是将其与苏州宋塔、长江下游以及浙江的塔相比较的话，也能得出这一结论。凶猛的洪水不止经常淹没开封府周围的地区，也常会侵袭这座城市，导致此处地面不断升高，宝塔看起来就像陷入了黄土中一样。自公元 967 年以来，这里的地面即开始升高，最新的研究和对古墓的勘探可能会对这一现象做出解释。宝塔的入口只有 0.6 米宽，到今天只剩 1.5 米高，当年的部分入口应该被深深埋入了地下，原本入口应该比地面高出几级台阶的高度，至少应有一个基座。入口上方有 4 层倒圆的砖块垒叠在一起，形成奇妙的云朵状浮雕。塔身各层的八个角都装饰了倒圆的粗壮角柱，同样由砖块垒叠而成，几乎与墙面平齐，砖块上可以看到细小的龙饰和狮子纹饰。这座建筑所使用的砖瓦技术和我们西方后来出现的哥特式砖瓦建筑的建造方式惊人的相似。

底层大殿内部的侧面墙壁上设置了琉璃壁龛，将墙面分成了几部分，壁龛中摆放了许多佛像，其中就有接引佛 [①]。殿中祭台上方的壁龛内，有一尊高 1 米、散发

[①] 即阿弥陀佛。——译者注

出三相^①光晕的黄白釉色陶土佛像。它是整座大殿中最重要的一尊佛像，长袍上流动的线条完全体现了宋代佛教的艺术风格。在台阶休息平台两侧的墙面上，甚至在某些台阶之上，都嵌有一块块小石板，上面装饰着十分精美的黄釉、青铜佛像和纹饰，这些小石板有时成组出现，有时又无规律地散落各处。

铁塔建造得十分坚固，形态却十分纤细、前卫，虽然经过多次修整，但仍是最美丽、最出色的宝塔建筑艺术典范之一，也是宋代建筑风格在中国北方地区的重要体现。

关于中国文人如何看待这类建筑，他们如何理解建筑中体现的佛教思想，又如何将其与中国古代思想相结合，如何在宗教与现实、原型与模仿之间找寻平衡，可以参考麟庆在《鸿雪因缘图记》中的文章，其中对这类佛塔的内在意义做了明确说明。本书在介绍铁塔的历史时，参考了《鸿雪因缘图记》中相关文章的内容。

麟庆关于 1830 年到访开封铁塔的文章^②

乾隆皇帝曾在乾隆十五年（1750 年）到访佑国寺。这座寺院因位置偏远——位于礼部大殿后方的东北角，鲜有人到访，香火渐熄。

庚寅年（1830 年），礼部建筑得到修缮，完工后第九个月末，我亲自去了一趟。途经佑国寺，看到宝塔高耸，塔钟损坏，院中荒芜，和尚年迈。我一直走到宝塔前院，抬头向上观看，13 层塔身每层皆有一扇门。第 11 层处倒垂下一棵古树，苍老、灰白。

我让人将塔门打开，借着火把的光亮走进了塔内。宝塔内部十分宏伟，不论是螺旋状的石梯，还是所有的铁色琉璃砖块，都有别于其他宝塔。我提起长袍开始登塔。从第 3 层向外望去，可以看到监察院，一排排整齐的房屋像翅膀一样向两翼展开，屋顶像鱼鳞一般闪闪发光。从第 5 层向外望去，可以看到尚书省和集市，集市上人

---

① 指佛光、日出、云海三大瑞相。——译者注
② 麟庆原文为文言文，此处为意译。——译者注

头攒动。在第 7 层可以望见城外原野上的菜地和农田，其间自西向北延伸的堤坝好像把一切都连在了一起。从第 9 层向外望去，远处的黄河像一条长带。我的面前出现了灰雁，它们时而向前，时而向后，时而分开，时而聚拢飞翔在空中，好像要融为一体，又好像要彼此分离。我的思绪沉浸其中，以至于几乎忘了自己此行的目的。

当我登上第 12 层时，天空顿时豁然开朗，大地也变得开阔。目光所及之处，皆是蓝色。在第 13 层有一尊铁质佛像挡在门前，无法前进。于是我便转身下塔，一层又一层，当我再次站在塔底的庭院中回望时，已日落西山。夕阳的余晖映照在塔身的琉璃上，反射出霞光，原本漆黑的颜色变成了金色。西山很快变得一片深蓝，接着披上了紫红色的霞光。

我回到家中，与我的母亲谈到今日的所见所闻。当她听到，佛殿和僧人的起居室完全没有抵御风雨的保护措施时，她向上天祷告，希望一切可以重回美好与庄严。后来，我脑海中多次浮现塔上所见的美好景色。

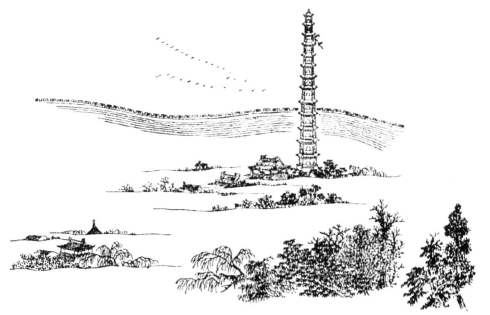

图 282 河南开封府铁塔。麟庆 1830 年左右为《鸿雪因缘图记》一书所绘的配图。参见 301 页，图 275。

2. 原江南省督府南京的瓷塔——大报恩寺琉璃塔

这座著名的宝塔坐落于南京，它曾被人称作瓷塔。南京是曾经的三省（江苏、安徽、江西）督府所在地、明朝的第一座都城，20世纪初新生的中华民国的首都。欧洲人称这座瓷塔为世界奇观，中国人认为这座雄伟的建筑与万里长城拥有同等地位。瓷塔始建于1412—1431年间，后于1853—1862年间被完全摧毁。如今只剩一些残骸收藏于伦敦维多利亚 & 阿尔伯特博物馆，其他部分可能流散于欧洲某地或埋在了南京的地下废墟中。瓷塔并没有留下清晰的图像或照片，我自己也没有去过那里。尽管如此，为了了解这座独特建筑的外观，我收集了大量的相关资料和报道，也了解了这座已不复存在的建筑的重大意义。如果这本关于中国宝塔的书中没有对南京琉璃塔的介绍，那将是本书的一大不足。中国和欧洲的文献资料中，对瓷塔外部细节的描写比中国其他任何一座宝塔都要精确，使我们对它每一部分的造型和意义都有了认识。通过这些资料我们也了解了这座建筑的前史和建造史，甚至对中国古塔的起源和发展也有了一定认识，所以本书的研究更不可能忽略这座有着确切文献记载的南京琉璃塔。我把这些散乱的、重复的、也多有矛盾之处的资料整理成条理清晰的文章，不过文字表述已与文献资料中有所不同。文中对互有联系的大段文字、不同文献中的细微矛盾之处、补充和解释都做了标注。

位置

报恩寺和寺内琉璃塔坐落于南京城南侧，南城门聚宝门外，名山聚宝山以北，时至今日这座城门和这座山依然同名。寺庙位于城门和山坡之间，在当时的长干里。长干里的名称源于河流南岸长长的堤地，后来村中第一座寺院就沿用了这个古老的名字。离聚宝山不远处是著名的雨花台。梁朝开国皇帝梁武帝在位期间，在此处遇见了云光和尚，云光和尚向梁武帝解释经书时，天空中飘落了一场花瓣雨。访客络绎不绝的长干里、报恩寺和琉璃塔以及雨花台是金陵四十景中的三处美景。

而金陵是南京的旧称，由楚威王建造。

寺院和宝塔在琉璃塔建造之前的历史

东汉

早在 1 世纪末佛教刚传入中国时，吴地还属于东汉，这里就常有来自印度、罗马帝国的访客。东汉末年，孙权建立吴国后，据史料记载约在公元 207 年，南京和苏州已经出现了佛教徒的聚居地。当时此地已建成第一座寺院，据说因其所在村庄而取名为长干寺，该寺有一座历史久远的三层阿育王塔。

东吴

人们在之前已经坍塌的建筑的遗址上，建造了历史上第一座有年代记录的寺院。不同资料中的细节说法不一。在吴国第一位皇帝孙权在位期间，准确的时间应是赤乌三年（公元 240 年），也有其他资料说是赤乌四年（公元 241 年）或赤乌十年（公元 247 年），康僧会①从西域康居国来到金陵。康僧会自己搭建了一间茅草屋，尼姑将其称为精舍或寺院。他在屋中装饰了绘有通往极乐世界的画像。这是人们第一次在吴国看到一位沙门②。不过在其他文献中，则记载了此处曾有过更古老的佛教徒聚居地。从高延富有戏剧性的文字描述中我们得知，康僧会将真正的佛祖圣骨献给了孙权，这是一颗可以发出五彩亮光的佛祖舍利，舍利的神圣力量可以将一只用锤头也无法敲碎的青铜花瓶变成碎片。不久后，孙权便修建了一座寺院和一座宝塔供奉这颗舍利。而根据其他史料记载，孙权只是改造并扩建了之前的寺院，把之前只有三层的阿育王塔加高了三层，建为六层塔，并将新的寺院命名为建初寺。这就是"江南塔寺之始也"，从此佛教在那里发展起来。孙权的族人孙綝曾于公元 258 年短暂统治了南京。残暴的孙綝不仅大肆屠杀佛教徒，还摧毁了这座寺院和宝塔。

---

① 康僧会是西域康居国丞相的长子，单名"会"。——译者注
② 沙门，指出家的佛教徒。——译者注

西晋

据记载，太康年间人们在长干里发现了佛祖舍利，于是重修寺院，并将舍利供奉于此，所以民间也称该寺为长干寺。但这段记载似乎更多地与东晋后期有所关联。

东晋

东晋第一位皇帝司马睿在公元 318 年之前几乎从未去过长江以南，却在这一年将都城建在南京。同时他命人对这座寺院和宝塔进行了修缮，比之前的更美。晋简文帝将该寺更名为集庆寺，并命沙门安设计了一座新的三层宝塔，宝塔刚刚动工，沙门安就去世了。他的儿子显继承了他的遗志，完成了宝塔修建工作。他将宝塔的规模扩大了，可能不止三层。东晋孝武帝时期，公元 384 年，人们在塔顶安装了塔刹，包括承露和相轮。佛祖的第一颗舍利似乎在公元 373—376 年才被高僧慧达再次找到。慧达原名刘萨何，在那时来到南京，在原来的阿育王塔旧址内发现了舍利。孝武帝在简文帝修建的宝塔对面又新建了第二座单层宝塔，该塔于公元 391 年扩建为三层。资料中也提到了之后梁朝皇帝梁武帝在这座寺院中举行的全国大赦，期间出现无数神迹，文章中还提到了佛祖舍利和庆典活动。这样看来，当时同一座寺院中有两座，或短暂地同时存在过两座宝塔。关于宝塔的一些记录只与那座阿育王塔有关，阿育王塔是琉璃塔的前身，之后也极有可能被藏于琉璃塔内，而舍利也仍在阿育王塔中。高延对这两座塔以及后来梁朝发生的诸多事件进行了详细地翻译。

南朝梁

梁朝开国皇帝梁武帝在位期间极大地推动了佛教的发展，于公元 537 年 8 月命人改建这座寺院和宝塔，在那里找到了佛祖的一些遗骨，其中包括佛祖的一根头发，这根头发是无上的圣物。人们在全国范围内募款，用来修缮寺院和宝塔，所有王公大臣和百姓都参与其中。这里成了至高无上的国家圣地。

唐朝

唐高宗于显庆年间对该寺进行了大规模修缮，并将其更名为天喜寺。

宋朝

宋太祖于乾德年间命人重建了这座已成废墟的寺院，并将其更名为慈悲旌忠寺。大中祥符年间，皇帝又修建了一座新塔，或是将原来的旧塔翻新，取名为圣感塔。1017—1022 年间，该寺又改名为天喜寺。

元朝

在元朝最后一位皇帝顺帝在位期间，极有可能是 1341—1368 年间，一场大火吞噬了整座寺庙，宝塔也未能幸免。由此可以推测，这座宝塔和其前身一样，也基本由木材建造而成。

报恩寺琉璃塔的建造史

明朝

元朝末年时局动荡，而明朝建国之初百废待兴，没有机会重修寺院与宝塔。直到明朝根基稳固，才于永乐年间颁布施行了政治、宗教新政。正是在那一时期，人们修建了琉璃塔，成为整个国家和王朝的象征。宝塔使用大量的琉璃瓦和瓷片，底层有一圈回廊，这是一种自明朝起才出现的重要的中式宝塔风格，在后来 18 世纪修建的一些宝塔中也十分常见，本章在之后也会对这些宝塔进行研究。当然，这种风格的出现也与 15 世纪初喇嘛教在中国北方的兴起和大规模传播有关。在后文关于喇嘛教建筑五塔寺的介绍中，将详细研究 15 世纪其他佛教和喇嘛教建筑的情况。五塔寺中的宝塔和南京琉璃塔设计于同一时期，直到 15 世纪末才在北京附近建成。这两座建筑在历史上存在相通性。明初永乐年间，朝廷与西藏地区的关系较之元朝时更为紧密，北京的五塔寺正体现了这一点，它是一座纯喇嘛教风格的建筑。因此，南京琉璃塔也可能受到藏传佛教的影响，因为这两座宝塔的设计出自同一机构。这种紧密联系赋予了琉璃塔底层的双层回廊一定的历史意义。

永乐十年（1412 年），明朝第三位皇帝明成祖永乐皇帝命人在建初寺内的宝塔原址上修建一座高塔，这就是著名的瓷塔，直到 19 世纪中期它仍伫立在原址上。高延记载道："这可能是中国最美的佛塔，它的精美首先得益于成祖皇帝诚心礼佛。宝塔表达了成祖皇帝对其父亲思想的崇敬，其父是整个王朝的缔造者，同时也是一位佛教徒。其父当年将首都定在建业，当他的儿子迁都北京时，依然将建业定为南方首都，以示对父亲的尊重，这座城市便是南京。"迁都发生在 1406—1421 年。在官方的记载中，北京于 1421 年正式成为新的都城。1412

年 6 月 15 日中午，瓷塔动工；19 年后，宝塔于 1431 年 8 月 1 日完工。在此期间，成祖于 1424 年去世，也就是迁都北京后不久。南京瓷塔的修建工程在其继承人明仁宗[①]在位期间仍然继续进行，直到明成祖的孙子明宣宗[②]在位的第六年（宣德六年）才完工。

瓷塔建造前，工部侍郎黄立泰奉皇帝的命令，按照大内图式建造一座九级五色琉璃塔。陈沂写道："全国的砖窑都要提供最优质的砖瓦。人们必须按照 100 条规章准备好五种原料，烧制山的琉璃颜色应和原料颜色一致，雕像也是用陶土烧制而成。各种构件彼此完美契合，中心位置相接，像盾牌一般层层相叠排列于脊线上，一块块砖瓦组成了整座宝塔。"修建这座宝塔耗费了 248.5484 万两白银，相当于今天的 750 万金马克。当时寺院的住持是陶修（Tao Siu），院内 850 位僧人均是他的学生，人们都传言他们长生不老。工程的瓦工负责人也叫陶修，来自镇江，木工负责人是来自江西省的侯昌（Hou Tschang）。寺院占地周长 9 里，也就是约 5 公里，东西宽度比南北深度更大。史料中对其周围的共 770 亩土地和土地的边界都有详细的描述。寺院向南有 226 亩，直至巨大的谷仓和两户人家的田产；向东 234 亩，直至河神庙、一条通往寺院的道路和一处私人地产；向西 130 亩，到迎客桥和一处私人地产；向北 180 亩，直至一处私人地产和一条大河为止，这条河正是南京南城墙外的护城河，最后在南京西部汇入长江。私人地产的所有者姓名也都被逐一列出。登上塔顶可以远眺西侧自南向北流淌的长江，向北可以欣赏南京城的壮美风光。"自永乐年间，也就是 1412 年起开始建塔，此塔应庇荫子孙，福泽万年，其始建皇帝永乐帝如是说。"或者这样表达更好，佛祖保佑着皇帝和后宫，因此该寺名为"报恩寺"或"慈恩寺"。有些欧洲史料偶有提到，该寺是为了赞美已逝太后高尚的美德而修建的，这种说法应该是错误的。该塔上一处横匾上写着"第一塔"，清朝一位皇帝也为宝塔题过字"不二法门赤乌灵梵"。大约在 1520 年，陈沂写下了精彩详尽的文章。嘉靖年间，可能是在 1537 年，整个寺院被烧毁，只有宝塔幸免于难。明朝末年应该是其保存状态最

---

① 明仁宗朱高炽，明朝第四位皇帝，年号"洪熙"。——译者注
② 明宣宗朱瞻基，明朝第五位皇帝，年号"宣德"。——译者注

好的时期，1613—1635 年间生活在南京的神父谢务禄称这座塔可以和古罗马最伟大的建筑相媲美。

清朝

1656 年，纽霍夫称这座塔是艺术品中的精品，是中国人出色的观察力和艺术造诣的体现。从他的版画中可以看出，当时的寺庙应该早已被修缮完毕。1664 年康熙皇帝命人为该寺募捐银两，应是为其第二次修缮做准备。康熙皇帝于 1684 年下江南时曾前往该寺，并登上了宝塔，在塔顶留下手书牌匾，可能正是前文中提到的"不二法门"。他还赏赐了该寺一尊金佛和一本佛经，这两件物品被供奉于塔内。李明于 1687 年参观过该塔，称该塔是东方建筑艺术中最完美的作品。1699 年该塔在大火中遭到破坏，皇帝遂从国库拨款快速修缮。乾隆皇帝曾在其数次巡游中原时，多次来到这里，他在 1751—1752 年的一次巡游中，决定要在热河华丽的夏宫中仿建此塔。事实上人们也真的在那里建造了永佑寺舍利塔，本节也将对其进行介绍。

"传说清仁宗嘉庆五年（1800 年）五月十五日，清晨 3—5 时，雷神追赶一只妖虫，直至宝塔脚下，这里大概发生了一次雷击或强烈的地震。这座九级高塔的三面瞬间受损。但天神力量强大，令人敬畏，佛法无边，所以宝塔虽遭破坏却并未完全被毁。将军和知府上奏皇帝，请求拨款修缮。修缮工程于嘉庆七年（1802 年）二月六日开始，于同年六月二日结束。宝塔又得以修复，自此焕发无限光彩。"

从这篇描述中我们可以看出，从 1431 年到现在，南京琉璃塔几乎保留了它的原貌。清朝皇帝甚至也将这座明朝时期的宗教胜迹奉为国之圣物。据称，这座建筑毁于太平天国起义的动荡时期，这次起义撼动了整个旧王朝的根基，开创了一个新的时代。这座塔是毁在中国人自己手里的。由此说来，南京瓷塔和中国历史的发展密不可分，也算是重要的政治里程碑。继 1801 年发生了地震灾害后，1842 年的夏天，英军攻占南京，迫使清政府签订了《南京条约》，瓷塔也遭到了英国水手的破坏。他们用刺刀和锤子破坏其外墙，搜刮塔中圣物，虽然有英国官员出面制止，并赔偿了损失，但这些赔偿很快又被他们抢了回去。

这些仿佛预示着这座宝塔随之而来的毁灭，外国入侵者对宝塔的亵渎也证明了清朝的统治已被外国势力动摇了根基，对于想要推翻清朝统治的中国人来说，这也是一个重要信号。

十年后，太平军来到长江流域以南，并于 1853 年 3 月 19 日攻占了南京。此后没过几天就有人在宝塔内放火。一位逃亡的中国人描述了大火燃烧了几天之后的景象。塔内只剩一个可以穿行的空洞，墙面画像已毁，瓦片已烧得通红，塔楼只剩残骸，所有的装饰都烧光了。底层回廊、各层的地板、内部家具和塔内器具，连木制台阶都全部烧成灰烬。当然这篇描述有些夸张，而且可能只描写了宝塔的下半部分。因为在 1856 年，太平军首领将大本营安在了报恩寺内，并用火药炸毁了寺内建筑，但宝塔依旧还在。据更可信的报道，有一位欧洲人在 1857 年 2 月 26 日还见过这座宝塔。"事实上宝塔被起义军毁坏了，他们毁掉了里面的一座小塔，但直到现在，他们还是注意保护着宝塔的外部结构。"瓷塔彻底坍塌的具体时间不详，但应该是在那之后不久。阿理文亲历了这件事情，他称瓷塔于 1862 年彻底被毁。这样一来，著名的南京瓷塔被毁、1855 年左右黄河改道直隶湾 [①] 引发全国性水灾和 1860 年 10 月 18 日北京郊区的夏宫圆明园被英法军队摧毁全都发生在同一时期。这些灾难发生后，清王朝的统治受到了致命的打击。最终导致南京瓷塔全面坍塌的可能是一次爆炸，将其炸成了废墟。时至今日，还有一些残骸留存于世，不过已经所剩无几了。作为南京瓷塔的一部分，它们是重大宗教和历史事件的见证者。

琉璃塔的介绍

我们从上文的介绍中已经可以大致了解琉璃塔的结构和规模。这些内容是从陈沂写于 1530 年左右、李明写于 1690 年左右、菲兹詹姆斯（Fitzjames）少尉和阿

---

① 即渤海湾。——译者注

罗姆写于 1842 年、泰勒写于 1852 年的文章，以及 1810 年以来的朝圣者刊物中总结出来的。最精确和最为详细的数字是从陈沂、李明，特别是菲兹詹姆斯那里得到的，菲兹詹姆斯自己也曾尝试复原该塔的结构。这些数字只在一些不太重要的地方有些出入，我们借助流传下来的草图和一定的绘图技术，在一定程度上可以画出瓷塔的图纸，至少可以还原其平面图和剖面图。事实上，上文中提到过的乾隆皇帝下旨修建的热河避暑山庄中的宝塔，尽管细节处有所不同，也远没有达到南京瓷塔在建筑艺术上的造诣，但在结构和规模上都与南京琉璃塔极其相似。所以本书也将展示热河宝塔的图纸和照片，并在后文中对其进行介绍，这在很大程度上是对南京瓷塔的一种补充说明。两者最大的区别在于宝塔的层级。建于 1764 年的热河宝塔除了底层之外，还有 9 层，共 10 层，这个层数十分少见。而南京瓷塔只有 9 层。在纽霍夫的绘画中，南京瓷塔除了底层之外还有 9 层，这其实是错误的，这肯定是与中国人和欧洲人不同的计数习惯有关。中国人通常将底层也计算在层数之内，而欧洲人一般只计算底层上面的层数。

　　该塔为八面塔，坐北朝南，底层高大，外围环绕着前殿，前殿紧贴宝塔墙体，为单坡屋顶。底层之上另有八级，顶端是一个攒尖顶和一个宏伟的塔刹。底层和外围的前殿落在一个宽敞的八边形平台之上，平台直径 29.50 米，边长为 13.0 米。中国和欧洲的资料中关于此处的记载是吻合的，这里 5 寻即 40 中国尺，也就是 13 米。该平台高 2.5 米，只在正南和正北方有两座台阶，分别为十二级和十级。但这些台阶显然并不通往庭院的地面，而是通往两条被围起来的走廊。走廊截面为正方形，比地面高 1.2 米，将宝塔的平台和南面的前殿，以及宝塔后方北侧高大的两层大殿直接连接起来。在照片上还能清楚地看到这座大殿，但在阿罗姆于 1842 年绘制的画中并没有前殿的踪迹，可能当时前殿已经被毁。陈沂明确地写道，连接后方大殿的走廊台阶是汉白玉的，可能还有绿色的琉璃砖。五色莲池，即宝塔的基座，由著名的中式玉石栏杆围绕。这种护栏由带有球形顶饰的柱子组成，中间是刻有浮雕的石板。护栏延伸至南北走向的两处台阶，直至台阶尽头。护栏并不像中文资料中的透视图上那样是倾斜的，而是像其他中式建筑一样是笔直的。图画中平台上奇怪的切口也令人无法理解，也许是因为视角偏差造成的。

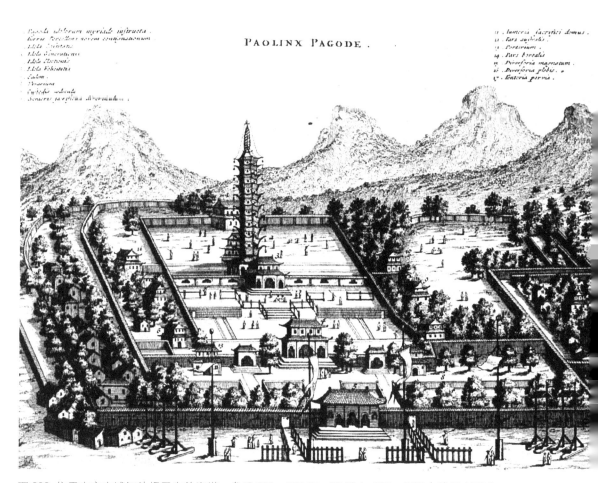

图 283 位于南京南城门外报恩寺的瓷塔。参见 318—327 页，图 284—291。纽霍夫绘于 1656 年。

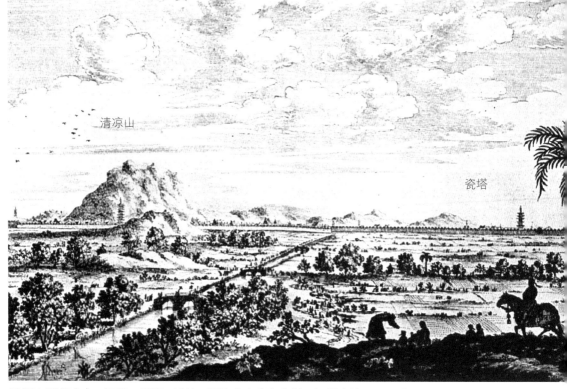

清凉山

瓷塔

图 284 西望南京：运河、平原、城墙、西边的山峦和宝塔。纽霍夫绘于 1656 年。

图 285 南京报恩寺的瓷塔。宝塔除去底层外，上方只有八层，而不是资料中记载的九层。参见 317 页，图 283。纽霍夫绘于 1656 年。

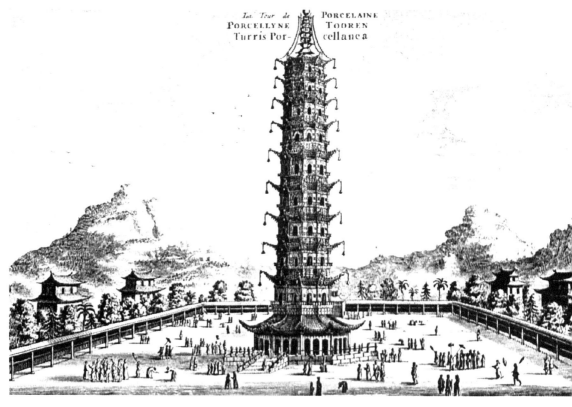

图 286　南京报恩寺的瓷塔。向东北方眺望，可见城东的山峦。阿罗姆绘于 1842 年左右。

图 287　南京报恩寺的瓷塔。刊于 1880
年的朝圣者刊物。上半部分参见 320 页，
图 288。霍布森和马丁供图。

环形大殿

　　宝塔和环形大殿位于基座上的一处极低矮的平台上，平台只高出基座 30 厘米。平台的其他部分宽 3.15 米，边缘由大理石护栏围住。前殿由八根坚固的红色角柱支撑，单坡屋顶铺有绿色琉璃瓦片。在四个主要方向上，嵌入塔身的壁柱中间各开一道宽门。宽门有两扇或四扇门板，除此之外还另有四扇窗，共有十六扇窗嵌于壁柱之间，窗扇与门扇的结构相同。门、窗、木网格和柱子都被刷成了红色，上面装饰着雕刻或绘画，或是线团式、链式、网格式等几何形的花纹。其他各层的门都没有这样的装饰。底层墙体十分牢固，外侧设置了三扇虚窗，虚窗上也装饰着花格或窗扇。这种形式自 18 世纪起才流传开来，但它的历史其实可以追溯到更早之前，在喇嘛教和最初的佛教建筑中尤为常见。

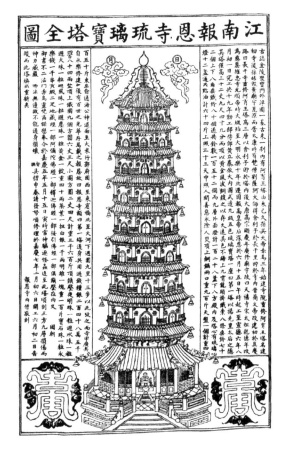

图 288 南京报恩寺的瓷塔。约 1880 年的朝圣者刊物刊登的石板拓印。下半部分参见 319 页，图 287。霍布森和马丁供图。

图 289 南京报恩寺瓷塔的模型。底层之上另有八层，加上基座和塔顶总高度为75米。周围有护栏，塔身没有悬空柱。宝塔建于1412—1431年，毁于1853—1862年。参见318页，图285；320页，图288。芝加哥菲尔德自然史博物馆供图。

净宽 4.5 米的环形殿内部的木结构十分精致，支柱和梁架都极其华丽，宽大的门窗让室内的采光条件良好。李明这样描述环形殿给他留下的印象："内部殿顶由许多不同的小块组成，相互拼插，绘有图案，极具中式特色。我承认，这片由横梁、檩条、椽木和斗拱组成的森林，每个部分都如此突出，以其独特性令人震撼，这一定耗费了巨大的人力和财力。"

根据陈沂的描述和手绘图，宝塔底层设有神像，但我们尚不清楚到底是在外部回廊还是在塔内。中轴线上有一尊弥勒佛，面朝南方，根据图片上的信息，佛像原本应该是摆放在内部的佛堂中。但内部的采光肯定不好，出于这一原因，人们便将雕刻在巨大石板上的四大天王像和刻在墙面上的天王图都设置于塔外的回廊上或嵌在斜面的墙壁上，这与热河的宝塔和乾隆晚期所建的清漪园一样。它们十分显眼，就如同陈沂所述一样："墙壁内嵌有四尊佛教天神，他们掌管四界。他们的头、眼、手和脚异于常人，帽子、发簪、帽绳、马甲、衣服、腰带和锁子铠甲也别具一格，他们的长矛、画戟、身上佩戴的小铃铛、手中拿着的器具和饰品都不同寻常。所有的一切都十分独特。"塔内的弥勒佛和四大天王雕像的位置也有讲究，分别被摆放于主轴上和四个斜面的外侧。

宝塔的结构

宝塔可由前殿的东、西、南三个入口进入。李明称前殿有三扇巨大的殿门通往宝塔。北面没有入口。塔楼底层的直径和外边长分别为 12.2 米和 5 米，佛堂内部的直径和边长则是 5 米和 2.15 米，外墙厚 3.6 米。根据相互吻合的史料记载，底层佛堂呈八边形，各面通风。上方的八层外部为八边形，内部却是正方形。陈沂称其"被设计成外部通八方，内部通四方"。李明也证实，宝塔的八层并不一样高，高度逐层递减，就如图中绘制的一样。由于外墙逐渐向内收拢，宝塔各层的切面也逐渐变小。最顶层的佛堂和底层的高度一样。据记载，最高处的墙壁厚 2.6 米或 2.9 米。由于宝塔最高处的外部直径大约只有底层的三分之二，所以外部轮廓呈现出倾斜的阶梯状；而在内部，各层则明显地向内悬挑。每一层的地面均由坚固的木梁、地板和金属护板组成，天花板上绘有图案。塔内建有一座螺旋向上的楼梯，在楼梯平台处特别安装了扶手和护栏。如同前文提到过的，人们以顺时针方向，向右旋转沿台阶登塔。

宝塔的高度

　　这座建筑已然消失，关于它的高度，各类文献记载不同。可能是因为测量和估算不够精确，尤其是关于无法进入的塔顶的高度的计算。中国的一些资料显示，塔总高 329 尺。如果按照卫三畏的说法这倒是可能的，只有他一人坚持，按照原本的图纸，该塔原定要建十三层。但只有文献中记载着这一数据，宝塔最终只建成了九层。欧洲的资料中，根据菲兹詹姆斯 1842 年和泰勒 1852 年的描述，塔高为 71.0 米或 79 米。1690 年左右，李明根据从底层到最高层地面的台阶数计算出，从地面到顶层的地板约高 50 米（190×0.26），不过这也是不准确的，他认为宝塔总高度只有 61 米，这肯定太低了。按照现有的确定数值、照片和文字记录绘制出的结构图纸，宝塔的高度应为：基座 2.5 米，纯塔身到塔刹最高处72.2 米，这正是菲兹詹姆斯少尉提到的数字，加上基座总高度为 74.7 米。其中底层高 9.8 米，上方各级高度从 7.25 米到 5.32 米依次递减，最顶层外墙高 4 米，内部空间高 6.1 米，宝塔刹杆高 12 米，超出穹顶顶点 10 米。如果按照李明所说，"塔刹刹杆立于倒数第二层，即第 8 层的地面上，并从塔顶伸出约 30 尺"，那么刹杆的高度应该达到了 25 米。按照一级台阶 26 厘米左右的高度，对应的台阶数应该至少是 206 级。

塔身各层及其样式

　　瓷塔内部每一层都有一间正方形的佛堂，佛堂的每一面墙上都有一条带有拱顶的通道，通向室外。通道尽头被一道木制网格拦住，避免人们踏上外廊。根据泰勒的记载，外廊是没有安装护栏的。几乎每一份图纸和资料关于此处的记载都不一样。但可以确定的是，据陈沂记载，每一层外侧的门和窗都是四虚四实。拓印资料显示，各层的门洞和壁龛交替排列。但这不太可能，因为内部的佛堂不可能在四个角处开口。徐家汇博物院的宝塔模型上就出现了这种错误。绘画中的宝塔似乎与现实情况更为接近，各层门洞上下对齐。阿罗姆也证实了这一点，他说宝塔每层设有四个开口，分别朝向四个方向，通往外廊。门上的圆拱中装饰了精美的琉璃，运用了极具想象力的造型和颜色，包括各路神仙、恶魔和神兽。这些都是喇嘛教中的形象，在元朝统治时期喇嘛教已经本土化了。每层的斜边上设置了壁龛，如同底层环形前殿中的虚窗一样，也是三座，其中的浮雕被鲜艳的琉璃网格纹饰包裹，壁龛边框上环绕着彩色的带状雕刻。在拓印和模型中，所有实窗和虚窗都被错误地绘制或者制作成了三扇一组。

说到回廊，它们应该环绕在每一层之外，并用护栏围住。考虑到转塔仪式、挂灯、修缮宝塔以及远眺风光，这种设计是十分必要的。一层层向上视野逐渐开阔，也体现了宝塔的宗教意义。木雕从中间将护栏分成两段，使装有木格的窗口更加清晰，模型将这一特点作为建筑特征表现得更加明显。纽霍夫显然参考了类似的中国拓印，他的画中的栏杆也是分成几段的。而根据阿罗姆简洁明了的描述，每一圈外廊都有简洁的绿瓷护栏。关于这些绘画需要说明的是，窗口的网格并不是木制的，而是由陶瓷制成。塔身各个角落精美的琉璃柱并没有脱离墙身，而是嵌在墙体之中。拓印的图画中很难将这些表现清楚，模型中也将其错误地制作成了笨重的装饰柱，真实情况绝不可能是这样。通过这些精美的瓷质栏杆，宝塔呈现出悬浮的美感，飞檐和上面的装饰更是将这一点充分体现了出来。

陈沂称："宝塔没有使用一点木材，全部都由陶土烧制而成。"这应该不包括内部的木制家具，主要是指宝塔外部，特别是塔顶。塔顶虽类似常见的双椽木结构造型，却完全由砖瓦垒砌而成。李明称，"每一层都有一圈塔檐，由砖瓦砌成，位于窗台外侧，在上部各层向外挑出 3 尺。和宝塔底层回廊相似，单坡屋顶尺寸较小，十分精巧。各层的塔檐与塔身一样，逐层变窄"。不过塔檐的檐口向外挑出更多，从下方的外墙算起有 1.5 米。从绘画中可以看出，这是双重檐的形式，此类飞檐在中国中原地区十分常见。上层细长的塔檐挑出外墙 0.9 米，支撑住上方的栏杆，其下方则是挑出至 1.5 米的另一重塔檐。根据推测，这一重塔檐下方可能还有一层出挑 75 厘米的实心屋檐支撑。如同许多后来建造的宝塔一样，塔檐由大片向外出挑的琉璃板组成，这些琉璃板虽然在造型上模仿了双层木椽及檐瓦，实际上却是实心的。这完全符合中国资料中的记述，此塔是一座完全由砖瓦组成的建筑。陈沂对于塔檐是这样描述的："彼此重叠的塔层和屋檐全部由绿色、玉色琉璃覆盖，像装饰过的华盖。各层塔檐为绿色和黄色琉璃瓦，屋脊和穹顶由红色和绿色的琉璃瓦铺设，排列规律，类似鱼鳞一般。短椽木上装饰着雄狮造型的雕像，屋脊和屋檐向上伸展，闪烁着耀眼的色彩。龙头和豹尾自上而下相互交缠。"阿罗姆也证实了这种说法，他解释道，顶层塔檐可能由一排排平行的琉璃瓦组成，黄绿交错，而屋脊使用的则是更大的琉璃瓦，红绿相交。檐角上翘弧度很大，屋脊末端的每一处龙头造型上都悬挂着一个铃铛。在纽霍夫和阿罗姆的绘画中，这些生动简单、引人注目的上翘的檐角，其向外挑出的距离和上翘的弧度都被夸大了，不过这可能会更真切地表现出他们的感受。此外，顶层塔檐的一排排瓦片肯定不是像陈沂的文字所描述的那样，呈鱼鳞状排列，而是呈现出一排排凸起的样式。泰勒也证实该塔运用了各种颜色，其中绿色是主色，其次是黄色、红色和白色，白色出现的次数很少。"闪闪发光的琉璃让这座塔看上去生气蓬勃，美丽动人，特别是反射了阳光之后更是如此。"但泰勒也错误地以为塔檐是木质结构，这些塔檐有着独特的、传统的建筑风格，十分精巧，颜色多样。泰勒本人对实心的陶土和瓷质椽木结构不甚了解，所以才会认为是木制的。

宝塔上部各层的外部结构中使用了多彩的琉璃，使其成为一座名副其实的"瓷塔"。事实上，除了大量使用赤陶，该塔大部分构件确实是由陶瓷制成。人们将瓷土烧制成精巧的形状，涂上反光的琉璃。正是使用了这种材料，宝塔整体才呈现出轻盈灵动的感觉。只有通过梳理各类不同的，甚至相互矛盾的资料和图纸之后，我们才能得出宝塔更精确的模样。

根据陈沂的描述，宝塔外墙是砖石材质，内外两侧均覆盖着五色上釉陶片，通过灰泥和铁制的螺钉固定在墙体上。李明也认为这些陶片是瓷质的，不然其光泽不可能保持三百年之久，尽管质量算不上上乘。不过，他自己也承认，这些陶片历经风吹雨打，已不复往日的模样。李明描述道："宝塔上方各层内部呈正方形，四面墙上均设置带有外框的巨大壁龛，覆盖着边长一尺的黑色方格抛光陶板，像漂亮的棋盘，壁龛中还雕刻着镀金天神像。所有的这些都是镀金的，看上去像是经过切割的石块或大理石。但我认为这就是一般的陶土，因为中国人十分擅长利用陶土烧制出各类造型。"陈沂记载道："宝塔每一层的四面墙壁上全都覆盖着雕刻了小型佛像的陶板，陶板均为边长一尺的正方形，每一块都讲述着佛祖的一个故事。所有细节都十分精美，充满艺术性，就连佛像的眉毛和头发都十分逼真。"泰勒称宝塔每层拥有这样的陶板200多块，宝塔内共有超过2000块陶板，而中文资料中显示每层甚至有约400块陶板。如果按照宝塔的面积计算，这个数字是可信的。阿罗姆称每面墙上都挂着一幅大型佛像绘画，周围环绕着约100块小陶板。他给出的数字与陈沂的说法相同，每层的四面墙上共400块。这些小陶板的确也有可能是由抛

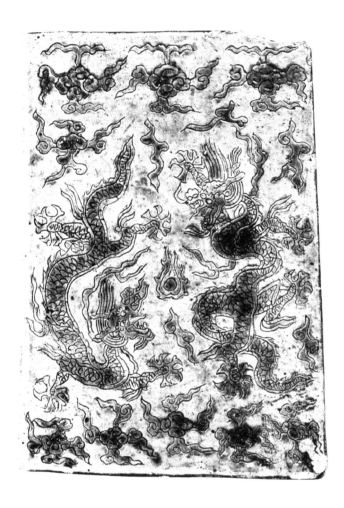

图 290 南京报恩寺瓷塔塔身外部的陶瓷板。尺寸为 27.5 厘米 ×18.5 厘米 ×4.2 厘米，其边缘标注着意为 "外侧正面 11 号" 的汉字以及工厂的标志。图案为双龙戏珠，颜色为白色、绿色、黄色。现存于伦敦维多利亚和阿尔伯特博物馆。

光的花岗岩制成的，如同后来的临清州琉璃塔一样。

塔冠和塔尖

　　在宝塔的第九层，即九重天上，有一个冠顶。这个冠顶是这座建筑的重要装饰，内部雕刻也很繁杂。冠顶外部使用了 8470 千克赤铜，上面还镀了一层金，使其颜色可以保持得更长久而不被氧化。穹顶的各条拱形屋脊汇聚成一个圆环，圆环上另有一个很小的项环结构，支撑着两口铜锅。它们各重 450 磅[①]，周长 60 尺，直径 5.83 米。不过这应该是两口锅的总长，所以每一口锅的直径应该是 5.83 的一半，即 2.92

---

① 1 磅≈0.4536 千克。——译者注

图 291　南京报恩寺瓷塔塔刹的铁质露盘。被放置于旧址附近。直径约 2.5 米，高约 0.8 米。儒莲拍摄。

米。这两口铜锅之上是一个青铜天盘，或称承露碗，重 450 磅，周长 24 尺，直径 2.5 米，高度可能是 0.8 米。据说，这个承露碗直到近代仍作为瓷塔的遗迹被放置在宝塔旧址附近，下方有几根石柱支撑，时至今日可能还在那里。承露碗上装饰有莲叶形状的双层花冠和一条珍珠串绳状的横饰带，边缘清晰。与那两口铜锅一样，承露碗的底部中间应该也有穿孔，刹杆从中间穿过。

　　再往上是九个大型铜质圆环相互垒叠。纽霍夫的资料和拓印图纸，还有徐家汇博物院的宝塔模型，都将它们总体的外部轮廓表现为大大的椭圆形，而在福兰阁的油画中，则是标准的圆锥形。根据数学家李明的描述："刹杆外有一圈圈宽大的铁箍，各圈高度相同。铁箍与刹杆之间仍留有几尺距离，整体造型看上去就像一个被磨去了上方棱角的圆锥，在圆锥的顶部有一个巨大的镀金球。"据记载，底部最大的圆环直径是 5.83 米，不过与铜锅的情况类似，实际数据应该只有其一半，也就是 2.92 米，顶部最小的圆环直径应为 2.32 米。儒莲称，这些圆环里面还有一层更小的圆环，一共 18 个，可能是为了连接外环与刹杆，这层内环与刹杆之间则通过十字杆固定。这些圆环象征九连环，无论看上去是凸起的花瓶状，抑或是圆锥形，都是中国中部地区宝塔的常见造型，南京瓷塔应该也借鉴了其他宝塔的造型。最上面的冠顶是一个巨大的铜扣，资料中所记录的尺寸也有些夸张，称其周长 11 米，直径是 3.18 米，高 5.5 米，重 1200 千克，采用赤铜建造。此外，人们还使用了重 48 磅的金箔将其镀上一层金，塔尖上也是如此，以使其光泽可以保持得久一些。

如果人们坚持刹杆伸出穹顶之外十米，并按照这些描述尝试复原塔冠的结构，便会发现，上面提到的数字肯定远小于真实的尺寸，绝对与塔尖的真实大小不符，这是各类文献资料中都无法解释清楚的一点。撇开一些出入，所有的资料中都记载着，塔尖上收藏着五种具有象征意义的宝珠。这五种宝珠是：

夜明珠	夜晚发光的珍珠
避水珠	防水
避火珠	防火
避风珠	防风
避尘珠	防尘

它们自下而上对应佛教哲学中的四大元素：土、气、火、水，最顶端由"夜明珠"封顶，它也被称为火珠。这种五颗宝珠叠放的方式，在其他佛教建筑中常以塔顶冠的形式出现，或被摆放在屋脊上，但在南京瓷塔上是不可能出现的，因为资料中没有提到此种形式的代表意义。这些史料只能证明，塔顶的确有过这些宝珠，但是是和其他物品摆放在一起的。这些物品有：一个重 40 两或 2.5 磅的金锭、一担①茶、一千两白银、一百磅草药、一颗宝石圆珠、一千根铸于永乐时期的金条、两卷黄色绸缎、四本佛经（分别是关于地藏菩萨、阿弥陀佛、释迦佛、接引佛的）。如果塔顶真的放着这些物品，外加五颗宝珠，应该并不是在最顶层，一些译者也这样认为，因为塔尖空间没有那么大。而福兰阁在油画注释中写道："俱镇尘内——所有这些物品都被放置在避尘珠里面。"如此，这些物品摆放在塔尖结构中则是有可能的，塔尖是中式建筑中最顶端的部分，相当于我们欧洲教堂的塔尖冠顶。因此我们可以认为，摆放这些物品的庞大结

①1 担 =100 斤。——译者注

构就位于攒尖顶上，应该是之前提到的那两口铜锅，它们均作为容器存在。简言之，它们就是避尘珠，而铜锅内部可能也有真正的小避尘珠。再往上，应该是承露碗或天盘，天盘之上是相轮和大型宝珠，两者叠放在一起成为一个整体，纽霍夫称其为松球。这个松球的下面应该还有一个宽大的底盘，底盘向外突出的八个角上面有八根铁链，垂至铜质穹顶上高高拱起的屋脊末端，连接铜质的龙头雕像。九重天就在这里开启。据称铁链重 150 磅，这一数据应当是正确的；长 80 尺，这绝不可能，其实际长度最多 11.5 米。这八条铁链上悬挂着 72 个镀金陶土铃铛，每个重 12 磅；另有 80 个铃铛悬挂在九层飞檐以及环形前殿上翘的檐角上，共计 152 个，一直在风中鸣响。"这些风铃的响声在数里外也可听见，让人在雨夜瑟瑟发抖。当它们晃动时，舍利会像球状的火珠一样，在九连环内依次发出声响"，陈沂写道。

塔灯使宝塔整体的装饰更为完整。宝塔上方八层的每一层的每一边，在塔檐下方边缘处都有两盏罩灯，由薄薄的蚌壳制成，共 128 盏。文献中没有详细描述它们的样式，但在中国人绘制的画作中可以清楚地看到罩灯的位置和周围的护栏。罩灯看上去像是一扇小窗户，灯外的网格状护栏像是从壁龛中伸出一般，弯曲的造型像蜗牛壳的纹路。根据一处注释，这些突出的网格状护栏是由琉璃陶土或瓷料制成的。如果算上底层 16 盏类似的灯，宝塔一共有 144 盏灯，这是中文资料中记载的位于宝塔外部的灯。塔内还有 12 盏玻璃灯，也有可能是由类似玻璃的材质或陶瓷制成。如果点亮宝塔内外所有的灯，一晚需要耗费 64 磅燃油。

陈沂用一段神话似的文字结束了他关于该塔详尽而出色的描述："宝塔上金箔闪耀，直刺云霄。它是人类高贵与美丽的化身。白天，金子和玉石闪闪发光；夜晚，144 盏罩灯如同一条火龙，从天而降，火焰的光芒绵延几里远。向上，火光直射三十三重天；向下，照亮善与恶，消除人世间长久存在的灾难……人们试图相信，这座塔其实是凭天神之力而非人力建成的……当人们登上最高层，空间宽敞，不需要俯身前行。从塔内行至回廊，内心会充满震惊与恐惧，不愿在此处久留。环顾四周，可见山峦与大河，河边有蜿蜒的小路，远处美景尽收眼底。近处，可以看见京城、行政院，看见道路与河流、小巷市集、百姓的居所，人来人往，忙碌歇息，全都看得清清楚楚。微微侧身，总能看见低处的飞鸟与浮云。"

宝塔内各层的释文

这段文字参考了福兰阁的油画。宝塔各层墙面匾额上的文字显然各不相同，所以在不同的朝圣者刊物中也有不同的记载。这些文字将数字 1—9 与佛教文化和中华文化中一些精神上的或宗教中的概念联系了起来，此处虽然无法深入介绍这些文字中蕴含的博大精深的佛教文化，但可以肯定的是，每层八面墙壁上的文字都是不同的，人们用总共 72 段文字将佛教所有教义精炼地表达了出来。油画中，宝塔侧面向上逐渐收拢。这里的每段文字都将精神上的升华，从初始到完满，以特别的顺序体现了出来。这些文字应当自下而上诵读：

九有弘规
八表司凤
七宝莲花
六通真谛
五律精严
四海无波
三空圣地
二并方为
一乘慧业

3. 临清和景州

我们可以这样推测，著名的南京瓷塔参考了许多已建成的宝塔，它们全部或大部分应当是用琉璃建造而成，并延续了古老而高大的河南宋塔的建筑形式，可惜至今也没有找到相关的资料。1431 年世界奇观南京瓷塔完工后，它便不可否认的成为其他宝塔，主要是中国北方宝塔的样板。其实中国北方才是砖瓦和琉璃建筑的发祥地。奇怪的是，文献中对于明朝和清朝早期修建的这类宝塔却没有确切的记载，人们只能从古老的文字片段中推测出，有两座琉璃塔极有可能是按照南京瓷塔的样式建造的。这两座塔分别是临清塔和景州塔，临清塔建于 1584 年，两塔相距不远，都位于直隶和山东两省交界处附近。

　　山东临清州的宝塔位于城南，伫立在大运河边。许多游客都写下了关于此塔的记述，但可以找到的资料，除了卡瓦纳①《宝塔》中一段简短的文字，就只有 1656 年纽霍夫和 1816 年依里斯的详细介绍。这些资料显示，这座塔的外部确实基本由白色琉璃陶片覆盖，也许有部分甚至使用了陶瓷片，还有很大一部分使用了石料。依里斯的详细记录很好地为这座宝塔做了补充，因此这里将摘录这两段文献，并将纽霍夫的文字改写成如今使用的文字形式：

　　"临清城中漂亮的百姓住宅鳞次栉比，还有一些华丽壮观的建筑物，尤其是高大的庙宇。城墙外北侧有一座极其特别的寺院，寺院中有一座极高的塔，用料的华美与建筑的规模都胜过中国其他众多的建筑胜迹。人们可以通过一个螺旋式的楼梯登上此塔，楼梯不在高塔中央，而是夹在两面墙之间盘旋而上；登临塔顶，视线越过周围的田野和大运河，便可以看见远处流淌的卫河。

　　"如同后附的插图一样，该塔是八边形的，高达九层，每层之间相隔 9 尺，整座塔自下而上高 90 尺；塔身宽度适宜，比例完美。外墙并未使用石块或类似的粗劣材料，而是使用了精细的陶土，这种陶土可以烧制陶瓷。塔身的九层八边形塔层，每个檐角都挂有一个铁质的小铃铛；起风时，铃声像一首悦耳的协奏曲；外墙上满满装饰着生动的雕像和叶状的图画纹样，人人看了皆惊叹不已，惊奇万分。

　　"外墙内部是由各种颜色的大理石建造而成，均经过抛光磨平，这样一来黑色的大理石便像是一面明亮的镜子，可反射人像。九层回廊都是由大理石建造，到处刻有浮雕装饰，环绕装点宝塔。宝塔上的气孔或窗户均由铁质的镀金网格围绕，在阳光照射下，会反射出耀眼的光芒。

　　"最顶层的回廊中，也就是宝塔最高处，供奉了一座女神像，以捐建宝塔的女士为原型。塑像高 30 尺，由石膏制成，全身都镀满金银，我将在本书第八章的总述中介绍这座女神塑像。此塔周围环绕着很多雄伟高大的庙宇建筑，这些建筑内外都有帷幔等装饰，堪称中国最壮丽的建筑。"

　　我们只能这样理解，这尊 9 米高的塑像被安放在宝塔最高层的中央，就像供奉在佛堂中。因为宝塔每层只有 6 米高，向上逐层变矮，所以这尊塑像要么就穿

① 卡瓦纳（Dennis John Kavanagh，1877—1939），美国耶稣会传教士、作家。——译者注

透了最高的两层，要么就只能在最高层。塑像的上半部分延伸至穹顶，从外部可以看出，穹顶空间有一定的高度，南京瓷塔也是这样的。纽霍夫在另外一篇文章中附了一张佛堂中神像的绘画，绘画并未完全反映现实情况，而且也传达不出神像的内在含义。不过可以确定的是，这里摆放的是一尊巨大的佛像，身穿佛家法衣，卷发，纽霍夫将其描绘成了冕状头饰。壁龛和祭坛上的其他神像中，有一尊坐姿神像很特别，纽霍夫认为它应该是战神关帝。实际上，这尊塑像的脚碰到了另一尊卧姿神像，它应该是四大天王之一。至今还没有哪一座宝塔，像临清塔一样，在塔内建造一个巨大的佛堂供奉神像。

该塔的楼梯在两面墙之间盘旋向上，这两面墙指的是一道内墙和一道外墙，山东的两座高塔——兖州塔和灵岩寺塔也是这样的结构。依里斯的描述提到了宝塔的建造时间。

"该塔呈八边形，共九层，向上逐层变矮。基座和几乎整个底层都由一种有斑纹的花岗岩石料建成，其余部分使用的是表面上釉的砖瓦（白色的，与纽霍夫的描述相符）。门楣上有四个大字：舍利宝塔。我们顺着台阶盘旋而上，台阶多达183级以上，台阶和墙角由有斑纹的花岗岩制成，经过精细的抛光（被嵌在墙体中）。墙面由石板覆盖，有人也认为其为瓷质。除了某些塔层中的地板，整座建筑保存良好，当然它也是此类建筑中值得研究的代表。各层塔身均向外伸出约2尺，装饰有木雕。塔顶由铸铁或青铜覆盖。我估计塔高140尺……塔内有两座神像，一座在最底层，另一座在最顶层，均由陶土制成。第3层有一块题字牌匾，上面记载了该塔的建造时间：明朝万历三十八年（1610年）。"依里斯错误地认为是1584年。马戛尔尼使团于1794年来到此处时，宝塔已遭到严重破坏，其重建时间应该是1800—1810年。

该塔雄伟的建筑风格、使用的琉璃或瓷制品、打磨的花岗岩以及石阶都引人注目，连南京瓷塔内也只有木制阶梯。纽霍夫关于九道回廊的描述应该不是指外部回廊，这在图画中也没有显示出来。总之底层不可能设置一圈外廊，他指的应该是装饰有浮雕的九道坚固的内部回廊，台阶在长廊间盘旋向上。与之相对，纽霍夫虽然精确地绘制了向上递减的层高和各面墙壁上的窗格，但是却夸大了飞檐挑出的距离和上翘的弧度。据依里斯记载，飞檐只挑出1尺。我们可以从这个数字推测出，这里所说的细微的出挑指的肯定不是椽木，而是屋檐和上了彩色釉面的檐口。依里斯错误地认为这是上过颜色的木料。这种推测从另一座同类型宝塔的照片中得到了证实，这座宝塔距临清城北仅 120 公里，也是一座非木质结构的建筑。

景州是大运河西侧的一座美丽城市，位于直隶，紧邻山东。我手中只有一张景州塔的图片。很明显，这座宝塔的平面为八边形，高约 80 米，底层高大，上方有十一层，共十二层，外轮廓呈金字塔状向上收拢，十分宏伟。从它的名字"铁塔"可以推测，这是一座铁褐色的宝塔，和本章介绍的开封府同名宝塔一样。景州铁塔结构紧凑，每层的高度和直径逐渐递减，狭窄而坚固的塔檐由琉璃制成，每层的开口与虚窗交替排列，十分灵动，展现出一种绝妙的整体韵律。金字塔式的外部结构，释放出强大的力量，自下而上汇聚在塔尖处。该塔位于寺庙建筑群的中轴线上，建筑群占地面积很大，最外围是一座多层大殿。该塔应建于明代，山东临清州的琉璃塔算是它的姊妹塔，只不过尺寸稍小。

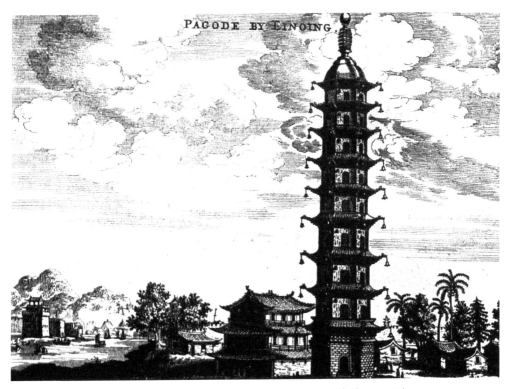

图 292 山东临清州的宝塔。共八层，高 43 米，建于 1610 年。纽霍夫绘于 1656 年。

图 293 直隶景州的宝塔。共十二层，高约 80 米，可能建于 1550 年左右。上海商务印书馆供图。

4. 热河的两座琉璃塔

　　从北京向东北方向前进，经过大约四天左右的行程，翻过长城外的古北口，便到达了滦河附近的山脉中，也就是热河一带，此地隶属于承德府。承德府以营建于康熙至乾隆年间的、大规模的园林而著称。在这座城市附近、古老的狩猎场中间，园林将狩猎场变成了一座大规模的皇家避暑胜地。得天独厚的自然赐福于它们。山庄三面环山，从低矮的平原慢慢抬升到高耸的山峰，河谷位于东北方，远处高耸连绵的山脉又将河谷包围了起来。东面一座引人注目的山峰上冠有一根天然的石柱。这是标志性的自然景观，形态与避暑山庄的一座宝塔极为相似，而这座宝塔则是地面的标志性建筑。在康熙至乾隆年间，东面和北面的山坡上建了九座喇嘛庙，这也给避暑山庄打上了一些宗教印记。

　　蒙古人最早称这一地区为热河。占地面积颇大的避暑山庄在辽阔的森林公园中有着不计其数的各种类型的建筑，就像环绕众多美丽寺庙的绝妙花环，也是对这座真正的中国建筑艺术博物馆的精确阐释。福兰阁关于热河地区的优秀著作为我们进一步研究建筑布局奠定了一个可靠的基础。因此，本节中的这两座宝塔便很容易理解，一方面根据中国古老的风水观念，另一方面则根据必要的佛教思想，以便提升这一地区的宗教影响。事实上，根据我们的感受，这两座宝塔作为独特的个体将避暑山庄的其他部分串联在一起，使其形成了　种内在的艺术性上的统一。另外一座重要的建筑，普乐寺的圆亭子——一座带有台阶和小型琉璃群塔的圆形大殿，将会作为宝塔思想最外在的延伸在接下来的小节中进行讨论。

　　本节讨论的两座琉璃塔，一座位于避暑山庄内，部分结构使用了琉璃；而另外一座位于避暑山庄以北的寺庙中，完全是琉璃材质的。两座塔都是八边形的层塔，都位于高台之上，底层塔身外围都建有回廊。因此它们在风格上是相同的，与南京的琉璃塔一样，属于同一类型。其中一座与南京琉璃塔表现出紧密的联系，这一点明显可见，因为它被认为是南京琉璃塔的仿制品。当然也存在一些变化，因为建筑必须按照北方的要求进行调整。

避暑山庄内的永庥寺宝塔

　　这座宝塔属于永庥寺，永庥寺位于避暑山庄东北部。根据寺庙院落中的两块碑文记载，寺庙建于乾隆年间，宝塔建于 1764 年。关于它的建造我们可以根据福兰阁的著述得知："在这座宝塔背后有第三块石碑，上面刻有汉字。根据这些碑文，这座宝塔的诞生得益于1751年和1752年皇帝在中原地区的巡游。两座著名的建筑，所谓的南京琉璃塔和杭州六和塔，引发了君主想在北方进行仿造的愿望。建造计划被付诸了实践，但是两座宝塔中的一座落空了，另外一座则被完美地建造出来。但是占卜、观测影子的结论是勿要将南方的建筑建造在北方。皇帝并不理会这一建议，他敕令运用新的、坚固的建筑材料，通过十年营建，1764 年宝塔建造完成。皇帝在碑文中这样写道，我希望将来人们能够通过碑文由衷地感叹先祖开疆拓土的不易，而不是佛法的庄严。"根据这一信息，这座在中国最晚建造的宝塔其诞生应该首先归功于这位崇尚奢华的皇帝，很显然皇帝希望彰显帝国的繁荣和大一统。其次则归功于这样一个愿望——在此处建造一座纯粹的纪念碑以纪念西部边疆征战的胜利。由此，纯粹的佛教思想与附带的政治意图结合了起来，并且转入民族国家的艺术领域中。如此一来，宝塔便丧失了原有的属性。乾隆时期其他的建筑也表明，原本严格遵守宗教象征意义的建筑形式逐渐成为单纯的艺术形式，虽然他们从宗教的束缚中解放了出来，但是同时也失去了活泼的、继续发展的内在力量。

我们不知道到底哪座塔仿造杭州六和塔而建，这一建筑也可能当年就被废弃了。然而，毫无疑问这座宝塔是仿造南京琉璃塔而建，尽管它的塔身层级为九层，而南京琉璃塔则是八层。这样一来永麻寺宝塔就是不太常见的十层，但是从上层构造和轮廓上来看，与流传下来的南京琉璃塔的图像接近。

宽阔回廊的延伸、塔身通过层级收分降低的层高也都几乎相同、门（开口略大的是门）窗（开口略小的是窗）的布局、塔檐的分隔方式、塔刹的处理，所有这些两座塔都是一致的。承德这座宝塔的高度是 55 米，而不是像南京琉璃塔高达 72 米，这种差异是出于北方的严寒和技术上的实际考虑。这座宝塔在琉璃塔中并不出类拔萃，作为单独的一座宝塔也无可圈可点之处，首先不像南京琉璃塔那样内外几乎都是装饰，它没有什么丰富的装饰，也没有外廊。

砖石构造的八边形中心体直径 15.5 米，边长 6.37 米，环绕着一条宽 2.57 米的内部回廊，木柱之间的墙体是实心的，上面设有门或窗。墙的外面还环绕了一条露天的、只有 1.05 米宽的回廊。如此一来，外部的八边形回廊直径达 24.3 米。向外出挑的屋檐遮住了外面的回廊和连成一圈的大理石护栏，石栏杆由两根修长的侧柱和中间的一块填充石板组成，侧柱上面有一个带有装饰图案的柱头，台阶同样也是大理石材质的。台阶一直延伸到北侧，形成一个略微低矮的平台，上面立有乾隆皇帝敕建的石碑。环绕第一层塔身的是带有大理石栏杆的、修长的回廊，旁边的单坡屋顶与塔身相连。檐口的正立面是琉璃烧制的装饰板，上面是涡卷纹，墙面上还镶嵌着立体的纹饰。琉璃和明亮的大理石在树丛中看起来格外漂亮和柔和。底层塔身表面使用的是烧制成黄色且经过细致打磨的砖，砖缝经过专门的处理，棱角也从砖的侧面打磨成了一定弧度，由此塔的轮廓变得柔和起来。其余所有的建筑构件都是琉璃制成的，纤细的斗拱是绿色的琉璃，下面的装饰板是黄色的，短短的出檐其檐面是黄色的，檐面上的棱脊则是绿色的。最上面以陡峭的攒尖屋顶冠顶自然地形成一个宝刹，不过形式并不多见。两个坚硬的、装饰丰富的、重叠的琉璃圆球体上面的釉色是黄色的，下面的釉色是绿色的。上面支撑着一个青铜制成的倒八边形椎体，分为十三层小环，顶上面是一颗镀金的火焰宝珠。从最高处的圆环到底部龙的身体处悬挂着八根精致的、环绕在周围的链子。

每层有八个开口，四个开口到底的门和四扇窗户，窗户是常见的两扇对开式的、琉璃制成的盲窗。门窗交错排列，与南京琉璃塔相反，南京琉璃塔内部以方形为基础，根据四面的方位布局。宝塔内部，木质的楼梯扶手以最短的方式连接着塔层之间的地面。中间不存在任何变化，建造者也完全没有这样的想法。每层包括一座简单的祭坛和佛像，最顶层的墙壁上留有佛教壁画的痕迹。顶层的中央立有一座八边形的祭坛，祭坛内部有一根立柱，穿过这一层的顶板直通塔顶，支撑塔刹。祭坛上冠以华盖，紧贴着华盖上方的便是这一层的花格天花板。从宝塔上的开口，人们可以将周边的景致——园林、寺庙、山脉、山谷和整座城市——尽收眼底。福兰阁翻译的诗歌、散文和碑文也为此提供了大量相关的例证，可以看到中国人如何处理自然与艺术、舒适与华丽、美与宗教之间的相互关系，他们如何表达这种感触。在此笔者没有必要复述他的译文。在所有那些夺人眼球的建筑形式中，华美的宝塔借助流畅的轮廓和向上的塔层收分、借助独特的塔刹、借助丰富的带隔断的回廊及其精致的造型，成为整个山谷中的地标建筑。

扎什伦布（行宫）内的琉璃塔

热河的另一座琉璃塔位于北部寺庙群东侧第四座寺庙内。同其他寺庙一样，这座寺庙紧靠北面的山脚，分布于一处特别而突出的山坡上。寺名为须弥福寿之庙，与佛教中的须弥山相关，藏语称作扎什伦布，与班禅额尔德尼在日喀则的驻锡地同名。1780年，六世班禅进京为乾隆皇帝庆贺七十寿辰，寺庙便建于此时，作为其在热河的驻锡地。这位喇嘛教的领袖在同一年于北京去世，几个月后遗体运回西藏

图 294 避暑山庄永麻寺的宝塔。塔高九层，高 58 米，建于 1754—1764 年。参见 338—343 页，图 295—304。见于恩斯特·福尔曼（ E.Fuhrmannde ）的《中国》一书。

图 295 避暑山庄永麻寺的宝塔。伯施曼拍摄。

图 296 避暑山庄永麻寺的宝塔。比例尺为 1：300。伯施曼绘制。

图 297 避暑山庄永麻寺的宝塔。伯施曼绘制。

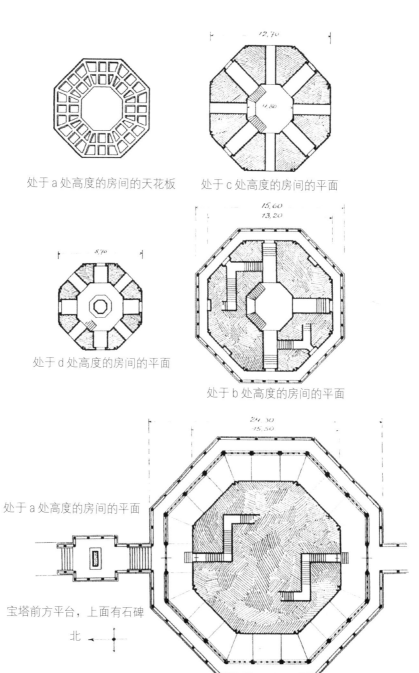

图 298 永麻寺琉璃塔的建筑测绘图（剖面图和平面图）。伯施曼绘制。

图 299 隔湖眺望宝塔和北部的山脉。伯施曼拍摄。

图 300 避暑山庄西山的两座亭子。伯施曼拍摄。

图 301 从宝塔上眺望避暑山庄和北山。伯施曼拍摄。

图 302 宝塔前的石碑。伯施曼拍摄。

图 303 避暑山庄东墙附近的宝塔。奥·齐格勒（O. Ziegler）拍摄。

图 304 永庥寺宝塔带回廊的底层。伯施曼拍摄。

图 305 避暑山庄北部喇嘛庙群中的扎什伦布寺和琉璃塔（西侧视角）。参见图 306。林普利特拍摄

图 306 从避暑山庄北面的山上向北眺望扎什伦布寺和琉璃塔。参见图 305；346 页，图 307。林普利特拍摄。

地区。为表示尊崇和纪念，人们便在位于北京北部的黄寺内建造了一座大理石塔。西藏、蒙古地区归顺清王朝后，清朝皇帝采取了优待喇嘛教的政策。在行宫周围建造寺庙群正是出于这一政治目的。整个工程始于康熙时期，乾隆不过是加以延续和扩展。六世班禅的来访具有重大的政治意义。作为驻锡地，这座寺庙建造得相当别致，展现出强烈的藏式和亚洲内陆风格，不仅沿用了其在家乡的驻锡地名称，同时被冠以行宫之名，这一称呼一般只能用于皇帝的离宫。作为特别的装饰物，琉璃塔位于寺庙丰建筑的中轴延长线上，地处整个建筑群末端，坐落在地势较高的山坡上。该塔一方面近似于山庄中的琉璃塔，另一方面又可谓北京西山静宜园中姊妹塔的再现。可将这两座塔放在一起观察。

　　我们还不清楚行宫内的宝塔是否像庙中的大型寝殿建筑一样，以日喀则宫殿中的同类建筑为范本。不过有理由推测，塔底部的双重回廊和塔身下方的平座应为班禅诵经和修行之所。正如已经观察到的那样，这些塔通过带尖顶的回廊与喇嘛教建立了明显的联系。

　　宝塔的塔基部分完全照搬了避暑山庄中的范例，只不过规模有所缩小。带有栏杆的八边形大理石基座直径长约 16 米，几乎刚好立于边长为 17 米的露天方形平台上。大塔的这一数据约为 24 米。行宫中的塔通高最多 30 米。塔身掩映于苍松翠柏间，有时完全被寺院访客忽视。不过在远处从侧面观望时，可清楚地看到其身影。塔身共七级，加上底层塔基后，便是八这一不同寻常的偶数。塔身各面覆盖绿琉璃砖，就连秀美的斗拱、窄浅的塔檐和一些黄色的边缘也都以琉璃砖为材料。塔身每层各面均辟有一座浅浅的佛龛，其中端坐着黄色的琉璃佛像，共计 56 尊。最上方为低矮的攒尖式塔顶，刹尖已消失不见。

图 307 热河扎什伦布寺的琉璃塔。底部设基座，塔身共七层，高 30 米，建于 1780 年。参见 344 页，图 306；349 页，图 311。伯施曼拍摄。

5. 北京郊外夏宫中的四座琉璃塔

北京西郊坐落着四座皇家避暑园林，这些园林的建造部分可追溯到久远的年代，不过直到 18 世纪（康乾时期）才得以大规模地扩展。其中就有圆明园和颐和园这两座夏宫。前者 1860 年毁于英法联军之手，后者曾为前者的一部分，围绕万寿山展开。这座园林早在乾隆年间便已修建得富丽堂皇，不过直到 19 世纪末慈禧太后时期，方才达到鼎盛。此外，还有位于万寿山以西不远处的玉泉山上的静明园。园中的大塔玉峰塔前文中已有介绍。最后，还有沿西山，尤其是香山山坡而建的静宜园，欧洲人常称之为玉园。这些园林内遍布着亭台楼阁，且各有一座体型较大的琉璃塔，堪称杰作。这四座塔全都建于 18 世纪（乾隆时期）。

图 308 北京西山皇家园林静宜园内的琉璃塔。底部设基座，塔身共七层，高 30 米，建于 1780 年，底部回廊已无踪影。参见图 309；348 页，图 310；349 页，图 312。伯施曼拍摄。

图 309 静宜园琉璃塔底部基座的石雕装饰——门旁的佛教符号。伯施曼拍摄。

图 310 静宜园琉璃塔底部基座的石雕装饰——侧壁上的佛像浮雕和纹饰。伯施曼拍摄。

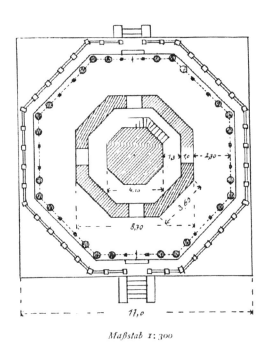

Maßstab 1:300

图 311 扎什伦布寺琉璃塔的平面图。参见 346 页，图 307。伯施曼绘制。

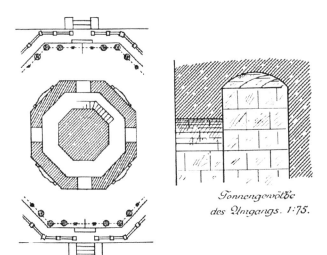

Tonnengewölbe des Umgangs. 1:75.

Maßstab 1:300

图 312 北京郊外静宜园琉璃塔的部分平面图及内部回廊。参见 347—348 页，图 308—310。伯施曼绘制。

静宜园塔

静宜园为香山的一部分，自古即为皇家消暑之地。辽国于 1125 年灭亡后，其分支北辽的皇帝耶律淳便葬于此处。之后，金国的皇帝在这里建立了避暑行宫，遗迹今日尚存。

与热河行宫寺院中的琉璃塔一样，此处的琉璃塔同样是 1780 年为六世班禅驻锡而建。这座塔与热河琉璃塔如出一辙，方台上设有高高的基座作为底部，外侧过去曾有回廊，如今已全然不见踪影，上方塔身分为相等的七层。两塔存在一些微不足道的差异，相较于热河琉璃塔，此塔塔檐下仅设双层斗拱，而非四层。塔身各边柱并非嵌入，而是向外突出四分之三。塔身所用琉璃砖更宽，因而用量更少，每面各有一块作为佛龛。之前的回廊多半毁于 1860 年，琉璃塔所在的喇嘛庙也于这一年遭到英法联军的破坏，寺庙如热河一般，同样坐落于宝塔脚下。毫无遮掩的塔基使人们可以更好地了解其构造。砖质的塔心柱周围覆盖石灰岩板，上雕纹饰、佛像及一些次要人物，用来修饰现已消失的回廊。在之前提及的南京瓷塔中，四大天王浮雕以两两相对的方式展现于回廊侧壁上，或许有助于我们更好地了解这座宝塔。静宜园塔用千篇一律的佛像替代了四大天王。无论如何，南京的琉璃塔都与北京城郊的这些喇嘛塔形成了鲜明的对照。基座共有四扇门通向内部，第三道回廊掩藏于其中，环绕真正的塔心，里面多半还设有阶梯，通往塔身下方的平座，平座周围有一圈大理石栏杆。静宜园和热河这两座类似的塔显然用途一致。就连所属的喇嘛庙也被建成大型藏式寺庙。庙内的出家人，甚至达赖喇嘛多半将此塔做为诵经修行之所。

一首以同在园中、相距不远的寺庙为题的中国诗歌描述了这里的情境：

静宜园玉华寺

王嘉谟

层峰开净域，十丈控丹梯。

坐瞰平湖浅，中分万岭低。

斜阳传塔影，飞瀑乱莺啼。

自觉诸天近，香花聚路溪。

三座三级琉璃塔

在圆明园和万寿山这两座皇家园林及玉泉山的园林中，各有一座十分相似的琉璃塔。塔身均为三层，以双重塔檐分隔。塔顶是三重塔檐，最上面一重塔檐为攒尖式，塔顶上方是鎏金铜质的塔刹。琉璃塔立于大理石基座上，表现为乾隆时期的风格。上方所有构件、塔壁、塔顶和浮雕等均为琉璃材质，色彩多样。基座呈青白色，与琉璃丰富绚丽的色彩形成鲜明的对比。塔檐以斗拱层支撑，第二、三层塔身外设有纤巧的栏杆，同样为 18 世纪晚期风格，塔身各面边缘处是竖直的边柱和阑额。除去建筑构件，整个塔身各壁砖内均辟有小巧的佛龛。面积较大的壁砖佛龛相应更大，其中端坐的佛像与众不同，四周为彩色琉璃浮雕。各塔的平面式样并不完全一致。玉泉山的琉璃塔包括攒尖顶在内通高 17 米，塔身上下均呈八边形，正面较窄。大理石基座各角上翘。每层仅设四座大佛龛，内有佛像。万寿山的琉璃塔最为游览者所忽视，弗里德里希·帕金斯基对其这样描述道："塔坐落在山坡上，半掩于盛开的花丛中。鲜花之上的琉璃塔宛如一只热带小鸟般绚丽多彩，周身饰以绿、紫、黄、牛血红和绿松色的琉璃砖，秀美纤细，直指云霄。"从照片中可以看出，这座塔和玉泉山的姊妹塔并无二致。两者作为双生塔毫无疑问建于同一时期。

圆明园琉璃塔的平面从底层的方形，到中间层的八边形，再到顶层的圆形，这种转变自有其内在逻辑。鲜明的象征意义不仅借助各层雕像加以诠释，也体现在具体用色中。卜士礼对此进行过详细的分析。方形的底层象征着大地和须弥山，由佛教中的四大天王守卫。带有八尊佛像的中间层意为兜率天，这里既是各菩萨成佛前的降生处，也是未来佛弥勒的住所。圆形的顶层共五面，饰有五尊佛像，据说为五方佛，兴许还有普贤王如来，代表着天空。在中国的符号学中，有天圆地方之说。三重圆形塔顶令人一下子想起北京的天坛，可以作为佛教建筑受到中国古老宗教建筑形制反作用的证明。三层塔身同时还象征着佛法僧三宝。按照卜士礼所说，五种基本用色分别为紫、绿、黄、红和绿松，多半对应五方的颜色——黑、绿、黄、红、白。同时，又涉及与"五"有关的众多概念，"五"这一数字在中国文化和佛教世界中扮演着十分重要的角色。有理由相信，三座琉璃塔各展示了一种突出的基准色。在恩斯特·奥尔默（Ernst Ohlmer）看来，圆明园琉璃塔的基准色为蓝色，另外一

图 313 北京郊外皇家园林静明园内玉泉山上的琉璃塔。塔身共三层，高 19 米，建于 1750 年左右。参见 354—355 页，图 316—318。伯施曼拍摄。

对塔则为绿色和黄色。它们共同构成了一种独特的类型。

　　凭借高挑的分层和塔檐所形成的韵律感，三座塔在构造和外形方面无一例外展现出极高的艺术水准。琉璃技术达到了 18 世纪的高峰。弗里德里希·帕金斯基将玉泉山的塔称为窑中精品。不过式样本身平淡而传统，反映了那个时代的特征。圆明园中的塔更进一步，以琉璃仿制木建筑构件，包括门窗花格和带有垂柱的雕花横楣。这一手法对材料的要求很高，小型的宝塔和亭子中常出现此类构件，由铜制成，尺寸稍大，塔身也因此增添了几分秀美。此外，这种做法也符合佛教教义亲切优美的一面。单从结构来看，整个构造可谓是对天宁塔理念的深化。后者以具有象征精神的主塔层为标志。作为至尊的宝座和舍利的存放处，主塔层下方为高大的基座，上方有一连串的塔檐，象征着佛教各天，最终化作塔刹融入苍穹之中。从三座琉璃塔来看，主塔层的概念被一分为三，塔檐之间相互分离，不仅消解了作为整体的大型塔所展现出的符号形象，同时借助各种象征元素，几乎蜕变成纯粹的建筑物。从这几座出自晚期的佛教文物便可看出，佛教思想的建筑表现手法已然枯竭，无力创新，从而转向纯粹的建筑式样。人们不再受宗教形制的束缚，开始自由地引入传统元素，力争创作出自成一体的新式样。在中国建筑艺术的诸多领域内都能观察到这一发展过程，在某些类型的宝塔中同样有所体现。

图 314 北京郊外老夏宫圆明园内的琉璃塔。建于 1750 年左右。恩斯特·奥尔默拍摄于 1880 年左右。

图 315 北京郊外新夏宫——万寿山中的琉璃塔。建于 1750 年左右。伊藤教授（Professor Dr. Ito）拍摄，见于《北平的建筑物》（*Bauwerke von Peking*）。

图316 北京郊外皇家园林静明园内玉泉山上的琉璃塔。建于1750年左右，位于带围墙的院落中。图中所示为通往琉璃塔的台阶。见于柏林民族文化博物馆，拍摄于1880年左右。

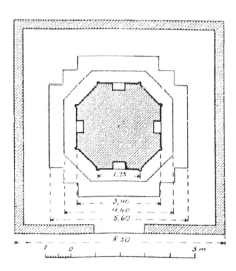

图 317 玉泉山琉璃塔的平面图。比例尺为
1∶200。伯施曼绘制。

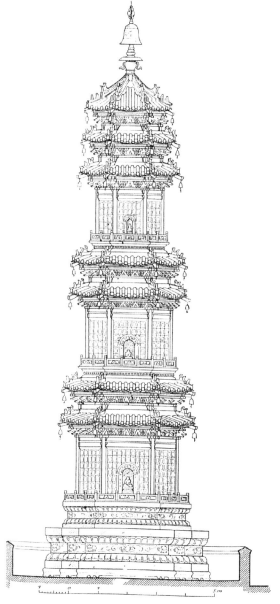

图 318 玉泉山琉璃塔的大理石塔基、琉璃塔身和
铜质塔刹。比例尺为 1∶100。伯施曼绘制。

第七节 石塔

在前文的案例中已多次提及"石塔"这一概念。在宝塔的建造过程中，常常会使用石料，但整体由石料打造而成的大型宝塔则极为稀少。中国人早已掌握处理天然石料的技巧，并且一直热衷于将它们用于各种建筑中。这些石料质地优良，几乎随处都可轻易获取。单体建筑物，比如宝塔，本可以全部以石料砌筑，但事实上石料的运用通常仅限于小型塔。在中国，仅有个别地区零星出现了几座体型较大的石塔或由其组成的塔群，或者至少塔身覆盖石料。上述例子见于四川、河南、山东、福建和广东这些喜欢使用石料的省份。一方面，石料便于加工成方石或是各种形状的构件；另一方面，又能展现出雄伟的气势，这决定了石塔在外形和结构方面与砖塔有着极大的区别。后者受制于砌砖工艺，往往各层结构结合得更为紧密。因此石制建筑中通常不需要斗拱层。不过，体型较大的石塔则保留了大型砖塔的基本形制，并未出现全新的造型。有关新式样的迹象极为少见，且很快又会回到固有的类型。有时新的元素也会出现，并逐渐融入宝塔的造型之中，从而呈现出一副统一的面貌。因此，尽管不同的石塔中常会出现特殊、繁复的结构，但它们显然仍旧属于某一类宝塔。

墓塔、香塔和塔形碑柱通常以石料砌筑。下一章将着重对此进行研究。还有几座天宁塔式样的杰出石塔因其造型而被收录进第四章。它们之中不乏具有重要历史象征意义的宝塔，比如南京栖霞山的石塔，这些宝塔与本章介绍的案例不分上下。最后，在本书结尾处，还将以三座金刚宝座塔①为例，来介绍一类重要且自成一派的石塔。

---

① 金刚宝座塔是佛教密宗的一种佛塔建筑形式。起源于印度，指在高大的金刚宝座，也就是方形塔座上再续建五座宝塔，四角的宝塔较小，中心的宝塔较大。——译者注

1. 山东神通寺朗公塔

　　昔年名刹神通寺的遗址位于泰山西北部，寺院又名朗公寺，取自开山祖师著名的朗公和尚。传说山东灵岩寺所在山峰颇有灵性，曾有岩石点头之事，故事的主人公便是这位和尚，其去世后就葬于此地的一处洞穴内。之前已经提到过，公元 351 年时，朗公和尚在距灵岩寺不远处创立了神通寺。尚不清楚寺塔的建造是否与其有直接联系。这处文物最初因梅尔彻斯的著作而为人们所知，鉴于寺塔所展现的式样极为独特，只有对它在历史中的地位和所处环境进行研究后，方能理解其崇高的艺术价值。

　　朗公生活于东晋时期，东晋朝廷以南京为都城，疆域仅限于帝国南部，北方地区政权不断变换，最终直到 5 世纪时，北方地区才由北魏完成统一。这段乱世被称为五胡十六国时期。中国人有关朗公的记载十分混乱，其身影出没于公元 280—400 年间。尽管如此，仍有一些具体的时间可以确定。

　　寺院早在西晋太康年间便已建立。7 世纪上半叶时，道宣①和尚曾对记载著名僧人的《高僧传》进行补辑，据他所说，寺院当时已有四百多年的历史。由此推断，3 世纪刚过，寺院便已创立。不过这多半不够准确。4 世纪上半叶时，俗姓李的朗公才四处游历，之后来到泰山山脉的昆瑞山。昆瑞山古称昆仑，与中亚最大的山脉重名。他在位于金舆谷的古老庙宇中挂起了佛祖的画像，可能正因为如此，这座庙宇才变成了一座佛寺。朗公弘扬佛法，德高望重，很快便名声在外。北方一众小国或并存或交替，统治者争先恐后向其奉上亲笔书信，以表敬意，并将各类供品和税金赠予寺院。其中便有秦、燕、赵、魏各国的皇帝，甚至包括南京城内的东晋皇帝。对于这位高僧，《长清县志》中有如下描述："竺僧朗，京兆人，硕学渊通。（隐于山中，因德高望重而备受尊崇。）元魏太祖（即道武帝，北魏开国皇帝，公元 386—409 年在位。）亦遣使致书，（送去厚礼）。秦书（记载伪前秦公元 351—394 年间史事。）曰：朗（不同于其他隐士）大起殿舍，年八十五而终。朗尤明气纬，（起居从简，

---

① 道宣（公元 596—667），唐代高僧，一生研究戒律，盛名远播西域，是佛教南山律宗开山之祖，又称南山律师、南山大师，世称"律祖"。——译者注

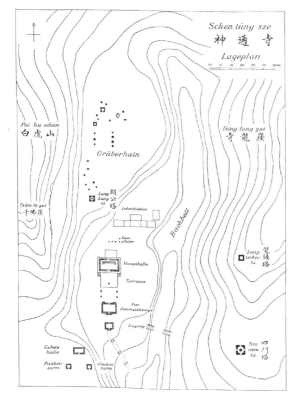

图 319 山东济南府神通寺周边地区的地图。中间墓地处为朗公塔，参见 360 页，图 321—322。东面为龙镇塔，东南为四门塔，西面为千佛崖和崖塔。参见图 320。根据梅尔彻斯的测绘制作。

图 320 山东神通寺所在的山谷。图中可见朗公塔和墓塔林。参见图 319；360 页，图 321—322。梅尔彻斯拍摄。

素爱游历。）乃于金舆谷昆仑山中别立精舍，创筑房室，制穷山美，孜孜训诱不倦。秦王苻坚（公元 357—384 年在位，统治范围包括河南和山东，公元 381 年皈依佛教。）钦其德，后沙汰众僧，乃别诏曰：朗法师戒德冰霜，学徒清秀，昆崳一山，不在搜列。南燕（公元 398—410 年）慕容德（公元 400—405 年在位，山东同样归其统治）师事之，给以两县租税。谷中旧多虎，朗居之，虎患遂绝。"从这一段记述便可看出，朗公直到 5 世纪时尚在人世，鉴于他有 85 岁高龄，可知其早年活动应开始于公元 349 年左右。因此推测寺院当建于公元 351 年，这与《历城县志》同样相符。不过其中仍未提及与建塔相关的事情。

在后来关于寺院的记载中，最值得一提的是发生在隋文帝时期的故事。这位热心的佛教徒在公元 583 年去泰山进香时，感念于祈愿得以神奇实现，遂将朗公寺改为神通寺。寺院当时与神宝寺和灵岩寺一起得到修葺。同样还是这位皇帝，在仁寿三年（公元 603 年）正月，将舍利分赐给 53 个州县，同时下令建造多座佛塔。神通寺同样收到了舍利，且很快便有神迹显现。鹤、鹿和野鹅纷纷来到塔前。寺塔应该早已存在，否则文献中一定会提及人们为了供奉舍利新建了宝塔。这一时期新建的宝塔包括兖州和苏州虎丘的大型宝塔，其余的案例详见第四章。整个神通寺在1486—1495 年间曾有过一次大修。如今，寺院除少数建筑外已荡然无存。

寺院位于一处狭长的山谷尽头，山谷向南敞开，高山环绕，呈半圆形，风景秀丽，令人不由想起灵岩寺。不过后者规模远胜于前者，且至今仍为青山环绕，而神通寺四周的山丘上仅有少量树木。谷口因两山而凸显，其中东面为青龙崖，西面为白虎山。后者的石窟内有大量的佛像，出自北齐和唐朝初期，此地后来又被称为千佛崖。两山各有一座佛塔，东边青龙山的塔为多层，似乎叫龙镇塔，如今已不见踪影。我们将详细介绍的这座奇特的石塔便位于西边的白虎山。民间也将其称为龙虎塔，误将原本位于东边的青龙塔和西边的白虎塔两座宝塔的名称都用在如今仅存的朗公塔上。朗公塔位于西面，西面的白虎象征着高僧朗公所拥有的强大力量。原来的两座老塔组成一对望柱，这种建筑常出现在高等级陵墓前的神道上，皇陵中也会用到，象征着日月和阴阳。朗公塔位于千佛崖脚下一处宽阔的平台上，身后便是一块广阔的墓地，上面有各式各样的墓塔组成的塔林。过去这里很有可能像灵岩寺那般有一片小树林。龙虎塔跟灵岩寺中的塔一样位于寺院西北部。西南部为戒坛，东

图 321 山东神通寺的朗公塔。砖石材质，平面为方形，高 13 米，约建于公元 900 年左右，上方砖制结构建成时间可能更晚。参见 358 页，图 320 ；图 322。喜仁龙拍摄。

图 322 神通寺的朗公塔。参见图 321。梅尔彻斯拍摄。

边青龙崖尽头有一座四门塔，塔身为方形，砖石结构，式样奇特，在灵岩寺中也有参照物，这两座塔在第三章中也将涉及。

龙虎塔外形独特，平面呈方形，高 13 米，清楚地分为三部分，其中塔基和塔身为石质，塔顶则由砖建造。基座很大一部分掩埋于碎石中，大约还有 1—2 米没入土中。目前可见基座清晰地分为三层，每层十分低矮，呈阶梯状向内收拢，但每层顶端均有一块向外挑出的石制盖板。引人注目的外形令人想起汉代的墓阙，如今山东地区还遗留有不少这类建筑，同样不设斗拱，很可能以龙虎塔为参照。下面两层石板以叠涩支撑，顶层石板底部有一层浅显而近乎水平的仰莲花饰。各层构造渐趋复杂。基座最底层仅于四壁划分出八座较深的方形壁龛，内部可能安置过造像。中间一层辟有八座带浮雕的浅石龛。这些壁龛位于四角，每两座为一组，底部有极原始的中式花纹，中心部位不作装饰。顶层由带有缘饰的下枋和浮雕饰带组成，图案为弹奏音乐的仙人与跳跃的动物，看起来亲切可人，四角各有一位小巧的力士。眼前的基座不仅透着中式建筑的特色，同时兼具希腊式结构和唐朝佛教雕塑的风格。

塔身的特色并不逊于基座。塔身为中空的立方体，边长大约 3 米，长方形带有雕饰的四壁上各开有一门。塔身内部设塔心室，中心立有方形的石柱，每面雕有一尊佛像，庄严端坐。常盘大定在《中国佛教史迹》一书中称这些佛像极尽优雅，并断定它们出自唐朝晚期。位于附近山谷东侧、出自公元 544 年的四门塔和第三章中一系列的相似建筑物为这类构造提供了范例，具体表现为开有四门的方形塔室和塔心柱，塔身常常仅有一门，石柱内部或下方很可能存有舍利。不过这些建筑大多直接立于平地上，而龙虎塔的塔身位于高高的基座上，塔身上方并未采用帐篷式塔顶，而是以带斗拱的双重檐替代。这种大致的重合有两种可能性。要么这座塔是朗公的墓塔，至少是用于安放舍利的，要么是一座以朗公命名的、纯粹的纪念性建筑。朗公留给后人众多鲜活的记忆，使得建造这么一座非凡的纪念碑成为可能。不过，今天所看到的这座建筑并非最初的宝塔。宝塔很可能于公元 583 年进行了大规模的扩建，当时正值隋文帝时期。也可能于前文提到的公元 603 年改建为舍利塔，建于公元 544 年、历史更久远的四门塔应当是改建工程的蓝本。现存建筑应如常盘大定所说，出自唐朝晚期，更准确地说，大约要到五代十国时期方才出现。塔壁四周的浮雕与基座形成鲜明的对比。无论常盘大定还是喜仁龙都未对这种不一致进行探究，后者认为这些雕塑创作于元代，这一观点几乎难以成立。浮雕的题材相当杂乱，包括门楣上方的尖拱冠饰、力士、剃度的和尚、龙、象首、各式各样的佛像、垂饰、卷须和花卉，这些题材交替出现，并无固定规律，兼具印度和东亚风格。只有经过详细的研究方能理清，如此也就无法确认这些不同寻常的杰作出自历史上的哪一个时期。石塔保留了众多独一无二的特征，包括早期的汉代结构特点、优美且饰有精致浮雕的基座、通透的塔室、塔身华丽而浮夸的雕饰、优美的塔心柱，以及双层带斗拱的塔顶。从本质上来看，石塔的结构与天宁方塔所确立的式样并无不同，即分为基座、塔室和塔刹。就形式而言，龙虎塔也可归入这一类。

石塔的双重塔顶为宋代风格，斗拱显然以砖砌筑，尽管山东气候恶劣，保存却相对完好，很有可能是在距今更近的时间进行过翻修。塔尖最顶部损坏严重，已无法确定其造型。

朗公塔有一处相当重要的参照物，近来通过屈梅尔 1930 年发表在《东亚杂志》上的作品而为人所知。这座建筑有三块高 2.4 米、饰有浮雕的石板，中心柱残余部分高 1.4 米，它们的大小和丰富的浮雕与神通寺朗公塔的部分细节极为相似，然而其风格式样更为古老，在屈梅尔看来，应当出自北齐时期。这些构件现在美国，显然曾属于某座宝塔，只是尚不清楚此塔位于何处。不过完全可以推测，朗公塔这类风格鲜明的式样在中国应当还有其他的比对物。通过对这些文物和残件进行细致的比较，便可确定神通寺内石塔准确的建造年代及其在艺术史中的地位。

2. 河南、直隶和山东

这三个省份有一系列的石塔，其中既有神通寺内独特而古老的纪念碑，也有常见的大型宝塔。至少自汉代起，山东便已成为石作艺术的起源地。奇怪的是，这个对石料情有独钟的省份除神通寺内不同寻常的石塔外，迄今为止仅有一座石塔格外引人注目，且出自晚期，其余的塔均以砖为建筑材料。仅此便能看出，这个东部省份建造宝塔时会以历史悠久的河南、山西和陕西的塔作为蓝本，砖作艺术正起源于上述三省，且在塔建筑中始终处于主流地位。有几个著名的、历史相对悠久的例子便出自河南和直隶西南部地区。其中年代最久远的塔呈方形，年代较近的则为八边形。

　　密县的方形石塔位于河南省的中部嵩山附近。嵩山为中原地带的神山，石塔便坐落于山南从郑州到登封县的道路旁。石塔为舍利塔，属于法海寺。常盘大定在《中国佛教史迹》中对此有详细的描述。石塔旁有数座装饰精美带有浮雕的经幢和两座石碑，均出自咸平四年（1001年），石塔便建于这一年。按照法海寺新建石塔的相关记载，石塔中供奉着《法华经》和舍利。石塔高16.8米，塔身为方形，共九层，完全以青白石料砌筑。塔基上有两层莲形塔座，下层为覆莲，上层为仰莲，基座承托着塔身底层。此层较高，分为两部分，由平整的方石构成，以条状石料分隔。正面设有方形小门，门额上饰有凿刻精美的浮雕和佛像。底层顶端有一扁平的叠涩层，向外挑出许多，另外八层极为相似，挑出许多的塔檐将明显呈角锥形的塔身分为八部分。塔身收分明显，线条流畅，轮廓狭长而内凹。塔身二到四层各面均辟有圆拱形的壁龛，第三层设有小巧的栏杆，饰有卍字花纹。不过这处栏杆只是象征性地围绕着塔身，实际上游客并不能踏上外廊或是进入宝塔。塔檐各层四角仍挂着一些小风铃，其余皆已遗失。巨大的塔刹十分醒目，轮廓分明。相轮共九重，细长而外鼓，上承宝盖，上方为一级细长的喇嘛塔，作为最顶端的三段式塔尖。石塔外形极为独特，展现出的基本形制令人想起天宁方塔，塔尖又重复了这一样式。塔身四壁刻有《妙法莲华经》。字体因别具一格而受到极高的关注。

　　大约一百年后，宝山一处寺院内的石塔再现了密县塔独特而自由的式样。这座非凡的寺院位于河南北部彰德府附近的山中，拥有魏晋南北朝和隋唐五代时期的石窟和墓塔。石塔出自宋朝，大致建于1100年。塔高10米，构造与天宁方塔一致，轮廓呈现出优美的曲线，如同河南和陕西的大型砖塔。基座极高，饰有壁龛和明显的浮雕。塔檐共九层，于简单的叠涩层上向外挑出，将塔身分为八层。塔顶四角设有四只小狮子，守卫着中间的塔刹。八边形的刹座已有裂纹，上承刹尖，全部以石料制造。

　　四川怀德镇的石塔同属这一系列，塔身由红色的砂岩建造而成，同密县塔有些许相似之处。在天宁方塔一节已有介绍。

　　直隶曲阳县舒河村（Tschuhotsun）的八边形大理石塔为角锥形级塔，圆形塔

图 323 河南密县的方形石塔。底部为主塔层，上方塔身分为八层，高 16.8 米，建于 1001 年。见于《中国佛教史迹》。

图 324 河南宝山的方形石塔。底部为主塔层，上方塔身分为八层，高 10 米，可能建于 1100 年。见于《中国佛教史迹》。

图 325　直隶舒河村的八边形石塔。共十一层，高 25 米，
建于 1200 年左右。喜仁龙拍摄。

图 326　山东济宁州的石塔。共十四层，高
10 米，建于 1442 年。见于《中国佛教史迹》。

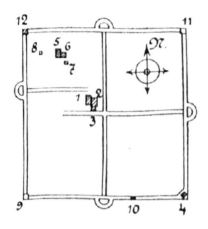

图 327 山东济宁州的简图。8 为石塔，1 为铁塔。伯施曼绘制。

身划分均匀，可以进入塔心室，属于过渡时期的式样。塔身不用灰浆接合，完全由精心加工的方石构成，底层较高，上方塔身呈圆形，分为十层，收分明显，整体狭长，高 25 米。塔檐下方为双层叠涩，出挑明显，形成清晰的间隔。塔室开口处和塔身上的浮雕为严肃的石塔注入了一丝艺术活力。喜仁龙根据雕饰风格推断此塔最早建于 12 世纪末。几百年后，山东出现了一座独一无二、颇为不同的宝塔，塔层众多，均匀分布，排列紧密，并成为这一式样宝塔的代表。这座位于济宁州的石塔建于 1442 年，坐落在普照寺南门外。塔高仅 10 米，平面为八边形，塔身极细长，随着高度增加而略微收缩，更接近分层的经幢，与同一城市的铁塔极为相似，前者显然模仿了这座早建了三百多年、高度是其两倍的铁塔。塔身立于坚固的基座上，加上塔座共十四级，各层高度低矮，由塔檐分隔，塔檐呈弧形。塔刹由分段式的宝珠构成，与之前提到的铁塔上较新的塔刹相比，要早 140 年。其外形与位于浙江或者广州的一些南方宝塔极为相似。

3. 湖南

在湖南的石塔中，有两种类型非常著名，一种是级塔，另一种则是逐渐变尖的锥形塔。在四川,前者以双乐铺①(Schuanglopu)的八边形级塔为代表,第七章中有相应的图片。此塔高 6 米,共九级,檐角的猛然上翘使塔身看起来近乎颤动一般。笔者在湖南衡州府南部见到了另外两个同样结构分明、不过样式平和的案例,其中一座为七级,另一座为五级,塔檐挑出。位于衡州府的两座雁塔与这一对宝塔式样相似,却比它们高大许多。衡州府位于草河(湘江支流蒸水的俗称)与湖南主要河流湘江交汇处,其城池共有七座门,位于山河交汇、向外突出的半岛上。南面的山脉中有三座高耸的山峰,整座山脉仿佛一只大雁,在向北飞行的过程中降落于此,将这座城市拥入翼下。中间的山峰即为雁身,上面有雁峰寺,东边的山峰为右翅,建有龙王庙;西边的山峰为左翅,同样建有庙观。设于城北两座山丘上的双塔同样与"大雁"这一象征有关,其中位于东北方向的为老雁塔,西北方向的为新雁塔,两塔均为十一级,相距大约三到四公里。过去两者之间设有一所学校,对于学生而言有着吉祥的寓意。可惜笔者只能从远处观望两座石塔,光亮的石料和巨大的宝珠型塔刹使得塔身看起来格外粗壮。两座塔连同整个城市和南边的回雁峰一道构成了

---

① 铺是古代驿政的基本单位,按照清代的标准,每十里设一铺。——译者注

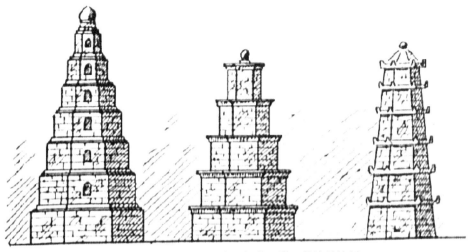

图 328 湖南南部衡州府和永州府之间的石塔。伯施曼绘制。

图 329 湖南醴陵县石塔的下部。
参见 369 页，图 331。伯施曼拍摄。

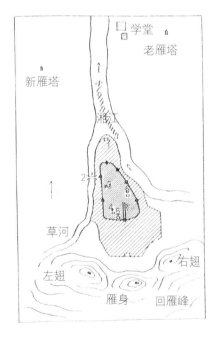

学堂和新老雁塔

1. 私塾
2. 七拱桥
3. 文庙（属于两座县城）
4. 文庙（属于衡州府）
5. 供奉守护神的庙宇
6. 钟楼
7. 主干道

中间的山峰上：雁峰寺
东边的山峰上：龙王庙
西侧的山峰上：道观

图 330 湖南衡州府的简图。北部的两座雁塔和南部的回雁峰共同守护着城池。伯施曼绘制。

图 331　湖南醴陵县的石塔。共十一层，高 20.6 米。图中分别为正视图、平面图、塔门、檐角和基座。参见 368 页，图 329。伯施曼绘制。

图 332—图 333　湖南常见风水塔的细节。伯施曼绘制。

一幅格外清晰而雄壮的画面。

另一类石塔为八边形，塔身逐渐变尖呈角锥状，侧壁倾斜，这种特殊的式样在湖南尤为常见。塔檐狭窄，不设斗拱，将石塔分为三到十一层不等，几乎垂直上翘的檐角极其灵动，使得塔身看起来生动而富有韵律。在湖南南部衡州府与永州府之间的地带，几乎所有的村庄入口处都建有这样一座石塔，偶尔还会与小桥结合。这些塔高 4—6 米，分为三层或五层，底层通常较为特别，往往附有一间开口向前、用来上香和烧纸的塔室。这类塔有许多特别的样式，檐角带有装饰，塔壁华丽，饰以琉璃瓦。体型稍大的塔辟有壁龛，显得生动而活泼。这些壁龛或交错，或仅设置在主要的塔面上，几乎所有的壁龛都不大，无法让人攀爬进入。这类塔采用楼阁样式，极少归属于寺院，大多数仅为纯粹的风水塔。行经湘江时，便会看到这样一座优美的塔。此塔位于湘阴县，紧邻岸边，据说高 28 米，共七层，四面开门。湖南的主要河流湘江于湘阴县附近汇入洞庭湖，后者位于长江以南，为三大蓄水湖之一。洞庭湖畔另有一座相似的石塔，为典型的锥形样式，作为一处高耸的宗教象征耸立在水平的河岸线上，从各个方向都清晰可见。在洞庭湖通往长江的支流处，商业重镇岳州府同样有一座石塔，虽然几乎复制了湖南塔的细长外形，然而看起来更像是带有双层塔檐的楼阁式塔。在湖南长沙府的东南部坐落着两座秀丽的塔。石塔归醴陵县所有，位于渌河边、临近与江西省交界处，同样也是这一类型的绝佳代表。在众多艺术作品中，骤然翘起的檐角和细长的外形可谓湖南宝塔的一大特征，起元塔明确地展现了这一点，尤其从下向上仰望时十分明显。石塔高 20.6 米，共十一层，塔刹为一小球，上方刹尖分段，以位于长江边的宜昌和沙市的大型级塔的塔刹为蓝本创作。塔檐双层叠涩，环绕塔身，石块的叠砌方式令人惊叹。另一座塔为醴陵白塔，式样相同，不过仅有七层。绝对均匀的分层正是南方宝塔风格的表现。

4. 带有角柱的塔

为了模仿原始木塔中的角柱，砖塔中也常常清晰地呈现出这一结构。而在一些情况下，人们为了更加突出石塔的棱角，还将角柱塑造成粗壮的方柱或圆柱，甚至让它们脱离墙身。如果当时这一类型的宝塔沿此方向继续发展下去，或许会演变为结构变化最大的宝塔类型。它们以木塔为样本，而木塔的上部楼层中也大量应用了外露的柱体。然而石塔的造型最终并未朝着这个方向持续变化，即使是中国南方一些构造独特的石塔，也同样如此。令人惋惜的是，这几例不拘一格的建筑已表现出极好的开端,但是重重约束迫使中国的工匠们在建造宝塔时也只得遵循其统一风格，无法自由创作出具有个人特色的作品。

　　设置独立的角柱时需具备挑山较远的厚实檐台，从塔的整体观感来看，这种檐台比塔身更为显眼，后者则退居次要地位，仅作为巨大结构体的承重构件而存在。江西庐山秀峰寺的方形石塔可视为此类宝塔的早期案例。该塔建于宋朝时期，具体的尺寸不详。塔身共五层，底层比较高大，每面均由壁柱分为三部分，墙上以浮雕装饰；上面四层则十分低矮，每层底部饰以刻着叶浪的圆形线脚，线脚之上均设内置佛像的三座券门。角柱浮雕较浅，它与横梁一同再现了木结构建筑的建造方式，并越过托架，承托起向外延伸、角部略微上弯的平坦塔檐。由于地理位置相同，建造时间相近，这里不得不提到同样位于庐山的天池寺石塔遗迹。说起这座天池寺，那便一定会说到明朝开国皇帝朱元璋，他就是从这里开始了他最

图 334　洞庭湖畔的宝塔。参见 373 页,图 337。魏格纳拍摄。

图 335 湖南湘阴县（Siangyin）的宝塔。参见图 336。魏格纳拍摄。

图 336 湖南湘阴县的宝塔。参见图 335。伯施曼拍摄。

图 337 洞庭湖畔的宝塔。参见 371 页,图 334。魏格纳拍摄。

图 338 洞庭湖汇入长江处的岳州府塔。伯施曼拍摄。

图 339 湖南醴陵县的白塔。伯施曼拍摄。

图 340 江西庐山秀峰寺的宝塔。共五层，高度不详，建于宋代。见于《中国佛教史迹》。

图 341 四川梓潼县的八面方形塔。角柱外露，高7 米，可能建于明代。伯施曼拍摄。

初的征战。他于 1394 年在一座亭中立碑记叙了此事，该亭位于宝塔附近的一座山峰上，从远处也可望见。在《中国佛教史迹》一书的图片中可以看到，宝塔的接缝处十分平整，塔檐为重檐，留有斗拱残迹，从这点上看，它与福建和广东的石塔有些关联。该塔始建于宋朝时期，在明朝洪武年间得到扩建，太平天国运动时期损毁严重。如今只有一部分保存了下来，上半部分已经损毁。

一些精美的四川矮塔便是由外露的角柱支撑起了宽大平坦的塔檐。笔者在该省北部的绵州地区（Mientschou）发现了三个实例，分别是城内的香火塔、魏城的石塔——同时也是墓碑，以及凤凰山上紧邻沉香铺[①]东南部的六角风水塔，概貌图参见第七章。这座塔高 10.5 米，建有基座和十层极窄的塔层，六角处添加了短小的外露柱体。在绵州地区的梓潼县（Tzetunghien）还有一座 7 米高的八角石塔也采用了相同的构造，但由于它采用了将内部的八角形塔身与外部的方形檐结合到一起的自由式结构，各面均以浮雕装饰，且将外露的石柱塑造成独特的塑像支柱，因而具有更高的艺术价值。上面几层雕刻的是人像，下面几层则是动物形象。建造时间据推测为明代。

这一类别中最华丽的宝塔坐落于浙江宁波东部的观音道场普陀山上，笔者在《普陀山》一书中已有过简短论述。其名曰太子塔，很多人认为指的是释迦牟尼，笔者当时也赞同这一观点。常盘大定在《中国佛教史迹》一书中也赞同此说。他认为，该塔原名多宝佛塔，即供奉多宝佛——教化十方世界的七佛如来之一。根据普陀山的地方志，人们推断此塔由孚中法师建于元统元年（1333 年）。近年来，遗留下来的建筑受到了严重毁坏。而在 1919 年进行彻底修缮时，人们发现了一块刻有碑文的石碑。碑文称，此塔是宣让王在 1329 年为孚中法师所建，或许是为了纪念孚中法师。修建工程可能花费了五年时间。因此，太子塔的名称大抵与那位蒙古太子宣让王有关。

在此，将原本处于残损状态的宝塔与《中国佛教史迹》中 1919 年复原后的图片进行对比，可以获得很大启发。两层倾斜的巨大台基以及三层塔身均有着清晰的分

---

① 民国时期，沉香铺与杭香铺合并为"沉杭乡"，1949 年以后改名为"沉抗"，世纪之交因此处建成水库，改名为"仙海"。——译者注

图 342 浙江普陀山的太子塔。塔与两层台基总高 30 米，建于 1329—1333 年，在 1592 年和 1919 年进行了翻新。参见 377 页，图 344。伯施曼拍摄于 1908 年。

图 343 普陀山的太子塔。拍摄于 1920 年前后。见于《中国佛教史迹》。

图 344 普陀山太子塔的主塔层。参见 376 页，图 342—343。伯施曼拍摄。

图 345 福建崇湖普庵（Tschun hupuan）底部的两层。可能建于明代。哈克曼教授拍摄。

层结构，塔身上有佛龛和栏杆，栏杆与挑台浑然一体，前者围绕着宝塔，象征着神圣的"绕佛塔"。塔的底层因脱离墙身的支柱和丰富的雕刻而更为醒目，下置水波和云纹饰带以及卢舍那佛的石莲座，不过此处雕刻的不是莲瓣，而是那些中国古代的纹样。主塔层的佛龛中为四座较大的菩萨坐像，前置十八罗汉像，以一座特殊的观音像为首。在上面两层的八座佛龛中端坐的则是大佛，或许还有五方佛。在底层台基上，四大天王像在边角处呈防御姿态，他们中间可以看到一尊韦陀像，因此，在其对面应该还有一尊关帝像。顶部四角塑有山花蕉叶，塔刹以莲花雕塑作为顶部宝珠——火珠——的莲座，此处距地面 30 米高，与石碑中的描述相符。马伯乐指出，1334 年的原始建筑早在 1592 年便进行过大规模修整，那些带有明显的明朝晚期艺术风格的塑像也可证明这一点。不过这里所说的塑像只是指单独的罗汉像，佛龛内珍贵的浮雕应该不具备类似特征。而这座建筑到了当代又再次重修，证明了佛教再度兴盛起来。尽管这片土地在过去的几十年中风雨飘摇，佛教却在这里和其他地方，通过种种宏大的建筑，宣告了它对未来的信心以及广播教义的愿望。

普陀山太子塔素净的圆柱完全脱离了墙身，而在福建崇湖普庵约建于明代的石塔中，此类角柱仍有四分之一嵌在墙体之中。环绕于柱顶的装饰带类似于柱头，承托起上方呈弧形上挑的檐角。同样在福建，福州和泉州的大型宝塔则使用了与体量协调一致的建筑构造和造型装饰，尤其是雕刻的门神，均为线条简单、比例协调、身着古代铠甲的武士造型。本节也将对这些塔进行介绍。所有上述石塔均偏好将塔层等分，展示了中国中部和南部的常见风格。

5. 杭州府与灵隐

灵隐是浙江杭州城郊西湖西侧的一片著名谷地。在介绍雷峰塔和保俶塔这两座大型塔时已提到过这些山峰，因为其中还坐落着其他一些宝塔，它们构成了首府城区和西湖之间那高雅景致的西缘。西边的那些宝塔点亮了高高耸立的天竺山上无数宗教场所以及与它们相关的历史记忆，而这片群山也已成为一处理想的朝圣之地。

在这些与宗教相关的自然公园中，最负盛名的便是灵隐谷地。据说，东晋成帝咸和元年（公元 326 年），印度僧人慧理开发了这片山谷，用于传播佛教教义。相传从印度飞到了杭州的一组石峰——飞来峰，也是由慧理命名，然而其石窟中装饰的著名佛教浮雕造像直到宋代才出现。另外，谷内三座寺院中最古老的一座，即下天竺寺，也称灵隐寺或云林寺，也是慧理所建。寺院经历了衰败，到了隋代得到重建，唐代时香火重新旺盛了起来。在公元 845 年的灭佛运动中仅略受波及，后在吴越王钱镠统治时期（公元 906—960 年）[①] 达到鼎盛，并延续到之后的宋代。正是在这一时期出现了众多宝塔和许多经幢，它们都是可以确定年代的珍贵文物。慧理的墓塔位于灵隐谷地的石窟旁，公元 976 年进行了修缮，目前这处遗迹的历史应该可以追溯至 1590 年。然而当时进行的是否仅仅是一次修整，还未有定论。

灵隐寺在五大寺院中位列第二，在今天依旧声名显赫，一些著名高僧皆出自这里。笔者到访时，主殿已遭毁坏，不过梅尔彻斯 1917 年到访的时候，重建工程已接近尾声。重建一事还应归功于功勋卓著、现在依然活跃的佛学家与住持释太虚。灵隐寺是他最钟爱的寺院，他本人曾在普陀山学习，或许也参与过那里的石塔的修复。灵隐寺重建的主要出资人中还有盛宣怀，他是位充满热忱的佛教徒，曾任清朝大臣。新建的大殿为三层建筑，外形雄伟壮观，造型灵巧优美，包括木质线脚在内的大部分结构以混凝土建造。建筑物台基正前方十分宽敞，边缘以古老的栏杆分隔。这个平台被称为月台。月台前方立有两座构造奇特的石塔。两座宝塔的外形几乎完全一致，关于它们建造的年代有各种猜测，令人无法判断。这些推断被记录在地方志中，《中国佛教史迹》对此也进行了更加深入的研究，然而并没有定论。据此，人物浮雕风格指向的朝代是梁或者陈，也就是 6 世纪，甚至还有猜测，这些塔的初建时间可能接近慧理生活的时代，即 4 世纪。相比之下，马伯乐确信其建造时间为吴越王统治的 10 世纪，而常盘大定则不是十分肯定地指出，最晚时间点不超过宋朝初期，约在公元 960 年左右。众说纷纭之下，确切的年代目前还是未解之谜。不过，其中一座塔顶部有一处古老的铭文，或可视作文献依据。它的内容只能从地方志中得知，其中虽然没有提到具体年份，但确定了它与吴越国的直接

---

① 钱镠统治时期应为公元 907—932 年。——译者注

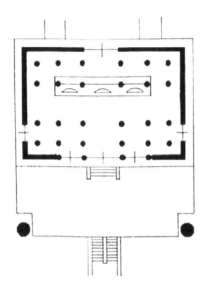

图 346 灵隐寺主殿的平面图。
比例尺为 1∶1200。这座宏伟的
大殿建于 1917 年。根据梅尔彻
斯拍摄的照片绘制。

图 347 灵隐寺内的铜香炉及两
座石塔中的西塔。两座石塔位于
月台前。伯施曼拍摄。

联系,而吴越国直到公元900年左右才开始以割据政权的形式出现。依马伯乐和常盘大定的著述,铭文为"吴兴广济普恩真身宝塔"。根据这句充满自信的预言以及建筑本身的早期式样,如果10世纪这一时间点确实具有可信性,那么可以推测,这两座塔出自10世纪初期、吴越国第一位国王钱镠统治的繁荣时期,大约在公元930年。

如上所述,两座宝塔形制相同,均为八角形,底部有基座,塔身九层,收分较大,高约20米,具体数值说法不一。底部平台上的基座并不高,线脚粗犷明显,表面平坦,刻有一篇佛经。塔身侧壁有些倾斜,层高随着层数增加而逐渐降低,塔檐由生动优美的斗拱和略带弧度的檐坡构成。塔檐和上方的平座同时也构成了上方虚门的"窗台"。这是一种常见的双重结构,在文中其他众多的宝塔案例中已多次提及。所有塔层的四个正面各有一扇虚门,拱门上方边缘呈波浪状,门扇上有类似门钉的凸起的装饰。每层的另外四个侧面交替雕刻佛经和佛教人物浮雕,做工精湛且富有艺术性,马伯乐和常盘大定对其进行了详细描述。塔檐和塔刹有多处缺损严重,十分明显,而浮雕却几乎都保存完好。由于铭文的存在,也可把这两座成对出现

图 348 浙江杭州府灵隐寺的东塔。共九层,高约 20 米,约建于公元 930 年。参见 380 页,图 346--347。伯施曼拍摄。

图 349 浙江杭州府闸口（Tschakou）的宝塔。建于公元 970 年。伯施曼拍摄。

图 350 江苏苏州府昆山县（Kunschanhien）郊的石塔（左）和砖塔。法比希拍摄。

图 351　广州府光孝寺的塔式经幢。伯施曼拍摄。

的文物建筑视为经幢，地方志中将其称作经塔。不过，它们仍为宝塔形制，每层堆砌相同的元素，在此即为八面圣所，四面为门，四面浮雕，另刻人物与铭文。在唐代之后，这种形制在这里完美而明晰地呈现出来，由此可以推断，该形制在大型塔中必定早已存在。在唐代，方形的墓塔必然已演变出大型的八边形塔，人们尚未发现这一过程中有砖制宝塔，而这对石塔却是这一时期极好的案例。如果将前文提到的铭文和塔层的构造联系起来，似乎暗示着每一层塔身均为一处宝函，其中都供奉着舍利。如果按建筑类型划分，它们算是典型的层塔。

　　或许在灵隐寺大殿前的双塔建成后不久，杭州城郊便出现了与该塔形制几乎分毫不差的复制品，即闸口石塔。此塔建于公元 970 年左右。它的顶部轮廓更为纤细，损毁情况也更严重，但在构造和高度上则与它的两个原型出入不大。《中国佛教史迹》中展示了一张细部图，深入描绘了那些林林总总的雕塑作品，并对其精美的工艺与优雅的造型大加赞赏。没有迹象表明这座宝塔附属于某个寺院建筑群，也

图 352 浙江杭州府灵隐寺的石塔。雕刻出了八角塔的三面，高 2 米，建于宋代（1000 年前后）。喜仁龙拍摄。

许从一开始，它就只是以佛教风水塔的身份存在。塔底与以前的雷峰塔类似，为防止狂热的采石者和破坏分子对文物的盗挖，基座外砌了一圈巨大的围墙。金属塔刹保存完整。最后还要补充两个类似的宝塔案例，一处是昆山的小型六层石塔，位于江苏苏州府东部一座小型寺院附近，这里还耸立着一座砖塔遗迹；另一处则是广州光孝寺内的两座塔式经幢，它们也如灵隐寺中的宝塔那般，立于主殿前的宽大平台上，塔身七层，各面均有佛龛，塔身外围绕着一圈圈飞檐。

　　杭州灵隐谷地内还有两座石塔，在介绍为慧理建造的纪念塔时曾简要提及。飞来峰石窟内的佛像浮雕主要出自宋朝初年。在这些洞窟中有一座烟霞洞，洞内有一座较浅的佛龛，内部雕凿了一座造型极为优美的观音像，四分之一嵌入石壁之内，旁边立有一座完成了八分之三的宝塔。宝塔旁垂直的石壁上雕刻着无数成排的矮小佛像，形成了既具宗教性又有艺术感的背景图案，因此，该塔又被称为千官塔。塔

图 353 浙江杭州府灵隐寺的埋公塔。共八层，高 7.6 米，建于 1590 年。克纳佩（Charl. Knappe）拍摄。

高仅两米，共七层，塔身同样刻满了浅浮雕，侧面有四或五座人物立像，相对的两个正面各有一尊结跏趺坐的佛像及身边的四名随侍。下面三层背面或有供奉舍利的宝函，其中两层已破损。这座浮雕塔构造匀称，这一特点也重复出现在山谷中最著名的一座宝塔上。根据塔底层的铭文"理公塔"三字，可以得知该塔是为慧理建造的。它位于石窟群旁，紧邻回龙桥，这里是山谷中的神龙摆头回转之地。其名称借鉴了普贤菩萨所骑的白象，它同样有摇鼻回头之说。僧人们还为这座塔取了一个名字接引佛塔，这位接引佛的形象在中国中部许多寺院中均有出现。这大概又可作为历史人物形象转化为神佛的一个例证。前文已经提到，这座纪念塔或许是这片佛教圣谷奠基人慧理的墓塔，建于 1590 年。底层塔边长 1.25 米，总高 7.6 米，中部雕刻了几座单独的小佛像。它的结构很常见，与灵隐其他宝塔的风格一致。宝塔与周围的环境相得益彰，极富美感。与常盘大定的意见不同，笔者认为这座小型艺术品在建筑工艺和造型上称得上极其出色。其结构和装饰风格简洁、严肃，但又栩栩如生，与明朝晚期花样繁复、热情洋溢的宝塔造型截然不同。

在一篇关于西湖的短文中，出现了一副对联，将佛教禅宗思想与飞来峰这一伟大神迹进行类比，而飞来峰的传说不但暗示了佛教的传播，也为在圣地建造寺院、宝塔和石佛提供了依据。这副对联文笔简练，表达了个人内心思悟的价值。即：

飞峰一动不如一静，念佛求人莫如求己。

6. 福建福州和福清

福建省会福州的地标建筑是两座巨大的七层宝塔，一座为砖石建造，另一座则使用方石。由于它们地理位置相同，风格也类似，所以将一起进行介绍。其中一座是大型层塔演变为外廊层塔的典型案例，后来外廊层塔在南方沿海地区的造型已臻完美。从外观上来看，两座宝塔的分层和结构类似于杭州灵隐的一些年代较近的小型石塔，但它们同时也是这座首府著名的风水塔。在它们的映衬下，城市完美融入了闽江入海口上游以北的广袤景色中。福州城建于一片平坦的平原上，沿南北中轴线规划建设，其不规则的版图还将角落里的三座山丘包围起来，山中多寺庙圣迹，南边的两座山中建有宝塔，因此格外重要。北城墙边矗立着城中的主要标志物——越王山。山巅与城市中轴线交汇处屹立着一座镇海楼，七座代表大熊星座的石像将其围在中间。于山耸立在城市的东南角，矗立在山坡上白塔寺旁的便是由方石、砖和灰浆建造的白塔。因西汉时何氏九兄弟在此修炼成仙，故该山又称九仙山。在城中西南角，南城门内偏西的乌石山脚下，立有方石建造的黑塔[①]。两座塔的塔檐上均设回廊和栏杆，平缓的圆锥形塔顶上是结构分明的塔刹。

白塔高 42 米，由石料和砖建造，表面涂白灰，圆形角柱外凸明显。塔层颇高，仅四个主要的立面设置了方形佛龛，其中辟有矮小的券门，所有素面皆以浮雕像和画像装饰，包括四个斜面以及正面券门上方的拱形区域。因为塔身呈白色，这些装

———

① 即乌塔，原文标注为黑塔。——译者注

饰仅隐约可见。对此加以详细研究，也许很有价值。艾约瑟与瓦特斯 [1] 认为该塔为10 世纪时，古闽国的统治者、大力推崇佛教的王氏家族所建。盖洛 [2] 给出的时间则是 9 世纪，也就是唐代。当时，那些古老的小王国仍处于半自治的状态。据他所说，宝塔是一个男人为了纪念父母所建。建成之后，宝塔时常光芒四射。这一说法让人联想到在其他宝塔中经常提到的塔刹火珠的光芒，不过，实际上应将它理解为对宝塔宗教意义的一种象征性表述。

黑塔由方石建造，工艺十分精湛。其高度据称为 34 米。盖洛认为，公元 780年，当时人们为了纪念皇帝——或许是唐德宗——的生辰而建造了此塔。与德罗尔（Madrolle）认为建造时间在 7 世纪，艾约瑟认为是 10 世纪，闽王建造了黑白双塔，艾锷风则再次明确提出该塔建于公元 936 年。所以根据艾约瑟与艾锷风的研究，该塔建造年份可暂定为公元 936 年。早期可能是一座木制建筑，后来才以石材翻新，正如泉州府的宝塔那样。深色的方石平面多处使用白色的粗线接缝加以装饰，低矮的底层几乎直接建造在地面上，基座只有薄薄的一层。塔檐向外挑出许多，末端是轮廓清晰的瓦当，檐面略微上翘，上方设置石制栏杆，塔层低矮。上述特质赋予宝塔硬朗的轮廓线条，而平缓的锥顶上清晰的折角与急转而上的塔刹将这一特征表现得更为明显。这正是福建宝塔的风格。侧面辟有窄洞，正面洞门则较宽。各层塔身八角镶嵌的石板上雕刻着浮雕，底层塔身八角石板上雕刻着金刚形象。底座装饰着兽纹浅浮雕。福州宝塔上的人像、兽纹、圆形叠涩出檐以及边角的镶嵌均以非常相似的样式出现在福建南部其他十分出色的石塔中，且发展得愈加成熟。

与上述两座宝塔相比，福清县的两座石塔与它们地理位置相近，样式却更加完善。福清是福州下辖的一个县，在省城以南约 40 公里处。我参考了艾锷风博士的一些照片和简要的文字材料，他研究过福建的一些宝塔，也在持续地深入研究中。在此，只能从建筑学的角度介绍这组宝塔。在福建沿海地区的泉州还有两座宝塔，也可归入这一组中。虽然没有准确的测量数据或图纸，但根据图片至少可大概估算

---

[1] 瓦特斯（Thomas Watters，1840—1901），英国外交官，曾任驻福州领事。——译者注
[2] 盖洛（William Edgar Geil，1865—1925），美国著名旅行家、作家、人文地理学家，对中国的历史文化有浓厚兴趣，著有一系列考察中国人文地理情况的丛书。——译者注

图 354 福州府于山上的八面白塔。砖石建造，外覆白灰。共七层，高 42 米，建于 9 或 10 世纪。伯施曼拍摄。

图 355 从福州府黑塔所在的乌石山向东眺望白塔所在的于山。伯施曼拍摄。

图 356 福州府乌石山脚下的黑塔。共七层，高 34 米，建于公元 936 年。参见 390 页，图 358—
359。伯施曼拍摄。

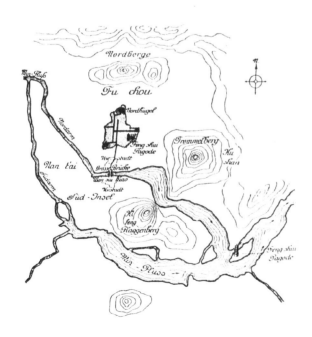

图 357 福州的地图。城北有
越王山，于山和白塔位于东
南（参见 388 页，图 354—
355），乌石山与黑塔位于西
南（参见图 356），城市东南
方为鼓山。伯施曼绘制。

图 358　福州府黑塔的基座层。转角处刻有浮雕，龛内为塑像。参见 389 页，图 356。艾锷风拍摄。

图 359　福州府黑塔的局部。入口顶部挑出的圆形梁架上方是叠涩层。参见图 358。艾锷风拍摄。

出塔高。

　　福清的两座宝塔均为石块砌筑，工艺和装饰不同凡响，应是出自明代。大塔建于 1607—1615 年间，小塔同样建于万历年间。两者均有几乎等高的七个塔层，基座突出，顶端结构紧凑，由平缓的穹顶和宝珠组成。

　　小塔高约 15 米，全部由十分均匀的石块垒砌而成，每一级都有三层石板向外挑出，形成塔檐，塔身设有壁龛，圆形角柱明显凸起。这些圆形角柱还有箍纹、柱头和底座。檐部有上下两层叠涩凸起，承托着起翘很小的轻薄檐面，上面的两层可以清晰地看到这一构造。该塔不设回廊，向外伸出的悬臂架支撑着檐部，福州的宝塔中也有类似结构。两座塔几乎完全摒弃了大弧度的曲线线条。人们推测，它们是依照福州的宝塔建造的。另外，还有一些特征支持这一推论：小佛龛与较大的洞口交替出现；底部雕刻装饰带，此处为极小的人物塑像，其风格至今仍可在浙江与福建的木石雕刻中见到；最后，底层的主要洞口内有高大的人物圆雕。在福清小塔中，底层塔身的角柱处仍然可以发现人物雕像。角柱上端以悬臂架加固，这极似哥特式的建筑理念，而两座宝塔中其他的一些细节也显示出这一点。

　　大塔名为瑞云塔，高 30 米，塔层同样显得低矮，但由于总体上更高，足够供人进入。大塔各部分的投入都远远高于小塔，看起来像是小塔的升级版本，建造年代也稍晚。厚实的悬臂架上没有横向支架，直接嵌入圆形的叠涩层中。它们支撑着轮廓清晰的塔檐，檐上带有起翘明显的檐角和檐脊，其端部以塑像装饰，同样体现出哥特式风格。所有塔层均有栏杆，平整的栏板与塔身外墙搭配得宜，而栏板上的镂空设计也与宝塔整体活泼灵动的设计十分协调。塔身各角设置了浮雕柱，以突出塔身的边界，浮雕柱样式简洁，边角均改为弧型。柱脚和柱头再次出现，它们与柱脚处的装饰带以及檐下斗拱组合在一起，相辅相成。所有壁面均设佛龛，这与福建黑塔和福清小塔一致。唯有人像装饰在此处要精美得多。小佛龛以特殊的浮雕框架装点，里面可能全部供奉着独立的雕塑，佛龛两侧和上方的格状区域也刻有浅浮雕。几处单独的佛龛以及底层主入口的左右两侧分别立有两尊高大的武士像，几乎完全脱离塔身，像是独立的雕塑。从上层的一处佛龛中可以清楚地看到被斗拱划分成数段的天花。一条阶梯连通地面和基座上的底层，基座上环绕着精美的动物纹饰，底层的兽纹带上还有一圈花卉和人物图案。透过一座雕刻着镂空人物饰带和浮雕横梁

图 360 福建福清县的大塔。共七层，高 30 米，建于 1607—1615 年。参见 394 页，图 362。艾锷风拍摄。

图 361 福建福清县郊外的小塔。艾锷风拍摄。

图 362 福清县大塔的基座与底
部三层。参见 392 页，图 360。
艾锷风拍摄。

图 363 城市景观中的开元寺西塔，即仁寿塔。艾锷风拍摄。

的牌楼眺望该塔时，那奇特的景象展现出了这座集伟大构想、精湛技艺与一系列灵动元素于一身的高雅宝塔的真正魅力。

7. 福建泉州府

　　泉州是著名的港口城市，在我们的收藏中，一些元朝时期的光辉记录就曾描述过它的重要价值。在宋高宗绍兴年间，精致的石塔艺术在这里达到顶峰，其代表为开元寺双塔。该寺位于肃清门——唐朝时期的城池（可能是一片老城区）西门——外。寺院早在初唐垂拱年间便已建立。后来曾一再更名，直到开元二十六年（公元 738 年），在皇帝诏令下，该寺与帝国其他众多寺院一样，必须以年号命名，才有了现在的名字。开元寺日渐昌盛，宋朝时已有一百座下院，并且这里可能便是刺

图 364 开元寺的西塔和东塔。艾锷风拍摄。　　图 365 开元寺的西塔。艾锷风拍摄。

桐——马可·波罗对泉州的称呼——那座 14 世纪时有三千僧侣的寺院，它在不久之后的 1341 年毁于大火，又于明朝初期重建，明朝末年再次扩建。

　　巍峨的东西二塔附属于开元寺，二者几乎完全相同。它们高耸于寺院两侧，是这座城市的骄傲，也是名副其实的巨型花岗岩建筑。东塔名为镇国塔，显然暗含政治寓意。宋高宗先定都南京应天府 [①]，后迁往杭州，而这座雄伟的宝塔只能是在他的授意下建成这种样式的。因此，如果说他实际上是想效仿宋朝初年在开封府以陶和琉璃建造繁塔和铁塔的先例，以巨大的建筑物来体现他在南方的稳固政权，也并

———————————

① 今河南商丘。——译者注

图 366 开元寺的西塔。共五层，高 53.5 米，初建于公元 916 年，1131—1163 年间改建为砖塔，1238—1250 年改建为石塔。艾锷风拍摄。

图 367 开元寺的东塔。共五层，高 58 米，公元 865 年初始建木塔，1131—1163 年间改建为砖塔，1238—1250 年改建为石塔。艾锷风拍摄。

图 368 开元寺东塔的局部。艾锷风拍摄。　　图 369 开元寺东塔的局部浮雕。艾锷风拍摄。

图 370 开元寺东塔底层南面的武士像。艾锷风　图 371 开元寺东塔的武士像。艾锷风拍摄。
拍摄。

图 372 开元寺东塔底层东南面的佛教护法天神
韦陀像。宽 1 米，高 2 米。艾锷风拍摄。

图 373 开元寺西塔第四层东南面的武士像。宽
0.6 米，高 1.5 米。艾锷风拍摄。

非不无可能。泉州双塔的历史可追溯到更加久远的年代。艾锷风从地方志中摘录出
一些中文原文，其中准确而详细地记述了开元寺与两座宝塔的历史渊源。下文将从
建筑学角度，详细地呈现关于这两座宝塔的历史，并着重强调其中某些关联。另外，
艾锷风先后在厦门和北京编写了从艺术和历史角度研究刺桐开元寺与宋代双塔的专
题著作。专著将由哈佛燕京学社出版。本章后续图片以及之前福清和一部分福州的
照片，均出自艾锷风博士。

　　两座宝塔，一座在东，一座居西。东塔，即镇国塔，建于唐咸通六年（公元
865 年），为九层木塔。五代后梁时遭遇火灾，时隔不久又建造两座木塔。西塔初

建于公元916年，原为木塔。因此可以推断，烧毁的东塔也在同一年重建或修缮。宋朝天禧年间，东塔改建为十三层。高延认为，具体年份应是1020年，至于当时工匠们是否同时加高了宝塔，则并未说明。双塔早在绍兴年间，即南宋第一位皇帝高宗在位时，便改建为砖塔。已有关于西塔的明确的记录证明，这次改建发生在一场火灾之后。此时东塔高七层，建筑中仍有大量木质结构。嘉熙元年（1237年）双塔再次失火，且被完全烧毁。之后立即开展的重建从1238年持续到1250年，此次人们转而修建纯石制建筑。最下层石塔由僧本督造，之后由法权修建了三层，最后天锡和尚完成了第五层。淳祐十年（1250年），施工完毕。史学家称，塔顶设有一只铁香盘——显然是露盘，还有一个铜伞盖，最顶端为铜铁鎏金的葫芦宝顶。每层的八个角用铁链围绕，壁上的洞口向外过渡为八扇窗，窗内各有一龛，两侧立着石像，塔壁塑有守护

图374 福建泉州府东塔的塔刹。底部为半圆形覆钵与宝珠，上设露盘、七个扁钟状相轮、伞盖及葫芦宝顶。高约7.5米，建于1250年。参见396页，图364；397页，图367。李高洁（Capt.C.D.Le Gros-Clark）拍摄。

天神，共计八十座。塔外有回廊环绕，以塔檐遮盖，设石制栏杆。塔身周长为 17
丈 2 尺——此处量取的显然是底层的数据，边长约 6.5 米，宝塔高 19 丈 3 尺 5 寸。
艾锷风的专著中想必会给出更确切的尺寸。

西塔即仁寿塔。如前文所述，其修建工程最初于公元 916 年启动，与东塔的
重建同步。当时正值五代伊始的后梁贞明年间，闽王王审知命人建造了西塔。公元
897 年他获封节度使，公元 909—925 年建立独立的政权闽，下辖福建。或许在繁
荣的泉州兴建这两座宝塔，均是由他下令，以守护其政权。当时地面沉陷，有泉水
涌出。闽王曾在梦中得知此事，便乘筏子来到水边，命人在此建塔，并称之为无量寿塔。
后世改成了现在的名字。宋朝时期，它与东塔一同经历了 1131—1163 年的砖塔改建，
并最终成为石砌建筑。石塔于 1250 年完工，至今仍巍然耸立。中文的文献中记录
其周长为 16 丈 7 尺，边长约 6 米多，高 17 丈 8 尺，其尺寸比东塔略小。1604 年，
地震将伞盖震碎；1606 年，西塔的葫芦宝顶毁于一场台风，两次均立即修复。

两塔形制上明显极力模仿木构塔。塔层收分明显，尺度宽阔，非常忠实地再现
了木结构建筑中的圆形角柱与额枋、墙上的方形框架、向外挑出许多的层层斗拱以
及轻盈上翘的檐部。尽管如此，无论是石雕、图纹、浮雕、方龛与券门，还是石制
斗拱、檐上的栏杆，处处皆显现出出色而独立的石材加工艺术。两塔主要的区别在于，
西塔最上方三层的塔身每一面外墙，除去两端的转角斗拱之外，中间只有一朵斗拱，
而不像其他各层有三朵。所有这些细节以丰富的手段将木构建筑发扬光大，但与此
同时，它似乎也延续了福州黑塔的形制，后者的建造时间估计要早三百多年。而另
一方面，它也是福清明塔的先驱，该塔采用了十分明显的石制建筑结构，几乎见不
到木构建筑元素的影子。艾锷风即将出版的研究东西双塔的著作中更为清晰的照片
或许会提供有关这两座极其有趣的石制建筑的具体结构信息，本书在此不作进一步
阐释，仅对浮雕、门神、武士和佛像的情况论述一二。

这些形象分布在五个塔层的所有门洞和龛窟的两侧，总计 80 处，它们是宋朝
末年雕刻艺术中年代明确、最具价值的样例。同样的元素在后来的福清明塔中则以
更小的形式出现。东西塔上的浮雕风格似乎不同。至少有一座西塔浮雕像使用了浅
浮雕技法，呈现出简洁至极的构思；而东塔的浮雕明暗对比强烈，所表现的都是充
满艺术感的天界人物，从各方面来看，其比例和结构都无与伦比。拍摄东塔塔顶的

照片十分珍贵，富有美感，从中可以清楚地看到此类塔刹的结构。最上方攒尖顶上的檐脊和瓦垄一直延伸到一个半球体上，若尺寸再大些，这个半球便像是倒扣的、布施用的钵。上面以一颗扁平的宝珠衔接上方的露盘，这里的露盘则制成高挑的酒杯形状，上面的图案类似于莲座上的莲瓣。上面放着一组相轮，由七个扁钟形圆片套于刹杆上，杆端设有片状伞盖，上面以铁链固定，最后以葫芦形宝珠封顶。刹杆似乎是新立的，或者是在 1925—1926 年宝塔大修时修复的，借助了新式的铁链加以矫正。建在宝塔一侧的脚手架则延伸至各个侧面，如此一来，艾锷风才得以对塔身及塔刹进行近景拍摄。

图 375 泉州府郊外洛阳桥上的五层塔。艾锷风拍摄。

图 376 泉州府郊外崇福寺的七层塔。艾锷风拍摄。

据高延记载，有一个关于东西塔的民间传说，称泉州城的轮廓形似鲤鱼，临近的永春州桃城镇则形似渔网，因而前者常受后者掠夺。为消除这一厄运，便建造了东西二塔。这一说法自然是民间的笑谈，不过相比修造佛塔的真正原因和实际心理动机，或许这种解释更为适宜。

福州、福清和泉州的宝塔在福建中南部自成一派，其中的福州黑塔大概年代最为久远。此后，此类宝塔的代表多为方石建造，又仿照最完美的泉州双塔大量使用人物雕像。艾锷风也有此论述。属于同一类型的还有紧邻泉州城的两座小型石制供塔——南宋崇福寺塔（塔身七层，上刻铭文，设置虚窗）和洛阳桥塔（塔身五层，刻有小型塑像浮雕）。两塔的出檐均较长，斗拱简洁。之后，似乎出现了仿制此类结构和造型的砖塔，可能也使用了一部分石材。泉州南部的安海塔便是一例，这座五层塔形似级塔，统摄运河边港口的景色，同样为南宋时建造。

8. 厦门和潮州

上述福建东南沿海石塔中的杰出范例，无论是矮壮还是高挑，首先展现出的是纯正的造型，收分则要排在其次。不过再向南走，一些宝塔清楚地表明纯粹的石制级塔也可以作为一种独特的类别而存在。它们以沿海山区的花岗岩为材料，从材料和式样上看，在海岸奇特的岩石景观中显得古朴而自然。对此，第一章中已经提到，这种类型的四座宝塔全部位于厦门周边地区。厦门是龙江[①]（Lung kiang）入海口处的一座岛屿和海港，在漳州府的东面，而漳州自 1283 年起（元代）曾短暂充当福建的省会。

厦门南面的金门岛上的宝塔是标准的级塔，在奇异的山体轮廓映衬下，俨然是一座地标建筑。西南方坐落着鸡屿塔遗迹，该塔建于明朝中期（约 1500 年）。此处目前还有三层残塔，从照片中可以看到，整齐的小块方石规则地排列在一起，在其他的照片中还可以看到平直的塔檐下向外挑出的圆形叠涩层，以及一块倾斜的石

[①] 或指九龙江。——译者注

图 377 福建泉州府安海镇上的街道、牌楼与宝塔。该塔使用了砖、白灰与石料。艾锷风拍摄。

图 378 港口之塔——安海镇宝塔。艾锷风拍摄。

碑，上面有一座男子浮雕像，看样子像是风神。在厦门岛上，城市的南部，似乎还立有两座石制级塔，造型标准，但尤为纤细。南太武山上的方塔建于宋朝晚期，塔身七层，外形方正，檐角平直，边角和侧边上雕刻着孤零零的精致斗拱，顶部直接冠以葫芦形宝顶。文昌八面塔为明代建造，奇怪的是它也被称作宝塔。该塔同样为七层，塔檐为狭窄的方石，转角处十分轻巧地向上翘起。广东潮州的一座外廊层塔恰恰将这两座级塔纤细高挑的造型发挥到了极致。它是一座砖石混合建筑，正因如此，它才能将极富艺术性的福建石塔同朴实的广州和西江层塔结合在一起，而层塔

图 379　厦门府城郊南太武山上的方形级塔。共　　图 380　广东潮州府的宝塔。参见 406 页，图
七层。艾锷风拍摄。　　　　　　　　　　　　　382。艾锷风拍摄于 1925 年。

是石塔常见的一种类型，在本章第四节中已经确定了这一点。

　　潮州塔也叫潮安（Tschaoan）塔 ①，位于广东最东部的这座城市内，在汕头
以北，韩江右岸。建于明朝中期（约 1500 年），塔心和壁面以砖砌造，最主要
的建筑构件——基座、底层、斗拱、塔檐、栏杆和饰带，也许还包括券洞边框在
内，均为石质。塔高 200 英尺，通过一段曲折的台阶，便可进入宝塔内部。约
翰·汤姆逊在 1873 年前拍摄的照片显示，建筑物已损毁得相当严重；不过艾锷风
在 1925 年新近拍摄的照片中，虽是同一座塔，可此时似乎已修缮完好。修葺过程

---

① 原文为"淖安"。——译者注

图 381　福建厦门府的文昌八面级塔。共七层。艾锷风拍摄。

图 382　广东潮州府的宝塔，或称潮安塔。砖石结构，八面七层，高 61 米，建于 1500 年左右，1900—1920年进行了翻修。参见 405 页，图 380。约翰·汤姆逊拍摄于 1870 年前后。

中，人们对塔进行了种种修正。塔身上，极为细长的门洞都被加上了由灰泥和石块制成的镶框与匾额装饰；新建的栏杆一改原有的样式，两根横栏连接起立杆，中间区域镂空；最高层的塔室可能已经坍塌，连同相轮塔刹一起被拆除，改成了攒尖顶和葫芦宝顶。再加上一些小的修改，整座塔与之前的纤细造型相比，显得更为紧凑敦实。如若将 1873 年的样式与后来的造型进行比较，必须承认这座宝塔的美学价值颇高。宝塔的层级特征清晰，各层虽逐渐内收，却并不明显，塔檐和栏杆也使宝塔收分的轮廓线条更加柔和，并未呈现出生硬的阶梯状。塔层的高度变化、塔檐和饰带都经过精心设计；券门交互排列，给人活跃灵动的韵律感，同时也显示出内部螺旋状的阶梯，令人印象格外深刻；在原来的那座宝塔中，塔顶结构层次分明，下方有双层底座，上方有尖尖的塔刹。凡此种种，皆可看出其匠师自信而克制，但又具有无拘无束、天马行空的创作精神。这些匠师同时借鉴了从级塔到长江流域的层塔各自演变过程中的各种形式，尤其是武昌宝通寺塔——它的檐部造型与潮州塔如出一辙。另外也参考了外廊层塔，包括其中的陶质塔，以及福建和广东两组最重要的宝塔。潮州塔的出现犹如一座巅峰，其中，千差万别的造塔技艺交汇出了无上的成就。值得一提的是，如此光彩夺目的杰作正是建于明代。

　　约翰·汤姆逊还着意刻画了登塔眺望江水与苍莽荒原时，领略到的四方的景致。在此情境中，他设想，最初宝塔或许是作为瞭望塔而建造的。尽管他也认同宝塔与中国早期佛教存在联系的猜想，但他仍相信，由于其他佛教国家，诸如柬埔寨和暹罗，并没有类似的建筑物，那么它们恰好在中国以此种形式存在，且大多在制高点拔地而起，一定是为了预防中国南方时常发生的匪盗劫掠和袭击事件。不过这些纯粹是这位英国人的猜想。自然，耸立的高塔有时也能发挥瞭望塔的作用，然而这从来不是建塔的目的所在，自始至终，宗教原因才是决定性因素。

第八节 群塔

宝塔形式丰富多样，在中国，人们有时也成对或成组建造宝塔，但对此十分克制。虽然大型的双子塔比肩而立，可对整片风景起着决定性作用的案例却十分少见。至于成组的三座宝塔的案例，我只熟知两处。将两座宝塔或三座宝塔组合在一起的这种形式有其宗教原因，源自佛教经文中的某些段落，在后文中我们将更详细地探讨这一内容。在中国，"成双成对"是一种古老的传统，这不仅与二元性的观念有关，也与美学上的需求相对应。在文人的诗会或文章中，双塔常常成为重要的主题，最终也成为中国的民族特色。它们与佛教思想并无关联，在很多情况下反而与之矛盾。

不论是在城市中，还是在其周边地区，当一座城市拥有多座宝塔时，它们通常是城市整体风水系统中一个重要的组成部分，所以人们也需要将城市中和周边所有的宝塔都当作一个整体来看待。杭州和苏州城中的许多宝塔正是如此，再远一点的北京也是这样。北京的城市风光不仅包括了城中的宝塔，近郊、远郊的皇家园林、西山山脉，甚至是最边缘的地区以至于相邻城市中的宝塔，也都完美地融合在整幅画卷中。城市中的其他高层建筑，比如塔楼、皇宫的大殿、庙庵以及煤山上的五座亭子，更是为这幅画卷增光添彩。尤为特别的是，在北京的众多宝塔中，有许多双子塔，尽管有一些相距甚远，也建造于不同的时期，但是它们在形式和象征意义上彼此相关。两座大型的天宁式宝塔、两座大型的喇嘛塔和两座金刚宝座塔，这些双塔将在第四、五、六章详细研究。北京的皇家夏宫中还有四座琉璃塔，在前文第六节中已经进行了介绍。

四川富顺县的城市风光也与北京十分相似，虽然规模较小，但是景色令人沉醉。在这里至少有十三座宝塔，其中一部分伫立在城市附近高耸的河岸边，整体的风景平静柔美。富顺县正如其名，宝塔不仅带来了好的风水，也为整座城市带来了幸运，堪称是中国城市中最精致、最美丽的城市之一。一眼望去，人们虽然无法尽览全部的宝塔，却能通过对整座城市的印象以及在此地长时间地生活，感受到所有宝塔作

图 383 山东东平州双塔村中的双子塔和堡垒。伯施曼绘制。

图 384 山东平阴县堡垒附近朝圣教堂旁的双塔。伯施曼绘制。

图 385 山西闻喜县山顶上的三座宝塔。伯施曼绘制。

为一个整体所产生的共鸣。这是第三只眼 [①] 带来的内在力量。

在其他的地方，城市的风景中也少不了成组的宝塔，比如我们已经提到过的苏州，城中就有一对双子塔，杭州西湖岸边也有雷峰塔和保俶塔。再远一点还有福州府、云南府、西安府、湖南的衡州府、直隶的涿州府、东北的锦州府，这些城市中都有一对双子塔。云南的大理府有三座宝塔，直隶的正定府有四座宝塔。这些宝塔或多或少彼此之间都保持着一定的距离。我们在前文中已经详细介绍过一些双子塔的案例，譬如太原府、苏州府和福建泉州府的双塔，它们往往紧挨在一起，影响着城市的整体风貌。双塔的出现也会为秀美的风光锦上添花，比如说伫立在广州黄埔锚泊地的两座宝塔和北京西南房山中的两座天宁式宝塔。更为常见的场景是一对宝塔或是多座宝塔伫立在山谷的入口处，距城市不远的山顶上的小村落中，或山顶上的寺庙里。有时，山顶上会有一些小小的建筑物，比如由石块层层叠叠堆起来的金字塔样式的建筑，它们也被人们看作是双子塔的一个分支，比如泰山灵岩寺和神通寺中就有一些这样的例子。和往常一样，外在的安排、布置总是和内在宗教原因有着深深的关联。山脉的名字也已经充分展现了这一点，东边的叫作"青龙"，西边的叫作"白虎"。

在山东泰山西麓的东平州和平阴县之间，我见到了一片如诗如画的风光。在各个山谷间散布着众多的村庄，在相邻的山峰上有所谓的"围子"，也就是圈状的广场，外围被围墙围住，这是人们为了躲避战争的侵扰和强盗的劫掠而建造的。在九峪山山脚下的一个村庄中，不仅村里有一座堡垒，山顶上还有一片寺庙建筑，其中有两座四层的宝塔。两座宝塔之间有一座高耸的建筑物，在这片地形起伏的区域占据了绝对的中心地位。这座村庄位于两处高地之间，由于两座宝塔的存在村庄被命名为"双塔村"。在中国的整个版图中，尤其是在北方，有许多地方都被称作双塔村，特别是在热河附近以及直隶西部的宣化府。自从双子塔这种建筑形式出现之后，这个名字也变得越来越常见。山东境内还有一处类似的风景，其中建筑物的用途却完全不同。向北走几个小时，平阴县有一座朝圣教堂。在县城南部、山麓的边缘地带，

---

① 第三只眼是东西方神秘主义与神秘学的一个概念，象征着开悟。在各宗教中有不同的名称，比如印度教中的"智慧之眼"、道教中的"天目"等。——译者注

塔登嘉永

图 386 浙江温州府一座小岛上的双子塔。麟庆绘制。

图 387 陕西西安府南部山脉中的双子塔。临摹自府志。

方济各会的山东教区在对面的一处险峻山峰上建造了两座塔形建筑物，距离碉堡极近，远远望去像是一对宝塔，实际上却是一座教堂。山脚下的德国修道院占地广阔，由那里可沿着一条朝圣之路上山，最高处也建有两座塔楼。虽然这是两处相似的风景，却代表着两个不同的世界。

中国有大量的风景画以双塔为主题，在这里我们只展示两幅。《鸿雪因缘图记》中描绘了从浙江温州郊外的海岸边眺望岛上的寺庙和两座宝塔的场景。《西安府志》中的一幅图画则展示了西安南部山脉中的一处风景，其中两座宝塔对周边景观的影响显而易见。河面波光粼粼，水上漂浮着一些摇桨船和帆船，河流将山石劈开，两侧的山峰上各有一座七级宝塔。这两座宝塔装饰着飞檐、风铃，塔刹为杆状，分别叫作鸡鸣塔和孟家塔。它们是纯粹的风水塔，人们希望通过建造它们来减少湍急水流的破坏力。此类宝塔就像其他的佛教文物一样，用以供奉"救世观音"。在关于长安（西安）的历史记录中，还提到了另外两对双子塔，但是我们无法确定它们的具体位置。"法界尼寺位于长安的西南部，它是一座尼姑庵，是隋朝的文献皇后为尼姑华合、令容所建。那里有一对宝塔，即双子塔，均高达130 尺。"可能这两座宝塔是为了纪念这两位尼姑而建，或者原本就是她们的墓塔。文献中还记载了另一处与其十分相似的双子塔，人们建造它们用以纪念两位著名的僧人，他们的传奇故事紧密相连。这对宝塔位于长安东南部的大云经寺中。"大云经寺原本叫作光明寺，建于隋朝开皇四年（公元 584），是隋文帝为法经和尚所建。寺中有两座宝塔一东一西相对而立。除此之外，寺中还有第三座宝塔。"法界尼寺和大云经寺分别位于长安的西南部和东南部，寺中也各有一对宝塔，自然有着紧密的联系。

1. 北京的双塔

在紫禁城的西部、内城的南部、西长安街旁，伫立着两座宝塔，它们之间的距离极近，结构相似，只有一些细节不同。右侧的一座宝塔稍大，有九层，左侧的一座稍小，只有七层。它们的历史和来源都值得一提。宝塔所在的寺庙有着辉煌的历史，如今却已不复存在了。"这座寺庙建于金代章宗年间，叫作庆寿寺。"当时它位于北京城的中轴线上，紧贴着北侧城墙的外部。在元代，它仍被称为庆寿寺。1268—1272 年间，皇帝下旨将城墙移至寺庙南侧 30 步远的地方，寺庙也被划入了新的城区中。在很长一段时间内，这座寺庙的香火都十分旺盛。1283年，著名的沙门机成为寺庙的住持。1312—1321 年间，元仁宗即位不久便命人在那里树起了一座石碑。1332 年，当时的太子（元朝最后一位皇帝元顺帝）的一幅画像被送入了寺庙中。元仁宗的石碑和海云和尚有关，海云和尚是与可庵和尚齐名的元朝高僧，这两座宝塔就是为了纪念他们而建。在史书中，这两座宝塔分别是：九级宝塔为"光天普照佛日圆明海云佑圣国师之塔"，七级宝塔为"佛日圆照大禅师可庵之灵塔"。

人们猜测，这两座宝塔的建造时间和树立石碑的时间都在 1315 年左右。寺庙中应当还保存着元代高僧的两幅画像，画中绘有粗壮的龙形图案和鱼袋，他们的一位弟子撰写了铭文，使画像更具光彩。这两座砖塔"仿佛一老一少，并肩向前"，在这座寺庙一次次的没落、衰败中仍被完好保存下来。在明朝早期，这座寺庙就消失在了历史中。那时，人们在重建附近的一个仓库时找到了刻着皇帝姓名的石碑，便共同出资将石碑放回了原来的位置，还将寺庙修葺一新。正如史书中所说，正是因为两座屹立不倒的宝塔，人们才能记起寺庙原来的名字——庆寿寺。那时甚至还有一个传说，元朝时，在这处废墟中有一所监狱，那里关押着受到不公正待遇的人们，所以这个地方充满着怨气和悲鸣。为了祛除这些怨气，人们便在这里建造了两座宝塔。在寺庙重建大约八十年后，即明英宗时期，大太监王振命人重修了这座寺庙。工期从二月持续到十月，王振肆无忌惮，征集了一万多人，整项工程花费了约十万两白银。就这样，这座寺庙成了京城最美的一处景点。崇国寺方丈主持了寺庙的落成仪式，皇帝亲自诵经，自称弟子，所有的贵族都围在僧人的身旁。寺庙收到了一幅新捐的字，并建了一座石碑，上面写着"第一丛林"四个字，寺庙的名字也被改为大兴隆寺。这座寺庙还有另一个名字，即慈恩寺。不过它的故事还没有结束，身居高位、刚正不阿的姚显曾上奏皇帝：王振为了修建这座寺庙，耗尽了民生膏血，而来到此地的多为达官贵人的车驾。所以他请求皇帝将内臣新建或修葺的所有寺院都拆除，改造为仓库。这条奏请并没有被皇帝接受。不过在同一年，王振不幸死于一场与蒙古的战争中，皇帝也被俘虏。一个世纪之后，明世宗嘉靖皇帝即位。他根据一位官员的建议，将寺庙改作了射箭训练场，寺中一座大殿也被当作练兵之处。这座命途多舛的寺庙看似走向了衰落。在很久之后，即清朝乾隆年间，这座寺庙再次被重建，并使用了在民间广为流传的名字——双塔寺。时至今日，这座寺庙再次消失无踪。而宝塔可能是唯一留存下来的建筑，如今它们已被普通的房屋所包围。

在宝塔旁边还有一处有意思的历史见证物。那里有一口古井，工部尚书范景文（谥文忠）正是在这里以身殉国。崇祯十七年（1644 年）三月十九日，京师被满族人攻破时，范景文已有几天茶饭不思①。当他看见敌人的骑兵从各个方向攻入了宫城，便失声大哭，接着便投入古井中自杀了。在同一时间，明朝的最后一位皇帝——崇祯皇帝，也就是庄烈帝，自缢在煤山上。

这两座宝塔与精彩的历史故事息息相关，它们有着明显的天宁式宝塔的特征。当时我只能匆匆一瞥，不过在照片上仍能看到在一些低矮的房子后面有一座高大、纤细的九级宝塔，旁边有一座较矮的宝塔显得较为敦实，塔身有七重飞檐。两座宝塔的飞檐形式并不相同。较高的海云塔的飞檐较为平整，由向外挑出的砖块垒叠而成，与河南和陕西的一些方形级塔和天宁式宝塔十分相似。可庵塔较矮，底部有低矮的基座和条状装饰，上方的各级塔身样式较为传统。两座宝塔的飞檐都由瓦片覆盖。塔顶均为帐篷形，装饰繁复，仰莲、露盘和刹杆完全相同。刹杆的底座为一颗大圆珠，上方由四重相轮、精美的扁平火焰形装饰物和仰月②组成，刹顶还有一段长杆，上面有四颗小型宝珠。

① 应为李自成农民军攻入北京城，而非满族人。——译者注
② 仰月指朝天的一弯新月形的佛塔塔刹构件。——译者注

图 388 北京西部的双子塔。均为天宁式宝塔。

2. 文学作品中的双塔

　　由于双子塔这种形式十分引人注目，不仅"双塔"这一概念广为流传，而且也时常成为诗歌和散文中重要的主题。在下文中，我摘抄了字书《类篇》①中的一些段落，它们可以让我们了解受过教育的中国人是如何认识双塔的。在第一个段落中需要注意，两座宝塔位于祠堂之中。

　　午夜时分，有许多读书人一起走进了悯忠祠，他们文采飞扬，都有希望高中进

---

① 原文为 pientzeleipien，音同"篇字类篇"，但《类篇》一书只有 45 卷。——译者注

士。院中有一对宝塔，他们突然听到东侧的宝塔传出类似音乐的声音。当时在场的一些高官向他们解释道，只有科举开始时，才会有这种现象出现，这预示着这些举子中有贤人。果然，当时在场的 27 位举子全部高中。

下文摘自一首诗歌：

熠燿众星下，玲珑双塔前。①

下文摘抄自关于香积寺的一首诗，这一句写到了两座宝塔。根据诗中所说，类似北京的双塔，这两座宝塔也是为两位已逝的僧人而建造。"是非"代表当欲望已消逝，便只会在意事物存在与否了。

如彼双塔内，孰能知是非。②

下文的诗句描绘了诗人在杭州西湖泛舟的场景，应当与雷峰塔和保俶塔有关：

伤心六十余年事，双塔依然在翠微。③

佛祖的华丽宫殿的幻象从无尽的海岸上涌现，在两座宝塔之间出现了一条狭窄的道路。这里的道路也代表着真理之路。

3. 一组三座宝塔

三座宝塔比肩而立，形成一个群组的形式并不常见。在前文中，我们已介绍过西安府南部兴教寺中的这样一组宝塔，它们分别是玄奘和他的两位弟子的墓塔。在穿越山西的旅途中，我还注意到了另一组宝塔，它们要稍大一些。在山西闻喜县附近的绛州，松山上伫立着三座宝塔，它们和同名的松山寺一起融入了山水中。就像

---

① 摘自唐·李颀《送綦毋三寺中赋得纱灯》。——译者注
② 摘自唐·王昌龄《香积寺礼拜万回平等二圣僧塔》。——译者注
③ 摘自宋·陆游《与儿辈泛舟游西湖一日间晴阴屡易》。——译者注

山东的某些地区，这里的许多山峰上也建造了碉堡。

最有名的一组成群伫立的三座宝塔就位于上海至杭州的路旁，离嘉兴城不远，在运河西岸一个小村庄的一座寺庙前。中间的那座宝塔有九层，两侧的宝塔稍小，均为八层。三座宝塔的基座很高，均未计入塔身之内。塔身的每一级层高都很低，每层墙面上的小型门洞交错排列。飞檐和其上方装饰性的栏杆将塔身分层，栏杆看起来也像是一圈飞檐。塔刹的刹杆上有多重相轮，伞盖上装饰了圆片。三座宝塔的高度分别为 22 米、22 米和 24 米，代表着佛教的三宝，中间为佛宝，两侧为法宝和僧宝。它们可能还有另一重用途，即作为运河的风水塔存在，不过它们之间的相对关系目前还无从知晓。中间的宝塔有九层（九为阳数），两侧的宝塔

图 389 浙江嘉兴府运河旁的三座宝塔。中间的宝塔有九层，两侧的宝塔为八层。宝塔的高度分别为 22 米、22 米和 24 米。法比希拍摄。

图 390 浙江杭州府西湖中的三座石塔。图片中只能看到两座，每一座石塔均高 2 米。参见第 424 页文字。上海商务印书馆供图。

各八层（八为阴数）。

纽霍夫在他的一幅画作中描绘了安徽长江畔的城市太平府的风光，这种场景十分罕见，人们在城市中可以看到许多宝塔，同时还能感受到如诗如画的山水风光。太平府位于长江的三条支流中间，城市中丘陵、岛屿、半岛地形皆有，浮桥将城市各个区域相连。山坡和山顶上的寺庙让风景更加生动，三座宝塔都伫立在河边以及山顶上，主导着整片风景。除了纽霍夫绘于 1656 年的这幅画作，阿罗姆也在 1842 年左右通过他真实而浪漫的绘画技法，将太平府独一无二的风光绘于纸上。这里可以算得上是中国最美的山水风光之一，如今在欧洲却仍然鲜为人知。阿罗姆从另一个方向绘制了两座宝塔，所以与之前纽霍夫的那幅画有所不同，但是这两幅画可以相互印证，也都是正确的。这里我们只展示纽霍夫的这一幅。

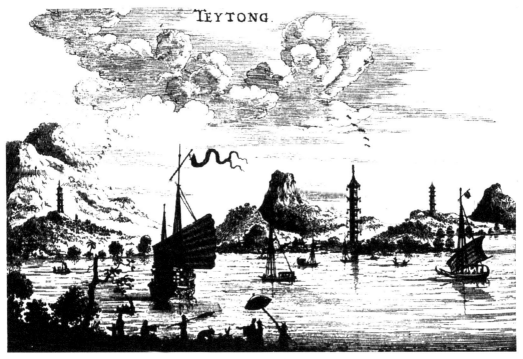

图 391 安徽太平府长江江畔的三座宝塔。纽霍夫绘制于 1656 年。

4. 成群的小型宝塔

　　当宝塔尺寸较小时，人们自然也会更容易将更多宝塔排列在一起，同时它们也会给人们带来特别的印象。人们将小型宝塔成对放置于大殿前，也算是一种独特的建筑形式。有时人们为了展现佛祖庇佑众人的光辉，也会将许多宝塔摆放在一起。在前文中，我们已经提到过杭州灵隐寺中的一对石塔和广州光孝寺正殿前的一对石塔。二郎庙的正殿前也有一对较大的香塔，为大殿带来了别样的风采。在北京颐和园万寿山上有一对小香塔，塔身上刻有铭文。这对宝塔就伫立在湖边码头旁大型阶梯的脚下，周围长长的堤岸上有着精致的扶手，整个场景完美融合。在香炉、铁塔及墓塔的造型与设计的影响下，这些小塔常被成组放置在庭院中、平台上、大殿前，或被安放在大一些的宝塔旁边或是塔林之中。在峨眉山上的一座平台上立有三座铁塔，在五台山显通寺的建筑群尽头的平台上也有五座青铜宝塔。大型的宝塔通常会被较小的宝塔围在中间，比如北京西南房山的建筑群中就有大量的案例。除此之外，北京以西不远处还有一座大型的天宁式宝塔，同样在北京西部的五塔寺中也有两座宝塔，围绕着这两座宝塔各有八座宝塔形的香炉。在热河也有一个相似的案例，共有八座琉璃宝塔。

　　这样的宝塔群中一般有三座、五座或八座宝塔，它们通常围绕着一座中心建筑物或者全部伫立在一座平台上。除了建筑空间上的效果，它们通常还被赋予了一系列特殊含义，往往都与宝塔的数量相关。这类特殊含义通常也解释了人们为何要在此地建设这么多的宝塔，以及出于何种目的要将它们放置在一起。浙江的一些案例将这一点阐释得十分清楚。在一些大型的寺庙中，会有排列方式几乎相同的三组宝塔，每一组中各有七座，在著名的圣地天台山和天童寺中就有这样的宝塔群。在宁波以东的天童寺中，除了前文已经提到过的大型宝塔，还另有七座小型宝塔。它们在一条狭窄的路基上排成一行，垂直于寺庙中轴线，并将两座池塘分隔开。寺庙占地广阔，这两座池塘就位于中轴线的尽头。北边的池塘长 150 米，宽 140 米；南边的池塘长 120 米，宽 90 米；两座池塘并称为“万工池”。《中国佛教史迹》给出了整座寺庙详细的平面图，其中也提到，根据当地县志中的说法，早在宋朝绍兴四年（1134 年）宏智禅师就开挖了池塘，并建造了七座宝塔。不过，现存的这些宝塔，至少有一部分是在明朝末期重建的。它们的背后是一段白色的围墙，围墙后方另有一座堤坝，上面密密麻麻地种着古松。这些宝塔被称作七宝塔，它们和佛祖庇佑众人的传说有着密不可分的关系。它们代表着七如来或七佛，即释迦牟尼和在其之前出现的六位佛陀，所以这些宝塔也被称作“七佛塔”或“七如来塔”。在民间，它们也被称作“七星塔”，这和佛教寺庙中常见的七佛柱相呼应。在普陀山的法雨寺中就有这样的一根石柱。据马伯乐记载，浙江到处都有这样的七塔群，可至今为人所知的只有上文中提到的三处。天童寺中有一座稍高的七级石制宝塔位于正中，它的平面为六边形，立于高大的基座上，塔身各级被飞檐清晰分隔。在它的两侧各有三座由砖块和灰泥砌成的宝塔，宝塔下方有基座，塔身为圆形或凸起的八边形，上面有厚重的木构部件和结构繁复的塔顶。宝塔的主体位于中间，这种建筑形式纯粹是受到了舍利塔的影响，只需要将主体增加基座和塔顶，一座宝塔就建成了。瓮形

图 392 浙江宁波府天童寺内的七座佛塔。最早建造于 1134 年，重建于 1637 年。参见 422 页，
图 394。伯施曼拍摄。

的主体，也就是供奉舍利的位置，前方有开口，内部有一个小空腔，供人祭祀。马
伯乐已经给出了最原始的宝塔确切的建造时间，也在文章中提到了宝塔的建造者宏
智禅师。宏智禅师将这些宝塔设置在寺庙的前方，也就是两座池塘的中间，象征着
大熊座中的七颗星星，两座池塘分别象征着星图中的大车 ① 和小车 ②。1587 年，这
些宝塔毁于一场洪水，在 1637 年被重建，当时正是明朝崇祯年间。根据马伯乐的
研究，它们在太平天国运动中再度被毁，但是于 1861 年左右又一次被重建。当时，
人们首先建造了中间的那座宝塔。从绘制于 18 世纪初的一幅画中可以看出，从前
在这个位置上也有一座和其他六座形式相同的宝塔。如今，这座宝塔每一层每一面
的壁龛中都供奉着一尊小佛像。两侧的六座宝塔的塔身则被交替刷成了红色或白色。

　　七座宝塔为一组的案例还有两处，都位于台州天台山占地广阔的寺庙群中。在
国清寺中，一座大型的砖塔周围建有一组小塔。它们如同这座砖塔一样，最早建于
隋炀帝时期，后来又被修葺一新。其中的一座在 1463 年再次被翻新，还有一座则
翻新于 1675 年。另外的一组宝塔位于上方广寺中。上方广寺与中方广寺、下方广
寺一起形成了一个整体，每座寺中都有宝塔，赋予了三座寺庙别样的风情。它们可

---

① 大熊座即北斗七星，古希腊人将其想象成一辆车，称其为"大车"。——译者注
② "小车"指小熊座，也被称作"小北斗"。——译者注

图 393 浙江天台山上方广寺内的七座佛塔。见于《中国佛教史迹》。

图 394 天童寺内的七座佛塔。中间的石塔建造于 1861 年，两侧的宝塔由砖块和灰泥于 1637 年建造而成。参见 421 页，图 392。见于《中国佛教史迹》。

图 395　浙江天台山国清寺内的七座佛塔。见于《中国佛教史迹》。

能与另一组宝塔十分相似，但是还没有足够的资料进一步证实这一点。

喇嘛教僧众特别喜欢成组建造宝塔，这些宝塔的塔身往往为纯粹的瓮形。在承德避暑山庄的普乐寺中有一座圆形建筑，外围围绕着八座喇嘛塔。在热河的喇嘛庙以及甘肃青海湖 [①] 附近的塔尔寺 [②] 中，宝塔常常是四个一组或五个一组，对称排列。在第五章中，我会详细介绍这些喇嘛塔。

在中国，我还没有见到过更多的宝塔聚集成组的情况，可能这种情况根本不存在。在这一点上，中国同印度或一些东南亚国家有很大的不同，在那里人们会在同一处地点建造多达五百座宝塔，在很多情况下数量甚至还会增加。除了"佛祖庇佑众人"这一信仰和佛教历史带来的影响，出现这一现象的最根本原因在于热带丰富的自然资源所塑造出的南方民族的天性以及他们在宗教和精神上对多样性的极高要

---

① 当时青海还未从甘肃划分出来。——译者注
② 塔尔寺位于青海省会西宁。——译者注

求。在这些国家，为了建造如此庞大的建筑群，不仅需要不可抗拒的强大力量，还需要那里的人们对宗教极度虔诚并不知疲倦地辛勤工作，这些都被体现得淋漓尽致，同时还摆脱了许多限制和约束，打破了封闭世界的平静，这些限制使得一个国家的建筑艺术千篇一律。说到这里，在亚洲，中国仿佛处于一个自成一体的世界中，别的亚洲国家无法与之相比。尽管中国西部和北部边疆地区在建筑方面也受到了来自印度的影响，在唐朝时期建造了一些宝塔，有些组群中甚至多达 84 座。但是目前看来，这种建筑形式并没有在中国传播开来。这也证明了，中国人的灵魂中都有对自我清晰的认知，十分了解佛教思想和建筑形式，同时也表达了自己的观点。在宗教建筑艺术领域，中国人从不屈服于无限增长的狂热，在建造建筑物时也始终保持克制，却总能清晰地通过外在造型表现内在含义。

正如前文中已经提到的，七座宝塔形成的组群中最常见的一种形式就是塔基——鼓起的圆形塔身——塔顶。这是许多墓塔和舍利塔的基础特征，在下一章中我们将详细介绍它们。不过既然说到这儿了，有三座十分著名的小型灯塔组群值得一提，它们在形式、用途上都同舍利塔十分相似。那便是杭州西湖的三座石塔，人们在塔身的空腔中摆放了蜡烛，代表神圣的灯火。这些小灯塔仅高 2 米，从水中升起。它们就位于当时的雷峰塔不远处一座大岛的南部，在照片中只能看见其中的两座。石塔顶端的开口可以使空气流通，塔身上的五个圆孔被纸罩住了，烛光通过这些小洞被折射到水面上。这一景象被称作"三潭印月"。据说这里曾有一个深渊，其中住着鬼怪，会让渔民陷入危险。苏东坡一心为了百姓安危着想，希望西湖能成为供市民休闲娱乐的地方，便在湖中建造了这三座石塔，以镇压湖中的妖魔。现如今，年轻的男女们总是带着愉悦的心情在湖边闲逛，观赏三潭印月的美景，这里已成为西湖十大胜景之一。这三座石塔实际上就是香塔，与日本的石塔形式十分相似。

第三章 | 宝塔的其他形式

第一节 铁铜塔

在中国，尤其是在北部的直隶、山西、河南和陕西，铁、青铜和铜常常被用于制作雕像、浮雕或者当作建筑材料，特别是被用来建造屋顶部分。有时，人们也会用青铜来建造小亭子，除了在庙、庵内部以及佛堂中有数不胜数的铁制或青铜制的神像外，在墓道中、寺庙的入口和庭院中也常常会出现铁制的神像，其中许多例子已广为人知。神像风格古老，很有可能是按照中国古老的传说制造的。青铜和铁制的神话动物十分常见，包括狮子、龙、麒麟和圣牛。这些金属浮雕往往被镶嵌在墙壁上、柱子上或是金属板上，通常还附有金属铭文。有些皇家的宫殿和庙宇往往还能够得到皇帝的特别关注，整座建筑都是由青铜或铜制成的。热河避暑山庄主要寺庙中的部分屋顶正是如此，据说在湖北汉江上游的道教名山武当山上，一些建筑物的金属屋面不仅表面镀金，还点缀着丰富的雕像和装饰。在热河的别院和五台山显通寺中，有两座凉亭完全是由青铜制成的，表面部分镀金。它们的历史可以追溯到明朝万历年间和清朝乾隆年间，它们是建筑史上真正的奇迹之作，具有巨大的价值。

这些使用了珍贵金属作为建造材料的建筑物，几乎全部都是宗教古迹，这说明人们希望能用其所拥有的最好、最珍贵的材料建造神殿，献给诸神。但由于金属稀有、加工难度大、成本高昂，所以人们建造普通的建筑物时并不使用铁、青铜和铜，只有在非常特殊的情况下才会使用。僧人们特别擅长使用这种材料，用以弘扬佛祖的光辉。宝塔作为最高的佛教建筑，自然也需要使用最尊贵的金属建造。由于金属材料不能大规模使用，这样金属材料铸造的宝塔高度就十分有限，所以铁塔和青铜塔只有在极少数的情况下才能成为大型塔，它们也很难将影响力传播到其他地区，以弘扬佛法。另一方面，金属宝塔上极其精细的雕刻细节、众多有差异的结构、细腻层叠的檐口和各类部件，比如带有框架的开口、通透的塔冠和塔刹，特别是丰富的人物和装饰浮雕等，也确实是对中国人金属塑造和浇铸技术的极大挑战。金属塔的表面和飞檐上一般都装饰有佛像浮雕，有时也会刻上经文，这是金属塔的一大特色。有些时候，大面积的金属表面经过锤打后会变得十分光滑，再镀上一层金箔，使整座宝塔看起来金光闪闪，加上精美的装饰和繁复的细节点缀之后，整体效果更加醒目。

1. 当阳与镇江

有历史记载的最古老的宝塔之一就坐落在江苏镇江。我们在下文讨论的是重建后的宝塔，也就是它现存的状态。不过这座重建后的宝塔与我们已知的一座现存最古老的宝塔有着千丝万缕的联系。这座最古老的宝塔是玉泉寺的一座铁塔，它位于湖北宜昌府东北部的当阳县玉泉山山谷中，寺庙的名字由此而来。由于寺庙和宝塔所在的这座山形似倒扣的船只，所以也被当地人称为覆船山。公元 220 年，三国时期的英雄关羽去世于此地附近。关羽被后人推崇为"战神""关帝"，其陵墓离玉泉寺应该也不远。在中国人的传说中，玉泉寺铁塔与关帝或人们对他的崇拜有关，至于这个传说是不是真的，就不得而知了。如果仅从外观上看，它就是一座纯粹的佛塔。在中国，三种宗教互相渗透，假设人们正巧将关帝的形象放入了佛教诸神中，这倒也能解释为何关羽会和这座佛教古迹产生联系。我们从《中国佛教史迹》中了解到了很多有关这座寺庙和宝塔的历史。这座寺庙最早建于隋代，与一位著名的僧侣有关，我们在之前的章节中关于天台山部分已经提到了这位高僧，在后文关于墓塔的部分也将再次提及他。隋炀帝杨广时任扬州总管,扬州位于京杭大运河入江口，镇江对岸。他于隋朝开皇十一年（公元 591 年）接待了来自天台山的圣僧智颉[①]，智颉当时十分受人尊敬。公元 592 年，杨广命人在湖北的当阳县玉泉山为智颉建造寺庙，同年，智颉来到玉泉山。这座寺庙在后来的五个世纪中经历了什么样的风雨，并没有被明确地记载下来，历史中也没有任何关于宝塔的信息流传下来。而 1061 年这个年份突然出现在记录中，铁制宝塔正是建造于这一年，此时正值宋朝的繁荣

---

① 智颉，南朝陈、隋时代高僧。俗姓陈，字德安，荆州华容人。中国佛教天台宗四祖之一，也是实际的创始者。——译者注

时期。附近的居民为建造铁塔筹集了资金，据说建造过程中一共耗费了 106600 磅的铁。在一块御赐的碑上刻有 115 名僧侣和 57 名沙弥的名字，这块碑应该也是刻于宋代。道光年间，人们重建了塔刹，也可能是塔的整个上半部分。历史上暂时没有关于这座铁塔的其他记载了，如今它算是玉泉山八处胜景之一。

这座铁塔被称为如来舍利宝塔。宝塔的平面为八边形，外观纤细如针，有十三层，高 21 米。至于为何使用十三这个不常用的数字，原因如下：就像天宁塔的形式一样，最底层位于分段式的基座上，由下方的托塔力士像向上托起，与众不同。而最底层与上面各层结构相同，所以也能自然地融入其中。铁制基座被分为三部分，上面雕有独特的花纹，波浪、云朵、山峰清晰可见，结合在一起被称为须弥座，宝塔就立于基座之上。这些宏伟华丽的线条和装饰表明，这座铁塔与宋代有着紧密的联系，基座上的金刚力士这一元素也能证明这一点。铁制的金刚力士雕像虽十分常见，但至今我们所知的此类铁制雕像全都建造于宋代或之后。塔身每一层的墙面上都交替排列着门洞，墙面被凸起的竖向线条划分为几个部分，中间的区域装饰有浮雕。从第四层开始，浮雕被大量的、成排的佛像代替，甘露寺中后来建造的姊妹塔也有着同样的细节。纤细的针状塔身向上逐渐变细，塔身的每一层都为急剧收拢的锥形，它们垒叠在一起，导致塔身的轮廓呈锯齿状。塔刹由一个轮廓清晰的露盘、分段式的葫芦形宝珠和稍钝的塔尖组成。飞檐架在成组的斗拱上，檐脊的末端像藤蔓般弯曲，檐角像是向前冲出的龙颈和龙头。这种形态十分少见，却异常生动，所以可以确定这座宝塔的建造时间较早。飞檐之上还有一层斗拱，用以支撑上方的平座和栏杆。下面几层的栏杆似乎是仿造最顶层的精美栏杆而建，可看起来只有最顶层的栏杆被安放在了正确的位置上，其余几层的栏杆都像是躺倒在了屋檐上。自宋代开始，双重檐和栏杆便是长江下游地区大型宝塔中特有的元素，人们将这些细节也用铁铸造了出来。从《中国佛教史迹》的照片中隐隐约约可以看出，塔身的上半部分已经强烈地弯曲了。和我们即将提及的甘露寺铁塔类似，这座铁塔的结构可能也暂时由实心的砖芯支撑。这座历史悠久的铁塔堪称这一类型的宝塔中最完美、最生动的案例。中国南方的人们更看重宝塔的灵动感，很早之前他们就致力于打造较为轻盈的结构，他们心目中的宗教更加欢快，也更能激发自己的想象力，所以这座铁塔与建于 1105 年的那座位于济宁州的、精美却不失庄严的宝塔形成了鲜明的对比。

湖北玉泉寺的这座铁塔还有一座"孪生姊妹塔"，位于江苏镇江府的甘露寺中。这也是一个应当仔细研究的卓越案例。1852 年，泰勒（Taylor）最早将人们的视线引向了这座宝塔，当时这座宝塔还有九层，美魏茶在书中详细引用了泰勒的记录。对我们帮助最大的是《古今图书集成》，书中对这座宝塔做了详尽的描述，记录了一些历史上的前因后果以及它与湖北那座"姊妹塔"之间的联系，这才让我们对这座佛教古迹有了一个大概的、完整的印象，不过《古今图书集成》中好像也没有明确提到这座宝塔的建造年份。该塔位于

图 396　湖北当阳县玉泉寺的铁塔。平面为八边形，共十三层，高 21 米。建于 1061 年，塔刹新建于 1835 年。参见 430 页，图 397。伯施曼拍摄。

北固山上，属于甘露寺。据说甘露寺最早建于三国时期，属于吴地，也有人将这座寺庙的建造时间缩小至著名的赤乌年间。这座寺庙的建造还与李德裕有关，他生活在公元787—850年，辅佐了唐朝的七位皇帝，同时他也因独特的建筑审美和艺术收藏闻名于世。历史上，这座寺庙被摧毁、重建多次。我们今天看到的一切，应当出自明朝时期。如今这里不再是供人祭拜的宗教场所，而是修身养性的场所，不过"甘露寺"这个名称却流传了下来。寺庙中央的大殿都是依据道教风格建造的。唯一能与佛教联系在一起的，只剩下那座铁塔了。

《古今图书集成》中明确记录了它与李德裕的联系："铁塔由李德裕于唐朝时建造，位于天王殿的东北方向，也就是原来寺庙的东南角。它于唐朝乾符年间被毁，

图397 江苏镇江府甘露寺内的宝塔。始建于公元840年左右，现今的宝塔建于1078—1080年，共九层，高15米，在1583年进行了修缮。1868年被毁，只有两层保留了下来，剩余部分高4米。见于《中国佛教史迹》。

在宋神宗元丰年间由裴璹①重建。在明朝万历年间，民间流传一首童谣：'风雨摇动铁塔，洪水流入此地。'的确，在这一年，宝塔倒塌，洪水泛滥，许多人溺死。后来，沙门性成和功琪重建了宝塔。"如果想要探究铁塔为何倒塌，泰勒在1852年写下的这段文字提供了一个线索。塔身只有外部由铁铸成，内部则由砖砌成，砖芯逐年风化，同时可能还受到了生锈的铁板的挤压。铁塔原来共有九层，高15米。塔身平面为八边形，各个墙面均由封闭的铸件制成，各层以铁板分隔。总之，这是一座奇特的建筑，算上基座和塔顶的刹杆，共由20个单独的铸件组成，刹杆在宝塔最初建造的时候就存在了。塔最初是垂直的，随后逐渐向南倾斜了几度。从基座的上缘测量，宝塔直径为2.5米，八边形平面的边长为1米。由于宝塔内部全部由砖砌成，所以无法向上增建。泰勒认为，这座宝塔已然很老旧了，但是塔身上却没有任何铭文，所以无法得知它确切的建造年份。十六年后，1868年的某一天，上方的七层在一夜之间坍塌，只留下了图片中可见的两层。尽管已成废墟，但人们仍然保留了倒塌后的两层残骸，很有可能就存放在寺庙中。

　　常盘大定更详细地描述了残存的遗物，它们的历史可追溯到1078—1080年，即当阳宝塔建成约二十年后。最底层的八边形基座边长为70厘米，这和泰勒所描述的尺寸大致相同。废墟的总高约为4米。基座底部的圭角刻有波浪纹，纹路向上逐渐变化为涟漪和云朵。圭角上方的两层一高一矮，上面均刻有须弥山的花纹，同样自下而上逐渐变化为云纹。再向上是束腰，向内收拢许多，表面上刻有人像浮雕。束腰之上是两块盖板，下方盖板的侧面各装饰有一对鸟；上方盖板向外悬挑出许多，每面都有龙形浮雕和珍珠形装饰物。塔身的每一层墙面都被凸起的竖向线条分成几个部分，开口交替排列其中，其余的部分为浮雕装饰。塔身最底层的墙面上，各有一尊坐佛雕像，两旁立有两位罗汉和两位天神，在他们上方还有两位飞天。额枋正中有一尊坐佛像，左右两旁各有四尊，共九尊，八面一共七十二尊佛像。第二层的主墙面上虽没有雕刻，上方额枋内却仍然有浮雕，和底层一样，第二层开口外侧也有长框，底层开口两侧各有一尊站立的菩萨像。塔身每层之间塔檐都向外悬挑出很多，向上翘起，塔檐下方的三臂斗拱支撑着飞檐。

———————————

① 裴璹时任镇海节度使。——译者注

飞檐之下、斗拱之间也铸有坐佛像。常盘大定称赞这座宝塔"作为一件浇铸品精巧至极、细致完美、柔和美观"。

如果将甘露寺铁塔残存的废墟与玉泉寺铁塔相比较，可以发现它们的外形几乎完全相同，只是甘露寺的废墟中没有托塔力士的踪影。毫无疑问，在湖北当阳县的铁塔建成二十年之后，即 1080 年左右，人们在江苏镇江复刻了这样一座相同的宝塔。甘露寺的铁塔有可能是按照玉泉寺铁塔的模型建造的，也有可能两座宝塔原本就是出自同一位工匠之手。两座著名的宝塔相距甚远，却如此相似，如果针对这一点仔细研究下去，我们一定能发现更多关于宋代鼎盛时期的艺术创作的秘密。

2. 山东和陕西的四座铁塔

在甘露寺铁塔建成二十五年之后，即公元 1105 年，山东也建成了一座非常漂亮的铁塔，其主要特征、结构、纤细的外形和楼层划分都模仿了长江边的模范案例——甘露寺铁塔，但是它却更有北方气质。济宁州铁塔位于该省西南部，这个城市人口稠密，富庶繁华，通过京杭大运河直接与镇江及其铁塔相连。可以假设，正是因为两个城市之间的交通便利，人们才在这么短的时间之内，又在济宁州修建了一座如此相似的宝塔。

从两个方面来说，济宁都算得上一座独立的大城市，这里曾有道台府邸，规模与相邻的兖州府大致相同，不过人口数量和经济地位都远超兖州府。正方形的城墙内有大量的官署和重要的寺庙。城墙四面正中各有一扇大门，门上建有塔楼。其中东南角的一座为魁星楼，另一座为太白楼[①]，名字来源于唐代诗人李太白。城市西北部有一座石塔，已经被修缮过，在人们按照镇江甘露寺铁塔修建了济宁铁塔三百年之后，这座石塔才建成。在济宁的地图上不难找到铁塔的位置，济宁的两条主要街道交汇于城市中心，那里有一座钟楼，铁塔就紧挨着钟楼，位于一座宽敞的寺庙

---

① 太白楼位于济宁市古运河北岸、太白中路中段路北，现为山东省重点文物保护单位。——译者注

门前，所以这座寺庙也被人们称作铁塔寺。《济宁直隶州志》《兖州府志》以及《古今图书集成》中都有关于这座佛教古迹建造史的详细记载，后文中的内容同时参考了这三部文献。

这座寺庙位于渔山以东的市中心位置，建于北齐孝昭帝皇建年间，并被命名为崇觉寺，后来又被称作释迦寺。在宋朝崇宁年间，由徐永安的妻子常氏出资，扩大了寺庙建筑群的规模。1105 年，常氏命人在寺内建造了一座七级铁塔。铁塔紧邻科举考试所在的贡院，笔直地指向云间，竟然有些像毛笔的笔尖。

下文逐字逐句摘抄了王梓的记录，我们从中得知，明朝万历九年（1581 年）这座宝塔增建了两层，并以一颗铜球封顶，上面有镀金的塔尖。这也符合我参观这座宝塔时看到并记录下的内容，在照片中这一切也清晰可见。王梓的记录似乎写于宝塔增建之后不久。

铁塔记 [①]

物之成败兴废，必有其时，而当成也兴也，必有大奇异以发其祥。郡城释迦禅寺建于齐皇建中，寺有铁浮屠七级，俗呼为铁塔，因以名寺。相传宋崇宁间，徐永安妻常氏所造云。济素称雄郡，名川古堞，烟树环合，乃铁塔岿然高出于千楹万灶间，远望之益奇，实兹土巨观也。

塔无顶，譬伟丈夫，剑佩峨然，冠冕不饰，谭者往往以为未尽观美。适楚龚公以少府分署于济，慨然欲成之。维时郡侯萧公亦以为言，遂谋诸荐绅先生，佥曰可；谋诸乡人士，佥亦曰可。于是相与协力聚财鸠工，营始于万历九年八月。越明年，事后比前增级二，顶铜质金章，四周垂以风铃。塔前有层楼，盖悬钟处，以其馀稍修葺之，摧檐败垣与塔更新矣。

是岁秋，风来自东南，尽几晦。俄而巨雷起，塔下有火如斗随之。如是者再，翻腾震突，不可名状。乘风云西北而去，逾时乃定。是固大异，夫大异必当有应之者。

暇日，从二三君子登太白楼，望焉曰："是昔之阙而未备、黯而未耀者与，然

---

① 明代王梓著，见于《济宁直隶州志》。——译者注

则固有时也。"已而还坐楼中，因念唐宋擅财赇、负气势者何可计数，然皆与时磨灭已矣，而是楼与是塔且雄视无极。匹妇有志可以垂不朽，而旷达之士，足迹所投取永终誉为君子，于此得其概矣。作增修铁塔记。

上述文字描写了这座宝塔的威严。济宁铁塔平面为八边形，外形纤细如针，总体保存完好。塔高仅有 22 米，其中坚固的基座就占去 9 米，这使得宝塔结构稳定，塔身和塔尖共 13 米高，《中国佛教史迹》中记录的尺寸并不精确。值得一提的是，除了现在可见的九层外，在基座巨大的砌体中还藏有两层。也就是说，为了防止宝塔倾覆，底部的两层本就存在，宝塔原本有九层，增建后变为十一层。王梓当时只见到七层，所以州志中也是这样记载的。与甘露寺铁塔的结构类似，济宁铁塔在底部砖墙的空腔中应当也还有一个基座和底板，这也为确定层数提供了关键的依据。相较之下，济宁的铁塔有更加丰富的斗拱和飞檐，栏杆划分清晰、样式丰富，更具有北方风格。墙面上没有竖向线条，只在东、南、西、北四个方向上的立面设有方形壁龛，每一层都设置在相同的位置，斜面上只有简单的浮雕和铭文装饰。常盘大定的大量影像记录证明了这一点。塔顶是在明代增建时建造的，最上层形似削去尖端的四棱锥，屋檐挑出很远，挂有铃铛。再向上是精致的球型尖顶，类似伊斯兰教风格。整座宝塔的外形设计装饰繁复，很符合宋代的精致风格。而宝塔的细针状造型在前文长江边的两个案例中也同样出现过，说不定它们真的与西方的伊斯兰教有所关联。

后文中即将介绍的两座宝塔并没有延续针状外形，根据我们的判断，它们应当建造于明代，不过塔中的一些元素也可以追溯到更早的年代。两座宝塔外形均为明显的阶梯状，结构类似纵向拉长的金字塔。飞檐形式简单，墙面上不仅有较大的开口，还有密集的、成排的佛像，它们和铭文一起使得宝塔的形态显得更为生动。它们与石塔之间的联系也是显而易见的。山东泰安府的铁塔位于城市中心，一座学校的前方，高 10 米，底部为低矮的石质基座，上面共有 13 层，层高同样低矮。铁塔平面为八边形，每一面都交替排列着大量的圆形或方形壁龛，壁龛中刻有铭文，还有一些壁龛中供奉有佛像。塔顶冠有葫芦形塔刹。陕西的北杜村中也有一座八面铁塔。北杜村位于咸阳县以北 30 里，西安府西北 50 里。铁塔伫立在八边形的巨大基座上，

图 398 山东济宁州的铁塔。建于 1105 年，共九层，其中两层被后来所砌墙体遮挡。1581 年在上方增建两层，同时修建了塔刹。宝塔现在高度为 22 米。伯施曼拍摄。

图 399 山东泰安府的铁塔。共十三层，高 10 米，建于明代。伯施曼绘制。

塔层各面有凸起的竖向线条，上方还有一圈飞檐装饰，飞檐上方可能曾经有一圈栏杆。基座上还有一扇门，使人们可以进入其中。铁塔总高度应有 22 米，塔身结构并非完全由铁铸成，内部似乎由一个砖芯支撑，只有外部由铁板覆盖。塔身共九层，下方三层较高，上方六层较矮，每层之间被飞檐清晰分隔，外部轮廓呈标准的阶梯状。最底层的八面墙上，人们交替设置了门洞和壁龛，四座壁龛中各放置了一尊天王像。第二层和第三层的墙面上则覆盖了一些金属板，上面有门，每扇门都有两块门板。上面的六层则装饰了各式各样的小佛像，排列得十分整齐。最上方为帐篷式的塔顶，上面冠有葫芦形塔刹。

3. 浙江和江西的金属塔

宁波曾有一座很古老的铁塔，时至今日可能仍然存在。铁塔在报恩寺内，庆元府（即宁波府）以西百步的位置。它建于宋朝初期的建隆年间。不过直到公元975年，宁波仍在五代时期吴越国的最后统治者——史懿王钱弘俶的统治下。

美魏茶于1843年来到了钱塘江上游西岸的衢州府。衢州府被城墙环绕，风景优美。美魏茶在这里看到了第二座铁塔，宝塔位于城墙的北部，形态微小，塔高七层，实心，由铁浇铸而成。

在浙江天台山中有一片香火旺盛的区域，其中的中方广寺旁的石梁桥边有一座青铜塔。天台山中有三座同名的寺庙[1]，其中的中方广寺位于天台山上山道北入口处，坐落在一道瀑布和天然石桥上方的岩壁上，"石梁飞瀑"是这座圣山最著名的景点之一。中方广寺的开山祖师为来自甘肃敦煌的尊者昙猷，公元396年在此地去世。自唐朝初年以来，这里就是著名的朝圣地。历代诗人、

---

[1] 天台山有三座方广寺，分别为上方广寺、中方广寺和下方广寺。——译者注

图400 陕西北杜村的铁塔。基座由砖块砌成，共九层，高22米，建于明代。伯施曼拍摄。

画家都赞美过此地，其中也包括画家顾恺之，他于公元 399 年来到这里。1621 年，人们在天然石桥上的一处岩石上立了一座镀金青铜塔，此处被认为是"罗汉道场"。这座青铜塔基座直径 1.1 米，高约 3 米。马伯乐详细地记录了这座宝塔，关于此塔的其他文献也主要参考了他和艾约瑟的记述，可惜的是没有照片留存下来。宝塔的四角各有一根立柱，立柱上装饰有兽首。它们支撑着双层的塔顶，塔檐上翘，姿态秀美。塔身正面有门，中间可以打开。门上方的横枋上装饰了花朵和藤蔓纹样的浮雕。塔顶的椽木之间雕刻了小型的坐佛像，基座上也刻有日期——天启元年（1621 年）。塔身的两个侧面各刻有一段长长的铭文，两段铭文都写于同一年。塔身背面壁龛的内壁和四周雕有五百罗汉，他们姿态各异，有的在山上，有的在云中。罗汉的上方刻有四大天王像，他们同样立于云中。根据传说，昙猷第一次跨过石桥后，就在此处看见了超自然的现象——五百罗汉显化，其中自然也包括十六罗汉[①]。在天台山中，五百罗汉的雕像随处可见，对于当地宗教氛围的营造起着至关重要的作用。紧挨着石桥和宝塔有一座神龛，里面摆放了一些小型罗汉坐像。在天台山的一些寺院中，还有专门为大型罗汉像建造的大殿。传说，有时在黎明前，僧人们能从瀑布震耳欲聋的流水声中听到五百罗汉的吟诵声。这里的僧人如此虔诚地相信这一传说，很有可能是因为五百罗汉的传说就起源于天台山，人们对五百罗汉的崇拜可能早在唐代之前就已经出现了，所以他们通过各种方式来证明五百罗汉的存在。

在江西庐山东林寺的大殿中，也有一座青铜塔。宝塔平面为六边形，底部有基座，共七层，是高僧慧远的墓塔。慧远和尚曾在庐山弘扬佛法，去世于公元 416 年，享年 83 岁。寺中有一处专门为他准备的墓穴，慧远应该就长眠于此，所以这座铸造于 1640 年的青铜塔中很可能只摆放了他的遗物，或只是为了纪念他而建。根据《中国佛教史迹》中的照片，宝塔的基座上雕有托塔力士像，他们将宝塔托起。塔身每一层的正面都开有门洞，门的外侧有人物雕像，这些雕像只有四分之一嵌入墙中，显得十分立体，最底层是一尊韦驮菩萨像和一位僧人的雕像。塔身结构和飞檐的样式与砖塔相比并无二致，特别是对釉面瓦片的模仿，几乎看不出什么差别。除了人物雕像，这件艺术品好像并未充分利用青铜艺术的优

---

① 常驻人间，护持正法的释迦牟尼的弟子。——译者注

图 401 江西庐山归宗寺内的铁塔。平面为六边形，共七层，高 9 米，建于 1749 年。

势，所以在这一系列案例中并未占据特殊位置。后文中将提到几座铸造于明朝末年的宝塔，它们才是青铜艺术品中真正的典范。

归宗寺同样位于江西的佛教名山庐山中，来自庐山众多禅寺的小沙弥们通常在这座寺庙中上课学佛。归宗寺也有一座铁塔，历史不算悠久。铁塔紧挨着寺庙，外形如针，位于直冲云霄的金轮峰上，坐落在海拔 735 米处。因其外观纤细，就好像是从陡峭的悬崖上破土而出一样，所以成了自然景观中独一无二的地标。宝塔同时也是人们的观景台，在这里可以环视周围的山谷和远方广阔平原的秀丽风光。这座七级宝塔建于乾隆年间，平面为六边形，高 9 米，由单独的铸铁构件组成。塔身的每一面墙上都装饰有佛祖或圣人的雕像，共计 42 尊。1905 年，人们用铁板和铆钉重新加固了宝塔下方的花岗岩基座，不过平台边缘的石栏杆还是最初建造时的样子。平台下为悬崖，十分陡峭。

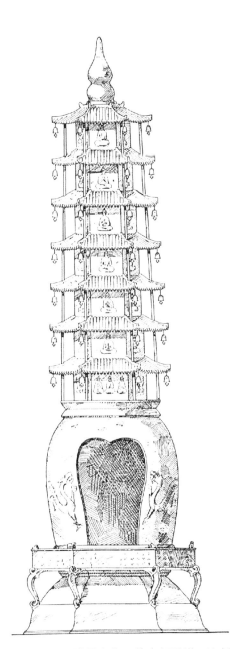

图 402 四川峨眉山峰顶的青铜香塔。比例尺为 1：20，高 3.7 米。参见 440 页，图 404；441 页，图 405。伯施曼绘制。

图 403 峨眉山峰顶的青铜层塔。比例尺为 1：20。高 3.4 米。参见 440 页，图 404；441 页，图 406。伯施曼绘制。

图 404 金顶寺内的平台。位于四川佛教圣山峨眉山最高峰金顶上，海拔约 3300 米，平台上立有三座青铜塔。参见 439 页，图 402—403。伯施曼拍摄。

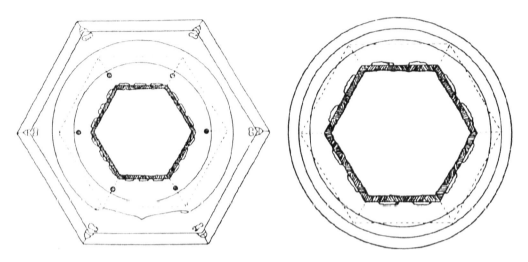

图 405　峨眉山青铜香塔的平面图。图纸比例尺为 1：20，参见 439 页，图 402；440 页，图 404。伯施曼绘制。

图 406　峨眉山青铜层塔的平面图。图纸比例尺为 1：20，参见 439 页，图 403；440 页，图 404。伯施曼绘制。

4. 四川佛教名山峨眉山中的青铜塔

峨眉山上最大的青铜器是著名的青铜象，其形态威猛，位于半山腰的主庙万年寺中。寺内还有其他许多青铜像和青铜器物。立德（A. Little）在他对这座佛教名山的记录中，描述了圣积寺内的一座青铜塔，在这里就不作复述了。这座灵动的建筑物主体为纤细的针形，在结构和重要细节上与山西名山五台山上的五座青铜塔中的一座相似，所以也应出自明朝末年。

在峨眉山最重要的位置上，有一组塔群，共有三座青铜塔。峨眉山的最高峰海拔 3300 米，上面分布着好几座庞大的寺庙。最高峰金顶上的金顶寺中有一间大殿，殿后的平台架在岩石上，位于悬崖边，似乎悬浮于深谷之上。在这里，人们可以看到山峰林立，雾气环绕，有时还能看到著名的佛光——佛祖的形象在五彩光环中熠熠生辉。在此处平台上有三座青铜塔，一座仅剩一些残片留存于世，另外两座保存完好，其中一座为塔身向外鼓起的香塔，另一座为八级层塔。

这座香塔的平面为六边形，高 3.7 米。斜坡式的基座上方有一圈外廊，外廊通过琴腿式的支架撑在基座上。外廊的角上装饰有小型的呈蹲姿的动物雕像，比如狮子、大象和老虎，外廊的外表面上雕刻有铭文。塔身的空心主体向外鼓起，造型圆润，供上香人使用。香塔开口处刻有一圈精美的铭文，表面还刻有生动、纤细的龙形图案，好似围绕着鼓起的香塔游玩。香塔的背面刻有一座多层宝塔，图案精美，细节丰富。香塔上方的塔身结构共有七层，每一层高度相同，六面都雕有佛像，层层飞檐向外挑出。檐脊下方有斗拱支撑，檐角挂有风铃，宝塔顶端为葫芦形塔刹。旁边的另一座姊妹塔残存的碎片上并未雕刻龙纹，但是却刻有五座宝塔的图案，十分精美，它们代表了佛教中的特殊数字——"五"。根据铭文上的记录，这两件艺术品都建于万历二十年（1592 年）。一位大师和他的弟子出资铸造了这座香塔，可他们的名字已不得而知了。

另一座层塔的平面也是六边形，却只有 3.4 米高，立于圆盘状的基座上。宝塔共有八层，最底层与上方各层相比大了一圈。每一层的六面墙上都装饰有佛像，数量不等，各有四尊、两尊或是一尊。各层之间以挑出的扁平飞檐分隔，檐角挂有风铃。塔刹被分成十三段，自身即为一座小塔，层层飞檐之间铸有大量的、成排的佛像，刹顶有一颗宝珠。一位来自浙江的男子出资铸造了这座宝塔，由于他的母亲身体恢复健康，他特意建塔还愿。宝塔的历史可以追溯到万历年间，根据我们的判断，应当建于 1600 年左右。

至于为何金顶平台上有三座宝塔，这一数字可能对应佛教的三身 [1] 或三尊大菩萨。下文中提到的五座青铜塔中的数字五也同样具有象征意义。

5. 山西佛教名山五台山大显通寺内的五座青铜塔

五台山是文殊菩萨的道场，其标志物为老虎 [2]。对于藏传佛教来说，五台山是

---

[1] 佛教三身指即法身、报身、应身三种佛身，又称自性身、受用身、变化身。——译者注
[2] 此处所指不详，文殊菩萨的坐骑应为狮子。——译者注

一处特殊的圣地。山中大小各异的众多寺院簇拥着巨大的白色喇嘛塔^①，这座宝塔屹立于宽阔的高地山谷中央，被远方高耸的山峰围在中间。"五台"指的是最高的五座山峰，是精神世界在现实中的映射。在五台山中，不论是建筑物、佛像、装饰物的排布，还是在宗教仪式的安排上，神圣的数字"五"都经常被重复使用。所以我们也专门用第五部分来介绍五台山和山中的喇嘛塔。

自唐代开始，铁塔就逐渐出现在文字记载当中。五台山的三世章嘉活佛在1779—1780年陪同六世班禅朝觐乾隆皇帝，写下了关于这座五台山的详细记述，其中也提到了一座铁质佛塔以及供奉于塔中的舍利。根据日本高僧圆仁仕公元840年到访五台山后写下的游记来看，当时在中台峰顶的三塔寺中曾有三座铁质宝塔，后来与寺庙一同消失了。也许正是因为人们没有忘记那些古老的宝塔，所以才在明朝末年（大约1600年左右），又重建了五座青铜塔，它们也一直保存至今。

五台山也曾被称为清凉山。在海拔2650米的宽阔山谷中，巨大的白色喇嘛塔坐落在庞大寺庙建筑群的中心位置，也就是规模庞大的塔院寺内部。北侧紧挨着白色喇嘛塔的是另一座庞大的寺庙——大显通寺，它可能是五台山最古老的寺庙。这座寺庙的北部平台上伫立着五座青铜塔，这几座宝塔精美绝伦，同时也有着极其重要的宗教意义。虽然它们建造于明朝末年，历史不算很长，但因为它们位于大显通寺内，所以尤其重要。《中国佛教史迹》成书时参考了《五台县志》，在后文中我们将根据《中国佛教史迹》中的资料简要介绍大显通寺的历史。

根据写于宋代的最新一版县志中的内容，这座寺院的起源可以追溯到东汉永平年间，即汉明帝在位期间，当时佛教刚刚正式传入中国不久。关于它的历史，有一种推测是人们首先建造了这座佛教寺院，随着时间的推移，宗教崇拜情绪被逐渐放大，人们便将整座山脉尊为圣山，但是五台山中又能找到一些历史比大显通寺更久远的佛教痕迹。常盘大定认为，《唐书》中的记录很有可能较为准确，其中写到，这座寺院最初建于北魏献文帝时期。还有一种说法认为，它从六朝时期^②开始就被称为大孚灵鹫寺，但是这与前一种说法并不矛盾，因为人们可能指的是六朝末年，

---

① 指五台山大白塔。——译者注
② 六朝一般指中国历史上三国至隋朝年间定都南京的六个朝代。——译者注

也就是五百年之后。"大孚灵鹫寺"这个名字流传至今，其来源是寺院北侧的灵鹫山。人们有时也简称其为大孚寺，"孚"字的意思为"信"，即信仰。从一开始，人们就将大孚灵鹫寺和一座古老的阿育王塔联系在一起，据说这座宝塔是寺中历史最悠久的文物。这就是人们称它为大孚寺的原因，意为大佛塔寺，"孚"通常也被写作"浮"字。寺中共有十二座院落，阿育王塔就位于其中之一。后来，大孚寺南侧的一座院落被分离了出去，成了如今的塔院寺，大白塔就位于塔院寺中，其余的院落成了如今的显通寺。塔院寺独立之后有了更重要的意义，据说那座古老的阿育王塔仍然留存于世间，它就被封砌于大白塔内或大白塔下方。因此，那座古老的佛塔遗迹不再属于庄严的大显通寺，所以人们才会决定在显通寺中建造五座独一无二的青铜塔。虽然它们的规模不及大白塔这一处于中心位置的圣迹，可对于整个寺庙来说，它们所代表的宗教意义却一点不输于它，因为这五座青铜塔象征着这座佛教名山的五座山峰。在唐代，大显通寺也短暂地使用过别的名称。唐代高僧澄观曾在这里为《华严经》撰写疏文、注解，他去世于公元 839 年，皇帝下旨将这座寺院的名称改为华严寺，《中国佛教史迹》中也详细介绍了澄观为五台山带来的影响以及"华严"这一名称的由来。

在寺院主轴线的尽头，地形稍向上抬高了一些，人们通过露天的台阶可以走向一处更高的平台，这些上上下下的台阶随着山势而起伏。代表五座山峰的五座青铜塔立于一个特别的台基上，它们位于平台的边缘，散发着金光，其无与伦比的铸造工艺和精妙绝伦的艺术加工彰显出佛教的灿烂光辉。这些庄严的宝塔被精美的建筑物包围着。平台南侧是宽敞的主庭院，院中有一栋两层建筑物——无量殿。它高大、坚固，具有异域风情，应当是中亚—印度式的风格，与周围其他的中式大殿差异很大。无量殿是一座藏经楼，内部藏有最有价值的文学宝藏。平台脚下也有几座建筑物，中间为一座大殿，两侧各有一座小殿。大殿中供奉着一尊十一头的千臂文殊菩萨像[①]。在平台后方，也就是北侧，有三座引人注目的建筑物一字排开。两侧的两层小楼形态敦实，就像是缩微版的无量殿，同样具有印度式的异域风情。在它们之

---

① 作者在原文中写道"这尊文殊菩萨像有十一颗头"，而五台山千钵文殊殿中现存的这尊铜质镀金像全称为"五头十三面千手千钵千释迦文殊像"，五头象征文殊菩萨的五智，是明朝万历九年的作品。——译者注

图 407 五台山显通寺内的藏经楼——无量殿。砖砌结构，殿后平台北侧边缘立有五座青铜塔。
参见 446 页，图 409；450 页，图 412。伯施曼拍摄。

图 408 海拔 2650 米的五台山谷地。山谷中坐落着巨大的白色喇嘛塔和七十座寺庙以及其他宗教
场所。宝塔左侧为显通寺。伯施曼拍摄。

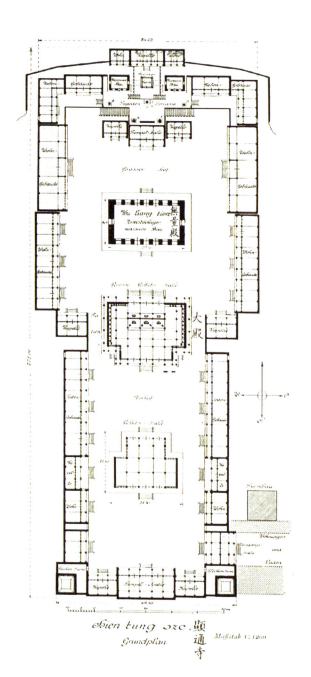

图 409　五台山的显通寺。最早可追溯至公元 58—67 年。始建于公元 466—500 年，1573—1620 年 以 及 1627—1644 年间进行了修缮。在平台北侧立有五座青铜宝塔、青铜楼阁以及两栋砖砌建筑物。参见 445 页，图 407；450 页，图 412。伯施曼绘制。

间是一座极其精美的两层楼阁，坐落在寺院的主轴线上，由青铜浇铸而成，内部实心，表面镀金。在这座楼阁的正对面，也就是平台的最南端，有一堵围墙将平台包围，使平台成为一个独立的神圣区域。五座青铜塔正是这个封闭的小世界的标志物。

根据沙畹的记录，其中一座宝塔建于 1602 年，所以五座宝塔有可能都铸造于明朝万历年间。它们下方的台基十分巨大、坚固，装饰精美且风格独特。上方的宝塔共分为四种不同形式。中间的一号塔有着最奇特的外形，共三级，各级塔身均为多面体。它位于主轴线上，无疑代表了五台山的中台。璞科第也留意到了它："中间的宝塔在形状上是最奇特的。它由三个形似水晶块的二十六面体组成，形似水晶，它们堆叠在一起。宝塔顶端有金属圆环，和塔院寺中的大宝塔十分相似。"塔院寺虽紧邻显通寺，可最后这句话并不完全准确。这座青铜塔的塔刹有一扁平的盘状华盖，边缘密集地装饰有小圆片，可能模仿了（中式坡屋顶）屋檐处瓦当的形式。华盖上有三重宝珠，宝珠之上还有精巧的刹尖。四号塔和五号塔也有着同样的塔刹。这种塔刹让人联想到藏传佛教中佛像的冠冕和僧人的头饰，总之具有明显的藏式风格。相比之下，五台山大白塔的扁平华盖虽然与之类似，但是周围悬挂有钦链，圆片也都挂在华盖之下。这座青铜宝塔主体塔身的三个块状体各有二十四个角和二十六个面，因为上下堆叠，所以其中只有二十四个面可见。数字"三"让人联想到佛教中的三宝，数字"二十四"则可能代表着根据太阳的位置和相应的天神，人们可以将一年划分为二十四个时段[①]。主体塔身的三个块状体共有七十二个面可见。

二号塔和三号塔立于一号塔两侧，分别位于平台两端尽头的台阶旁。它们十分相似，塔身表面密密麻麻装饰着小型雕像。塔身表面浇铸有成组的天神雕像和成排的佛像，檐边装饰着具有象征意义的动物雕像。整座塔身的外轮廓线凹凸不平，所有的棱边和角落几乎都铺满了各类装饰。与四号塔和五号塔一样，它们都属于天宁式宝塔，主体结构被分为基座、香炉、针型塔身和塔刹几个部分。天宁式宝塔往往在中间的某层塔身中供奉着最重要的圣物，而在这两座青铜宝塔中，这个功能被香炉代替了，人们将神圣的物品放入其内部燃烧。根据这两座宝塔的外形，我们能清晰地看到，喇嘛式宝塔这一形式及其上方的塔身结构如何演变成了天宁式宝塔这一

① 天神应指佛教二十四诸天，是佛寺祭天时供奉的神。——译者注

形式。三号塔的基座十分精美，上方挑出的三重飞檐和向内凹陷的束腰都为它带来了丰富的光影效果。基座四角各有一尊力士雕像，呈半蹲姿态，好像用力托举着宝塔。他们都穿着中式服装，面容坚毅，具有浓厚的中国特色。塔身主体为倒置的八角锥，上方边缘处有一圈外廊。外廊和托塔力士这些元素也在五号喇嘛塔中出现。宝塔面向平台主轴线的一面较为宽大，上方辟有焚香用的开口，其余的三面有大量的人像浮雕。四个稍窄的斜面上各有一座精美的宝塔浮雕，浮雕与青铜塔本身的外形十分相似，这座宝塔的外形显然有着极其重要的意义。这座浮雕青铜塔塔身和塔刹很常见，塔身表面有大量的、成排的佛像，香炉中也供奉着一尊端坐的佛像。根据佛教中的说法，"光中化佛无数亿，化菩萨众亦无边"。你可能会有这样的疑问，佛门中有无数菩萨，为何只有文殊菩萨在五台山展现出了他的无上力量和威严。艾约瑟写下的文字也许可以解答这一疑惑，在《华严经》中，至少是后来中国僧人澄观注疏的中文版本中曾写道，根据佛祖所说，文殊菩萨的道场就在五台山[①]。这座青铜宝塔的细长塔刹也被飞檐划分为十三段，代表佛教的天。算上最下方的香炉，塔身也被分为了十三份，而这种划分并不常见，通常塔身为十二级居多。每一层塔刹角落处都装饰有龙形细杆，顶端有一个小型伞盖，中间有洞，并与一个尖尖的宝葫芦组合在一起，成为双层塔冠。人们完全不会想到中国佛教会用这样富丽堂皇的方式来展现无尽的佛陀世界，这两座青铜塔让人感到非常意外。其中的一个原因一定是喇嘛教的"神秘感"，所以人们才会通过这种密密麻麻的装饰来填满青铜宝塔的所有表面，甚至是最细微处的构件。

　　平台前方的两座宝塔外形更为素净。西侧的四号塔为天宁式，底部基座有小型栏杆，塔身下半部分与一号塔的单层塔身十分类似，是整座宝塔最神圣的主体。棱形结构上方的塔身共有十二重檐，向上逐渐收拢。这几部分共同组成了天宁式宝塔的结构。东侧的五号喇嘛塔立于分段式的八角形基座上，基座各角雕有托塔力士，上方边缘处有小型栏杆。塔身主体为圆形，像一个倒扣的、两面削平的蛋形，也可以说是水滴形。圆形的主体塔身顶端围有一圈精致的横枋装饰，上方的塔身

---

① 五台山，又名清凉山。此处应指《华严经·菩萨住处品》："东北有山，名清凉山。从昔以来，诸菩萨众，于中止住。"——译者注

图 410　山西五台山显通寺内的五座青铜塔。上图是其中的三座宝塔、围墙和香炉，宝塔建于 1600 年左右。参见 450 页，图 412。伯施曼拍摄。

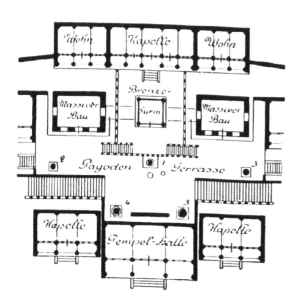

图 411　五台山显通寺殿后平台的平面图。伯施曼绘制。

图 412 五台山显通寺殿后平台上的五座青铜塔、青铜楼阁以及两座砖砌建筑物。参见 446 页，
图 409；449 页，图 410；451 页，图 414；453 页，图 419。伯施曼拍摄。

图 413 五台山显通寺与二号塔类似的天宁式
宝塔。塔身共十三层，青铜部分高 4.2 米，总
高 5.5 米，建于 1602 年。参见 452 页，图
417。伯施曼拍摄。

结构逐渐变细，被划分为九个部分，表面铸有佛像。圆形的塔身表面光滑，内部中空，被用作香炉使用。圆形塔身光滑的表面上镶嵌着许多不规则排列的长方形镀金铜片，一号塔塔身同样如此。这些镀金铜片闪耀着熠熠金光，它们为香炉凸起的表面带来了一种神秘的魅力，可以让人立刻联想到火焰，以及喇嘛教信众的狂热。香炉开口上方和外围的一圈丰富、生动的浮雕图案更能展现这种魔力，线条奇妙、优美、华丽，紧紧抓住我们的眼球。画面中，前景的云朵之中有一只强

图 414　五台山显通寺的五号塔。形式为喇嘛塔，上方塔身共十一层。青铜部分高 3.7 米，总高 5.6 米。建于 1600 年左右。参见 453 页，图 418。伯施曼拍摄。

图 415　五台山显通寺的四号塔。天宁式宝塔，下方塔身为骰子状，上方塔身共十二层。青铜部分高 3.7 米，总高 5 米，建于 1600 年左右。伯施曼拍摄。

图 416 五台山显通寺的一号塔。主体结构由三个骰子状覆钵组成，青铜部分高 3.7 米，总高 5.3 米，建于 1600 年左右。伯施曼拍摄。

图 417 五台山显通寺三号塔的细节。参见 450 页，图 413。伯施曼拍摄。

壮的金翅鸟 ①。它双手合十，双翅展开，画中只轻轻点出了它的鹰鼻，双脚被画作鸟爪。它用双爪抓住了两条龙的尾巴，双龙形态生动，龙头冲向中间，周围闪现的柔光直逼金翅鸟头上燃起的火焰，火焰中有宝石。可它们无法抓住金翅鸟，因为所有被人在空中抓住尾巴的动物，比如蛇或其他的爬行动物，包括这里被金翅鸟抓住的龙，都不再拥有强大的力量，没有办法再腾飞，嘴也无法咬到抓住它们的尾巴的双爪。因此，这里的宝石代表了佛教教义，受到金翅鸟的保护，以免受

① 金翅鸟即迦楼罗，古印度神话传说中的一种巨型神鸟，在印度教中是三大主神之一的毗湿奴的坐骑，而在佛教中则位列八部天龙之一。——译者注

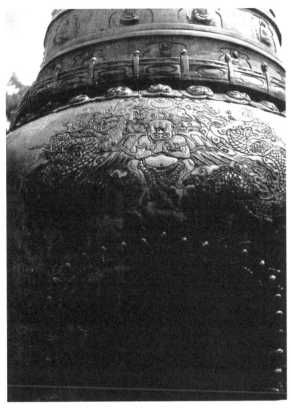

图 418 五台山显通寺五号塔的细节。参见 451 页，图 414。伯施曼拍摄。

图 419 五台山显通寺五号塔的青铜底座。参见 451 页，图 414。伯施曼拍摄。

巨龙的攻击，龙在这里应该是代表了一种敌对的力量。浮雕的最上方还铸有第二颗宝石。所有的图案线条都十分流畅，异常精美，金翅鸟、双龙和云朵三种元素布局精妙，结构清晰。

尽管这五座青铜塔的尺寸相对较小，但它们也拥有与其他宝塔一样的结构，代表了同样的内在含义，是这片小世界的焦点。它们复刻了壮美的自然，代表了五台山的五座山峰和山峰上的五座大型宝塔，也代表了我们这个时空中的五佛，展现了宏观世界中的伟大思想。这就是它们的内在含义。如果朝圣者在寒冷的冬天没有办法去五座神圣山峰上的古老宝塔那里朝圣，就会带着贡品来到象征着五座山峰的青铜宝塔前祭祀。这几件艺术品在外观上很像最简朴的墓塔或是舍利塔，也与大型的天宁式宝塔和层塔十分相似，它们以精巧灵秀的方式复刻了中国数不尽的大型宝塔。这些精美的明代艺术作品通过丰富的结构、装饰、雕像和高贵的青铜光泽展现出佛教的灿烂光辉。喇嘛教是佛教的一个分支，教义深刻，信众虔诚，其超自然的世界观和无数天马行空的想法在很多宝塔的造型设计上得到了很好的体现。

五台山清凉寺中的青铜千佛塔的外形与显通寺平台上的两座天宁式宝塔大致相同，只不过千佛塔的尺寸较小。此塔塔身的下半部分也同样为倒置的八边形，斜边较窄，每一面上都有简单的装饰，共有两排壁龛，龛中铸有佛像。上半部分塔身共九层，飞檐向外挑出，各层之间的佛像，就像立柱一样将塔身连接起来。塔顶是扁平的双层宝珠。根据沙畹的记录，这座建筑物的历史可以追溯到 1606 年。

五台山中这些精美的明代宝塔表面往往都有丰富的装饰和大量的佛像，这一特点在一座青铜殿中也得到了延续，它位于显通寺中轴线的末端。这座两层的建筑物外部富含大量的建筑细节，内部更是精美绝伦，塔身内壁和室内两座青铜宝塔上都是佛教图案。我没能进入殿内参观，但是参考了斐士的记录："这座青铜建筑内的装饰十分丰富，布局精巧，其中最主要的艺术品是一尊文殊菩萨像。周围的墙壁上大约覆盖了三十块青铜板，上面满满雕刻着铭文和数千尊微型佛像。殿内还有两座大型镀金青铜塔，塔身的壁龛中还摆放了数百尊佛像。建筑物内部到处都是各式各样的装饰，比如唐卡、朝圣者供奉的小佛像、珍珠、银器，还有遍布房间的无数其他物品。屋顶的最高处垂下一盏球形灯，灯的金属外壁像玻璃一样透明，灯中的火焰永不熄灭。殿中还有青铜转经筒，其中放置了藏文和满文的经文。"这些丰富

的装饰品是绝佳的证据，证明了金属艺术
是如何激发人们创作出丰富多彩的佛教图
案，并运用在青铜宝塔这一建筑中的。

图 420　山西五台山显通寺的青铜塔。建于 1606 年。
参见 450 页，图 413。见于《中国佛教史迹》。

第二节 墓塔

本书的第二章主要阐述了大型佛塔的一些主要形式，并尽可能介绍了它们的建造史，先叙述概况，再就细节进行展开，其中也包括中国宝塔独特的外形如何起源、发展。推动宝塔这种建筑形式发展的因素并非只有一个，我们需要考虑宗教、历史和建筑艺术等各方面的影响。简单推测，从前的坟丘上通常插有竹竿，宝塔的外形便是由此发展而来。但是，这违背了建筑学中最简单的逻辑，不论是将宽阔的、简单堆在一起的土丘与高耸的、需要建造的塔楼联系在一起，还是认为等距绑有绳结的细细的竹竿是宝塔一层层塔身的前身，都十分牵强。就算竹竿与宝塔在外观上有一些相似，可是这些坟丘上的竹竿并没有任何实际意义。尽管墓与塔之间有千丝万缕的联系，但是宝塔的外形与坟丘并无关联。墓室、舍利龛、佛堂、中式屋顶和层塔都是影响墓塔发展的重要因素。墓塔即佛教僧人之墓，最初的形式为墓柱和柱式墓塔，它们的结构垂直向上，形态丰富，与中国古代的墓葬形式有所不同。传统的陵墓占地广阔，早期人们会在其入口处建造高大的塔楼，自汉代起这种建筑元素逐渐消失，陵墓建筑的特征便只剩华丽的外墙和独立的附属建筑。人们在建造大型佛塔时需要同时考虑内部和外部空间，对于佛教墓塔来说也一样，特别是那些独自伫立的墓塔，外部必须留有空间，以供人远观。

人们在建造大部分的佛教宝塔时始终保留着两个基本思想。一方面，佛塔中需要小心地保存圣人的舍利，供人祭拜；另一方面，高耸的佛塔可以影响远近周边，宣传圣迹，庇佑众人，同时弘扬佛法，因为宝塔的高度代表了传教意愿的多寡。然而，最重要的一点始终是人们可以通过宝塔中的圣物来传播圣人的思想。这里的圣物并不一定都是佛祖或高僧的舍利或遗物，也可以只是几篇经文或一段记录，甚至只是一个宗教观点，因为通过佛像和象征性的符号，人们也可以将宗教观点"实体化"。

通过建造墓塔，这些地点在佛教意义上便成了圣地。在中国，僧人去世后通常会被火化，墓中只埋葬舍利。如果是杰出的高僧，人们就会建造大型的宝塔供奉他们的舍利。佛教传入中国初期，人们将这些舍利装在较小的盒子里或是瓮中，并不会为此建造宝塔或是大殿。这种情况时至今日仍然存在。有时，人们也会将僧人的遗体处理成不腐肉身，安放于佛龛中。尽管这也算是宝塔的一种形式，人们也将此类佛龛称之为"塔"，但它们通常被放置在大殿的内部，所以高度往往不高，也无法独立地发挥什么意义重大的宣传作用。然而，这一事实也表明，正是人们需要一处地点保存僧人遗物以便祭拜这一想法，最终演变成了宝塔这种建筑形式，这也意味着坟丘并不是墓塔的起源。瓮这种特别的形态，在后来也成了墓塔塔身一种常见的外形。这说明，当人们想要解释墓塔的造型从何演变而来时，应当首先联想到佛龛，而不是坟丘，古代的一些案例正是这个观点最好的证明。

1. 佛龛式墓塔

正方形平面

慧远和尚的坟墓就在江西佛教名山庐山中，位于东林寺旁。慧远去世于公元 416 年。在上一节中提到过的东林寺大殿内，还有一座专门为纪念他而建造的青铜塔，塔中供奉着他的舍利。这座陵墓建筑为砌体式建筑，顶部为坡式屋顶，山墙的顶角为弧形，有一扇窗可以换气。他的坟墓只有 2.8 米高，3.3 米宽，就位于这座墓室中。如今的这座建筑应当已不是原来的古迹了，新建的痕迹十分明显，不过人们仍然可以假定，如今这座墓室的平面仍与原始建筑相同，为矩形。这座陵墓建筑在早期的记录中也被明确地称作塔。

自 6 世纪起，人们就开始打造方形平面的佛龛，上方有盖，顶盖上还有装饰。从建筑学的角度来看，它们正是后来出现的宝塔的雏形。如今在中国各地，还有许多石制的或者砖制的佛龛式建筑物。最古老的几座应当都位于山东，其中东平州的一座石制佛龛上就带有早期的元素。通过对这些特征谨慎的判断，人们认为此建筑可能源自公元 500 年左右。我的旅程十分紧张，所以也没办法拍摄更多的照片或进行详细的测绘，不过这张照片上能看到它宏伟、简洁的形态。佛龛的主体为正方形，上方是阶梯状的金字塔形屋顶，顶端有一塔尖，整座建筑物有一处洞口，开口呈梯形，上边缘稍稍拱起，类似马蹄铁的形状。它伫立于一座宽阔的平台上，在中轴线的前方还有一堵围墙。围墙由一层层长条状石块垒砌而成，遮挡着进入佛龛内部的入口。佛龛的内部可能有一根中心柱。

山东神通寺山门入口处的四门塔则向人们展现了佛龛式宝塔的另一种形式。梅尔彻斯最早向世人介绍了四门塔和朗公塔，朗公塔同样位于进山的道路入口处。下文中将详细介绍这座著名的寺庙——神通寺的历史及其开山祖师朗公。

四门塔伫立于平台上，视野开阔，雄伟壮观。根据关野贞的说法，它建于公元544 年，即北朝东魏时期。四门塔是中国有记录的最古老的石制建筑，从年代上来

图 421 山东神通寺内的四门塔。这座石塔的平面为正方形，边长为 8 米，建于公元 544 年。参见 358 页，图 319；459 页，图 422。喜仁龙拍摄。

图 422 人们仿照四门塔的
造型于公元 663 年打造了
山东神通寺内的摩崖造像。
参见 458 页,图 421;460 页,
图 424。喜仁龙拍摄。

图 423 山东东平州的塔形佛龛。可能建于公元 500 年。伯施曼拍摄。

图 424 山东神通寺千佛崖的部分摩崖造像。参见 459 页，图 422。梅尔彻斯拍摄。

图 425　河南宝山灵裕墓的外墙。墓塔作为石刻嵌于岩壁中，建于公元 632年。见于《中国佛教史迹》。

说，它与河南嵩山嵩岳寺中的一座砖塔的建造时间差不多，那座嵩岳寺塔建于公元
523 年。这里还有一件十分重要的事情需要提及：建造四门塔的工匠希望通过这座
宝塔来抚慰亡父的灵魂。

四门塔由精心加工过的砂岩石块垒砌而成，墙面花纹简朴，具有汉代风格。塔
身之上共有五层向外挑出的石板，逐层向外扩大，共同组成了屋檐。塔顶为阶梯状
金字塔形，顶端被削平，上方设置了塔刹。塔刹的主体为正方体，上边缘收紧，上
面的盖板四角装饰有山花蕉叶，吸引着人们的目光。盖板中央立有相轮，有一重重
清晰的圆盘，顶部变尖，为整体结构收尾。这种形式的塔刹和最古老的阿育王塔十
分相似。

关野贞在他的书中绘制了四门塔的平面图，形状为正方形，但关野贞和喜仁龙
给出的外部边长尺寸互相矛盾，我们就折中一下，将边长算作 8 米。宝塔的外墙厚 0.8
米，每面墙上各有一扇宽 1.8 米的大门，门框为长方形，上方设有扇形挡板。除了
外墙之外，塔身内部还有一根中心柱支撑屋顶，其边长为 1.76 米。不过之前的参
观者们并没有对这根立柱进行更详细的描写，它很可能也是由石块垒砌而成，并逐
层向外扩大。石柱的四面都摆放着石制供桌，供桌正中各有一尊大佛像，佛像两侧
各有一尊人物雕像。四尊精美的大佛像的历史与四门塔一样悠久。石柱被四尊佛像
包围，证明了其重要性。如果按照古老的阿育王塔的形式来判断，这里的石柱中心
也很有可能保存有舍利。独特的塔刹也能证明中心石柱是一个极佳的"宝函"，整
座宝塔看起来好像就是围绕着这个神圣的中心而建造的。从另一方面来看，四门塔
的结构与后来建造的山西天龙山石窟以及其他石窟十分近似，这些建筑物的中央都
有一根石柱，但是柱内却并不能保存舍利。四门塔与这些石窟在建造时间上是否有
关联，我们还不得而知。[①]

朗公塔与四门塔相对，位于山谷的另一边，两座宝塔的相似性十分明显。外形
奇特的朗公塔的塔身主体中央同样也有一根立柱，立柱的四面各有一尊佛像。四面
外墙上的门洞也同样带有矩形门框，门洞上方的扇形壁龛内附有挡板。尽管这两座

[①] 四门塔最近的一次修缮是在 1973 年，在对四门塔进行维修过程中发现了安置在塔内的舍利函及舍利，
并和其他物证一起确定了四门塔的建造年代为隋朝大业四年（公元 608 年）。——译者注

古迹在其他的细节上仍存在差异，但它们相互之间的对应关系仍然值得我们留意。

在四门塔建成后不久，山谷的另一侧又建起了一座龙虎塔，就在千佛崖中，始建于北齐时期，建成于唐代，即公元 618 年之后。神通寺的这座摩崖宝塔大约建于公元 663 年，是仿照建于公元 544 年的四门塔而建，完全复刻了后者的主要特点。龙虎塔的塔身平面为正方形，墙面开有洞口，塔身内部供奉着一尊佛像。洞口的两侧各有一座雕像，看起来像是猴子和狮子。门洞的上方雕刻有涡卷形花纹，线条逐渐变化成起伏较大的波浪纹样。塔身上有正方形盖板，上方的塔顶为金字塔形。盖板上的山花蕉叶通过一圈叶形装饰彼此相连。宝塔的最顶端为巨大的相轮，相轮上有多重圆盘。尽管建于一百多年之后，可龙虎塔对四门塔的模仿仍然十分明显，这表明了四门塔不只是一座私人的纪念碑，它一定具有非常重要的意义，可惜具体的细节我们尚不清楚。

在河南省彰德府宝山上的灵泉寺内，有两座十分类似的摩崖宝塔，它们的用途为墓葬建筑。其中较为有名的一座是灵裕的坟墓，现在外墙已经严重风化。灵裕是隋代高僧，一般认为他去世于公元 605 年，享年 88 岁。灵裕坟墓的历史可追溯到公元 632 年，塔身主体中有一座向内开凿的深佛龛，龛内供奉着高僧的真身，佛龛外侧装饰了分段式的壁柱。塔顶和塔刹都带有巨大的山花蕉叶装饰。这座摩崖宝塔的历史要比神通寺的那一座略久一些。

中国北部的省份还分布着其他一些古老案例，都能清楚地说明人们建造简单的方形佛龛式宝塔时所遵循的基本原则。它们不一定都是墓塔，很多宝塔中只是摆放了佛祖和圣人的雕像。此类宝塔必不可少的部分就是内室，门洞上方往往是圆拱或弧形尖拱，拱形部分附有挡板，门洞的两侧有守护神的雕像。塔身往往为方形，内室中摆放着舍利、遗物或是圣人的塑像。塔身有时也设置窗户，因为人们将它看作神灵的居住空间。窗户往往是假的，并不设洞口，通常只饰有丰富的花格图案浮雕。塔顶为单层或双层，塔刹是多重圆盘，为了模仿大型宝塔的结构，塔顶上甚至还设置有排水沟。虽然这类小型宝塔也被中国人称之为"塔"，但为了和大型宝塔区分开，人们也会使用梵语中的"Stupa"这一称谓，翻译成中文便是"窣堵波"，不过这个词只出现在较早的文献中。许多佛龛式宝塔的历史可以追溯至唐代，其余的一些则在唐代之后的几个世纪中建造而成，可以说是中国早期建筑艺术的绝佳证明。而且纵观整个历史，此类建筑形式不断出现，有时人们会将其稍作改变，有时则将它运用在更大型的建筑物上。下文中我们将比较两组案例，一组为单顶宝塔，另一组为双顶宝塔。

河南嵩山著名的少林寺中有一片庞大的墓园 ①，其中伫立着若干座建于早期的佛龛式单顶宝塔，平面均为正方形，由砖砌成，形状独特。泽村记录下了其中的四座，常盘大定则为更多的宝塔留下了影像资料并做了详细研究。在宽敞的墓园中，历史最悠久也最常见的一类是四方形平面的单层墓塔和纪念塔。其中有四座非常相似，却建造于不同年代。最古老的一座保存得最为完好，不过似乎也有翻新修缮的痕迹。这座宝塔已被收录在《中国佛教史迹》的英文版中，它是住持同光的墓塔 ②，同光是大照的弟子。大照去世后，同光主持禅寺事务二十年，去世于公元 770 年。他的弟子们为他修建了这座墓塔，一位俗家弟子撰写了铭文；次年，同光便被安葬于此塔中。同光禅师塔塔身上只开有一扇门，盖板向外挑出很多，层层砖块逐渐外扩，四角形成内凹弧线，檐口保持水平直线，造型与相邻的永泰寺及法王寺中的大型佛塔有些相似。盖板上的塔顶较高，顶端的塔刹由层层圆盘组成。少林寺历代住持的墓塔均成排伫立在此处塔林中，十分壮观。同光禅师塔建成二十年后，即公元 791 年，法玩禅师的弟子也为他在此处修建了墓塔。法玩禅师同样也是大照的弟子，洛阳一座寺庙 ③ 的高僧，去世后被葬在此处。法玩禅师墓塔非常残破，而同光禅师墓塔虽然建造年代更为久远，却能保存得如此完好，这也说明它一定被修缮过。法玩禅师墓塔的平面也为正方形，塔身由砖砌成，共有四扇门，门框为矩形，有精美的石制门扇。虚门上还装饰了几排门钉，门环的造型为狮头。虚门上均有拱形壁龛，其中有马蹄铁形的窗格挡板和两只金翅鸟浮雕。壮观的盖板由层层叠叠的瓦片组成，上方的塔顶为阶梯状金字塔形。塔顶的上半部分形似铜钟，也可以说近似覆钵。钵是和尚们外出化缘用的容器，其实"覆钵"这个比喻更加形象，不仅外形相似，内在含义也相互关联。顶端的塔刹由若干圆盘组成，圆盘上有许多莲花装饰，还镶嵌了珍贵的珍珠。塔林中还有两座佛塔与法玩禅师墓塔十分相似，一座是建于 1121 年的普通佛

---

① 指少林寺塔林。——译者注
② 同光禅师塔位于河南登封少林寺东墙外约 50 米，现在并不在少林寺塔林范围内。——译者注
③ 唐朝东都洛阳敬爱寺。——译者注

塔，塔刹四角有山花蕉叶装饰，十分引人注目；另一座建于金代，宝塔基座上有藤蔓状的浮雕装饰，塔身上有一扇矩形的虚门，门的上方有拱形壁龛，其中镶嵌着精美的花格挡板。第五座佛塔建于宋朝末年（13世纪）。它更像是嵌有小型宝函的柱式佛塔，以一扇虚门为标志，塔顶结构精美的斗拱和飞檐具有强烈的宋代特色。

经过工匠们的辛勤劳作，单门单顶式佛塔通常形态优美，还装饰着丰富的雕像。虽然方形天宁式宝塔流传更广，但单门单顶式佛塔的历史要比它久远得多。比如北京西南方向的房山中，人们早在公元712年和公元740年就建造了一些单门单顶式宝塔。《中国佛教史迹》中提到了此类宝塔中最优秀的一些案例——著名寺庙云居寺中的两座佛龛式石塔。它们建造于唐代，历史并不算久远。云居寺中有大大小小众多宝塔，全都有详细的记录。从外观上来看，其中一些较大的宝塔的历史应当比周边那些小型的方形天宁式宝塔更久远。在高僧静琬的墓塔[①]旁边有一座小型唐塔，塔身中有一间内室，开口处装饰有矩形图案，其中没有雕像，与云居寺的其他小塔风格相仿。人们仿照屋瓦的样式，在单层的盖板上雕刻了花纹。分段式的塔刹原本立于另一座佛塔上，后来才被移至此处。唐塔的底部是圆形的露盘，上面刻有花纹。一座建于公元898年的大型佛龛式宝塔是围绕着北塔的附属宝塔之一，就坐落在距寺庙不远处的主平台上，塔身平坦，造型精妙。塔身上有长方形的开口，通向内部的佛龛。开口外侧有两座守护神的雕像，上方有尖拱，十分精致。塔身之上是向外挑出许多的飞檐，线条流畅。再向上由露盘和宝珠组成的塔刹，使整座宝塔显得更加灵动。露盘向上翘起的尖角让人联想到古老的山花蕉叶，中央还有一束藤蔓作为装饰，引人注目，像是真正的菩萨冠冕，又与切割过的耀眼的珍珠颇为相似。

---

① 指琬公塔。——译者注

图 426 河南少林寺的法玩禅师塔。建于公元 791 年。泽村拍摄。

图 427 河南少林寺的佛塔。建于 1168 年。泽村拍摄。

图 428 河南少林的同光禅师塔。建于公元 771 年。见于《中国佛教史迹》。

图 429 直隶房山云居寺的佛塔。建于公元 898 年。见于《中国佛教史迹》。

图 430 山西侯马镇的墓塔。建于 1720 年左右，由砖砌成。伯施曼绘制。

图 431 山西介休县的一座龛式宝塔。由砖砌成，建于 1700 年左右。伯施曼绘制。

图 432 北京附近的一座佛龛式陵墓。基座平台和外墙都由石块砌成，佛龛被半圆形龙墙包围，建于近代。赫洛德拍摄。

图 433 河南宝山灵泉寺内的玄林塔。建于公元 749 年。见于《中国佛教史迹》。

图 434 河南宝山灵泉寺内的灵裕塔。建于 1094 年。见于《中国佛教史迹》。

图435 山东灵岩寺内为纪念慧崇而建的石制佛堂。平面为正方形，边长4.5米，建于公元760年左右。伯施曼拍摄。

通过研究越来越多的案例，人们建造佛龛式宝塔的意义也就变得越发清晰。这类造型简单、上有塔顶、内有墓室的建筑形式不仅仅属于佛教，在中国的传统建筑文化中也有类似的形式出现，比如北京一座十分现代的龛式墓塔就与道教世界有关。这座石制建筑坐落在宽阔的方形大理石平台上，平台表面有着丰富的装饰物。佛龛的造型具有传统的中式风格，平面为正方形，塔身四角的角柱上和上方的楣梁上均有雕像。塔身正面的墙面被划分为四扇虚门，同样也由石板制成，门上图案丰富。塔顶具有清代风格，屋脊向上拱起，造型十分有力，塔顶最顶端冠有一颗巨大的宝珠。在墓塔的后方有一面弧形的围墙，面向北方，顶部起伏的形态像一条龙。宝塔正前方的中轴线上还铺有一条神圣的小径。在这片建筑群中，佛教和道教元素相互融合，成为一体。这也是人们从很久以前就在尝试做的事情，即让两者互相影响。

另一方面，人们建造佛教宝塔的计划仍在延续，但在山西和陕西的一些墓葬建筑和寺庙中却逐渐和中国古老的文化融合在一起，我在那儿发现了许多案例。它们通常出现在陕西西部以及甘肃，不论是从地理位置还是历史进程来看，它们都将佛教建筑与中国古代建筑形式紧紧联系在一起，其中有两个案例可以很好地证明这一点。山西南部的侯马镇有一座墓塔，是为康熙年间的一位总督建造的，他祖籍就在这里，去世的时间大约是 1720 年。这座宝塔由砖砌成，基座高大，结构精美，装饰丰富。基座上方的塔身为立方体，边长为 4 米，每一面墙都通过竖向线条划分为三块，上面饰有铭文。斗拱上方的檐口呈弧形，帐篷式样的屋顶由砖砌成，塔刹是一个带有小球的正方体构件。人们将此类正方体的建筑物称之为方坟，以便和常见的圆形或长方形陵墓区分。与方坟相对应的地上建筑是方塔，即正方形的墓塔或纪念塔，僧人往往就被葬于宝塔内室中。这种罕见的佛龛形式和宝塔结合在一起，就形成了佛龛式的宝塔。比如山西南部介休县的另一座建筑物，历史尚不长，由砖砌成，似乎是为供奉魁星而建。它伫立于一座高台上，建筑主体简洁美观，整体造型具有佛堂式宝塔的影子，八边形柱状塔刹分为两层，直接复制了宝塔的样式，使整座建筑物更具佛教风格。在佛教与中国古代文化相互融合的过程中，它们互相借鉴了对方的墓葬和寺庙的建筑形式。

人们在宝塔的基座上设置双重檐又将宝塔这种建筑形式向前推进了一大步。"双重檐"是中国建筑艺术中一个古老的元素，而在佛教艺术中，出于对韵律感和象征性的需求，逐渐发展出了四重甚至多重檐的形式，天宁式宝塔的密檐形式也由此而来。在天宁式宝塔中，往往下方一层的佛堂最为重要，它的上方是高耸的多层塔身。中国北方有许多这样的案例，佛堂之上的塔身外面排列着一圈圈简洁的飞檐。

之前的文字中已详细介绍过山东灵岩寺的历史以及其中的宝塔，不过寺中还有一片宽阔、壮观的墓园，精美的墓塔和纪念塔林立其中。有两座墓塔十分相似，特别是它们的重檐和塔刹。有一座为慧崇墓塔，高僧慧崇在公元 742—756 年间组织扩建灵岩寺，并修建了寺中的宝塔。在他去世后不久，即公元 760 年左右，那座宝塔才建成。他的这座墓塔的平面为正方形，边长 4.5 米，由不同尺寸的石块垒砌而成，因此也得名"连石堂"。与附近神通寺中的四门塔类似，此塔也通过四扇门将内外空间相连。门框为矩形，门上有拱形壁龛，其中的栏板上装饰着精细的雕刻。塔身中央没有支柱，内部空间开阔。塔身盖板由层层石板堆叠而成，逐层向外扩大，最终支撑住塔顶。两重屋顶则从上方一层向外挑出许多的石板开始，双层屋顶逐渐向上收拢，形似被削去顶端的四面金字塔。时至今日，这些石板上的痕迹已无法辨认了，墓塔的顶上已堆满了小石块，这都是虔诚的香客和僧侣路过此地时当作"贡品"扔上去的。人们有一种神奇的古老信仰，认为万物有灵。就像山谷入口处和山东其他地方的许多石柱一样，慧崇墓塔也成了万物有灵论的载体之一。和云居寺的宝塔类似，慧崇墓塔的塔刹下方是一个露盘，它就像是一个装饰精美的花冠，四角和中心的设计尤其精致，塔刹的顶端是一颗宝珠。这座佛塔是为纪念慧崇而建，内部曾经有一座他的塑像。如今，这里是火化灵岩寺中去世的方丈与高僧的地方。塔身内部有柴堆的灰烬，外墙也被门洞中扩散出的浓烟熏黑，这都说明了这一事实。即便整个火化过程不全都是在塔中完成的，塔中也一定焚烧过僧人的部分遗骨，这是为了让逝者、弟子、后人的灵魂在去世后仍能得到师祖的庇佑，所以这座宝塔也紧邻墓园而建。

在灵岩寺的同一片塔林中，还有一座法定塔，离慧崇墓塔不远。法定是北魏高僧，公元 519 年在此建寺弘法。不过法定塔的历史比灵岩寺晚得多，大概建于公元 800 年左右，总之一定是在慧崇墓塔之后建成的。两座塔的布局、结构虽然相似，却是由不同材料建造而成。法定塔的塔身由砖块砌成，高大的基座和平台则由石块垒成。如今塔内供有法定和慧崇的两尊塑像，人们将慧崇墓塔用作火化之地后就将慧崇像移来此处了。与慧崇墓塔不同，法定塔是一座纯粹的纪念塔。尽管人们没有完全仿照法定塔的形式建造玄林塔，但位于河南彰德府安阳县宝山灵泉寺中的这座宝塔还是与其有很多共同点。玄林塔建于唐代。塔身上开有拱形门洞，佛龛内供奉着高僧的塑像。塔身之上的两重檐口都向外挑出很多，它们由水平的砖层堆叠而成，四角下方的弧线很明显。下方屋檐的边缘呈阶梯状，上方屋檐的边缘则很平滑。塔刹由两个稍大的圆盘、露盘、宝珠和纤细的塔尖组成。灵裕的龛式墓塔也位于同一座寺庙中，它与玄林塔结构相似，不过建造时间要晚三百五十年，具有宋代风格。灵裕是隋代高僧，去世于公元605年，早在公元632年，历史文献中就已经出现了关于其陵墓的记载。灵裕墓塔伫立于北部的一处山谷中，周围被众多的墓塔包围，不过它是这里最大的一座。根据记录，这座墓塔建造于1004年，也被称作灰身塔，塔内供奉着灵裕的舍利。这座宝塔的塔顶由砖块堆砌而成，四角结构繁复。塔顶的上半部分为鼓起的瓮形，还带有莲花瓣和多重相轮。佛龛内部有一石质宝函，形似宝塔，舍利就安放于其中。佛龛的左右两侧各立有石碑，上面刻有灵裕的事迹。塔身的其他几面墙上均设有虚窗，可能还有一扇门。"这是宝山特有的墓塔形式，在其他地区很难见到。这里的佛龛与其他地区的尺寸有所不同。有些佛龛有匾额，有些没有，佛龛中摆放着石质内塔，这与其他地方别无二致。正是灵裕自己，提出了这种建造僧人墓室的方式。"这段详细的记录摘抄自《中国佛教史迹》。

宝山上的这两座佛龛式宝塔在外形上已与大型佛塔十分相近了，从其他角度来说，它们比其他宝塔建成的时间要早很多，特别是方形平面的天宁式宝塔，它们正是从方形的佛龛式宝塔演变而来。下文中将介绍多边形平面的佛龛式宝塔，它们有可能是八边形平面的天宁式宝塔的前身，或至少处在平行的时间线上。

多边形平面

我们需要再次将视线投向江西庐山，这里的一处古迹历史悠久，它的外形正是多边形佛龛式宝塔的前身之一，值得一提。这里所说的是圆通寺墓地中的一座六边形单层石制建筑物，即宋代高僧居讷的陵墓。这座陵墓建筑全部由石块垒砌而成，建筑主体的角柱十分粗壮，墙面上有装饰性的横梁，斗拱尺寸较大，向内、向外均挑出许多，屋顶部分由椽木、盖板和装饰性的顶冠组成。外墙开有门洞，上方有扁平的三叶草式拱形图案，墙上也有窗洞，上面有窗格，门窗连通着这座建筑物的内外空间。这种建筑形式和其他任何已知的案例都大不相同，就我目前所知，没有与之相似的建筑物。唯一能在建筑结构上觅得一丝联系的，是山东孝堂山附近肥城县的一些建筑物。它们有拱顶，虽由石材建造而成，却完美地复刻了木结构建筑的细节。圆通寺的这座陵墓建筑可以说是独一无二的，所以某些石制宝塔的造型必然是由此演变而来。《中国佛教史迹》中的一些照片展示了很多精美的细节。墓室中的一处地穴已被毁坏，残片散落在四周。

还有两个清晰的案例可以说明陵墓建筑是如何演变成砖制宝塔的。这两座石制墓塔位于四川昭化县北部山丘上的墓园中。其中一座平面为六边形，高 2.8 米，共两层，塔上有一块匾额，上书"白骨塔"三个字。另一座平面为八边形，共三层。宝塔逐层向内缩进，每层之间由飞檐及向上挑起的檐角进行了清晰地分隔。塔身上的门洞表明，塔内有供奉舍利和进香的空间。形态敦实的宝塔顶部冠有巨大的椭球状塔刹，尽管如此，也不能说明它们与四川地区轻巧玲珑的建筑风格截然不同。它们建成的年代较晚，大约在 1750 年左右。

如果说这两座宝塔已经体现出了多边形墓塔的造型特征，那还有一个历史更为悠久的杰出案例值得一提。它是一座砖制宝塔，与大型天宁式宝塔有着紧密的联系。净藏禅师墓塔位于河南嵩山的会善寺，平面为八边形，其历史可追溯到公元 746 年，当时正值唐朝繁荣时期。从外观上看，这座宝塔显然可以分为基座、塔身和塔刹三个部分，已经和大型宝塔的结构很相似了。作为佛龛式宝塔的前身，这座墓塔的造型比较简单，至于它的前身是哪一座建筑物，我们暂时还无法溯源。净藏禅师塔的基座已经严重风化，上面的图案已经无法辨认了。塔基高度为 1.6 米，塔身主体高 1.3 米，边长为 1.4 米。整座建筑的总高度大约为 6 米。整座宝塔中最气派的部分就是塔身，塔身各角均有一根浮雕柱，柱头分为两层，柱上部用阑额连接。墙面立柱略有弧度，这是唐代建筑的一大特征，柱头之上也有斗拱，所有的构件上都有浮雕装饰。塔身正面有一壁龛，又高又深，它代表了进入宝塔内部的主入口，只不过内侧被封砌了起来，龛中放置了一尊雕像。塔身的两个侧面也有虚门浮雕，门上有门钉；背

面的墙上有一块匾额；几个斜面有虚窗，窗户上有杆状装饰物。门窗外侧的独特方
形外框造型极具张力，窗户下有窗台。塔身上方是两重巨大的八边形塔檐，它们由
砖块层层垒叠而成，向外挑出许多，与著名的方形佛龛式墓塔的塔顶形式类似。两
重塔顶间有一低矮夹层，塔顶上有一圆锥形塔刹，顶端为莲花座，花瓣由赤陶制成，
花中有一颗火焰宝珠。

图 436 四川昭化县的石制墓塔。共两层，高 2.8 米，建于 1750 年左右。伯施曼绘制。

　　这座宝塔通过它的外观设计征服了我们，而埋葬其中的高僧和确切的建造年代更使其意义深远。《中国佛教史迹》中记录了这样一段历史：根据佛堂背后的铭文记载，净藏禅师先拜慧安为师，后又成为禅宗六祖慧能的弟子。后来他来到洛阳，入住嵩山会善寺在那里的分寺。他去世于公元 746 年，随后人们迅速为他建造了墓塔，并将其葬于其中。净藏是禅宗的七祖，排在始祖菩提达摩、二祖慧可、三祖僧璨、四祖道信、五祖弘忍、六祖慧能之后。

　　通过塔身门窗的造型，人们一眼便能发现舍利宝函的位置。自北魏起，这就是大型天宁式宝塔中重要的元素。一系列宝塔，包括许多小型的天宁式宝塔，都与较大的宝塔之间有着千丝万缕的联系，也会被统一研究。类似方形的佛龛式墓塔，道教世界中一些较新的墓塔也同样有虚门、圣堂这些元素，只不过都按照纯粹的中国古代风格打造。现代的墓葬建筑中也有一个著名的案例，即北京白云观的陵墓。它展示了人们如何将亭子的木质结构转变为砖砌结构。人们虽然仿照佛教墓塔和大型的天宁式宝塔建造了这座墓塔，但是与它们相比，这座墓塔的基座低矮，塔身主体十分纤细。细长的角柱中间有一扇拱形的虚门，上方有匾额。双重塔顶上有一颗宝珠，颇具中式风情。这两种宗教的墓葬建筑风格相互渗透，在这个案例中，道教从佛教墓塔中汲取了部分元素。

图 437 江西庐山圆通寺内为居讷建造的佛堂式陵墓。建于宋代（1100年左右）。见于《中国佛教史迹》。

图 438 四川昭化县的石制墓塔。共三层，高约 4 米，建于 1750 年左右。伯施曼拍摄。

图 439 河南嵩山会善寺的净藏禅师墓塔。材质为砖及赤陶，外观为天宁式宝塔。高 6 米，
建于公元 746 年。伯施曼拍摄。

图 440 北京白云观塔林内的
一座道士墓塔。材质为砖及
赤陶，外形为天宁式宝塔，
高约 5 米，建于近代。参见
520 页,图 481。赫洛德拍摄。

图 441 河南会善寺的梅公塔。建于 1185 年。见于《中国佛教史迹》。

图 442　山东神通寺内的宝塔。参见 512 页，图 470。见于《中国佛教史迹》。

图 443　河南白马寺内的宝塔。建于 1731 年。伯施曼绘制。

2. 柱式宝塔

不论是正方形还是多边形平面的佛龛式宝塔，都倾向于通过增加塔身上的结构——即塔顶和塔刹来强调下方最重要的佛龛，并最终演变成大型天宁式宝塔的形式。对此类建筑来说，建造的重点始终是供奉舍利的佛龛。还有一类宝塔也有着相同的出发点，它们的尺寸稍小，同样也是从"容器"或"佛龛"的概念演变而来。它们不在平面上向外延伸，而是向高处发展，通常通过单个建筑元素的堆砌，最终形成塔柱的形态。这类柱式宝塔大小各异，由多种材料建成。它们往往很难让人联想到神圣的佛龛，但另一方面，它们的形态又让人联想到大型的佛塔。有时它们不只是一座单纯的墓葬建筑，而是整座墓园的主要标志，影响范围甚至能扩大至其他墓园中。

墓塔并非只是用来摆放逝者遗骨的地方。有时，逝者按照佛教仪式火化之后，会被埋葬在地下的墓穴中，墓塔则伫立在上面作为标志。在大多数情况下，逝者按照中国传统方式下葬，又不想背弃佛教信仰，便将棺材埋于坟包下，并在旁边树立一座墓塔。就这样，墓塔的性质逐渐演变成纪念塔，最终演变为保存佛教典籍的藏经塔或是藏经柱，从而成为纯粹的、供人祭拜的建筑物，在某些情况下则作为大型建筑物的附属建筑出现。此类柱式宝塔和中国古代的石碑很相似。刻有佛经的石柱算是名胜古迹中一个单独的种类，这类刻有佛经的石柱被称为经幢或石幢，它们散布在各地，形式从简单到复杂应有尽有。有些细节丰富的经幢已和宝塔的结构十分相似，在此我们就不再赘述它们之间的联系了。我们先从浙江杭州府附近的灵隐寺开始说起吧。西湖以西的灵隐寺又名云林寺，入口处有两座特别精美的经幢，寺庙中的两座具有重要意义的石制宝塔在前文中已经介绍过了。经幢由很多单独的构件组成，其中包括非常平坦的幢身，有时会再增加一些短节，用于记录更多的经文。

这两座经幢均为砖制，分为若干段，或为正方形，或为多边形。其中一座经幢的主体结构上甚至有虚门和壁龛，不过位于较高的位置，这样使得下方分段式的基座在经幢的整体结构中占据了主导地位。河南会善寺的戒坛院建于 1185 年，是举行僧人受戒仪式的场所，院中有一座梅公塔。宝塔的塔身上方有厚重的飞檐，塔刹部分有一个刻有浮雕的露盘，顶端冠有宝珠。神通寺塔林中也有众多案例，其中的

图 444　山西石壁山玄中寺塔林内的两座墓塔。平面皆为八边形，建于 1300 年左右。见于《中国佛教史迹》。

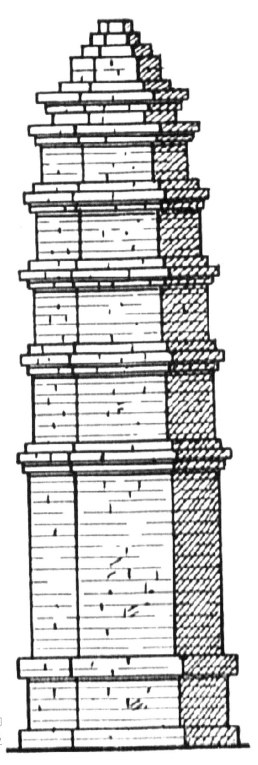

图 445 山东济南府龙洞旁的
佛塔。平面为八边形。伯施曼
绘制。

一座方形佛塔可能源于元代，塔身有三重檐，塔顶为金字塔形。白马寺中也有一座建于 1731 年的墓塔，其造型更像是常见的宝塔。它有五重檐，顶部冠有宝珠，下方塔身上设有虚门。不过虚门仅仅是作为建筑装饰保存了下来，供奉着舍利或是香火的内室已被移至上方。

图 446 山西万卦山天宁寺内的石制柱形佛塔。平面为八边形，建于公元 900—950 年。见于《中国佛教史迹》。

图 447 山西万卦山天宁寺内的石制柱形佛塔。平面为正方形，建于公元 900—950 年。见于《中国佛教史迹》。

图 448 直隶房山云
居寺内的石制静琬
墓塔（琬公塔）。高
5.5 米，建于公元
950 年左右。见于
《中国佛教史迹》。

　　早在山西天龙山中的石雕在隋代开凿之前，佛教在 5 世纪就已经传入了交城县西北方向的古圣山——石壁山中，两山相距并不远。那里寺庙众多，自然也有占地广阔且意义重大的墓地，其中有一部分陵墓的历史可溯源至唐代。大部分陵墓则来源于金代和元代，其中许多为砖制建筑物，平面多为正方形或八边形。玄中寺的两座八边形柱式墓塔可能建于元代。塔身主体引人注目，设置有壁龛。上方有着造型华丽的斗拱和飞檐，由赤陶制成，还装饰了浮雕，檐口也十分精致。再向上看，还有另外两段塔身，飞檐形式简洁，最顶端有形态生动的莲花瓣形塔刹。还有一类宝塔也很常见，比如济南府龙洞山谷附近的一座柱式佛塔，基座很高，却完全没有装饰，也成为一大标志性建筑。

　　另一类重要的柱式墓塔为石制佛塔。同样也是从"佛龛"或者"容器"这两个概念发源而来，但和砖制佛塔一样，它们也逐渐失去了这些特征，最终发展成为柱式墓塔。由于建造宝塔所使用的石材不同，所以建筑构件多种多样。这些构件的起源与含义各不相同，组合形式自然也十分丰富。

　　上文中提到的山西交城寺院中的一些宝塔案例已经清晰地融入了"佛龛"这一元素。万卦山天宁寺中的三座柱式佛塔大概建于唐宋之际，即公元 900—950 年。宝塔下方装饰有四个门形图案的浮雕，门旁立有人物雕像。其中方形佛塔四面的门洞两侧各立有一尊人物塑像。而另外两座八边形佛塔中的一座有着高大的立方体基座，它们的八边形塔身中的四个斜面之前也各立有一尊人物雕像。每一座墓塔的主体塔身上方都有若干段稍小的塔身，垒叠在一起，中间由飞檐分隔。正因如此，一眼看去，人们会感觉到这些宝塔像是分段式的立柱。在后来的一段时期，即金代和元代，两座主要寺庙墓园中的墓塔为八边形柱式结构，塔基和须弥座都十分庞大、坚固，塔顶由若干装饰精美的圆盘组成。它们大小不一，呈金字塔状排列。与之类似的是直隶房山县云居寺中的一座八边形柱式宝塔，建于公元 950 年左右，建筑结构更加清晰，异常精美。宝塔的双层基座底部较大，向上迅速收拢。塔身上方有三重檐，塔刹的构件依次为仰莲、露盘、方锥形相轮，以及一个被分为三部分的宝葫芦，总高 5.5 米。

　　中国各地的佛教塔林和陵墓群中有无数的墓塔，形式多种多样。在各类书籍中，特别是《中国佛教史迹》中，已经记载了许多这样的佛塔，我们在这里只能选择其

图 449 山东崂山山脉中的墓塔。建于近代。伯施曼拍摄。

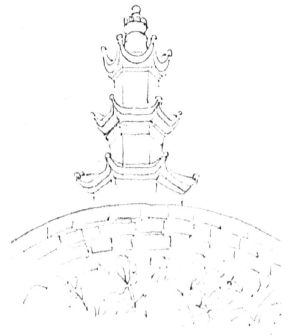

图 450 湖北宜昌府的墓塔。伯施曼绘制。

图 451 山东灵岩寺塔林中的宝塔。参见 495 页，图 454；513 页，图 471。梅尔彻斯拍摄。

图 452 北京的一座墓塔。伯施曼拍摄。

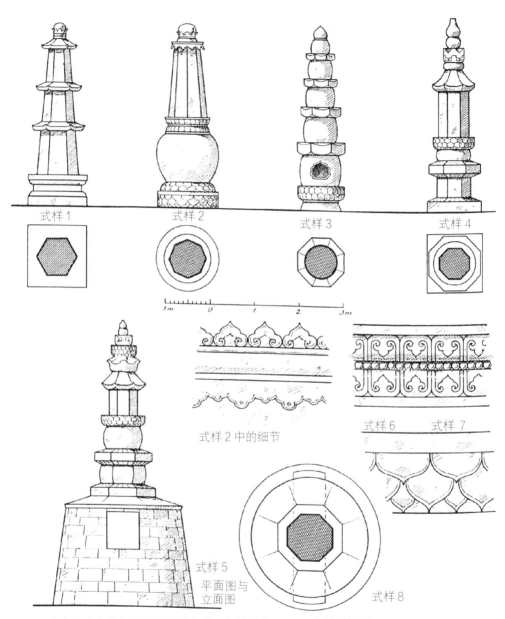

图 453 山东济南府南部的石制柱形宝塔。比例尺为 1∶75。伯施曼绘制。

中的几座进行详细的研究。几乎每一座塔的主体结构都是柱形或弧形的。主体上、下枋的一些元素通常交替出现，彼此堆叠，以致于人们几乎无法辨认它们原本所代表的象征意义或美学思想。基座和柱头上的束腰、圆鼓等构件元素总是重复出现，莲花瓣时常出现在须弥座或露盘构件中，冠板和柱脚上有凸起的角状装饰，顶盖通常向外挑出。宝塔上有丰富多彩的图案和人物装饰，侧面还有铭文匾额。塔刹往往由相轮、凸起的圆盘、顶端的圆珠、宝冠或者宝葫芦组成。这些元素看似毫无逻辑地拼凑在一起，但是每一座柱式佛塔都引人注目，充分展现了基座——塔身——精美的塔顶这一建筑结构。各类元素之间的连接与西方的巴洛克式风格十分相似。

这类宝塔总体的形状都是细长的柱式，作为佛教徒坟墓的标记，也被人们称为"刹"。"释家上立柱中藏舍利子亦曰刹"，据此，舍利也可以被藏在立柱中。从技术角度来看，这也是可行的，因为实心的立柱太重，不能被直接立在土丘上，而是需要特殊的基座。如果要将舍利放入柱式墓塔中，那就只能放在立柱空心的内腔中，或是在其下方砌起一间墓室。这间小墓室通常位于宝塔的基座内，墓室上方是柱式墓塔。

符合上文所述的案例并不多，北京附近的一座墓塔可以算一个，这座墓塔塔身简洁，上面雕有佛像；另一个例子在青岛崂山，山中一处坟丘旁新建了一座佛塔，塔身分为两段，塔刹精美华丽。在灵岩寺中也有一些墓塔，它们有着各种各样的构件，组合形式丰富，其中一些还是从古老、残破的宝塔中取来的。其中一座庞大的、方形平面的柱式佛塔上有着华丽的装饰，它的旁边有一根分段式的立柱，由圆形或多边形的构件垒叠在一起，它们的表面或平坦，或雕有浮雕，立柱的下半部分是瓮形的主体，引人注目。妙空在 1123 年建造的海会塔展现了柱式佛塔如何与正方形的基座连接在一起，基座上还开有洞口。与之相似的还有一座位于济南府的稍大一些的佛塔，它的编号为五，基座呈削平的圆锥形，上方有一根装饰丰富的立柱，组合在一起形同宝塔。同属一个系列的是济南府的一至四号佛塔，虽然它们尺寸较小，但是也能看出宝塔的样式，还让人不禁联想到宜昌的一座墓塔。普陀山的一些带有柱式佛塔的佛教墓葬群也已经很明显地展现出了它们与中国古代建筑之间的紧密联系。这一切已经说明，这一类柱式宝塔正朝着同一方向发展，并逐步演变成了经幢。

图 454 经幢与柱式宝塔。一号、二号为浙江杭州府灵隐寺中的经幢。七号为浙江宁波府天童寺七座宝塔中的一座，参见 421 页，图 392。九号参见 498 页，图 456。三号、四号、五号、六号位于山东灵岩寺内，参见 491 页，图 451；513 页，图 471。八号为海会塔，建于 1123 年。伯施曼绘制。

3. 由古冢和骨灰瓮发源而来的瓮式佛塔

　　作为柱式宝塔的一部分，一种圆形的构件被反复提及。它们主要起源于"瓮"这一形象。从古至今，在中国的各个地区，逝者的遗体都会以屈腿坐姿被暂时或永久地葬于瓮棺中。如果逝者是佛教徒，则在火化之后将其舍利放于瓮中。中式的坟丘也是圆形塔身的一个起源。然而，这些都不是影响宝塔形式发展的重要因素。对于瓮式佛塔来说，对其建筑结构影响最深远的是大型的喇嘛塔。先撇开建筑学方面的观点不谈，人们在墓塔中运用"瓮"这一形态的象征意义与佛教和道教中的观念是一致的。在两种宗教观念中，瓮都是一种中空的容器，其中供奉着舍利或是象征着最终圆满的某些事物。它像是一面镜子，照出了我们最真实的存在。人们从周边环境中汲取了大量的元素，它们代表着"聪慧"，代表着"虚无"，也代表着宗教思想中最高的"完美"境界。这些不同的画面并不互相矛盾，反而在这里形成了统一，相互融合在一起。佛教中的梦幻泡影、道家超凡的虚空世界、圆形的坟丘、一座佛堂、一个骨灰瓮、一颗宝珠，甚至是圆形的果实，比如甜瓜和葫芦，或是箍圈、钟、灯笼，所有这些最终都有着相同的象征意义——虚无，其中包含着最深刻的内容，也造成了最深远的影响。正是由于这些象征，人们才会逐渐在佛教地标、墓塔和宝塔中借鉴古冢和骨灰瓮的造型。

　　在中国，最常见的是圆形的坟墓，墓冢有时是拉长的圆锥形，有时是半球体或是非常高的圆台。不论是何种形状，它们都是直接从地面上用土堆起来的。不论是平民百姓还是达官贵人，如果想更讲究一些，便会在坟丘下方设置一些基础结构，比如平台、台阶或者基座。上方的坟丘会变成加高的半球体或是圆柱体，表面被砖石砌得严严实实。北京附近的一些案例也可以让人一眼就看出喇嘛教对坟丘的影响。福建有两组这样的佛教墓葬十分有名，均由石块砌成。福州的三座坟丘式墓塔伫立在一片陵墓群最上方的平台上，平台外围有栏杆和围墙，围墙边缘有一定的弧度，具有传统的中式风格。三座墓塔均有一个八边形的、装饰精美的基座，上方的圆丘形塔身被加高，正面均有佛龛。在福州鼓山的主要山道上，高僧无异元来禅师的三座墓塔伫立在同一个平台上，外围有马蹄铁形状的一圈围墙。三座墓塔的下方均有基座，中间那座佛塔塔身为山丘形，左右两侧的佛塔塔身形似甜瓜，上方为塔顶，顶上冠有宝珠。据说这几座佛塔中藏有相同的舍利、袈裟和饭钵。

如果说中式坟丘的简单造型并没有大范围地发展成宝塔的形式，那么墓葬建筑的另一个特殊类型——西亚风格的陵墓也是一样。我在山西和陕西看到了许多独特的案例，在甘肃它们一定更加常见。这几个省份不仅是沟通中亚和西亚的桥梁，也在建筑艺术方面连接了中国和中东，因为这里总是最先受到西方建筑风格的影响。兴建异国风格墓葬建筑的这一习俗几乎完全没有传播到中国的东部省份。从山西介休的墓葬建筑的外形来看，这些墓葬建筑高耸、纤细，最高可达 8 米，平面可以是圆形、正方形、多边形或者是混合形态，外部通常覆盖有砖或赤陶，与某种风水塔很相似，这类风水塔也只存在于这些地区。

太原府南部的晋祠是山西最重要的寺庙。其中一些古冢基座的底部为八边形，由下至上逐渐变圆，上面是较为扁平的锥体，顶上冠有宝珠。塔身主体的外轮廓通常向外凸起很多，还会有几圈飞檐和带状的雕刻装饰围绕，这些装饰、雕刻十分具有中东风情。人们可以通过一处废墟了解到这类墓塔的结构，塔芯由砖块垒叠而成，外部的砖墙则是砌筑的，彼此分离。无独有偶，陕西西安府附近有一些阶梯状的柱式墓塔与这些建筑很相似。塔身由大小各异的圆柱体组成，它们上下堆叠，逐层变小，外轮廓呈清晰的阶梯状。塔身上有飞檐和壁龛，最上方的塔身已十分纤细，顶端有一圆锥形塔尖。这一形态让人联想到大型的级塔，但它们绝不是级塔的前身。因为此类墓塔的平面均为圆形，圆形平面的宝塔无法建成巨大的尺寸，也无法设计十分华丽的结构。此时人们可能会联想到中东的圆形级塔，但它们更像是级塔发展出的分支，而不是起源。盖洛在他的《中国长城》一书中记录了两个更加贴切的案例，它们位于甘肃凉州府附近。这是两座相邻的圆形古冢，由砖块和灰浆砌成，高约 8 米。其中一座墓塔的塔身形态为截去顶端的光滑圆锥体，塔身上方为扁平的圆锥形塔顶；另一座墓塔塔基宽大，为层级式塔楼结构，共五层，层高较为低矮，每层之间由装饰精美的飞檐分隔，屋脊和塔刹由赤陶制成。在 1860—1870 年的一次回民起义中，人们将死者已经发白的遗骨埋在一起，随后在旁边建造墓塔，这样的墓塔被称为白骨塔。

图 455 福建福州府的圣山鼓山上的宝塔群。山坡上的三座石制墓塔，塔身形似小丘，下方为阶梯状平台。高延拍摄。

图 456 福建福州府的圣山鼓山上的宝塔群——一座塔身形似小丘的墓塔和两座瓜形塔身的墓塔，均为纪念无异元来禅师而建。伯施曼拍摄。

图 457 陕西西安府北部三原的阶
梯状柱式墓塔。一座高约 8 米，
一座高约 4 米，建于 1800 年左右。
伯施曼绘制。

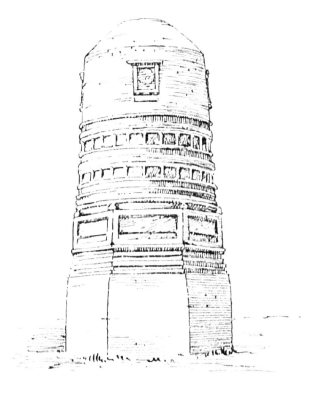

图 458 山西介休县的陵墓建筑。
由砖和赤陶建造，高约 6 米，建
于 1700 年左右。伯施曼绘制。

图 459 山西晋祠附近的墓塔。高约 6 米，可能建于 1700 年左右。伯施曼拍摄。

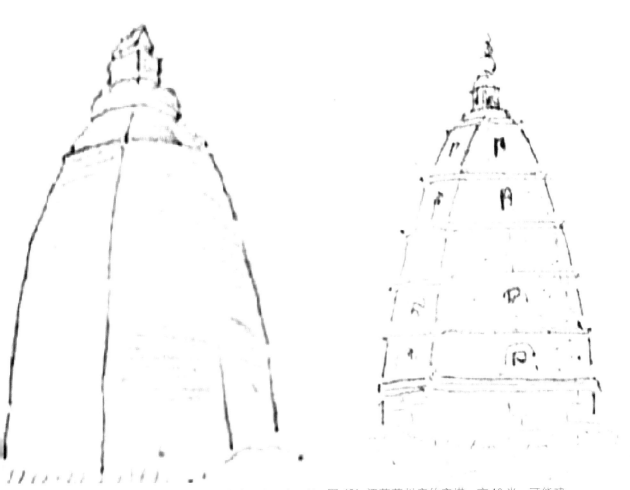

图 460 陕西潼关的宝塔。由砖砌成，高 8 米。伯施曼绘制。

图 461 江苏苏州府的宝塔。高 10 米，可能建于公元 980 年，后来经过修缮重建。伯施曼绘制。

还有一类古冢塔的外形为金字塔形，但棱角均为圆滑的弧面。其塔身强烈地向内凹陷，向上迅速收拢，顶端有一个佛龛式的小型塔刹，比如陕西潼关的一座八边形古冢塔，又或是江苏苏州的一座古冢塔，平面为正方形。苏州的这座古冢塔坐落在城市的西南角，不仅与早期的佛教有千丝万缕的联系，有些细节还表明其受到了西方建筑风格的影响。塔身为金字塔形，由石块垒砌而成，层层飞檐将塔身分为六个部分，每一部分塔身中都设有小型壁龛，中国人也称其为"塔"。这座古迹与苏州另一座墓塔可能有些关联，据《苏州县志》记载，它名为方塔。根据美魏茶的说法，这座塔建于公元 980 年，即宋太宗赵光义统治时期。据说此塔后来倒塌了，但是可能又被修缮重建了。不过古冢塔的建筑构件有着明显的墓冢造型，是无法演变成宝塔的形态的。只有后来的"瓮"这一形式可以运用在宝塔的造型中。

至于骨灰瓮是何时从一个可移动的物品转变为墓葬建筑结构中一个固定部件的，我们还无法确定。不过可以确定的是一个非常惊人的事实，著名的北京妙应寺白塔早在 1096 年就已建成，这座巨大的喇嘛塔十分壮观。而喇嘛塔被认为是瓮式墓塔经过演变发展而来的一种特殊形式，由此可得出结论，作为蓝本，小型的瓮式墓塔这一形式必然在更早之前就已经存在了，很有可能可以追溯至唐朝末年。不过，除去前文提到的主体塔身为圆形的柱式墓塔之外，我们已知的早期柱式墓塔还是以方形或多边形平面为主。

后来的瓮式佛塔和喇嘛塔的起源一定是瓮棺。之前已经提到过，人们将逝者的遗体放入较大的瓮棺中，或者只放入骨灰，再将其下葬。美魏茶写下了关于这样一场葬礼的文字。他在上海的北门外看见一座墓碑，碑上的文字写于 1839 年，墓碑的主人是一位颇有贡献的尼姑，她被安葬在一个有盖的陶质瓮棺中。人们在瓮棺的周围还建造了一座两层的墓塔，高 3 米。美魏茶详细描述了僧人下葬的几种方式，其中就包括瓮棺葬①。"受人尊敬的老和尚和老尼姑在去世之后会被安葬于瓮棺中。他们以坐姿下葬，双手合十，头垂至胸前，就好像正在祈求神灵的保佑。顶部的瓮盖会被合上并密封。人们会找到一处合适的地点，为逝者建造一座由砖和灰泥砌成

---

① 佛教中称这种形式为"坐缸"，是"坐化"和"缸葬"的合称。缸葬即为瓮棺葬。——译者注

的小塔。"这类宝塔并不一定都是瓮式墓塔，尤其是在中国中部和南部，人们很少建造这种形式的墓塔，喇嘛塔也很少见。

瓮棺葬不仅限于佛教徒。尤其是在中国南部，比如在福建和湖南，人们也会按照中国古代的习俗将逝者安葬于这样的瓮棺中。直至今日，中国仍有许多地方大量制造这类瓮棺，最大的通常可达 2 米高。湖南长沙府以南、清江旁的铜官窑将这类瓮棺作为商品大批量地烧制。它们被用于安葬僧人，高约 1.5 米，由两部分组成：一个向外鼓起的瓮体和带有圆形珠扣的圆盖。除了波浪纹样和花朵图案外，瓮棺表面还要画出一扇门，门被分为三个部分。门的周围有龙纹，象征着"龙门"，最中间的门洞是拱门，门上画有两个拉环。逝者穿过龙门，便"诸德圆满"。门的上方画有屋顶，图案一直延伸至瓮棺的圆盖上。屋顶被分为两部分，上面写有大大的"佛"字。圆盖上装饰有莲叶，莲叶环绕着一颗大宝珠。瓮棺往往使用优质的原材料制造，表面的装饰线条十分粗放，釉面有不同的颜色。

人们将瓮棺放置在基座上，在瓮棺的圆盖上树起一根分为若干段的长杆，这便是瓮式墓塔的基本结构。显然它的历史已经很久远了，但是最早有记录的此类墓塔只可追溯到元代。泽村在他的著作中提到了河南嵩山少林寺的三座石制墓塔，这些精美的古迹已经是经过演变后的形式，上部结构中均带有宽阔的罗伞。建于1311 年的还元墓塔的塔身主体并不是向外鼓起的圆瓮形，而是一个八边形棱柱式骨灰坛，下方有圆形基座，上方的塔顶形似亭子。塔顶上有项环和向外伸出的仰莲，项环上向外伸出八颗龙头。另一座庆公墓塔建于 1318 年，基座为三层须弥座，上方是向外鼓起的瓮形塔身，塔刹为高耸的四重相轮，刹顶有宽阔的圆盘，即罗伞。坦然和尚墓塔建于 14 世纪，它的结构与上一座墓塔非常相似，只不过基座为八边形，样式更加灵巧，瓮形塔身形态更加修长。五重相轮的顶端变尖，上方有伞盖，伞盖的四角各有山花蕉叶装饰。在这几座墓塔的圆形塔身上都装饰有两扇虚门，门扇上装饰有门钉和花窗，虚门顶部为拱券，拱券上还有精心制作的题字。浮雕中的"门"这一元素并不来源于瓮棺本身，而是借鉴了最早的佛龛或是舍利宝函的造型，然后运用在瓮形塔身上。门上的拱券和题字这些元素也是起源于魏晋南北朝和隋唐五代时期的古老佛堂中，这使得瓮形塔身和佛堂更加相似。由于瓮式墓塔模仿了虚门这一元素，人们可以得出这样的结论：瓮式墓塔的历史要比佛龛式墓塔的历史短得多。但是，我还是要在此重复说明，这种形式很早就已广为人知，北京北城中建于 1096 年的那座宏伟壮观的白塔就是最好的证明。

在泽村的同一本著作中，还介绍了位于少林寺同一片塔林中的另外三座瓮式墓塔。它们的建造时间比之前的三座墓塔晚二百五十年，大约是在明朝末年，也同样延续了砖砌这一建造方式。建造于 1561 年的墓塔中仍然保留了门和匾额这些元素，瓮形的主体上有一个高大的圆柱形结构，被分为很多层，这几乎已经不能算是相轮了。1565 年建造的墓塔上并没有出现门这一元素，它的瓮形主体上另有一个十分巨大的六边形多层结构。塔刹中的九轮（相轮的一部分）向外突出，十分显眼。建于 1572 年的另一座墓塔伫立于金字塔形的阶梯式基座上，瓮形主体上有宽大的项环，上面是纤细的八重相轮，尺寸适中的华盖作为第九重覆盖在上面，最顶端有一颗宝珠。这些都属于标准的喇嘛塔形式，这种形式在人们建造大型宝塔的过程中不断地演变，被运用在小型墓塔中也有数百年的历史了。此类宝塔的造型始终和其他瓮式墓塔的造型同时存在，共同向前发展。

瓮棺和相轮的组合形似一个长颈大肚的花瓶。这一形状通常被欧洲人称为"瓶子"，它似乎起源于遥远的中东，不过最晚在唐代就已经成为中国瓷器常用的一种形状了，之后再也没有消失过。这种造型也被大规模地运用于山水之间的纪念性建筑物中。它们的轮廓往往令人印象深刻、感到惊奇，吸引着人们的视线，让人们忽视周围的一切风光和其他建筑。这一点与喇嘛教信徒所拥有的宗教激情极为吻合，最终瓮式墓塔也成了专属于他们的一种建筑形式，他们将这种宝塔传入中国，并推动其发展。瓮式墓塔展现出了喇嘛教中超凡思想的惊人张力，同时也是与之极其相符的一种建筑结构。泽村认为，正是这一新的宗教流派的传入才导致人们在少林寺中建造了这些瓮式墓塔。这当然是有可能的。无论如何，这种形式在元代已十分普遍，到了明代更是在中国北方广为传播，就算不信奉喇嘛教的人也会选择瓮式墓塔作为自己的墓碑。这得益于它极具张力的造型，自然而然地使其成为其他佛教徒广泛选择的一种墓葬形式。一些建造于明代的墓塔案例令人十分难忘，它们形似花瓶，颈部只有浅浅的环形凸起装饰，伫立于空旷的田野中。它们的外形、轮廓每每都能让人眼前一亮，尤其是当这类墓塔成对出现时，更是让人无法移目。山东胶州附近就有两座瓮式墓塔，塔身敦实，塔颈粗壮，高 6 米。它们在细节上略有不同，虽然塔颈、项环以及花瓶式塔身的外轮廓都不太一样，但总体十分相似，算是一对双子塔。在天津的一个村庄旁的墓地中，也有两座巨大的瓮式墓塔，高 12 米。根据现场遗留下来的痕迹来看，这里曾经还有第三座墓塔，它应该与其他两座外观相似，如果它能保留下来，必定能让整个塔群显得格外壮观。这些案例表明，花瓶状的塔身和精巧的顶部装饰结合在一起，直接转化成了壮观的建筑物。

　　瓮或花瓶的形式虽然在人们建造喇嘛塔的过程中始终不断出现，各个建筑构件如何连接在一起的方式却各有不同。在北京附近常见的一种方式是将圆形主体直接放置在高大的仿古基座上，基座上装饰着山花蕉叶，相轮上会有宽大的伞盖，顶端有一颗宝珠，整体立于一个宽阔的平台上。在北京平原上还分布着若干类似的墓塔，其中一些或聚集成组，或形成大型的墓地。

图 462　河南嵩山少林寺的瓮式石佛塔。为坦然和尚墓塔，建于 14 世纪。泽村拍摄。

图 463 河南嵩山少林寺的瓮式砖佛塔。建于 1561 年。泽村拍摄。

图 464 河南嵩山少林寺的瓮式砖佛塔。建于 1565 年。泽村拍摄。

图 465 湖南湘江的支流沩水河畔的铜官窑中由陶土烧制并上釉的普通的和装饰华丽的瓮棺。伯施曼拍摄。

图 466 湖南湘江的支流沩水河畔的铜官窑中由陶土烧制并上釉的、装饰华丽的瓮棺，高 1.5 米。伯施曼拍摄。

图 467 直隶天津府附近的两座巨型瓮式佛塔。第三座仅剩基座，仡立于村子旁边的墓地中。均由砖砌成，高 12 米，可能建于 18 世纪。马特修斯拍摄。

图 468 山东胶州府的两座瓮式砖佛塔。高 6 米，建于近代。齐格勒拍摄。

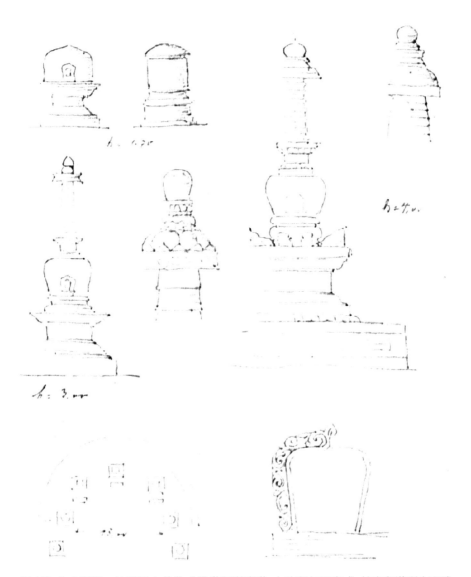

图 469 北京西部一处墓园中的瓮式佛塔和喇嘛塔。由砖和灰泥砌成，基座和塔刹为石雕，建于 19 世纪。伯施曼绘制。

4. 塔林

  在这里介绍的许多墓塔或纪念塔都出自大型的佛教墓园。正如中国古代的陵墓不会单独或零星成组设置一样，它们都是以小镇或者是更大的城市为单位大规模聚集在一起，从而形成真正的墓地。住持和僧人的陵墓也不会简单地散布在佛教寺庙周围，而是汇集在一起，形成塔林。在墓园茂密的松树和柏树中间散落着许多墓塔，就好像是走进了另一片神圣的森林，其中林立着众多石制的佛教象征物。不论这些塔林是开放式或是封闭式，它们通常都位于寺庙附近开阔的自然景观中，有些在平原，有些在山谷，还有一些在梯田、山峰或者山坡上。通常塔林外围会有一圈围墙，内部除了墓塔之外还会有其他的建筑古迹，比如露天或是室内的碑刻、经幢，甚至是更高的宝塔。而中国古代的一些元素在塔林中是很少见的，比如小桥、流水、牌楼、大型的碑刻、供桌或各类祭祀用品。每一片塔林往往都会选择统一的墓塔形式，不过有些塔林中的墓塔却风格各异，但一般来说都是按区域划分的。封闭式的塔林中会出现龛式、柱式、覆钵式、碑式或是天宁式墓塔。即使在僧人去世之后，他们所拥有的团结、和平这些特征仍很明显，墓塔以统一的形式将这一点表现得淋漓尽致。往往一片塔林中会有上百座墓塔，在大一些的佛教圣地也会有更多的墓地，大量的佛教墓塔聚集在一起，整体上是十分壮观的。

  最壮观的案例之一就在山西五台山，五台山是四大佛教圣山之一。山中有 70 座寺庙，其中的一些有自己的墓园，还有一些寺庙共用一些宽敞的墓地。这些墓园通常都被设置在山坡上，远远就能看到，以凸显山地景观的壮阔。五台山中最重要的寺庙菩萨顶是文殊菩萨的道场，照片中只展示了塔林的一部分。而《中国佛教史迹》中有一张俯瞰全景的照片，展示了这些塔林是如何林立于山坡上的。塔林中有两种形式的墓塔成组交替出现，一种是纯粹的瓮式佛塔，一种是低矮的方形柱式佛塔，顶端有着扁平的金字塔形塔刹。璞科第对这片塔林所作的描述十分精准："前山和中部的几座山峰由一道深深的峡谷分隔开，山谷中流淌着湍急的溪流，五台山所有寺庙中最重要的一座就位于这座前山上。在峡谷的另一边是一片占地广阔的墓地，葬于此处的多是附近寺庙的喇嘛们。一些最慷慨的香客也被葬在这里，对于虔诚的佛教徒来说，能被葬在五台山是一件极其特殊、幸运的事，甚至有些信徒会将逝者的遗体从遥远的国家运至五台山下葬。当然，这涉及很多手续。如果想要将逝者遗体下葬，必须得到皇帝的许可。不过，这种情况极其少见，因为这种葬礼确实不便宜。更普遍的形式还是将遗体火化之后再下葬，这样费用自然会低很多。五台山的整片山脉中到处都是墓地，有些从很远处就可以看到，其中有的立有高耸的佛塔作为标志，有一些宝塔的外形十分精美、独特。由于这里仅仅埋葬了逝者火化后的骨灰、舍利，所以每座坟墓的占地面积都很小，墓碑紧挨在一起。这些墓碑的风格统一，是五台山墓园的一大特色。"这一段记录是由格林威德（Grünwedel）翻译的。

同一片墓地中有大量的古迹，它们必然建于不同的年代。不过这些古迹的风格十分相似，这证明了宗教和艺术在不断向前的进程中并没有肆意发展。从所有案例中都可以看出这一点，尤其是在北部的那些省份——山东、山西、陕西、直隶和河南。那里山峦壮丽，山中的土地却不太肥沃。与中国中部和南部相比，北部自成一体的建筑群，包括墓园，都设计得十分壮观。比如说，同一片塔林中的所有墓塔都有着同样的外观，这也算是一种震撼人心的景象。这种景象的历史已然很久远了，比少林寺、宝山和房山中最早建于唐代的古迹还要早。山东神通寺四门塔对面的塔林中有若干座独特的四方形佛塔，它们极有可能建造于北魏年间，均值得我们仔细研究。其中的许多龛式佛塔塔身有多层，呈阶梯状向上收拢，外形逐渐向级塔（比如说天宁塔）转变。实际上在许多情况下，它们的造型已经和天宁式宝塔十分相似了，并且后期的许多宝塔案例已经带有斗拱和飞檐装饰。在神通寺中也可以看到一些瓮式佛塔，它们形态各异，历史也不算悠久。这类墓塔也大量存在于灵岩寺的塔林中，它们决定着整片塔林给人留下的第一印象，塔林中只零星分布着几座柱式宝塔。

说起北部省份的其他佛教墓地，人们可能最先联想到的会是嵩山中的墓地，在前文中我们已经介绍了少林寺、永泰寺和法王寺中单独的一些墓塔。再远一点，我们可能会想到西安府周边的墓地。西安在唐朝时是重要的佛教中心，如今我在这座城市的南部看到了大片的塔林，就位于两座雁塔 [①] 附近。西安南部山区中，特别是

---

① 指西安的大雁塔和小雁塔。——译者注

兴教寺内的一些建于唐宋时期的墓塔，我们在前文中已经论述过了。

除了前文提到过的五台山上的建筑群外，山西太原府还有一些众所周知的、具有重要意义的墓地。交城位于太原府的西南部，紧靠交通要道。万卦山位于交城西北部的山区中，山上天宁寺内的唐代柱式佛塔我们在前文中也已经介绍过了。石壁山上的

图 470 山东神通寺墓地中的龛式、柱式以及天宁式石制墓塔。建于魏晋南北朝和隋唐五代时期。
参见 358 页，图 319；483 页，图 442。梅尔彻斯拍摄。

图 471 山东灵岩寺内的墓地。主要为坛式和柱式石制墓塔，始建于唐宋时期。参见 153 页，图 139；491 页，图 451；495 页，图 454。伯施曼拍摄。

图 472 山西交城县万卦山天宁寺墓地中冠有金字塔形塔刹的石制墓塔。始建于 13 世纪。参见 485 页，图 444。见于《中国佛教史迹》。

图 473 山西五台山菩萨顶的墓地。两种形式的墓塔混合在一起，一种为龛柱式，另一种为纯喇嘛式。均由砖砌成，始建于明代，即 16 世纪，最新的墓塔建于近代。伯施曼拍摄。

图 474 南十方院中的宝塔、墓碑和佛塔。

图 475 墓地中 35 座瓮式佛塔中的一部分。

图 476 山西太原府南十方院（参见 516–517 页，图 474—476）和北十方院（参见图 477）两座寺庙的墓地。图中是黄土高原上常见的小屋，屋中有石碑，旁边有宝塔。参见 164 页，图 148。伯施曼拍摄。

图 477 北十方院七位住持的墓塔。

玄中寺内也有一大片塔林，其中最早的一些柱式佛塔建于金代和元代，即 13—14 世纪，自那时起它们就一直屹立于山谷中或山坡上。由于常年有岩石滑落，塔林中的一部分墓塔已经快被掩埋了。数十座佛塔聚拢在一起，有着同样引人注目的外形，赋予了整片山坡独特的宗教色彩。它们通常单独或成对出现，须弥座上的塔身为柱形，塔顶由层层叠叠的圆盘组成，宝塔总体呈圆锥形，塔身上有着丰富的雕刻。位于同一片墓地的柱式砖墓塔也是如此，前文中已经阐述过此类佛塔的标准外形，不过这里的柱式佛塔在此基础上，又结合了纤细的石制柱式佛塔的特征，塔身上带有飞檐。

　　太原府附近有两座庞大的寺院，保存至今。它们应当建于明朝末期，即 1580 年左右。这一时间是我们通过寺庙中一些宽敞的拱顶式大殿的特征判断出来的，它们让人过目难忘。两座寺院塔林中的独特瓮式砖佛塔应当也是建造于那个时期。其中一些较早期的案例底部为高高的八边形基座，上面是圆圆的、鼓起的花瓶形塔身，上方为阶梯状塔顶，塔顶有三重较宽的飞檐，塔刹由黄色或者灰色的釉面圆顶、宝盖和宝珠组成。在后期的案例中，塔顶和塔尖都变得更加纤细，宝塔的形态更类似于长颈花瓶，在圆形的塔身中藏有小型碑刻。南十方院位于太原府以南约 6 公里处。"十方"是指佛教中水平的八个主要和次要方向，以及上天、下地这两极①。多宝佛为五如来之一，在十方世界中作为影响广泛的象征形象出现，出现时会化身为七尊佛。紧挨着寺庙的是其附属的墓地，就坐落在峡谷旁的黄土坡上，整体恰似一幅风景画。塔林中大约有 35 座坛式宝塔。根据中国古代的习俗，有些宝塔前摆放了供桌和可供休息的石凳，顶端为半圆形或四边形的墓碑散布在其周围，还有一部分被设置在小屋中。在某一处，伫立着一座简朴的六边形宝塔，共五级，形态纤细，比周围的墓碑都要高出一些，也为整片墓园带来了好的风水。当瓮式墓塔紧紧排列在一起，同时又和周围庄重、封闭的环境形成鲜明的对比时，人们才能感受到瓮式墓塔奇特的外形带来的玄妙效果。为了与南十方院在地理位置和宗教上相呼应，城市北边还有一座北十方院。寺院的墓地就在一片开阔的平地上，外围有一圈低矮的围墙，墙上设置了大门，7 座坛式宝塔和大量的墓碑呈对称状立在墓园中。数字"7"

---

① 十方是一种佛教用语，佛教原指十大方向，即上天、下地、东、西、南、北、生门、死位、过去、未来。——译者注

图 478 西山戒台寺墓地中的天宁式宝塔群。建于 1650 年左右，冯·韦斯特哈根拍摄。

图 479 西山戒台寺墓地中的喇嘛式宝塔群。建于 1650 年左右。冯·韦斯特哈根拍摄。

图 480 北京通州墓地中的天宁式和喇嘛式墓塔。建于 1800 年左右。伯施曼拍摄。

图 481 北京白云观中的十座佛龛式墓塔。建于近代。参见 481 页，图 440。赫洛德拍摄。

图 482 山西太原府南十方院中的塔林。

可能与多宝佛和他的 7 个化身有关，后来在某些情况下，人们认为寺院的 7 位住持就是这 7 个化身。

　　北京周边的墓地中的墓塔同样大都类似。例如，在西山的戒台寺附近有一组大小不等的瓮式墓塔和一组天宁式宝塔，它们可能建于 1640 年左右，所有宝塔结构一致，都由塔基、须弥座、圣堂、塔身、露盘和宝珠组成。而周围的其他塔林通常建于 18 世纪，其中瓮式墓塔和方形天宁式墓塔交替出现。北京东部通州的一处墓地中，在开阔的场地中有着众多中式传统陵墓，旁边则林立着这两种类型的墓塔，其中正方形的天宁式石塔仿照北京五塔寺和碧云寺中庞大的金刚宝座塔而建。北京东部的日坛附近的一片墓地中也有同样的组合，这里的墓塔建于乾隆末年，外形雅致。还有一个案例可以证明，在道教的墓葬文化中也出现了多边形双重檐龛式墓塔。在紧贴北京西城墙的白云观的墓地中，除了最气派的那座古迹，还有十座八边形墓塔，正面有刻字，上面是简洁的中式亭子顶。道教世界中融入了佛教思想。

前文已多次提到，对于一整片墓地来说，佛堂和较大型的宝塔就像是一整篇乐谱中的最后一个重音，它们往往也有着特殊的意义，比如说纪念堂、公共的墓室或是火化间。因为它们属于整片墓地中的服务性建筑，所以我也想在这一章节中介绍两个位于塔林之中的卓越案例。在佛教圣地普陀山上，陵墓分布在岛上的各个角落，山谷中、山坡上或是山顶上，举目皆是。因为墓塔通常都紧密地排列在一起，人们也就将那些地方统称作墓地。墓塔的主人不仅是方丈和僧人，也有信众和受人尊敬的俗家弟子。在普陀山的一份写于 18 世纪的官方记载中，提到了35 位名人的墓塔，他们都与佛教、这处佛教圣地或岛上的某座寺庙有着紧密的关联。普陀山上大一些的寺院多有独立的火化场所，一般是小型的、开有门洞的砖砌建筑物。在《普陀山》一书中，我介绍了法雨寺中的这样一座建筑，同时还提到了附近的一处公墓，在这个墓室中埋葬了众多僧人的遗骨，墓室上有一座柱式宝塔。

在我的旅途的最西端——四川省境内，也有一个美丽的案例——雅州府金凤寺中的墓塔。金凤寺位于石龙山上，可向南远眺雅江 ① 和喜马拉雅山麓壮丽的景色。它代表的是中国西部的文化。整座寺庙，尤其是布满了各个院落的精美墓葬建筑，造型优美，风格细腻。在其中的一个院落中，一个露天的草棚下有一个石棺，形似一座小屋。而在另一个院子的角落里，石壁内隐藏着墓室，石壁则为精雕细刻的传统中式墓碑。寺庙中的制高点是美丽的花园中的那座墓塔，从大殿中、园内其他建筑内或是从任何角度欣赏其风光，都呈现出一幅崭新的迷人景象。墓塔的下部基座像是直接从岩石中生长出来的，向外突出很多，上边缘处有一回廊，连接着三个拱形门洞，回廊的外侧有栏杆。基座之上是纤细的三级塔身，每一级都是六边形棱柱体，形似灯笼，棱柱体上还有长条形的装饰镶边。三级塔身被细槽分隔开，每一级的高度逐渐降低。高耸的塔身之上有尖锥形塔刹，顶端有五重宝珠。这座墓塔的风格和五台山五座青铜塔其中的一座十分相似，毫无疑问它也属于喇嘛教。宝塔下方的结构分为回廊和细长的塔身两部分，这也让人联想到南京和北京皇家花园中的琉璃塔，它们的造型也同样受到喇嘛教的影响。下方基座内的香室，或是燃烧室也十分引人注目，它通

① 应指雅砻江，雅江是其在四川甘孜州雅江县河段的简称。——译者注

过三个门洞与回廊相连。一口竖井将烟引至高处，飘入保存舍利的一间内室中，这种结构与五台山的大型宝塔几乎相同。分段式的塔身看起来像是供奉舍利的佛龛上的塔刹。这一切都让人印象深刻，所以我特意在日记中写下了下面的文字：

金凤寺的这座宝塔高 20 米，在树木的遮挡下若隐若现，伫立于山上，俯瞰着美丽的庭院和陵墓，享受着雅致的园林艺术。庭院的设计并不跳跃，有柔和的宁静感。亭台楼阁，移步换景；园林庭院，曲折回环，这是中国人创造出的最伟大的艺术之一。所有的一切几乎都隐藏在茂密的乔木和繁茂的灌木中。在一座位于高处的茅草屋中，人们的视线可以越过树冠，眺望雅江的平原和连绵不尽的山脉，这些山脉连接着神秘的西藏。奇妙的金凤！雄伟的石龙！

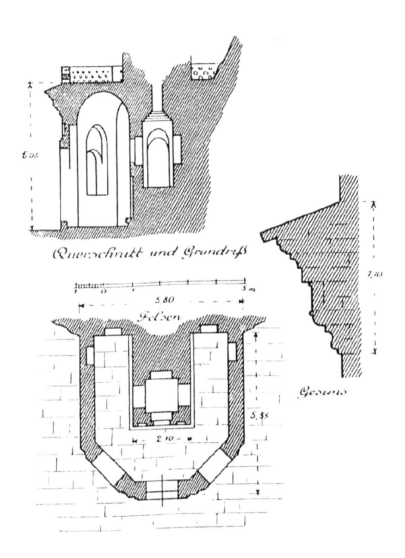

图 483 四川雅州府金凤寺墓塔香室的平面图与剖面图。墓塔由砖和灰泥砌成，香室上面还有三层塔身。高 20 米，建于 1700 年左右。伯施曼绘制。

图 484　四川雅州府金
凤寺墓旁花园中的宝
塔。伯施曼拍摄。

第三节 香塔

中国各地的山水中都有一个共同的特征,那就是常有露天的祭坛立于路边、空旷处、耕地中或农庄里,人们有时也会将它们和住宅、寺院和庙庵结合在一起。如同无数的建筑名胜、纪念碑、牌楼还有墓碑一样,这些祭坛使广阔的天地有了真实的气息和人情味,并为其赋予了宗教色彩。在后文中,我们将从每个类型中挑选出一些路边的祭坛进行介绍,它们的形态都和宝塔相似,或者直接呈现宝塔状。

即使想要在一个狭窄的空间中展现宏大神圣的内容,人们往往也只会略微增加建筑物的高度。实际上,这种类型的建筑物绝大多数都不高。后来,在大多数情况下,人们都希望通过个人或集体所拥有的财富来扩大宗教的影响,随之也就想到了增加建筑物高度这一方法和建造大型宝塔这一方式。由于宝塔所蕴含的宗教意义,它们的影响力可以覆盖目力所及的整个区域,甚至更远。"宝塔"和"影响广泛"这两个概念形成了某种关联,结果是显而易见的,人们将路边的祭坛也打造成了宝塔状。如果只看外观的话,有些简易的石碑也是宝塔状的,例如位于四川西部名山县的一个村庄——坝草村的柱式祭坛。这座柱式祭坛共三级,每级之间以飞檐分隔,柱身有两种不同的装饰——土地神和龙王。这座小巧可爱的纪念碑和旁边小小的石狮、经幢和牌楼均由砂岩制成,它们在木结构房屋的山墙旁边形成了一个整体,使整幅画面别具一格。在中国,路旁的祭坛古已有之,用于祭拜神仙,体现了人们相信万物有灵这一观念,还带有道教色彩。路旁的宝塔也与这一概念息息相关,百姓们认为,神灵应当供奉在更大、更高的空间中,以体现精神上的高度,比如说人们常建造高阁,供奉魁星。另一方面,路边的祭坛与香炉有着紧密的关联,起源可以追溯到中国传统中的神火概念,后来它们逐渐演变成宝塔形式,这就是香塔。有些简朴的香炉也会被打造成宝塔的形状,这些香炉不仅出现在佛教寺院中或大殿前,有时也立于道观或中国传统的神庙中,它们属于神圣的祭祀用具。有时所有的形式都被糅合在一起,有的建筑物中不仅有供奉神灵的神龛,还有香炉,同时又拥有宝塔的特征。

　　下文将提到的大多数宝塔式祭坛的案例都来自四川，其余的四个案例中有三个来自与之相邻的陕西南部，这绝非偶然。四川这个富足的西部省份拥有得天独厚的自然风光和丰富的人文资源，在各个方面都享有优越的条件，建筑形态多样，色彩丰富。人们从自然中汲取灵感，感悟宗教的意义，并通过简洁的艺术形式将其呈现出来。在这里随处可见各式各样令人赏心悦目的建筑。这里地貌宜人，有连绵的山脉，西藏地区巍峨的山脉也让人们始终保持清醒。得益于此，四川人民的创造力被不断激发，创作出了大量造型形似宝塔的路边祭坛，这种形式在别的省份中却没能广泛流传。当然，西藏地区的塔楼也影响了这里的建筑。

　　此类宝塔式的祭坛并非全部属于佛教，也有很大一部分属于道教。而它们为何大多出现在四川也有迹可循，这是因为那里古老的民间信仰与佛教有着特别紧密的联系。人们相信万物有灵，露天的宝塔式祭坛被用来向大地中的神灵表示敬意，而它们不仅仅只伫立于路边或是田野中，有时也会被人们放置在道观中。这类宝塔式祭坛的平面多为正方形或多边形，有时甚至会有相邻的两座宝塔分别供奉佛教和道教神灵的情况出现。我们先来介绍正方形的宝塔。四川北部的罗江县附近有一组祭坛，共五座宝塔，伫立于空旷的田野中，在平缓的山脚下，占据着整片风景的中心位置。一座五级的宝塔被簇拥在四座外形简朴的香塔之间。四座香塔均由基座、正方形的塔身和金字塔形的塔顶组成，中央的那座宝塔有着精致的飞檐和灵动的塔刹。塔中的壁龛被当作香炉或供奉神像的小佛龛使用。四川西部的灌县和雅州府之间也零星伫立着一些宝塔，有一些与琼州宝塔的外形很相似，尺寸不高，每一级塔身都呈阶梯式向内收缩。还有一些宝塔层数很多，但轮廓也呈非常明显的阶梯状，就像龙凤场镇的九级宝塔，塔前那根高高的长杆更加突显了它的笔直，顶端是铁制塔顶，下面有一盏灯。陕西的香塔往往显得更大，屋檐和塔顶看起来也十分厚重，这是因为人们使用砖块作为建材的缘故。在陕西，砖块常被人们用作屋顶的建材；而在四川，人们则大量使用石材作为建筑材料，特别是红色盆地①盛产的红砂岩。在汉中府以西、汉江北岸、勉县以东不远处有一座四边形的魁星楼，上层通透，像是一座中式的亭子，其中供奉着魁星的雕像。魁星楼附近有一座庞大而精美的三级宝塔——镇

① 红色盆地即四川盆地，因其地表被大面积的红色、紫红色砂岩及泥岩覆盖而得名。——译者注

江楼，在最底层的佛堂上方挂有匾额。面向河流的南侧匾额上写着宝塔的名字以及保护此处不受洪水侵害的河神的名字。西侧匾额上写着福德星，这是一个星座，代表幸福和美德，也就是幸运星。在面相学中，这两个字也代表太阳穴。北侧匾额上写着戊己官，"戊"和"己"代表两种地形。戊为阳土，指山峰；己为阴土，指平原。汉朝时，戊己也是一个官职的名称，指管理西域的官员①。"戊"和"己"这两个字虽在十个天干中，却在罗盘中没有固定的方位，这暗示这位官员没有固定的居住之处，他在周游各地时履行他的职责，这一说法来自于新版的《辞源》。宝塔的东侧面向流淌的河水，这一面没有佛龛，塔身表面平整。宝塔第二层的每一面都有开口，内外相通。最上层的开口上方写着"魁光"二字，这里供奉着魁星。这类宝塔被统称为桂阁。

图 485 四川罗江县的五座田间香塔。伯施曼绘制。

---

① 指戊己校尉。——译者注

图 486 四川昭化县的香塔。结合了四边形和八边形的平面，外侧有独立十墙体的柱子。伯施曼绘制。

　　此类三级香塔或宝塔状的香炉也曾在别的省份中出现，不过形状略有不同。在山西太原府以南的庞大道观——晋祠中，有一座结构精美、形态纤细的小香塔，它伫立于高处的平台上，在那里人们可以眺望远处广阔的平原。塔身主要由赤陶烧制而成，上有釉面，造型独特，工匠们一定运用了山西特有的制陶工艺。时至今日，人们仍在山西制造这类小塔，有些是砌成香炉，有些是可移动的上香器具。在华北，它们俨然已成了一种商品。晋祠这座香塔的造型模仿了中式的亭式楼阁，有壁柱、斗拱和飞檐，每一级塔身都精巧无比，塔顶结构精致，上有四重山花，这座宝塔自成一体。在四川，香塔也从简单的方形平面逐渐演化出繁复的结构。比如灌县西南青城山中的一座路边香塔，形态十分简朴；灌县和雅州府彼此相距不远，在两座城市之间的分州 [①] 附近也有一座路边香塔，形态简单、敦实，共两层。大邑县的一座

① 今四川怀远。——译者注

图 487 四川黔州的香塔。高约 7 米。伯施曼绘制。

香塔，结构极其小巧精美，共三层，檐角上翘，样式奇特，塔顶为细长的帐篷形。各层塔身的每个立面上都装饰有壁柱，各级以飞檐分隔，竖向的壁柱和横向的飞檐连在一起形成了网格结构。它们比山西和陕西的香塔上的装饰物要精致许多，有些细柱甚至完全脱离墙体，悬在空中。在四川，人们经常采用这种轻巧的建筑形式。比如德阳县的一座宝塔，塔身四角处的柱子只有塔身的四分之三长，飞檐上翘、灵动优雅，两者结合，给人十分轻盈的感觉。塔身正面的角柱之间通常还会立有一排小柱子，柱子上有时有龙形浮雕，有时只有浅浅的线条装饰。

六边形或八边形的宝塔看起来最为轻盈，样式也最为雅致。为了使宝塔的形态更加活泼，人们将它们的平面从四边形变为六边形，比如陕西南部秦岭山脉中铁佛寺的一座非常现代的、塔身简洁的石塔，或是北部乾州的一座三级香塔，抑或是四

图 488　四川青城山中的路边香塔。共两层，高约 4.5 米。伯施曼拍摄。

川中部图开铺（Tukaipu）的香塔，都是如此。人们也都使用了类似德阳县宝塔中出现过的四分之三柱，从而使整体结构显得更加轻巧。不过对工匠而言，运用脱离墙身的悬柱给了他们更加自由的发挥空间，从而创造出了更加精致的结构。灌县以东的一座宝塔塔身只有一层，外侧有悬柱，下方坚固的基座的各个角上也装饰了角柱；四川北部昭化县的宝塔则结合了正方形和八边形的平面，悬空的角柱斜撑住塔身这种组合极其吸引眼球。在这一地区人们经常以类似的方式建造香塔。在绵州沉香铺的凤山上有一座十级的金字塔形宝塔，我们在前文关于大型石塔的章节中已经提到过它，它的各级塔身以形式简洁的塔檐和倾斜的角柱将塔身分成若干层。在魏城城外和绵州城中还有很多小型的墓塔和香塔，形式也与其类似。当然这中间也包括我们前文中已经提到的梓潼县以西的石塔，塔身中的悬空柱甚至和雕像结合在了一起。

图 489 陕西铁佛寺的石塔。位于秦岭山脉中，建造于 1900 年左右，高 4.5 米。伯施曼拍摄。

　　目前提到的大多数案例都来自四川西部，从纯艺术性的角度来看，那里的人们将悬空柱这一建筑元素发挥到了极致。我们在前文曾短暂提到过大邑县的方形宝塔，在它旁边不仅有一座造型精美的姊妹塔，还有另外三件散发着灿烂光辉的艺术品，在这个地区还有许许多多与它们形态类似的宝塔。灌县二郎庙中有两座香塔立于寺庙大殿的两侧，人们在设计大殿的立面时也考虑到了它们的影响。在我所著的《中国祠堂》一书中，我对它们进行了详尽的研究。在灌县南部的村庄中也拥有大量此类宝塔，它们极其精美，不仅为村庄的入口或广场增添了光彩，同时也成为村庄的地标。不论是在外部造型，还是内在意义上它们都和大型宝塔愈发接近。但是，由于它们的细节塑造过于精美、细致，所以它们不应被归入纪念性宝塔中。在用途上，它们仍然保留了纯粹的地方性，为人们提供烧香或烧纸之处。烟气在香塔内部向上升起，类似于烟囱的构造。烟雾在塔尖处向外扩散，最终消失在空气中。通常塔顶

图 490　四川富顺县图开铺的香塔。高 6.5 米。伯施曼拍摄。

图 491　陕西勉县的镇江楼。位于汉江沿岸的平原上，平面为正方形，高约 14 米。伯施曼拍摄。

图 492 四川坝草村的柱式香塔。高约 4.5 米。伯施曼拍摄。

图 493 陕西勉县的魁星楼。高 5 米。
伯施曼拍摄。

会有一只三足蟾蜍，烟雾便从其嘴中飘出。在这个地区，香塔的造型与大型佛塔或风水塔完全不同。佛塔和风水塔往往拥有正方形或八边形平面，密檐具有北方风格，形态庄严、简洁。而香塔的外形更加活泼，平面通常为六边形，飞檐上翘、弯曲，形态丰富、生动。

开泽场（Kaitzetschang）村中的寺庙旁有一座外形纤细的香塔，墙面、飞檐和檐角都经过精雕细琢，塔身上有由砖块和灰泥制成的装饰物，还有悬空的柱子，被龙形浮雕环绕。小镇太平场有着迷人的风景，向世人展示了真实的四川乡村风光。在那里有一座细长的白色宝塔，宝塔下方有高大的基座，上方塔身共四层，整座宝塔像一根柱子立在宽敞的广场旁，广场中央有两座戏台。房屋的屋顶向外挑出很多，

图 494　四川大邑县的香塔。柱子独立　　　图 495　四川龙凤场镇的塔式香炉。共九层，高 14 米。
于墙体之外，高约 9 米。伯施曼拍摄。　　　伯施曼拍摄。

屋脊稍稍向上翘起，上面有着丰富的装饰，装饰物由赤陶、灰泥和陶瓷制成。山墙上能看到矩形的木制构件，将墙面分成几个区域，人们在上面涂抹了白色灰泥，这种建筑风格具有四川西部特色。广场、戏台和房屋与纤细轻盈的宝塔形成了一个整体，它优雅地傲立在此处，使整幅画面生动而欢快，宗教元素就这样融入了世俗场景中。这幅画面最能体现四川人活泼的性格，也表现出了他们极富想象力的生活艺术。

图 496 四川德阳县的方形香塔。边缘有圆柱，高 6 米。伯施曼拍摄。

图 497 四川德阳县的六边形香塔。边缘有圆柱，高 6 米。伯施曼拍摄。

图 498 四川人邑县的香塔。参见 535 页，图 494。伯施曼拍摄。

图 499 四川灌县开泽场香塔的底部两层。伯施曼拍摄。

图 500 四川大邑县香塔的最上面两层以及塔顶。由赤陶和灰泥制成，柱子独立于墙体之外，柱子上刻有雕像。参见图 498。伯施曼拍摄。

图 501 山西晋祠的香塔。由釉面赤陶制成，共三层，高 2.5 米，远景中是奉圣寺。参见 110 页，图 91。伯施曼拍摄。

图 502 四川灌县二郎庙两座香塔中的一座。立于主殿前，平面为六边形，由赤陶和灰泥制成的雕像柱独立于墙体之外，高13米，建于近代。伯施曼拍摄。

图 503 四川太平场镇的香塔。由砖、灰泥、赤陶制成，平面为六边形，类似图 502 中的香塔，高 15 米，建于近代。伯施曼拍摄。

第四节　内塔

有些宝塔中供奉着舍利，有些宝塔则完全是纪念神迹的标志物。但宝塔的形式绝不应仅仅限于一件保存舍利的容器或是一座墓碑，它们也可以是建筑物内部的祭坛，具有神圣的象征意义。露天的宝塔形态多样，造型精美，如果这些富有表现力的宝塔也常常能作为祭坛出现在建筑物内部，该是多么美妙的事情啊！但这种情况很少发生。内部祭坛的造型往往与简洁的舍利宝函、神龛或是龛式佛塔类似，虽然它们都有着天宁式宝塔的雏形，却并没有继续朝着这个方向演变。在仅有的少量内塔案例中，人们总能感觉到它们的外形与室内空间格格不入，它们更应属于空旷的大自然。正是这种感觉，可以帮助我们更加准确地定义大型宝塔的本质。

在中国早期的文化中，人们将象征圣人的物品放置在神龛和祭坛中，这一做法非常普遍。这些物品并不一定是逝者的遗骨，因为在中国古代的传统中，人们总希望能将逝者的遗体完整地下葬，"舍利"这一概念正好与之相反，所以几乎无人知晓。从很早以前开始，人们就在神龛中放置先人的牌位，在隆重的祭祖或祭天活动中，偶尔也会将它们移至其他地方。就像人们抬着逝者的棺材下葬一样，移动牌位时人们也会将它们安放在华丽的轿子中，轿子上方也要设置好几层华盖。不过，从这种传统文化中并没有发展出任何独立的建筑形式。后来，佛教将"舍利"的概念引入人们的视线，并创造了与此相关的各类艺术。

在佛教世界中，人们将逝者的遗体葬于瓮棺中，与中国各地将逝者安葬于棺材中的土葬形式一样，瓮棺这种形式也一直流传到近代。有时人们将高僧的遗体处理后，安葬于墓塔中，墓塔同时也是祭坛，被放置于寺庙大殿之中。如今，人们能在许多佛教大殿中看到高僧的不腐肉身坐于神龛之中，供人瞻仰。在某些情况下，这只是一种暂时的安置方式，例如在北京北部的东黄寺，喇嘛们的遗体被排成一排，以坐姿被安置在玻璃阁中，直到被送去火化的那一天。1908 年 10 月我就有这样一段令人难忘的经历，当时我在西部佛教名山的最高峰金顶上停留了 5 天。在这 5 天中，峨眉山最高的寺庙——金顶寺的住持去世了。仅仅几小时后，他就被以坐姿安放于一个木阁中。木阁的正面是打开的，木阁上有宝塔状的冠冕，整体就像一座舍利塔一样被安放在一座较大的祭坛中央。人们可以看到住持的不腐肉身，他面容安详。金顶寺和周边寺庙的僧侣们不断地为他祈福诵经、举行法事、超度亡灵，这场仪式总共要持续七天，然后僧人们会将住持火化。在这种情况下，如果逝者是一位高僧，做出了巨大的贡献，他的遗体会被精心处理，以便长时间安放在佛龛中，并被放在大殿的佛坛上，就像神像一样供人祭拜。在峨眉山的最高峰金顶脚下有两座小庙，庙中的供桌上摆放了许多佛教和道教神像，其中也有一些僧人的镀金坐姿不腐肉身。在金顶寺的一座偏殿中，也有一尊住持的不腐肉身，虽然历史已经很久远了，但其形态仍然十分自然。他身披袈裟和冬天的斗篷，就像他身旁庄严的普贤菩萨一样，接受众人供奉的香火。普贤菩萨的道场就在峨眉山，他常骑着大象出现。

佛教徒这种将高僧的不腐肉身安放于佛龛中的做法同样出现在道教世界中。道士孙真清的不腐肉身就被安放在山东泰山脚下的仙人洞中的一个玻璃阁中，虽然躯干已经蜷缩在一起，但是头部和手部的状态尚佳。他逝世于 1703 年，先被人们葬于一个石窟中，窟口用砖封砌。1706 年时，人们将砖墙打开，发现他的遗体仍然保存完好，便将其放置于外形简朴的神龛中，供人瞻仰。四川西部嘉定府西南的风水山上也有一尊佛教高僧的镀金不腐肉身，目前保存状态较好，躯干只稍稍蜷缩了一点，他的头部甚至装饰了菩萨的冕旒。这尊不腐肉身像被供奉于一座真正的瓮式宝塔中，宝塔的圆形塔身上开有一个较大的洞口，以供人瞻仰。塔身上方的塔刹由相轮、莲花瓣和宝珠组成，相轮上有层层密檐。这座供奉着高僧真身坐像的宝塔最为尊贵，所以被放置在中间，两旁各有一座稍小的瓮形佛塔，其中供奉着舍利。这一组宝塔的前方有一张供桌，上面摆放着铜钟和铜鼓。

智颛，也被人称作智者大师。他的墓塔是一座意义重大、风格现代、形态优美的建筑物，就位于浙江天台山真觉寺内。这座寺庙的历史可以追溯到东晋时期。隋朝开皇十七年（公元 597 年），人们开始重新修建真觉寺，直到智者大师去世之后，寺庙才修缮完成。智者大师出生于公元 538 年，实际上正是因为他，天台山才成了圣山。真觉寺的一座墓塔中供奉着他的真身或舍利。随着时间流逝，这座大殿和身处其中的墓塔渐渐变成了断壁残垣。直到 1890 年，人们又开始重建这座寺庙，工程十分浩大，并在废墟中发现了这座古老的小佛塔。仿照这座木结构的小佛塔，人们特意打造了一座新的石制宝塔。与普通的石塔相比，它更加华丽、精致。作为

图 504 孙真清的不腐肉身。1706 年起供奉于山东泰山的一座木阁中。伯施曼拍摄。

图 505 四川嘉定府风水山瓮式佛塔中供奉着一位僧人的不腐肉身。伯施曼拍摄。

图 506 浙江天台山真觉寺大殿中的智颧墓塔。他去世于公元 597 年。这座石制墓塔平面为六边形，高 6.5 米。见于《中国佛教史迹》。

最重要的圣物，这座宝塔伫立在大殿内部，平面为六边形，高约 6.5 米，仅基座就占去了 1.5 米。剩下的部分由两层塔身和塔顶组成。所有的建筑构件都装饰有样式丰富的浮雕和人物塑像，下层塔身墙面上的雕像展示了智者大师的生平，上层塔身的墙面上则描绘了佛陀的生平。毫无疑问，原来供奉着圣人真身像的那座佛塔就被放置在这座石塔内部，这是一个绝佳的案例，展示了人们如何在建筑物内部运用宝塔这一形式保存珍贵的舍利。

佛坛的结构和布局与宝塔这一概念十分类似。就像大型宝塔一样，佛坛的内部也供奉着神圣的物品，它们往往有着重要的象征意义。有一个著名的案例位于宝光禅院中，这里的佛坛上供奉着甘露王如来。宝光禅院坐落在四川成都府北侧的一个县城——新都县北门外，位于一片庞大的塔林中。这座寺院中蕴藏着大量的佛教文化知识。宝光禅院的第一座庭院内有一座十三级的宝塔，它位于狭长的建筑群的中轴线上。除此之外，禅院中还有其他众多的精美建筑物，其中包括一座有着 570 尊罗汉像的大殿。寺中还有一座特别的佛堂，其中供奉着甘露王如来。佛堂位于一座秀美庭院的北侧，是一座结构轻盈的建筑物，内部较为宽敞，中央摆放着一座新制作完成的佛龛。佛龛下方为四边形，上方为八边形，用玻璃罩着，上面还有精美的雕刻。一尊阿弥陀佛像坐于佛龛中，神态庄严。在佛像上方的一盏长明灯下悬挂着"一小瓶甘露"，瓶身大约高 10 厘米，每天清晨日出时和每天傍晚日落时用来收集露珠。僧人们认为这些露珠是佛祖的汗水，可以治病，所以将其作为珍贵的宝物出售给香客。这也是这座寺庙和宝塔名称的由来。这座佛堂让我联想到西方的教堂，那里也有"圣血"这一概念，类似的佛堂当然也出现在中国的其他地方。不论是天宁式的宝塔还是这里的佛龛都按照这一原则布置：佛像、露碗和火珠上下重叠排列，火珠在这里指佛龛中的长明灯，它位于最顶端，指向天空。

阿育王塔

在内塔的各种形式中，有一类虽是从中国早期的小型佛教艺术发展而来，其最初的起源却可以追溯至古典时期的印度佛教。据传说，佛教的支持者和保护者——

阿育王，在公元前259—前222年命人建造了84000座佛塔，每座宝塔中都供奉着一颗佛祖的舍利，这些佛塔分布在各个国家。中国的佛教徒相信，这些佛塔是被随机且不平均地分配的，其中有很大一部分就在中国。数字84和84000有着特殊含义，佛教徒认为人类的身体和灵魂可被极其精确、严密地划分为84000个部分，在佛教艺术和佛教建筑中偶尔也能窥得这一想法的影响。在高昌故城①大片的宝塔群遗迹中，有一座宝塔被另外四座小塔围在中央，小塔的外围还另有四组宝塔，每组共20座。如果不算中央的那座宝塔，外围一共有84座宝塔，代表着84000这个数字。如果阿育王真的命人建造了这么多的佛塔，它们很有可能尺寸很小，可以随意移动，就像中国那座所谓的唯一且真实的阿育王塔一样。根据中国一份写于公元661年的记录，当时人们在于阗②也建造了同样形式的宝塔。在后来的10世纪中叶，吴越王钱弘俶（他是历史上佛教重要的支持者并曾效仿阿育王的事迹）命人铸造了84000座小宝塔，并将其散布在各地。为此他还在杭州的雷峰塔中放置了84000卷卷轴，并将它们封存了起来。

下面即将介绍一座阿育王塔，它高约30—40厘米，现在被保存在浙江宁波东部贸山中的阿育王寺内。得益于马伯乐的详细研究，我们获得了大量的图片和文字资料，我们的日本同僚也提供了详尽的文字和图片，《中国佛教史迹》中甚至还印有关于这座佛塔的一副石刻图画。由于这座阿育王塔与中国许多具有重要意义的宝塔有所关联，许多内塔也都是以它为蓝本建造的，所以这里将对其进行简要的介绍，我们也会将它与建于10世纪的其他内塔进行详细的比较。

根据马伯乐的研究，这座佛塔是由前文中经常提到的著名高僧慧达于公元390年左右发现的，那时正值东晋时期。慧达原是山西汾州府的一名四处游荡的猎人，是山野粗人，原名刘萨何。他曾经一脚踏进了鬼门关，之后便顿悟了，成了虔诚的佛教徒。据说佛祖给他指引，使他找到了四座阿育王塔，其中一座在南京，一座在会稽的山水中，也就是今日的宁波贸山及阿育王山中。慧达大约在公元373—376年间到达南京，并在那里逗留了一段时间。我们在前文中关于瓷塔的前身那一部分

---

① 位于新疆维吾尔自治区三堡乡，曾是吐鲁番盆地中心城镇。——译者注
② 于阗国，古代西域佛教王国，位于塔里木盆地南部，自2世纪末佛教传入后，逐渐成为大乘佛教的中心。——译者注

已经介绍过他在南京发现的那座古老的阿育王塔。在贸山中，慧达也虔诚地寻找着这座阿育王塔，为此他建造了一座佛堂，期待神迹的出现。最终，一道神圣的光芒和悠扬空灵的钟声指引他找到了正确的方向。他在正确的地点插上了旗杆，三天之后，阿育王塔破土而出，塔中供奉着舍利。这个地点位于原始、狭窄的山谷中，两侧是险峻的山崖，慧达就在那里开山建庙。根据颇节①所著的《中华大帝国的历史、地理和文学及资料汇编》中的内容，慧达建庙的时间应当在公元 405 年左右，也就是东晋义熙元年，这也是人们的共识。马伯乐对此表示怀疑，他认为建庙的时间只可能在南梁时期。但是，在当时佛教快速发展的大背景下，慧达发现舍利后，立刻建庙似乎是符合逻辑的。无论如何可以确定的是梁武帝于公元 522 年命人打造了一座木制宝塔，并将这座阿育王塔供奉在其中。尽管这座寺庙可能早已存在，但是梁武帝还是"新建"了这座寺庙，并将其命名为"阿育王寺"。后来，寺庙被移至现在所在的位置，距原址约 3 公里。如今，在寺庙的原址上，也就是慧达寻回舍利的那个地方，只有一座小型的纪念性佛塔——舍利塔伫立在高耸的岩峰上，提醒着人们关注这一段历史。很久以前，这里可能还有一座更大的佛塔，不过马伯乐只看到了这座小塔，并将其临摹下来。

现如今，这座阿育王塔被放置于舍利殿中，在供桌后方的一座玻璃柜里。阿育王塔的前方有一座更大的镀金石塔。石塔的前身造于 1577 年，于 1862 年被翻新，人们在 1909 年仿照它的样式重新打造了这座新塔。阿育王塔的侧面还有两座宝塔。为了纪念佛陀的诞生，人们于 1811 年铸造了东侧的那座青铜塔，并在 1880 年将其翻新；为了纪念佛陀的涅槃，人们于 1863 年打造了西侧的那座石塔，并在 1911 年将其翻新，这座石塔中还保存着一颗大象的臼齿。在宝塔前方、供桌两侧各有一个玻璃柜，分别放置有人物雕像。东侧是站立着的阿育王，他注视着舍利，向上举起的手遮住了双目；西侧是坐着冥想的高僧慧达，他也被人们称为利宾菩萨。

关于这座宝塔内部的阿育王塔，马伯乐也留下了文字描述，其中还引用了道宣的文章，尽管这段文字写于公元 661 年，可仍十分符合阿育王塔如今的情况。根

---

① 颇节（M. G. Pauthier，1801—1873），又译鲍迪埃，法国汉学家。——译者注

据他的记述和《中国佛教史迹》中的记载，我总结出了以下内容：人们使用了一种未知的材料，它"不是金，不是玉，不是石块，不是陶土，不是铜，不是铁"，而是来自于神仙的居所。这种材料可能是木头或是象牙与铜锈的结合体，铜锈本是绿色的，如今已变成了紫乌色。宝塔基座的每一面的壁柱之间都有四座佛像，像是四位力士，承托着上方的飞檐。方形塔身中空，四角各有一根极具张力的角柱，柱头上装饰有金翅鸟。塔身的每一面都有拱形线条，内部布满了人像雕刻。塔盖的四角立有高高竖起的山花蕉叶，上面也铸有人像浮雕。塔盖中央则立有带足的五重相轮，五个扁平圆盘的横截面均为矩形，它们也被称作露盘，相轮上方的结构形似灯笼，顶端有一颗宝珠。图画中详细展示了塔身内部的结构，佛顶真骨的一部分悬挂在铜钟之下，这就是佛祖头顶肉髻的舍利。这段记述中提到了铜钟和灯笼，它们象征着钟声和圣光，指引慧达找到了宝塔。在刻于1884年的石版画中，神圣的烟气从灯笼上方喷涌而出，佛陀就坐在这片云雾之中。他的上方有华盖，两旁是摩诃迦叶和阿难尊者，周围还悬浮着四位仙子。阿育王和慧达站在宝塔脚下，他们的上方画有四人天王，再向上是国王、王后和两位侍者。图画中的人像布局，与大殿内部佛塔和供桌的位置相呼应。在慧达的墓塔上也出现了同样的元素。它距寺庙大约一公里，于1554年被翻新。慧达墓塔与人们对阿育王塔的印象大致相符，由立方体塔身、山花蕉叶和相轮塔刹组成，此墓塔和前文中提到过的苏州虎丘方形经幢的外形十分相似。塔身上的浮雕再现了慧达发现舍利这一事件，正面是一座阿育王塔，两旁是阿育王和利宾菩萨慧达；背面则是佛陀的雕像，两旁是摩诃迦叶和阿难尊者。

根据这座古老的阿育王塔的造型和建造时间以及现有的图片和文字描述判断，人们几乎可以断定，它的起源与印度有着千丝万缕的联系。虽然壁柱、纹样和山花蕉叶中隐约能看出希腊元素的影子，但分段式的基座、带有裂纹的拱形图案、塔身各个角上的金翅鸟花纹以及塔顶的相轮则完全是印度风格的。如果你将塔身中的人像浮雕和10世纪后期的一些西方雕像做比较，又会发现它好像是受到了古希腊文化的影响，甚至还能找到一些十分相似的案例。由于这件小型的艺术品和公元390年左右被慧达发现的那座阿育王塔在造型上几乎完全相同，而且那时它们已经算是历史悠久的文物了，所以我们猜测，人们打造它们的时间远早于公元390年。还有一点值得注意，在那个时期人们已经可以十分娴熟地运用相轮和山花蕉叶这两种

图 507 浙江宁波阿育王寺中的阿育王塔。来源于印度，公元 390 年左右在宁波阿育王山中被发现。塔高约 30—40 厘米，材料未知。马伯乐拍摄。

图 508 吴越王钱弘俶命人铸造的 84000 座佛塔之一。铸造于公元 955 年，材料为铁质，现藏于浙江天台山国清寺中。马伯乐拍摄。

元素，并且在之后建造的众多宝塔中，它们一再出现。我们无法更进一步地研究这座阿育王塔，就连马伯乐也不能触摸到它，只能隔着玻璃拍些照片。

前文中我们曾经提到过，吴越王钱弘俶于公元 948—978 年在位，不过在其生前（公元 975 年）[①]，他就已经将统治权交给了宋朝。他仿照阿育王的故事命人铸造了 84000 座还愿塔，并将它们散布在各地。马伯乐从文献中找到了其中一部

① 钱弘俶于公元 988 年去世。——译者注

图 509 浙江宁波阿育王寺大殿后方的石碑。图中刻有古老的阿育王塔,此碑立于 1884 年。参见 546 页,图 507。见于《中国佛教史迹》。

分宝塔的资料,其中一组于顺治年间在杭州西湖北岸一座庄严的宝塔——静古塔(Kingki)的废墟中被发现,之后也和其他的宝塔一样消失无踪了。如今,那些铁制佛塔似乎只有很少一部分还留存于世并为人所知。其中一座位于天台山国清寺,另一座属于一位日本人的私人收藏。两者的外形几乎毫无差别,也都与阿育王寺中那座古老的阿育王塔几乎完全相同。毫无疑问,它们是仿照这座阿育王塔而建,根本不用考虑其他的可能性。它们之间仅有的区别是后来的这两座宝塔的拱形窗格外边缘更为圆滑,山花蕉叶稍小,相轮的圆盘更为扁平、横截面为椭圆形,后来塔刹上加上了镀金的佛像。根据马伯乐的记述,塔身四面的浮雕代表了佛陀的身体、皮肤、双目和头发,还代表了犍陀罗国[①]的四处名胜。根据塔身上浇铸的铭文,它们建造于公元 955 年。

不论是历史悠久的阿育王塔,还是历史较短、造于公元 955 年的两座宝塔,

---

① 犍陀罗国,南亚古国,列国时代十六大国之一,公元前 6 世纪已出现,核心区域包括今巴基斯坦东北部和阿富汗东部,是南亚次大陆文明发源地之一。古犍陀罗的佛教造像艺术受到希腊雕塑艺术深刻影响,闻名于世,后逐渐影响到建筑、绘画等领域,融合了希腊、波斯、印度三种元素而自成一体的犍陀罗艺术对中国隋唐美术和藏传佛教艺术都产生了深远的影响。——译者注

这类小型艺术品所代表的意义以及它们在宗教史上的地位，都是值得我们研究的原则性问题。阿育王命人铸造 84000 座佛塔这个故事有时被视作无谓的传说，因为人们认为，若这是一段真实的历史，那么在阿育王的命令下，世界各地都应该建造了大型的宝塔。特别是当"阿育王塔"这个概念传入中国时，人们希望能找到几座大型的阿育王塔，而现在却只有几座高度为 30—40 厘米的小塔留存于世。不过，尽管它们尺寸不大，制作却十分精良，又大量出现在阿育王时期，10 世纪时吴越王钱弘俶也仿照阿育王的故事铸造了宝塔，所以这段传说也算令人信服。他们两人的目的都是宣扬佛教，也确实都成功地达成了目标。阿育王塔的用途广为人知，这类小塔中供奉着舍利，被放置在大型佛塔中特制的佛堂内、某些建筑物的内部，甚至是旷野中。其中最卓越的案例就是南京瓷塔和五台山大白塔，两者的历史都和古老的阿育王塔有着千丝万缕的联系。

宁波阿育王寺的小型佛塔是否真的建造于阿育王时期，我们尚不能确定。它的外形虽不能佐证这一猜想，但这并非空穴来风。据前文提到过的一些中文文献记载，公元 661 年人们在于阗国打造过此类小型佛塔。无论是当时还是现在，宝塔的造型都代表着某些宗教含义。正因如此，这种古老的建筑形式才得以在亚洲延续了多个世纪。阿育王在公元前 259—前 222 年命人铸造的 84000 座佛塔显然和公元 955 年钱弘俶命人铸造的 84000 座铁制佛塔具有同样的历史意义。

这些阿育王塔的造型令人印象深刻。在中国，很早之前人们就开始模仿它们整体的形态以及宝塔中某些独特的元素。在许多古迹中，人们能看到独特的塔身、山花蕉叶和相轮，毫无疑问，它们都借鉴了阿育王塔的形式。下面的一系列案例展示了它们如何精准地复刻或延续了这种古老的主题，对此我拍摄了一些照片，还参考了其他的资料。这些宝塔中只有一部分的建造时间是可以确定的。值得注意的是，这些内塔的造型虽与古老的阿育王塔相似，却都建造于较晚的时期，两个时期之间的产物好像暂时消失在了人们的视野中。这些庄严的宝塔有着特定的用途，人们出于敬畏传统的心态，通常都会使用精致的材料打造这些宝塔，它们的设计也尤其精美。下文我们将按它们与其古老范本的相似程度逐一介绍它们。

　　在广州对面的河南①地区，有一座具有重要意义的海幢寺，寺中有一座非常精美的文物，就位于一座独特的方形大殿中。这座大殿显然建于乾隆时期（约1780年），边长为16.8米。大殿内部有四根柱子，内部空间被分为九个部分，中心部分上方的天花板上画有龙纹。在龙纹下方，也就是整个空间的正中央，立有一座大理石塔，总高9.4米，立方体塔身的边长为1.5米。宝塔的底座下有四足，上面的塔基雕刻精美，装饰有龙纹和云纹，具有乾隆时期的风格。在塔身的上方有一个巨大的凸起，上面有经过艺术化处理的文字；塔盖四角有山花蕉叶，每一块都被分成几瓣，线条流畅、造型生动。山花蕉叶上共有八位保护神的浮雕，他们或祈祷，或战斗。塔盖中央竖立着高高的相轮，共有七个莲花盘，相轮顶端的山花承托着宝葫芦，四条锁链将其与四角处的山花蕉叶固定。据说宝塔内部供奉着舍利。塔身表面有经过精雕细琢的大型人物浮雕，十分生动、极具张力、形态大气；南侧是坐于莲花宝座上正在冥想的佛陀，头发卷曲，脑后有圆形的佛光；东侧是坐在狮子上的文殊普萨；西侧是骑着大象的普贤菩萨；北侧是坐于岩石上、面朝广州城方向的观音菩萨。每座雕像前都有一座香案。

　　广州城中还有另一座著名的寺庙——华林寺，它的历史可追溯到公元503年。在华林寺中有一座阿育王塔形式的青铜佛塔，位于五百罗汉堂的正中心，也就是两条走廊的交汇处。这座宝塔建于道光二十九年（1849年），仿照海幢寺的白石塔而建。就像古老的阿育王塔一样，这座宝塔的塔身也是中空的，四根细柱通过圆拱相连，四个方向上各有一尊镀金坐姿大佛像，它们几乎完全相同，塔身四角的柱子前则立有四尊天王像。塔身表面全都覆盖藤蔓花纹和简朴的铭文，塔盖上方的相轮上有几层细环。

　　在福州东南的圣山鼓山上，有三座阿育王塔式的佛塔，两座在野外，一座在山中的主寺内。其中一座路旁的石制佛塔是纯粹的纪念塔，伫立在朝圣之路旁边的松树林中，塔身内部可能供奉了舍利。塔盖四角各有倾斜向上的山花蕉叶，两者均雕凿在厚石板上。塔盖上的六重相轮由若干倒扣的圆盘垒砌而成，同样也是由石块雕刻而成，相轮上有双重宝珠，宝珠顶端呈火焰状。鼓山中的另一座舍利塔和这座

①指珠江南岸。——译者注

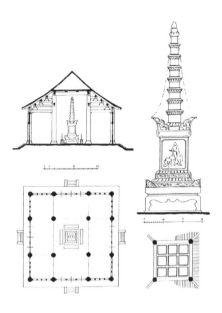

图 510 广东海幢寺中的白石塔。高 9.4 米，位于一座正方形的舍利殿中，建于 1780 年左右。比例尺为 1∶400。参见图 511—512。伯施曼绘制。

图 511 广东海幢寺中的白石塔。高 9.4 米，建于 1780 年左右。塔身北侧雕有观音菩萨，坐于岩石上；西侧雕有普贤菩萨，坐于大象上。参见图 510、512。伯施曼拍摄。

图 512 广东海幢寺中白石塔的基座和舍利宝函。白石塔建于 1780 年左右，塔身南侧雕有佛祖；东侧雕有文殊菩萨，坐于狮子上。塔顶的山花蕉叶上雕有四大天王和四位力士，力士呈防御姿态。参见图 510—511。伯施曼拍摄。

图 513　广东华林寺五百罗汉堂中的青铜佛塔。建于 1849 年，舍利龛为开放式，四个正面是佛像，四个斜面是四大天王像。伯施曼拍摄。

图 514　福建福州府鼓山的石制舍利塔。形式为阿育王塔。塞肯多夫拍摄。

图 515　福建福州府鼓山上路边的石佛塔。形式为阿育王塔。伯施曼拍摄。

路旁圣塔十分相似，但是就整体结构而言，更像是一座独立的纪念碑。这座舍利塔伫立在一个单独辟出的正方形小平台中央，平台外围是由石板和立柱组成的低矮围栏。宝塔下半部分是分为三层的基座，上半部分则是纯粹的阿育王塔式造型：塔身为方形，向上轻微地收拢，四角有角柱；塔盖上有凸起，四角有弧形的山花蕉叶；塔刹为三重相轮，顶端有宝珠。显然这座纪念塔建造的时间还不长，结构划分清晰，轮廓线条鲜明，形体比例优美。

鼓山最主要的建筑群——涌泉寺中也有一座舍利塔，它位于一座较小的神殿中，也就是所谓的舍利窟，紧挨着大殿。舍利塔整体高约 4 米，中段塔身较宽大，高 1 米。塔身开口被栏板封住，内部有一座小型神龛，其中供奉着一些佛像和两颗舍利。神龛的脚下有一尊极小的文殊菩萨像，他坐在狮子上，两旁各有一尊侍者人像，均由青铜铸造而成；上方的墙面上刻有观音像。再向上看，壁龛深处摆放着一口带盖的玻璃瓷，舍利子就被放置其中；靠近壁龛口的墙面上嵌有一幅由镀金青铜铸造而成的印度浮雕，表现了佛陀儿童时期的形象，外侧还有玻璃板遮挡。神龛两侧挂有一对谚语，由梵文书写而成，上边缘处是一件带有太阳纹样的装饰物。神龛上供有一尊镀金的佛像，两侧也各有一尊侍者雕像。佛像的前方供奉着一颗佛牙舍利，事实上它是"大象的一颗臼齿，因上了年纪所以自然发黄"，这可能是因为在早期大象被认为是佛陀的化身。在塔身图案丰富的额枋上还有一块石板，即宝塔的塔盖，它的四角是上翘的弧形山花蕉叶。塔盖中央为相轮，分为几段，其顶端为宝珠。一眼望去，这几乎又是一座阿育王塔。

当高延到访此处时，他看到了玻璃瓷中被称作舍利子的圣物。对他来说，它们与钻石很相像，又像是某种类似玻璃的碎片。我已经记不清具体的细节了，却还能记得住持说过的话，玻璃瓷中是佛陀的汗，是他的血，也是他最纯粹的本质。人们这样解释其中的深意：如果僧人十分虔诚地念经、做善事，玻璃瓷就会逐渐变满，这和新都县宝光禅寺中的宝塔阁所代表的含义如出一辙。关于涌泉寺的舍利塔，还有另一个细节值得一提，与宝塔一墙之隔的是寺庙中的藏经楼，藏经楼中的一个玻璃阁内有一尊汉白玉卧佛像，与真人的大小相当，表现了佛陀涅槃时的状态。

阿育王塔的形式一直被延续，却也在逐渐变化，我们将用另外两座内塔来结束这一部分。四川峨眉山上的万年寺中有一座舍利塔，它可能建于 1650 年，由砂岩

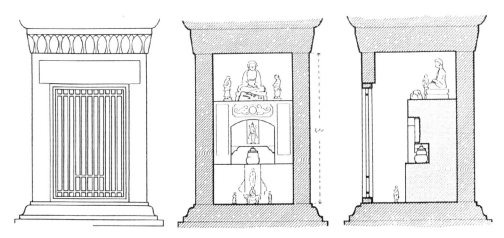

图 516 福建福州府鼓山涌泉寺中的舍利塔。图中为舍利龛的立面图、两个方向上的纵剖面图，高 1 米。参见 554 页，图 518。

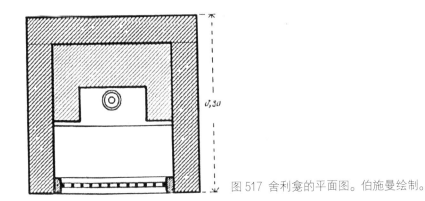

图 517 舍利龛的平面图。伯施曼绘制。

制成。宝塔坚固的基座被分为两层，中间用厚石板隔开。上方的塔身有拱形图案，角上也有装饰，这让人联想到最古老的那座阿育王塔上的拱形开口和金翅鸟这些元素。那扇紧闭的门上有一块匾额，上面写着"舍利塔"三个大字。门的两侧各有一列铭文，右边是"莲花蒂通天界"，左边是"贝叶经彻人间"。人们的目光会不由自主地被吸引过去，门后面就是供奉着舍利的神龛。

塔盖的四角高高翘起，具有鲜明的四川特色，它们在这里扮演了"山花蕉叶"的角色。塔盖中央的相轮由分段式的长杆、三层圆珠、帐篷顶和宝珠组成。这座佛塔是一件杰出的艺术品。庄严的立方体塔身向上逐渐收拢，反而显得纤细，轮廓鲜明的横向分隔使它显得颇为沉稳，精致的圆珠和上翘的檐角使它更加灵动，塔中供奉的舍利则赋予了它灵魂。塔顶的造型十分自由，极具张力的塔盖抓住了人们的眼球，塔刹分为几段，十分有韵律感。宝塔基座的厚重感和上方最轻盈的律动形成了强烈的对比。塔身分为三部分，最上方的舍利神龛最为神圣；整座宝塔被划分为五部分，带有山花蕉叶和相轮的华丽塔顶直击心灵。

　　浙江杭州西湖北岸的圣因寺中有一座精美的汉白玉塔，它的平面与标准的阿育王塔不同，并非正方形，而是十六边形。为了强调宝塔的中心点，人们将塔身上边缘的檐角设计成了一种全新的造型。这座宝塔建造于 1780 年左右，直径为 3 米，高 5 米，内部可能供奉着舍利。塔身表面覆盖着 16 块石板，每一块的大小均为 56厘米×126 厘米，上面雕有教祖和罗汉，他们都被塑造成隐士的形象，画面十分生

图 518 福建福州府佛教名山鼓山涌泉寺主殿旁的一座舍利塔。参见 553 页，图 516—517。伯施曼拍摄。

图 519 四川佛教名山峨眉山上的主寺——万年寺中的舍利塔。形式类似阿育王塔，由砂岩制成，高约 5 米，可能建于 1650 年左右。伯施曼拍摄。

动。这种宋代的艺术风格当时影响了整个中国，特别是在绘画和雕塑领域。塔身上部宽大的横饰带中刻有匾额，写着下方各尊雕像的名字。其他所有的建筑构件都被浅浅的浮雕装饰覆盖，其中罗汉的图案最为明显。基座被横向分为三层，雕刻着云纹，在最底层的云纹中间，人们还绘制了波浪和岩石的纹样。基座的上半部分和上边缘的横饰带中有各式各样的符号，不过都只是浅浮雕。在横饰带的每一根角柱上都盘有戏珠的巨龙，姿态各不相同。角柱上雕有龙首，它们和下方的云朵融合在一起，更加突显了十六个角的独特。塔顶的中部高耸，向外展开成为八边形顶冠，每个檐角都向上翘起，它们可以算作是变形后的山花蕉叶，这是阿育王塔塔顶造型中的一个重要元素。塔顶上方还有一个扁平的锥形结构，下有莲花座，上有宝葫芦。塔身粗壮结实，共十六面，塔顶共八面，上方神圣的塔尖连接着宝塔和壮阔的苍穹。

图 520　浙江杭州府圣因寺中的汉白玉塔。

本书配有能够帮助您
提高阅读效率的线上服务

建 议 配 合 二 维 码 一 起 使 用 本 书

扫码后，您可以获得
以下线上服务

01

本书立享服务

★ 本书话题交流群

每周专享服务

02

★ 社科智库

★ 同类好书推荐

03

长期尊享权益

★ 推荐同城/省会/邻近直辖市优
   质线下活动